岩 波 文 庫

34-032-1

憲　法　講　話

美濃部達吉著

岩 波 書 店

凡例

一、本書は、美濃部《みのべ》達吉《たつきち》著『憲法講話』(有斐閣)を文庫としたものである。同書の初版は、一九一二(明治四五)年三月一日に発行され、その改訂版が一九一八(大正七)年一〇月一日に発行された。本書の底本として、後者を一九二四(大正一三)年四月一〇日に増刷発行した版を使用した。

一、底本にはなかった初版(一九一二年)の「序」を冒頭に置いた。

一、旧字体を新字体に、旧仮名遣いを新仮名遣いに改めた。

一、適宜振り仮名を加え、最小限の送り仮名を補った。

一、代名詞(其、之、茲など)、副詞(矢張、稍、略など)、接続詞(而、然、乍併など)等の漢字表記を平仮名に改めたものがある。

一、明らかな誤字・誤植は改めた。

一、読みやすさを考え、句読点を補った。

一、小見出しは本文上部の欄外についていたが、これを窓見出しに変更した。

一、圏点が夥しく付されていたが、読みやすさを考え、すべて省いた。
一、通読の便のため、最低限の注を〔 〕で補った。
一、本書の底本である改訂版の刊行の際に加えられた修正・削除箇所のうち、天皇機関説論争に関わる部分には本文に*を付し、巻末に初版の記述を掲載した。
一、巻末に大日本帝国憲法の全文を収載し、解説および索引を付した。

（岩波文庫編集部）

序

明治四十四年の夏、余《よ》は文部省の開催せる中等教員夏期講習会において帝国憲法の大要を講話するの委嘱を受け、七月の末より八月の初めにわたり前後約十回を以《もっ》てその講話を終れり。当時聴講者諸氏のその筆記を公にせんことを希望せらるる者多かりしを以て、爾来《じらい》その補訂の事に従うこと半年、今僅《わず》かにその業を終りてここにこれを公にすることとなりぬ。

惟《おも》うに我が国に憲政を施行せられてより既に二十余年を経たりといえども、憲政の智識の未だ一般に普及せざること殆《ほとん》ど意想の外にあり。専門の学者にして憲法の事を論ずる者の間にすらも、なお言を国体に藉《か》りてひたすらに専制的の思想を鼓吹し、国民の権利を抑えてその絶対の服従を要求し、立憲政治の仮想の下にその実は専制政治を行わんとするの主張を聞くこと稀《まれ》ならず。余は憲法の研究に従える一人として、多年この有様を概嘆し、もし機会あらば国民教育のために平易に憲法の要領を講ぜる一書を著さんことを希望し居たりしも、公務繁忙にしてその暇《いとま》を得ること能《あた》わざりしは常に遺憾とする所なりき。偶々《たまたま》文部省の委嘱ありて、師範学校中学校校長教員諸氏の前に憲法の大意を講ずる機会を得たるは、余の平生の希望の幾分を満たし得たるものにして、余は与えられたる時間を出来得る限り最も有効に利用せんことを勉め、ほぼ予定の如き講演を終ることを得たり。固《もと》より僅かに十回の講演に過ぎざれば、法律的の議論の専門に渉《わた》るものはなるべくこれを避けたれども、なお憲法上の重要なる諸問題はほぼ漏なく論ずることを得たるのみならず、行政組織、行政作用の大綱、殖民地制度等についても、多少論及することを得たり。就中《なかんずく》憲法の根本的精神を明かにし、一部の人の間に流布する変装的専制政治の主張を排することは、余の最も勉めたる所なりき。

本書はこの講演の速記を基礎としてこれに多少の修正増補を加えたるものなり。余はさきに『日本国法学』の一書を著さんことを企て、数年前その第一冊を公刊したりしが、種々の事情に妨げられ、爾来一時その編述を中絶せり。その続稿を公にし得るは恐らくは数年の後なるべし。本書は固よりこれに代わるべきものにはあらざれども、なお帝国憲法の趣旨を闡明《せんめい》し、健全なる立憲思想を普及せんとすることにおいてはその目的を同じゅうす。もし本書に依《よ》りて多少なりともこの目的に資することあらば余の本懐これに過ぎず。

明治四十五年紀元節の日

美濃部達吉

憲法講話の縮刷について

久しく絶版となっていた『憲法講話』が、今も需要者が絶えぬということで、書肆《しょし》から切《しき》りにその再版を促され、因《よ》って多少の改訂を加えて、縮刷して、再びこれを公にすることとなった。『憲法講話』はもと明治四十四年に文部省の委嘱に依《よ》り中等教員夏期講習会において為《な》した講演の速記を基礎とし、これに多くの補正を加えたもので、今回これを縮刷するについては、なおその以後に行われた法令の改正を追補し、その他前版の誤りはなるべくこれを訂正することに努めた。けれども僅《わず》かに十回の講演を基としたものであるから、説明の不完全な箇処の少なくないことは、充分に自認する所である。顧《かえり》みれば、初めて本書を公にした当時には、一部の人々から、本書があたかも我が国体の基礎を揺がさんとする危険思想を含むものの如《ごと》くに攻撃せられ、一時大いに世の視聴を惹《ひ》いた。今ここにこれを再版に付するのは、本書にいかなる欠点があるにもせよ、少なくともこの如き危険思想は寸毫《すんごう》だもこれを包含せず、かえって健全なる立憲思想に終始するものたることを確信するからである。

大正七年九月

美濃部達吉

目　次

凡　例　3
序　5
憲法講話の縮刷について　9
第一講　国家および政体……19
一　国家の性質　19
二　政体の種類　42
第二講(上)　帝国の政体……62

第二講(下)　天皇(その一)……78
一　天皇の国法上の地位　78
二　天皇の大権　86
三　天皇の不可侵権　101
四　皇位継承　106
第三講(上)　天皇(その二)……112
五　摂　政　112
六　皇室法　122
第三講(下)　国務大臣および枢密顧問……132
一　国務大臣　132
二　枢密顧問　156
第四講　帝国議会(その一)……159
一　議会の国法上の性質　159

二　議会の両院制度　172
三　貴族院の組織　179
四　衆議院の組織　190
第五講　帝国議会（その二）……211
五　議会の権限（一）概説、立法に関する権限　211
六　議会の権限（二）財政に関する権限　234
七　議会の権限（三）形式的権限　262
八　議会の権限（四）議院内部の事項　271
九　議会の会議　272
十　議員の権利義務　280
第六講　行政組織……283
一　行政組織総論　283
二　中央官庁　292
三　地方制度　310

第七講　行政作用……323
一　行政作用汎論　323
二　行政作用の形式的分類　333
三　行政作用の制限　348
四　訴願および行政訴訟　356
第八講(上)　司　法……372
一　司法の観念　372
二　司法権の独立　378
三　司法裁判所　388
四　訴訟手続　399
五　特別裁判所　404
第八講(下)　法……409
一　法の本質　409
二　法の種類　426

第九講(上)　制定法の各種……433
一　憲　法　433
二　皇室典範および皇室令　444
三　法　律　450
四　国際条約　451
五　命　令　455
六　自治団体の法規　470
第九講(下)　国民の権利義務……473
一　国民の権利　473
二　国民の義務　492
第十講　帝国殖民地……494
一　殖民地の意義　494
二　殖民地の法　504
三　殖民地の人民　517

四　殖民地の行政組織　520
五　殖民地の司法制度　528
［参考1］大日本帝国憲法……531
［参考2］初版（一九一二年）からの主要な修正・削除箇所……542
解　説（高見勝利）……547
索　引

憲法講話

第一講　国家および政体

今日から約十回にわたって、帝国憲法の大要について、お話を致すこととなりましたのは、私の甚《はなは》だ光栄とする所であります。憲法というのは、一口に申せば政体の法則といっても宜《よ》い位で、その規定の最も重《おも》なるものは国の政体に関する事柄でありますから、憲法のお話をするには、まず政体とは何であるかということを、明白にすることが必要であるし、しかして政体の事を論ずるには、まず国家という観念を明かにしなければならぬ。それで今日は、まずこの二つの問題、すなわち国家および政体の事について、説明しようと思います。

一　国家の性質

国家は何であるか

第一に述ぶべきことは、国家とは何であるかという問題であります。これについては古来幾多の学説があって、今日に至ってもなお異説紛々たるものがあります。何故《なにゆえ》にこの如《ごと》く学説が区々に分かれて居るかと言えば、それは国家というものの本質上、自然科学におけるように、客観的の実験に依《よ》って、絶対の真理を証明し得べきものではないからであります。国家は自然科学上の現象とは異なって多数の人々の複雑な心理作用に基いて出来て居るもので、したがって国家の本質を研究するには、例えば動物学者が動物を研究したり、物理学者が物理の実験をしたりするような、客観的に事実を観察するだけで、解釈することの出来る問題ではなく、事実を観察するほかに、その事実について主観的に考察する必要がある。しかして既に主観的の考察という以上は、人々の考え方の如何《いかん》に依って意見の相違を生ずることは、やむを得ない所で、問題はただ如何《いか》なる考え方が正当であるか、如何なる考え方が最も完全にその事実を説明することが出来るかというにある。さらに語を換えて言えば、国家は何であるかの問題は、畢竟《ひっきょう》国家は何であると考えるべきかの問題にほかならぬのであります。

国家の本質についての二種の見解

国家の本質については、古来種々の見解が行われて居ります。大体について申すと、その考え方には、凡《およ》そ二種の傾向がある。その一つは国家を以て君主の持ち物の如くに考える思想で、一つは国家を以て国民の共同団結として考える思想であります。言い換えれば一つは天下は一人の天下なりとする思想と、一つは天下は天下の天下なりとする思想とであります。この二種の思想は古来種々の人々に依って種々の形において現われて居る。

第一種の見解―君主説

第一に、国家を以て一人の持ち物の如くに考え、すなわち天下は一人の天下なりとする思想は、東洋においても西洋においても、種々の時代にしばしば見《あら》われた思想であります。この傾向に属する学説にもいろいろあって、あるいは神授君権説ともいうべき説がある。これは国家の存立の根拠を一つに神意にあるものとなし、君主は神から授けられた権力を有するものであるとする説であって、殊《こと》に東洋において広く行われた説であるが、西洋においても専制的王権時代においてはしばしば主張せられた所である。学者の中には英のフィルマー〔Robert Filmer, c. 1588–1653〕、仏のボスウェー〔Jacques-Bénigne Bossuet, 1627–1704〕、独のスタール〔Friedrich Julius Stahl, 1802–1861〕などはその代表者となすべきものである。あるいは実力説ともいうべき説がある。それは国家を以て、強者が実力に依って弱者を服従せしめて居る状態であるとする説であって、すなわち国家の存在の根拠を以て一つに強者の実力にあるとなすものである。これと類似の説にまた統治者説と称せられて居る説もある。それは君主は統治権の主体であって土地人民は統治の目的物であるとする説であって、近頃の独逸《ドイツ》の学者の中で、ザイデル〔Max v. Seydel, 1846–1901〕、ボルンハック〔Conrad Bornhak, 1861–1941〕、リング〔Emil Lingg, 1860–1932〕などはその代表者として知られ、日本においてもかなり広く行われて居る説であります。

君主説の本義

これらの説はその形はいろいろに異なって居るが、帰する所はいずれも君主と国家との関係を以てあたかも所有主と所有物との関係の如くに見るのであって、すなわち国家が君主の持ち物であると解するのであります。もちろんその関係は所有権の関係ではなく、統治権の関係であるという相違はあるが、とにかく君主が統治権の主体であって、国家はその目的物であると見ることにおいては、所有主が所有権の主体であり、物はその目的物であるのと全く同一の関係にあるものとするのであります。換言すれば、国家はそれ自身に目的を有する活動体ではなく、ただ君主の目的のためにのみ存し、君主の統治の力に依ってのみ維持せらるるものであるとするのであります。

この如き見解は、西洋の封建政治の時代においては、一般に西洋諸国の人心を支配して居った思想であります。封建政治は武力政治の時代であって、武力の強い者が土地を侵略し人民を征服して帝王となり、その武力の続く間はこれを維持して、その土地人民を自分の世襲財産の如くに子孫に伝えたのであって、学者はこういう時代の国家を家産国と称して居ります。日本においても封建時代の諸侯の領地については略々同様の思想が行われて居ったようであります。

君主説の誤謬

しかしながらこの如き見解が健全なる国家思想と相容れないことは、今日においてはさらに疑いを容れない所であります。君主が統治権の主体であって、国家はその目的であるとするのは、譬《たと》えて言わば国家を以て羊の群れの如きものとし、君主は牧羊主の如き地位にあるとなすものである。牧羊主は固《もと》より出来るだけその畜《やしな》って居る羊を保護しその繁栄を計るであろうけれども、それはただ牧羊主自身の目的のためにするのみで、羊と牧主とが共同の目的を有し、協力一致してその目的を達しようとするのではない。羊の群れはただ牧主の支配の目的物となって居るのみで、牧主と群羊とは権利主体と客体との関係にあるものである。君主が統治権の主体であり、国家はその目的物であるとするのは、すなわち君主と国家との関係を以てこれと同様のものであると考えるものにほかならない。しかしながら国家を以てあたかも羊の群れの如くに君主の一個人の目的のためのみに存するものであるとすることは、その健全なる国家思想に反することは、今日においては何人《なんぴと》も疑わない所であろう。国家は決して君主の個人的の目的のために存するものではなく、君主も臣民も共同の目的を有し、臣民は君主を輔翼《ほよく》し、君主は臣民を指導し、上下心を一つにして、協力一致その共同の目的を達しようとするのであって、国家はこの共同の目的のために存する永遠恒久の団体である。国家は決して羊の群れの如くに、他の目的のために存し、他の者の支配の目的物となって居るものではなく、それ自身に目的を有し、その目的を達するために活動するものであって、君主の統治はすなわちこの国家全体の目的のためにするものにほかならないのである。

それであるから、この第一種の傾向に属する見解は、今日の国家思想の下においては、断じて排斥すべきものであります。

第二種の見解―団体説

第二の見解は、第一種の見解とは反対に、国家を以て単に一人の持ち物とはなさず、国民全体の永久的の結合体であると見るの説であります。この傾向に属する学説もいろいろに分かれて居って、あるいは国家は有機体であると説明する者もあり、あるいは国家は一つの団体であると解する者もあるが、その大体の思想はいずれも同様であって、その第一種の見解と異なって居る最も著しい点は、君主と国家とを権利主体と客体との関係にあるものと看做《みな》さず、君主も臣民も同心一体を為《な》し、その全体を以て有機的の団体を為して居ると見ることにあります。国家を以て単なる統治の目的物となさず、国家それ自身が目的を有し活動力を有する主体であると見るのであります。

この第二の見解が国家の本質についての唯一の正当なる見解であります。因《よ》ってこれよりこの見解にしたがって簡単に国家の本質を説明しようと思います。

国家は団体なり

第一に国家は一つの団体である。団体とは、簡単に言えば、共同の目的を以てする多数人の結合なりということが出来ます。単に多数人の集まりが常に団体であるというのではなく、或る共同の目的があって多数の人が一致協力してその合同的の力に依ってその目的を達しようとする場合にのみこれを団体ということが出来るのであります。たとえ多数人が同じ目的を以て相集って居る場合であっても、その多数人が一致協力してその目的を達しようというのではなく、各人が各々自分の目的を達しようとするのであるならば、それはただ偶々《たまたま》甲の目的が乙の目的と同じであるというばかりで、甲と乙とは各自独立の目的を有《も》って居るのであって、決して共同の目的を以て結合して居るものということは出来ぬ。例えば同じ汽車に乗合って居る乗客とか、同じ芝居を見に来て居る観客とかいうようなものは、いずれも団体ではない。団体には常に或る共同目的が必要で、共同目的というのは常に多数人の協力ということをその前提として居るものであります。人間はその一個人としての力は甚だ薄弱なもので、その生命にも限りのある事であるから、もし一個人だけで仕事をするとなれば、その為し遂げ得べき範囲は極めて僅《わず》かで、人生の目的は到底これを達することが出来ないと言わねばならぬ。多数の人が協力一致して事を行い、または一人が死んでから後にも他の人がその意思を継いで同じ目的を達するというように、団体的活動を為すことに依りて、始めて人生の目的を達することが出来るのであります。

団体は目的を有し活動力を有す

団体の共同目的は固より団体に属して居る各個人の目的ではあるけれども、各個人が各自独立にその目的を達しようとするのではなく、団体共同の力に依ってこれを達しようとするのであるから、われわれの普通思想においては団体そのものをあたかも生存力を有《も》って居る活物の如く看做し、団体そのものが或る目的を有って居るものとして考えるのであります。例えば或る事業のために会社を設立するとすれば、その事業は会社自身の目的であると看做されるし、或る政党が作られるとすれば、その政党が或る一定の目的を以て活動して居るものと看做されるのである。その結果としてまたその共同目的を達するがためにする活動は凡《すべ》て団体自身の活動と看做される。その活動は固より各個人がこれを為すのであるけれども、各個人が自己の独立の目的のためにこれを為すのではなく、団体の共同目的のためにこれを為すのであるから、われわれの普通思想においてその活動自身が団体に属し団体が自ら活動するものと看做すのであります。すなわち会社が営利事業を営んで居るといい、政党が政綱を発表するというように、団体それ自身に活動力があり、意思を有って居るものと看做すのであります。

団体は機関を有す

総《すべ》ての団体はこの如く共同の目的を有ししたがってまた活動力を有って居るものでありますが、しかしながら実際にその活動を為す者は固より各個人でなければならぬ。団体に属して居る各個人が団体の共同目的のために働き、その活動が団体自身の活動と看做さるるのであって、この如く団体のために働く所の人を団体の機関と申します。この如き機関は総ての団体が必ずみなこれを備えて居るべきもので、いやしくも団体たる以上は如何に薄弱な如何に小さな団体といえども、必ず機関の無いものは無い。あたかも人間にも頭脳を初めとして、呼吸機、消化機、血行機、手足、耳口などいうような各種の機関があって、各々一定の職分を有って居り、人間の活動は凡てこれらの機関に依って行わるるのと同じように、総ての団体にもまた必ず団体の機関があって、それらの機関が各々一定の職分を有《も》って団体のために活動し、その活動が団体の活動となるのであります。

以上は総ての団体に共通の性質を述べたので、すなわち団体には必ず一定の目的がありその目的を達するがための活動力すなわち意思力があり、その活動を為す所の機関がある。国家もまたこの如き団体の一種類であるからしたがってまた凡てこれらの性質を備えたものでなければならぬことはもちろんであります。

国家は有機体なりというの意義

国家のこの如き性質を言い表わすためにまた国家は一つの有機体であると申すことがあります。国家が有機体であるというのは畢竟《ひっきょう》国家が団体であるというのと同じ意味に帰するので、すなわち国家があたかも人間その他の有機体の如く生活力を有して絶えず生長発達し、あるいは元気の盛んなこともあれば、あるいは老衰することもあり、各種の機関を備えて、その機関に依って活動するものであることを言い表わすものにほかならぬのであります。

国家が一つの団体であることは右述ぶる通りであるが、これだけでは未だ国家の性質を明かにしたものと言うことは出来ぬ。国家の性質を明かにするには、なお国家が他の総ての団体と区別せらるべき特色を明かにせねばならぬ。国家が他の団体と区別せらるべき特色は三つの点を挙ぐることが出来ます。

第一　国家は地域団体であること、

第二　国家は統治団体であること、

第三　国家は最高の権力を有する団体であること、

これであります。

国家は地域団体なり

国家が地域団体であることは国家の第一の特色であります。地域団体というのは一定の土地を基礎として成立して居る団体ということである。国家は必ず一定の土地を占領してこれを自分の領土として居り、国家を組織して居る人々すなわち国民はこの領土の上に定住して国家という団体を成して居るのである。こういう一定の領土がなければ、如何に多数の人が結合して居っても国家の性質を有って居るものということは出来ぬ。人間に譬《たと》えて言うならば丁度体軀《たいく》のようなもので、あたかも人間は体軀が必要である通りに国家にもまた領土が必要なのであります。

国家は統治団体なり

国家の第二の特色は国家が統治団体たることにある。統治団体とは、単に特定の事業のみを目的とする団体ではなく、広く人類の生活を幸福ならしめんことを目的とし、しかしてこの目的のためにその団体に属する人民を支配する力を有《も》って居る団体を謂《い》うのであります。統治ということは、元来支配という意味であって、いやしくも国家という以上は、必ず人民を支配するだけの力を有って居なければならぬ。もしこの支配力を備えて居ないものであれば、それは無政府の状態であって、もはや完全なる国家としての存在を失ったものと言わねばならぬ。しかしてその支配権は専《もっぱ》ら一般人民の福利のために行わるべきもので、人民の幸福を全うすることが国家の目的の存する所である。この点において国家は単純なる事業団体と区別せらるるのであります。

国家が地域団体でありまた統治団体であることは国家の著しい特色であるけれども、これは必ずしも国家ばかりではなく、府、県、市町村というような、いわゆる地方団体もまた地域団体の一種で、等しく一定の地域を占めまた人民を支配する力を有って居るものである。国家とこれらの地方団体との区別を明かにするには、なお国家の第三の特色を知らねばならぬ。

国家は最高権力を有する団体なり

国家の第三の特色は国家が最高の権力を有する団体であることにある。これが国家の最も著しい特色で国家をして他の総ての団体と区別せしむる所以《ゆえん》であります。前に述べた通り、総ての団体はみな活動力すなわち意思力を有って居るものであるが、国家以外の団体はみな自分の勝手に如何なる活動をも為し得べき力を有って居るものではなく、常に他の権力の下に服し殊に国家の権力に依って制限せられて居るものであります。如何なる団体といえども国家の命令に服せず独立自由の行動を為し得べき力を有するものは無い。ひとり国家のみは如何なる権力の下にも服することなく、自分で自ら制限を加うるほかには何者の命令をも受けず何者に依っても干渉せらるることは無いのであります。固より国家といえども全く無制限にどんな事でも勝手に為すことが出来るというのではなく、国家は一面には国内法と、一面には国際法とに依ってその行動を制限せられて居るものであります。国家といえども法律に違うた行動を為すことは出来ないもので、法律に定まって居る以外に勝手に人民を刑罰に処したり、人民から租税を取り立てたりするというようなことは、もちろん為すことを得ないのであります。国家はまた国際法にも違反することの出来ないもので、その外国に対する行動は常に国際法の範囲においてのみ為すことを得べきものである。国家にはこの如き制限がありますけれども、しかしながら、これらの制限はいずれも国家以外の他の権力から加えられた制限ではなく、国家自身が自ら加えた制限であります。すなわち国内法は国家が自分で制定し改廃することの出来るものであるから、国家が国内法の規定に従うのは、他から制限を加えらるるのではなく、自から自分の加えた制限に服するものであることは言うまでも無い。国際法は国家が自分だけで勝手に制定し改廃し得るものではないが、国際法もやはり国際団体内の総ての国家が一致承認して始めて成立するもので、また国家の意思に反して外から加えられた制限というものではない、国家が自らこれに同意し自らこれを承認して、始めて国際法が成立するのであって、国家が国際法に従うのはやはり国家が自らその同意し承認した所に従うのにほかならぬのであります。国家はこの如く自分の意思に基いて自ら制限を加えるほかには、他の者の意思に依って制限を受くることの無いもので、この如き性質を言い表わすために、国家は最高の権力を有すというのであります。権力というのは活動力、意思力というのと同じ意味で、すなわち最高の権力を有すというのは最高の意思力を有すということにほかならぬのであります。最高の意思力というのは自己の意思に反して他の者に依って自己の活動を制限せられないことを言い表わす語で、語を換えて言えば国家の意思力は国家が自ら制限するほかには他の者の意思に依って制限せられ拘束せらるることの無いことを謂うのであります。

最高権力を有せざるものは国家にあらず

国家が他の地域団体すなわち地方団体の類と区別せらるる所以は専らこの最高の権力を有するの点にある。他の地域団体はいずれも国家の権力の下に服し国家に依って制限せられて居るものでいずれも最高権を有するものではなく、ひとり国家のみがこの性質を備えて居るのであります。市町村だの府県だのについてはその最高権を有するもので無いことは言うまでも無いが、その他の地域団体についてもいずれも同様であります。例えば英国の殖民地の中でも、濠洲聯邦とか加奈陀《カナダ》とか南阿《ア》聯邦とかいうようないわゆる自治殖民地は、殆《ほと》んど独立の国家と大差の無い組織を為して居って、憲法を有し、国会を有し、内閣もあれば独立の裁判所もあるという有様でありますけれども、やはり英国の権力の下に服して居るものであって、最高の権力を有するものではなく、したがって国家たる性質を有するものではない。印度《インド》の如きも名義上は印度帝国と称し、英国の国王はその公の称号としては、大貌利顚《ブリテン》及愛爾蘭《アイルランド》合衆王国国王並印度皇帝云々と称せらるるのでありますけれども、印度はやはり英国の権力の下に服して居るもので、等しく英国の一殖民地たるものに過ぎぬ、決して一国家たる性質を有するものではないのであります。

ただ多少の疑いのあるのは独逸《ドイツ》帝国、米合衆国および瑞西《スイス》聯邦の如き、いわゆる聯邦を組織して居る各国であります。これらは、何人も知って居る通り、たくさんの国が集まって一つの国家を組織して居るので、独逸帝国は普漏西《プロシャ》を初め二十五箇国より成り立って居り、合衆国は四十有余の諸国から作られて居り、瑞西もまた同様に多くの「カントン」から組織せられて居るのである。これらの聯邦を組織して居る各国は普通にはやはり国家の性質を備えて居るものとせられて居りますけれども、その実はこれらの各国はいずれも帝国、合衆国等の中央権力の下に隷属して、これに依って制限せられて居るもので、最高権を有するものではないのでありまず。したがってもし前に述べた通り最高権を有することが国家の要素であるとするならば、これらの国は真の国家ではないと言わねばならぬ結果となるのであります。国家たる性質を有《も》って居るのはただ独逸帝国、米合衆国それ自身で、これを組織して居る所の諸国はその下に属して居る一種の地域団体たるに過ぎぬもので、独立の国家たる性質を有するものではないということになるのであります。こういう考えが果して正しいかどうかは、独逸において殊に激しい議論のある問題で、独逸では多数の学者は、独逸帝国も一つの国家であり、これを組織して居る普漏西その他の聯邦各国も、また各々一つの

聯邦各国の性質

国家であると、主張して居りまして、その結果は、国家の権力は必ずしも常に最高であるとは限らないものであるというような主張を為して居る人が多いのであります。この問題を詳論しますのは、あまりに専門的に渉《わた》りますから、ここには略しますが、私は歴史的の因襲を離れて単に理論から申すならば、むしろ聯邦各国は真に国家たる性質を有するものではないという方が正しいのではないかと考えて居ります。独逸の学者が、聯邦各国もまた各々一つの国家であるとして居るのは、ただこれらの国が歴史上かつて独立の国家であったという、歴史的の事実に制せられて居るのではないかと思うのであります。それはいずれにしても、日本の国家の説明としては、国家は最高の権力を有する団体であるということが、正しい説であることは更に争いを容れない所であります。

国家の定義　国家の性質はほぼ以上述べた通りで、約言すれば、国家は最高の権力を有する領土団体なりと言うことが出来ます。詳しくいえば「国家は一定の土地を基礎とする団体にして自己の意思に基き自ら制限を加うるのほか他の者に依りてその意思を制限せられざるの力を有するものなり」と、定義することが出来るのであります。

国家の権力は無制限にあらず

国家が最高の権力を有すということは、決して絶対無制限の権力を有すというの意味ではない。普通に能《よ》く国家が絶対無限の権力を有《も》って居るということを言うのは、甚だ間違いで、前にも言う通り国家は一面には国際法の制限を受け一面には国内法の制限を受けて居るものであります。国家はただこの制限内においてのみ活動することが出来るのでありますが、ただこの制限は国家自身の意思に反して生ずるものではなく、国家が自ら加える所の制限でありますから、国家が最高の権力を有すというのであります。

国家は法人なり

法律上から見て、国家は一つの法人であると申します。法人とは法律上の人ということで、すなわち法律上人と同一視せらるることを言い表わすのであります。前にも述べた通り、凡て団体はそれ自身に生存目的を有し活動力を有って居るもので、これらの点において団体はあたかも人間と同様の性質を有って居るものであるから、法律上の見地においても団体それ自身があたかも一個の人であるが如くに看做し、これを法人というのであります。もっとも総ての団体がみな当然に法人と看做さるるというのではなく、団体の内でも、その結合が特に強固で、多少継続的の性質を有し、その他人に及ぼす利害関係の広いものだけが、特に法人として保護せらるるのであります。国家は総ての団体の中でも最も永続的な、その関係の及ぼす所の最も広いものでありますから、もちろん一つの法人たる地位を有って居るのであります。

法律上において人というのは、権利能力の主体ということであります。すなわち法律上に人の人たる所以、人が他の総てのものと区別せらるる所以は、その権利能力を有することにあるのであります。権利能力というのは、畢竟《ひっきょう》、自己の生存目的のためにする活動力、または自己の利益を達するがための意思力ということで、すなわち法律上において権利能力の主体というのは、利益の主体たり、意思力の主体たることが、法律上に認められて居る者を謂うのであります。団体が法人であるというのは、すなわち団体が自己の利益を有し、自己の意思力を有することを法律上に認められて居ることを謂うので、約言すれば、団体が法律上の権利能力を有すということに帰するのであります。

国家が一つの法人であるというのも、またこれと同様に、国家が権利能力を有することを意味するので、国家はあたかもそれ自身に一つの人であるかの如くに、権利能力を有しその権利能力に基いて種々の権利を享有するのであります。

国家の権利の二大種類　国家の享有する権利は、その種類にいろいろありますが、大別すると二種類に分けることが出来ます。第一種は、国家のみならず、他の総ての法人でもまたは一個人でも享有することの出来るもので、これは主として財産権であります。総ての法人または一個人は、いずれも財産を所有しこれを処分することが出来ると同様に、国家もまた財産権の主体たることが出来ることはもちろんであります。第二種は、国家に特有なる権利でありまして、すなわち国内の総ての人民に対して命令強制を為し得るの権利であります。これは国家のみが享有して居る権利で、他の法人または一個人は特に国家から附与せられた場合のほかは、これを享有することの出来ぬものでありま す。地方自治団体であるとか、自治殖民地とかいうものは、いずれも国家からこの権利を附与せられて居るものであります。この国家の権利を称して、統治権というのであります。

要するに、国家の権利は、総ての人の一般に享有することの出来る財産権と、国家にのみ特有なる統治権と、この二種類に分けることが出来るのでありまして、前者はこれを国家の私権と謂い、後者はこれを国家の公権と謂うことが出来ます。

国家の統治権

国家の統治権は、国家の最も大切なる権利で、これに依って国家が国家としての生存を全うすることが出来るのであります。統治権とは、一口に申せば命令強制の権利ということが出来ますが、今少し精密に申すならば、国家はその統治権に基いて、第一には、一定の人民を自国の臣民と定め、その臣民たる者を独占的に支配し、これに対して命令を為しその命令を強制し、その権利関係を定むることが出来ます。この権利は通常これを対人高権と申します。約言すれば臣民たるべき資格要件を定め、およびその臣民を支配するの権利であります。第二には、一定の土地を自国の領土と定め、その領土内にある者は、自国の臣民であると、または外国人であるとを問わず、凡てこれを独占的に支配することが出来ます。この権利を称して、領土高権と謂い、または単に領土権と申します。約言すれば、自国の領土を定め、および領土内における総ての者を支配するの権利であります。凡て新領土を取得するのは、領土権の拡張であります。最後に第三には、国家はその統治権に基いて、自由に自国の政体を定めその組織を定むることが出来ます。この権利を称して組織高権と謂うことが出来ます。対人高権、領土高権および組織高権、この三つを合せたものが、すなわち国家の統治権であります。

主権の三種の意義

統治権の事を述ぶるついでに、主権という語について一言しておきます。主権という語は、従来色々の意味に用いられて居りまして、往々混同を生ずるの虞《おそれ》があります。主権という語は、本来英語の「ソヴェレヌチー」

〔sovereignty〕という語を訳したので、「ソヴェレヌチー」というのは、本来は「スプリームネッス」〔supremeness〕、すなわち「最高」とか「至上」とかいう意味であります。前に述べた通り、国家は最高の権力を有《も》って居るもので、すなわち自分以上に自分を支配する権力の無いものでありますから、この性質を現わすがために、国家の権力は「ソヴェレン」である、「スプリーム」である、最高であるというのであります。すなわち主権ということは、最高権ということの意味で、詳しく言えば、自己の意思に反して他より制限を受けざる力ということであります。しかるに主権という語は、また一転して統治権という語と同じ意味に用いらるることが普通でありまして、通俗には統治権というよりも、主権という方が広く行われて居るようであります。しかしながら最高権ということと統治権ということとはまるで違った意味で、これを混同せぬように注意することが甚だ必要であります。統治権というのは人に命令し強制するの権利であり、最高権というのは、他から命令せられない力をいうのであります。主権という語が、常に統治権と同じ意味に用いらるることは、現時の一般の慣例でありますから、強いてこれを排斥するにも及ばぬことでありますが、ただこの意味においての主権すなわち統治権は、本来の意味においての主権すなわち最高権ということとは違った意味であることを、忘れてはならぬのであります。主権という語は、更にまた第三の違った意味に用いらるることが、これも極めて普通であります。それは、国家内において最高の地位にある機関の事を言い表わすために用いらるる場合で、あるいは君主は主権者であると言ったり、あるいは主権は国民に属すと言ったりするようなのを謂うのであります。これも極めて普通に用いられて居る用例で、西洋の諸国の憲法には、憲法の明文の中に、主権は国民に属すとか、君主に属すとかいうことを規定して居るものも少なくないし、普通の日本語としても、君主が主権者であるということは、常に用いられて居る語であります。しかしながら、この意味における主権は、前に述べた第一の意味または第二の意味の主権とは、全く異なった意義に用いられて居るもので、この場合の主権というのは、ただ国家内における最高機関の地位を言うのであります。前に述べた第一の意義の主権は、国家の権力それ自身が最高であることを言い表わすのであるが、この第三の意義の主権は、国の主権は、国家内において何人が最高の地位にあるかを言い表わすもので、主権が国民に属すというのは、国民が国家の最高機関であることを言うのであり、君主が主権者であるというのは、君主が国家内において最高の地位にあることを言うのであります。この意味においての主権は、また第二の意味の主権すなわち統治権という意味とも全く違ったもので、君主が主権者であるというのは、決して君主が統治権の主体であるという意味ではない。統治権は国家の権利であって、君主の権利でもなく国民の権利でもない。統治権は国家という全団体の共同目的を達するがために存する所の権利で、その団体自身が統治権の主体と認むべきことは、当然であります。君主が主権者であるというのは、ただ君主が国家の最高機関であって、国家内において最高の地位を有する者であることを意味するものと解すべきであります。主権者という語は、極めて普通な語でありますから、その語を使用するのは、あえて差支《さしつか》えは無いが、ただその意味を正解することが必要で、決して統治権の主体という意味に解してはならぬのであります。

国家の性質についての説明は、これ位にしておいて、次に政体ということについて、説明いたします。

二　政体の種類

政体の意義　総《すべ》ての国家には必ず一定の政体がある。政体というのは、簡単に言えば、国家機関の組織ということであります。国家には必ず種々の国家の機関があることは、前にも述べた通りで、これらの機関があるに依《よ》って、始めて国家が国家として活動し存在して行くことが出来るのであります。国家に政体の区別のあるのは、これらの国家の機関の組織が、各国いろいろに異なって居ることから生ずる区別でありまず。国家の機関の組織は、多くは各国の歴史上の事情に依って定まるもので、各国は各々その歴史を異にして居るから、したがってまたその機関の組織も各国それぞれ相異なって居って、いずれの二国といえども全く同一の組織を為《な》して居るものは無い。かく国家機関の組織に異同があるために、国家に政体の区別を生ずるのであります。

国家の政体は、この如《ごと》く各国尽《ことごと》く相異なって居るもので、同じ国家でも時代に依って常に変遷して居るものであるから、もし精細にこれを分類するとなれば、到底その種類を列記し尽くすことは出来ない程であります。けれどももし細目における異同を去って、ただ極めて大体についてこれを区別するならば、国家の政体は、まずこれを君主政体と共和政体との二種に大別することが出来ます。

政体の二大種類

君主政体と共和政体との区別は、国家最高機関の組織如何《いかん》に依るの区別であります。国家の機関はその種類極めて多様でありますが(*)、その無数の国家の機関の中には、必ず或る一つの機関が国家の最高の地位にあって国家の総ての活動はみなこの最高機関にその原動力を発するものがなければならぬ。人間に譬《たと》えて言わばあたかも頭脳の如きもので、人間の各種の機関の活動はみなその源を頭脳から発して居るのであります。この如き国家の最高の地位にある機関を、国家の最高機関というので、通俗に主権者と言い習わして居るのは、すなわちこの最高機関の事を謂《い》うのにほかならぬのであります。この最高機関の地位にある者は国に依ってあるいは一人であることもあり、あるいは多数人の合議体であることもある。君主政体と共和政体との区別はこれに依って生ずる区別で、すなわち最高機関の地位に当る者が一人であればこれを君主政体の国といい、多数人が相集まって合議体を為し、その合議の結果が国家の総ての活動の原動力を為して居る国は共和政体の国というのであります。

君主政体と共和政体との区別は、その最も純粋の形においては容易に分かつことが出来る。最も純粋なる君主政体と言えば、君主ただ一人で国家の権力の総てを掌握して居る政体を言うのであります。もちろん君主が一人で、総ての事務を行い、総ての事を決定することは実際に出来ることではありませんが、君主の下に多くの機関があって、その命の下に事務を分掌して居るのは、等しく純粋の君主政体たることを妨げないのであります。これら総ての他の機関はみな君主の下に立ち、君主の命を受けてその事務を分掌して居るもので、みな君主の機関たるものであるから、なお君主がただ一人で総ての権力を掌握して居るものということが出来るのであります。最も純粋な共和政体というのは、国家を組織して居る総ての国民が相集まって国の政治を議し、その合議の結果に依りて国家の総ての活動が行われて行く政体をいうのであります。

最も純粋の君主政体と、最も純粋の共和政体とは、この如くその区別は甚《はなは》だ判明であるが、この如き純粋の君主政または純粋の共和政は、ただ比較的幼稚な単純な社会においてのみ行われ得べきもので、やや発達した国家においては行われ難い所である。君主が他の機関からは少しの制限をも受けず、任意に総ての国政を行い、君意がすなわち国法なりというような有様は、もはや遠く過ぎ去った時代の事で、個人の自由が尊重せられ、国民の自覚心の起ってきた時代においては、到底行わるべき所ではない。純粋の共和政もまた同様で、やや大なる国家にあっては、総ての人民が一個所に集まって自ら事を相談することは、これも実際に行うべからざる所である。

それであるから、近代の諸国においては、この如き意味においての純粋の君主政体を取り、または純粋の共和政体を取って居る国は、むしろ稀でありまして、君主政体の国であっても多少は共和政に近い要素を含んで居り、共和政体の国であっても多少は君主政の要素を含んで居るのであります。したがって君主政体と共和政体とは互いに相接近の国でも、大統領というものがあって、その大統領がやや君主に近い権力を有《も》って居るし、君主政体の国でも君主のほかに国会があって、国政に与《あずか》るの権を有って居り、その点においてはやや共和政に近い要素が含まれて居るのでありまして、その間の区別はもはや最も純粋の君主政と共和政との区別の如く、一人で国家権力の総てを掌握して居ると否とに、これを求めることは出来ないのであります。

君主政と共和政との区別はこの如く必ずしも判明疑いを容れぬものではないので、したがってまたその区別の標準については種々の異説があるのであります。国に依ってはその国が君主政の国であるかまたは共和政の国であるかについてすらも、議論が甚だ分かたれて居るものが少なくない程で、例えば白耳義《ベルギー》の如きはあるいは君主国であるという者もあり、あるいは民主国すなわち共和国であるという者もある。白耳義の憲法中には明かに主権は国民に属すと書いてあって、この規定のあるために、その民主国であることは明瞭であるとする者もありますが、実際は白耳義には国王があって、その国王は他の君主国における国王と同様の権力を有し同様の地位を有して居るのであるから、等しく君主国というべきものとなして居る学者もあります。独逸《ドイツ》帝国の如きもあるいは共和国とする人もありあるいは君主国とする人もあるし、英吉利《イギリス》もまた同様で、国王はただ名目上の主権者たるのみで、実際は国民が主権者であるとなして居る学者も少なくない。

君主政体と共和政体との区別はこの如く決して或る一人が国家権力の総てを掌握して居るか否かにこれを求めることは出来ぬのであります。もし君主が一人で国家の総ての権力を掌握して居ることを、君主政体の特色とするならば、君主政体の国は今日の世界には殆《ほとん》ど全く無いと言わねばならぬ。日本もまた少なくとも政権が武門の手に帰してから以来は、君主政体たることを失ったと言わねばならぬ結果となるのであります。その誤謬《ごびゅう》たることは言うまでも無い事で、君主が一人で国家権力の全部を掌握することは、決して君主政体の要素ではないのであります。

君主政の特色

君主政体の特色は自分の見る所に依ると、国家の最高の意思が或る一人の人の決定する所に係り、または少なくとも或る一人の同意を得なければ成立しないということにあると思う。国家の最高の意思というのは、国家の総ての活動の最高の源となるべき意思を謂うのであります。もし成文の憲法を有する国であるならば、憲法が国家の最高の意思たることは言うまでも無いから、その憲法を制定しまたは改廃するの力が或る一人にのみ属し、または或る一人の同意を得なければこれを決することが出来ぬ場合においては、その国は君主政体の国であります。そのほか、国政の実行の任に当って居る大臣その他の大官を任命するの権とか、国政の議決の任に当って居る国会を召集するの権とかいうものは、いずれも等しく国家の最高の意思たるべきもので、国家の活動の最高の源たるものであるから、これらの力が君主から出て居ることは以て君主国の特色となすべきものであります。

歴史上における帝国の政体

これを我が国の古来の歴史について見ても、国家の権力は長い間殆ど全く幕府の手に移って、軍事上の権力も政治上の権力も、殆ど凡《すべ》て幕府に依って行われ、朝廷は殆どただ虚器《きょき》を擁するに止まるの有様であったけれども、それでもなお将軍宣下《せんげ》の権は朝廷に属して居ったので、天皇から征夷大将軍に任ぜられ、その御委任を受けて始めてそれら総ての権力を行うことが出来たのである。権力の最高の源はなお常に天皇にあったので、将軍の幕府はただその御委任に依って元来天皇に属して居る権力を天皇の名において行ったものにほかならぬのであります。今日の有様について見ても、国家の権力の全部が天皇御一人に属し、御一人の御随意に総ての政治を行わせ給うというのでないことはもちろんである。法律を作るには国会の議決を経なければならぬ、裁判を為すには裁判所の独立の権限に依るのであって、勅旨を以ても大赦特赦等に依るのほかこれを動かすことは出来ぬ、行政についても大臣の同意が必要で、天皇の御勝手に遊ばさるるのでは決してない。けれどもこれら総ての制限にかかわらず、国家の最高権力はなお常に天皇御一人にあるのであって、法律は国会の議決を要するのであるけれども、その国会自身は天皇の召集があって始めて開会することが出来るものであり、法律もまた天皇の御裁可を得ねば成立することは出来ぬ。裁判所および大臣はいずれも天皇の任命に依って、始めてその地位に就き、その権限を得るのであって、その権力の源泉はいずれも天皇にあることは言うまでもない。我が国が古今常に君主政体の国であるというのはかくの如き理由に依るのであります。

共和政の特色

共和政体はこれとは全く趣を異にして居る。共和国にも大統領というものがあって、やや君主に類した地位を有《も》って居りますけれども、大統領は決して国家の最高の機関たるものではない。大統領は国民から選挙せられてその地位に就き、国民の委任に依ってその権力を行う者で、その権力の源は大統領自身にあるのではなく、国民にあるのであります。加之《しかのみならず》、大統領と国会との関係について見ても、国会は大統領の招集を待たず自から集会するの権を有って居るし、法律を制定するのでも、憲法を改正するのでも、大統領はただ不認可権を行ってこれを再議に附するの権があるばかりで、国会がなお堅くその決議を固守する場合には、大統領の同意なくとも国会の議決だけで、法律を作り憲法を変更することが出来るのであります。その君主国における君主と全く地位を異にして居ることは明瞭であります。

政体の再別

君主政体と共和政体との区別は政体の最も根本的の区別でありますが、この二大種類の中にも更に種々の体様があります。同じく君主政体の中にも種々の種類があるし、同じく共和政体と言ってもその種類はまた非常に多いのである。

君主政体の二種類

君主政体の各種の体様はその種類甚だ多く、色々の点からこれを区別することが出来ますが、君主の法律上の地位から区別するのが最も大切で、この点から区別すると、君主政体はこれを二大種類に区別することが出来る。一つは専制君主政体または独裁君主政体で、一つは制限君主政体であります。専制君主政体というのは、君主が国家権力の全部を握って、総ての国家機関はみな君主の委任を受け、君主の命の下に国家の事務を行って居るのを謂うのであります、前に最も純粋な君主政体といったのはすなわちこの種類を謂うのであります。制限君主政体とは、これに反して、君主のほかに君主の命令の下に立たない独立の機関があって、その独立の機関に依って君主の権力が法律上に制限せられて居るものを謂うのであります。

専制君主政体の種類

専制君主政体にも制限君主政体にもそれぞれ種々の体様があります。専制君主政体にもあるいは君主が神の代表者と看做《みな》され、神意に基いて総ての権力を行うものとされて居るものもある。かかる政体を普通に神主《しんしゅ》政体と言って居ります。あるいは国民が凡て一家族の如くに看做され、君主はあたかもその家長の如き地位にあってこれを総括し支配して居るものもある。かかる政体はこれを族長的君主政体ということが出来ます。あるいは領土および臣民はこれを君主の世襲財産の如く看做し、領土は君主の私有地であり臣民は君主の私の臣僕であるというように看做されて居るものもある。かかる政体は普通に家産的君主政体と言って居ります。

制限君主政体の種類

制限君主政体にもまた種々の種類がある。殊《こと》に中世の封建政治は制限君主政体の著しい例で、封建時代においては君主が国権の全部を自ら掌握して居ったのではなく、日本においては天皇の下に将軍があり、将軍の下に更に多くの大名があって、天皇の権力は甚だ制限せられたものであった。西洋の諸国では別に将軍というものはなく、君主が自から日本でいう将軍の地位にあったのであるけれども、なお君主の下に多くの大名があって、大名は或る範囲においては君主の命令の下に立たず、君主の権力はこれがために甚だ制限せられて居ったのであります。しかしながら封建時代は既に歴史上の過去の事で、今日はもはやその跡を止めないのでありますが、近世において制限君主政体の最も著しいのは、言うまでもなくいわゆる立憲君主政体であります。

立憲君主政体の特色

立憲君主政体は今日では世界の重《おも》なる君主国に普《あまね》く行われて居る制度であります。その最も著しい特色は、君主のほかに国民の代表者として国民から選挙した国会があって、国会が立法権およびその他重要なる国家の行為に参与するの権を有《も》って居ることにある。すなわち一口に言えば国民の代表者たる国会の置かれてあることが立憲君主政体の最も主なる特色であります。国会は君主の召集に依ってのみ開会するものではあるけれども、国会が法律を議決しその他の総ての議決を為すには、いずれも君主の命令の下に立たず、自己の独立の意見に依って議決するので、すなわち君主からは独立した地位を有って居るのである。国会の性質および権限についてはなお後に説明するのでありますが、要するに国会の最も著しい性質は国民の代表者たることと、立法に参与し行政を監督するの権を有することとにあるのであります。国会の設置の目的は国民をして国政に参与せしめんとするのにあるので、国民の全体を一堂に集めて国政を議せしむることの代りに、国民中よりその総代として国会の議員を選ばしめて、これをして国政に参与せしむるのであって、これが立憲君主政体の最も著しい特色であるのであります。

君主が法律を作るにあたって或る特別の集会を設けて、その集会の決議が無ければ法律を作ることが出来ぬようにして居るのは、必ずしも立憲政体においてのみ存する所ではない。我が国においても、憲法制定前に元老院が設けられて、法律は凡て元老院の議決を経てこれを定むることにして居ったのでありますが、これは決して立憲政体ではない。元老院はただ官吏の集まりであって、国民の代表者たる資格を有って居るものではないから、これが法律を議決するの権を有って居っても、これを以て立憲政体と言うことは出来ぬのはもちろんであります。欧洲の諸国殊に仏英独等の諸国では、中世においても、君主のほかに貴族、僧侶、市民などの特別の階級の代表者から成り立って居る会議があって、新たに租税を賦課しまたは法律を議決するには、この会議の議決を要することとなって居ったのでありますが、これも立憲政体ということは出来ぬ、何となればこれも全国民の代表者たるものではなくして、ただ国民の中の或る特別の階級の代表者たるに過ぎなかったからであります。立憲政体たるには、必ず国民の代表者たる国会が無ければならぬ。すなわち全国民が国会を通じて国政に参与するものでなければならぬのであります。今はあまり行われぬ語でありますが、古くは、立憲政体の事を称して君民同治の政治と言って居りましたが、これは能《よ》く簡単に立憲政体の特色を言い表わしたもので、立憲政体においては、われわれ国民は、単に被治者たるのみならず、同時にまた自から治者の一員となって、国権に服従すると共にまた一面において自から国政に参与するのであります。自から国政に参与すると言っても、固《もと》より総ての国民が自から直接にその相談に与るのではないが、国会が国民の代表者として国政に参与するのであるから、国民は間接に自から国政に参与することになるのであって、すなわち君主と国民と共同して国家の権力を行って行くというのが立憲君主政体の本質であります。

立憲政体の沿革

この如き意義においての立憲政体は、その初めはまず英吉利《イギリス》において発達した制度であって、その広く世界各国に行わるるに至ったのは、第十八世紀の後半期以後、第十九世紀中にあります。前に述べたような貴族、僧侶および市民等の特権ある階級の会議は、英国のみならず、西班牙《スペイン》、仏蘭西《フランス》、独逸《ドイツ》等の諸国は、中世以来いずれもこれを備えて居ったのであるが、他の諸国においてはその会議は近代における中央集権の傾向の盛んになったと共に、あるいは全く消滅し、あるいは有名無実のものとなったのに反して、ひとり英国においては、その会議が漸次発達して、初めは特権階級の代表者に過ぎなかったものが、後には全国民の代表者たる性質を有するに至り、近代的の国会に変ずるに至ったので、英国においては一六八八年の革命以後はほぼ近代的意義においての立憲制度が確立したものと言ってよいのであります。その後第十八世紀の後半期に、亜米利加《アメリカ》における英国の殖民地が、英国から分離独立して、各々独立の国家となり、次いで今日の米合衆国を組織したのでありますが、米国の制度は英国の制度より出でて、更に一層これを極端にし、純粋の民主政体を作った。近世的の民主政体の模範は実にこの米国の制度から出て居るものと言ってよいのであります。欧洲大陸においては、第十八世紀末の仏蘭西の大革命に依って、仏蘭西においてまず最初に立憲政体を採った。仏蘭西はこれより後しばしば政体の変遷があって、大革命の初めには、なお王政を維持して居ったけれども、間もなく王政を顚覆して、共和政治となり、次いで奈破倫《ナポレオン》〔Napoléon Bonaparte, 1769–1821〕の執政政府となり、進んで奈破倫の帝政となり、一八一四年に奈破倫の没落の後は、また旧「ブルボン」王朝の王政復古となって、英吉利に倣った立憲政治を行ったが、一八三〇年の革命に依ってまた「オルレアン」王朝に変じ、一八四八年の革命には更にその王朝を倒して、第二共和政治となり、次いで奈破倫《ナポレオン》三世〔Napoléon III, 1808–1873〕の第二帝政政府となり、普仏戦争の後帝政政府が倒れて、一時仮政府が立てられ、一八七五年に至って現行の憲法が作られて、今の第三共和政治の世となったのであります。仏蘭西《フランス》の政体は大革命以後この如くしばしば変遷したけれども、欧洲における立憲政体の普及については、仏蘭西が常にその先導者たる地位にあったので、欧洲大陸の諸国は直接に英国の制度に倣ったよりも、むしろ仏国の影響に基いて、十九世紀の中頃までに、その重なる諸国は相次いで立憲政体を採るに至ったのであります。

日本においてもまた明治二十三年に始めて国会が開設せられ、立憲政体を採ることになった。これが東洋における最初の立憲国であります。二十世紀に入っては、恐らくは日露戦争の刺激に因《よ》って、露西亜《ロシア》、土耳古《トルコ》等の諸国も国会を開設することとなり、更に進んでは支那の革命となって、支那も民主政の国となり、この如くして世界の重なる文明国は、あるいは民主国たるか、しからざればみな立憲君主政体を採ることとなったのであります。立憲政体が将来永遠にわたって変更すべからざる理想的の制度であるや否やは固より断言し難い所でありますが、少なくとも今日の状態においては、これが世界における動かすべからざる大勢であることは争うべからざる所であって、また国民の自覚心から生ずる当然の要求と言わねばならぬのであります。将来この制度が如何《いか》に変遷して行くかは容易に予想し難い問題でありますが、これが更に復旧して往時の専制君主政体に返るということは、今日においては到底想像すべからざる所であります。

共和政体の種類

君主政体に対するものは共和政体であります。共和政体とは簡単に言えば国家の最高の意思すなわち国家の活動の最高の源が一人の意思に出でずして多数人の合議に出ずるものを言うのであります。

共和政体にも種々の種類があるが、その重なるものには、寡人政治、貴族政治および民主政治を挙げる事が出来ます。寡人政治とは或る限られたる少数の人が国家の最高機関たるもので、貴族政治とは国民中の或る特別な階級の者が最高機関たるものであります。この二種の政体は近代においては全くその跡を絶って、共和政体の近代において行われて居るものは総て民主政体であります。

民主政体

民主政体は全国民が国家の最高機関たるものであります。もちろん全国民が最高機関であると言っても、必ずしも全国民が悉《ことごと》く相集って相共に国事を議するというのではない。全国民が、小児、婦女、犯罪者、前科者、瘋癲《ふうてん》、白痴等の無資格者を除いては、悉く一箇所に集まって自から国政を議決するということは、現今でも瑞西《スイス》の小さな「カントン」では行われて居る所でありますが、これはただ極めて小さな国にのみ行われ得べき所で、やや大きな国家においては到底行われ得べき所ではない。今日行われて居る民主政体は、概《おおむ》ねただ思想の上においてのみ全国民が最高の機関であると看做すに止まって、実際は国民の中から選ばれた国民の代表者が国民の名においてその権力を行って居るのであります。国民が自から直接に国政の議に与る政体はこれを直接民主政と謂い、国民の代表者たる機関が国民の名において国政を行って居る政体はこれを代議的民主政と謂って居ります。直接民主政の国であっても国家の政治は細大悉《ことごと》く国民の総会議においてこれを決するというのではなく、国民の総会議において議する所はただ国の大事に止まって、日常一般の政務はこれを国民の代表者たる機関に委任して居ることはもちろんであります。国民の代表者たる機関は通常二つあって、一つは国会であり、一つは大統領である。いずれも直接または間接に国民の選挙に依ってその職に就き、国民の名においてその権力を行うのであります。

今日の民主政体は概ねみな代議的民主政に属するもので、国会および大統領が国民に代って国家の権力を掌握して居るのでありますが、最近に至っては再びこれにやや直接民主政の要素が加わって来るの傾向が見《あら》われて来た。固より国民が悉く一箇所に集まって国事を議するというのではないが、憲法の改正とか特に重要な法律の議決とかいうような大問題を決する場合には、国会の議決のみを以ては確定することを得ないものとして、国会の議決の後更に全国民の投票に附し、全国民が一定の期日に、あたかも国会議員の総選挙を行うと同じ様な方法を以て、その可否についての投票を行って、これに依って可否を決定しようとするのであります。これがいわゆるレフェレンダムの制度で、その最も広く行われて居るのは瑞西の諸州《カントン》であります。米合衆国の諸州《ステート》においてもこの制度を行って居るものが少なくない。最近には英国においてもまたレフェレンダムの制度を起そうという議が統一党の政治家から主張せられ、一時政界の大問題となったことは御承知の通りであります。これは頗《すこぶ》る注目すべき事柄で、今日までレフェレンダムの制度の行われて居るのは、ただ民主国ばかりであったが、今は英国の如き君主国においても主張せらるるに至ったので、君主国においてこの制度の主張せられたのは英国が実にその最初と言うべきであります。一体英国は法律上は君主政体であるけれども、実際は殆ど完全なる民主国と言ってもよい位で、これまでも国民の輿論が常に最終の判断を与える最高の勢力たるの有様であったのであるから、この国においてレフェレンダムを行わんとするの議が起ったことは必ずしも怪しむに足らぬのであります。しかしながら仮に英国においてこの制度が実行せらるることになったとしても、もしその投票の結果に依って直に確定するものとせず、国民の投票にかけた後、更に国王の裁可を経て後確定するものとするならば、法律上はやはり君主政体たることを失わぬのであります。

法律上の政体と政治上の実力

政体の説明を終るに臨んで特に注意しておきたいのは、法律上の意義においての政体と政治上の実際の勢力の所在とは必ずしも常に相一致するものではないということであります。法律上における君主政体と民主政体との区別は、専ら法律上の名分において君主が最高の権力者たる地位にあるかまたは国民が最高の権力者たる地位にあるかの区別であって、この区別は必ずしも、政治上の実際の勢力が専ら君主にあるかまたは主として国民にあるかの区別と相一致するものではない。政治上の実際の勢力はその時々の状況に依って絶えず変動するもので、例えばナポレオンのような豪傑が起り、ビスマルク〔Otto von Bismarck, 1815-1898〕のような大政治家が出て来るとすれば、政治上の勢力が専らその人に帰するようになることもある。法律上は国務大臣が専ら君主の大権を輔弼《ほひつ》しまた行政各部の長官となって居るものであっても、実際はあるいは元老なるものが大臣よりかえって一層強い勢力を有《も》って居ることもあるし、各省の政務も多くは属僚の手に依って決せられ、大臣はただこれに盲判を押すに過ぎないこともある。その実際の勢力の何人《なんぴと》にあるかは専ら政治上の事実の問題であって、法律上の問題ではないのであります。政体の区別は専ら法律上に何人が国家の意思を決定するの権があるかに依って決すべきもので、実際の政治上の勢力如何に依って決すべきものではない。英吉利《イギリス》の如き法律上は明かに君主政体でありますが、実際の勢力の上から言えば、かえって最も完全なる民主国と言われて居ることは前にも述べた通りで、その他の諸国においてもその政体を論ずるには常に法律上の名分のみをその標準としなければならぬのであります(**)。

第二講(上)　帝国の政体

昨日は国家および政体のことについて一般的の説明を致したのでありますが、今日はそれに続いて日本の政体について大体の説明を致し、次いで憲法第一章の天皇の章について説明を致そうと思います。

昨日も申した通り、日本の政体は歴史始まって以来常に君主政体であったので、これは古往今来万世にわたって永く動かすべからざる所であります。

帝国政体の歴史的基礎

日本の政体が万国無比であると言うのは実にその君主政体の歴史上の基礎の極めて強固なことにあるのであって、世界の中に君主政体を採って居る国は数多くありますけれども、日本の如《ごと》くその基礎の固い国は他に全くこれを見ることが出来ぬのであります。日本民族の始めて歴史に見《あら》われた時代から既に、日本が万世一系の天皇を上に戴いて、天皇は天《あま》ツ日《ひ》嗣《つぎ》と仰がれ、子孫永くこの国に君臨し給うて、皇統連綿天壌とともに窮《きわ》まりなかるべきことは、固く国民の確信をなして居るのであります。日本の全ての歴史を通じて、その政治上の総《すべ》ての変動にもかかわらず、この国民の確信はかつて動いたことがない。帝国憲法第一条に「大日本帝国ハ万世一系ノ天皇之ヲ統治ス」といって居りますのは、すなわちこの原則を明言して居るので、この一ケ条こそは帝国憲法の総ての条項の中でも最も大切な最も根本的の規定であります。憲法の他の条項は将来如何《いか》なる事情の変遷に因《よ》って改正を加える必要が起らぬとは限りませぬが、少なくともこの一ケ条のみは万世にわたって動かすべからざるものであります。

日本が君主政体を採って居ることは、この如く古今更に変る所は無いのでありますが、この根本原則の下においてその体様については日本の政体にも古来種々の変遷があったのであります。

帝国政体の沿革

一番最初には日本の国家組織は氏族制度を基礎として居ったもので、すなわち血統を同じゅうするということが国家団結の主たる基礎となって居ったようであります。全国民が共同の祖先を有する一大家族の如くに看做《みな》され、それが更に血統に因って数多《あまた》の氏族に分かれて居ったので、天皇はこの日本国民という一大家族の家長の如き地位にあって、その全体を統括して居られたのであります。この時代はまさに西洋の語で「パトリアーカル・モナーキー」〔patriarchal monarchy〕すなわち族長的君主政体と言って居るものに相当するのであります。これは国初より大化の改革に至るまでの状態でありますが、大化の改革に依《よ》ってこの氏族政治は覆されて、天皇の下に官僚政治が作られて「ビュロクラチック・モナーキー」〔bureaucratic monarchy〕すなわち官僚的君主政体ともいうべき有様に変じたのであります。これまでは天皇の下における官職も一定の氏族がこれを世襲して居ったので、専ら血統を基礎とした氏族政治であったのでありますが、大化の改革に依ってこの血統政治を改めて、天皇の任命に係る官僚を組織して、それが大命を受けて政治を行うというようになったのであります。

しかしながら血統政治の因襲は容易にこれを全滅せしむることは出来なかったので、時を経るにしたがって藤原氏の一族が追々勢力を擅《ほしいまま》にするようになり、遂には人臣を以て摂政の地位にあたり、天皇に代って大権を行うこととなった。後にはまた藤原氏の権力を抑えるために院政ということが行われて、天皇が譲位の後なお政《まつりごと》を院中に聴かれるということが行われた。これらは実に君主政体の変態であって、この頃から次第に天皇の御親政ということが行われなくなったのであります。もちろん藤原氏が摂政として政権を行ったのも、上皇または法皇が院政の名を以て政を執って居られたのも、いずれもただ天皇の名において、天皇の御名代《ごみょうだい》として大権を行ったのであって、最高機関すなわち主権者たるの地位はなお常に天皇にあったことは言うまでもない。その後更に進んで源頼朝が鎌倉に幕府を開いてからは、政治の実権は全く武門に帰して、その後北条氏となり、足利氏となり、織田豊臣氏となり、遂に徳川氏の江戸幕府となって、慶応三年に徳川慶喜将軍が政権を朝廷に奉還するに至ったまで、凡《およ》そ七百余年の間は、一時元弘の御親政のあったのを除くほかは、政治の実権は常に幕府の掌握する所となって居たのであります。

かくの如くあるいは藤原氏の摂政となり、あるいは武家の政治となって、千年に近い長い間実際の権力は殆《ほとん》ど人臣に帰して居たのでありますが、それにもかかわらずなお主権者としての地位が天皇にあることはかつて寸毫《すんごう》の動きも無かったことは実に日本の政体の基礎の極めて強固なことを証明するものであって、世界の歴史にその比類を見ることの出来ぬものであります。幕府は実際の権力は殆ど全く自分の手に掌握して居ったのであるけれども、なお常に天皇を主権者として仰ぎ、その御委任に依って政権を執って居ったので、天皇の御名代として元来天皇に属する所の権力を行って居たのに過ぎぬのであります。形式の上から言っても常に朝廷から将軍宣下の式を受けて居ったので、すなわち天皇から征夷大将軍の官職を授けられ、これに依って政権を委任せられるものと看做されて居ったのであります。固《もと》より将軍は純粋の天皇の官吏ではなく、天皇が随意にこれを任免せられたのではないので、むしろ血統に基いてその権利を世襲したのではあるけれども、形式の上においてはなお常に天皇の委任に基くものとせられて居ったのであります。

慶応三年に徳川慶喜公が将軍職を辞して、その従来御委任になって居った政権を、復《ふたた》び朝廷に奉還することになって、ここに再び天皇御親政の時代となった。七百年来武門に帰して居った政権が、再び朝廷に回復せられて、法律上の主権者たる名義と、政治上の実権とが相合一し、いわゆる官僚的君主政体が再び現出せらるることとなったのであります。

その後引続いて国家および社会の総ての組織について急激なる改革が行われた。中にも最も著しいのは明治二年の版籍奉還および明治四年の廃藩置県で、版籍奉還に依っては従来の藩主は悉《ことごと》くこれまで私領して居った土地および人民を朝廷に奉還し、廃藩置県に依っては従来の藩は悉くこれを廃して県と為《な》した。数百年来の封建制度はこれに依って全く打破せられたのであります。それから後西洋の文明の輸入とともに西洋風の民権自由説が盛んに民間に行われて、明治七年には副島《そえじま》〔種臣〕、後藤〔象二郎〕、板垣〔退助〕などという、前に参議の職にあった七人の人が連署して、民選議院を起すことを建議し、それから続いて国会開設論が非常に喧《やかま》しい問題となった。政府もまた遂に立憲政治の施行を将来の国是とすることとなって、明治八年には元老院を設けて法律を作るには必ず元老院の議を経なければならぬことに致し、また東京に大審院を設けて司法権の独立の基礎を開き、続いて明治十一年には府県会規則を発布して自治制の端緒を開き、遂に明治十四年に至っては来《きた》る二十三年を期して国会を開設するということの詔勅が煥発せられました。それから後ますます憲法制定の準備を急ぎまして、遂に明治二十二年に帝国憲法の発布になったことは諸君の御承知の通りであります。翌二十三年十一月には第一回の帝国議会が開かれて、憲法はその帝国議会開会の時から実施せられて、ここに日本が立憲君主政体の列に加わったのであります。

現代国家の特質

以上の如き変化を経て今日の状態となったのでありますが、この今日の日本の国家と維新前の日本の国家とを較べて見ますと、その国家組織に極めて重大なる変化を生じて居るということは言うまでもないことであります。その変化の殊《こと》に著しいものを挙げると、

(一)国家および統治権の統一

第一には国家の統一およびこれに伴う統治権の統一。これが最も著しい最も根本的な変化であります。維新前においても国家の統一が全く失われて居ったのではありませぬけれども、種々の事情のためにその統一が著しく妨げられて居ったのであります。その統一を妨げた原因としましては、第一には朝廷と幕府の対立ということがあった。今日は国家の権力が総て中央政府に統一せられて居りますけれども、維新前においてはまず朝廷と幕府と二つの権力者があって相対立して居り、それに依って権力の統一が大いに妨げられて居ったのである。政治の実権はほぼ幕府がこれを掌握して居ったのであるけれども、なお例えば外交の如き特に重大なる事柄については、朝廷の御許しを得なければこれをなすことが出来ないというような状態であった。これを朝廷と幕府との両頭政治であるというのは余りに極端で、事の真相を得たものと言うことは出来ませぬが、少なくともこの如く権力の源が二つに分かれて居ったことは、国家の統一を妨げることが少なくなかったことは殆ど言うを俟《ま》たざることと思います。これに加うるに、なお第二には沢山の大名があった。大名は幕府の権力の下に服従はして居りましたけれども、自分の領内においては殆ど小国家の如き有様を為して居って、領内の人民に対してはあたかも専制的の君主の如く、領内の政治は各藩殆ど独立にこれを行って居ったのであります。外交は幕府で統一して居ったけれども、その他の政治は殆ど凡《すべ》て各藩自由にこれを行って居たのであって、各藩主は軍備を起し、租税を取り立て、刑罰を科し、争訟を裁決するというように、立法、司法、行政および軍備の凡ての権力を行ったのであります。

この如き有様であったのが、維新以後の改革に依って全く一変した。まず第一に徳川氏の政権奉還に依って、朝廷と幕府との対立が除かれ、第二に版籍奉還および廃藩置県の挙に依って各大名の権力が除かれた。大名が各藩において勝手に自分の政治を行って居ったのが全く廃されて、全国民は均《ひと》しく中央権力の下に統一さるることになったのであります。維新前においても統治権の最高の源は常に天皇にあったことは前に申した通りでありますが、この統治権は天皇が親《みずか》らこれを行わせられたのではなく、その大部分はこれを幕府に委任せられて居って、しかして幕府自身もその委任せられて居る統治権の全部を自ら行うたのでなく、その大部分はこれを各大名に附与して大名をして任意に統治を行うことを得せしめたのであります。今日はこれに反して統治権の全部が中央政府に統一せられて居るのであります。今日でももちろん天皇の下に多くの官吏があって天皇の御委任を受けて統治権の一部を行っては居りますけれども、これらはみな天皇の随意の任命に係るものであります。将軍および各大名はこれらの官吏とは異なって、世襲の権利に基いてその地位に就いたのであって、形式上は任命を行われたとしても、それはただ形式に止まり、実際は血統に基いて統治の権利を世襲したのである。その統治の権利はまた常に土地の領有権と相伴うて居たもので、各大名は一定の土地を自分の領地となし、その領地内において統治の権利を行って居たのであります。かく大名が土地を領有すると共にその領有権に伴うてまた統治の権利を有《も》って居たことは、実に封建制度の著しい特色でありまして、すなわち、今日の言葉を以て申せば、各藩主がその藩内において一種の領土権を有って居り藩内の人民は藩主の臣民であったのであります。今日はこれに反して領土は凡て国家の領土であり、人民は凡て国家の臣民であって、一個人の領土というものはなく、また一個人の臣民というべきものはない。ただ今日も自治団体を認めて、各府県、各郡、各市町村は各自治団体としてその区域内において自治の権力を有することを認められて居りますけれども、これは地方人民の全体から成り立って居る公共団体にこの権利が特許せられて居るのであって、昔のように一個人が領土権を有って居ったのとは全く趣を異にして居るものであります。今日は一個人の私権としてはただ土地の所有権を享有することを許して居るばかりで、この所有権から人民を統治するの権利を生ずることは決して許さないのであります。これが封建的制度と今日の制度との異なって居る最も主要の点であります。

封建制度の下においてはこの如く統治権が朝廷と幕府、幕府と各藩というように分裂せられて居った結果として、国家の統一すなわち国家が統一的の団体であるという思想が比較的甚《はなは》だ弱かったのであります。国家が一つの団体であるというのは、君主も将軍も大名も、武士も町人百姓も、いずれもみな一致協力して或る共同目的のために働いて居るものであるということを言うのであって、これらの総ての者すなわち国民全体がみな共同目的を有すというのでなければ、その全体を以て一つの団体を為すものと言うことは出来ないのであります。封建制度の下においてもこの如き団体的自覚は決して全く存在しなかったのではありませぬ。殊に一旦外交上の患《うれい》が起って来ると、その団体的自覚が全国民の間に極めて強く見《あら》われたことは、歴史上の著しい事実でありますけれども、日本が外国との交際を絶ち、厳重に鎖国主義を守って、外交上の刺激が全く無かった時代には、この団体的自覚は極めて薄弱で、動《やや》もすれば国家の統一が疑われるような状態を来すことも稀では無かったのであります。あるいは皇位それ自身すらも、南北朝に分かれて、国家の統一が将《まさ》に失われんとした事もあり、あるいは戦国時代の如く群雄各地方に割拠して一国内において互いに相戦い、殆ど日本国内に多数の小独立国を見るが如き有様にあったこともあります。徳川氏が天下を平定して江戸幕府を開いてから後も、なお今日の如く国家全体が一つの団体であるというような自覚は充分に発達して居ったものということは出来ないのであります。今日はこれに反して国家は全国民の共同団体であるという思想は、国民の明かに自覚する所でありまして、政府が国民から税を取り立てるのも、国会が法律に協賛し予算を議決するのも、国民が議員を選挙し兵役義務を尽くすのも、いずれもこの国家という共同団体の共同目的を達するためにするものであるということは、総ての国民の自覚して居る所であります。

(二)立憲制度

次に今日の国家の第二の特色としては、言うまでもなく立憲制度の施行を挙げねばならぬ。すなわち維新前における封建政治に反し、また維新後憲法施行に至るまでの官僚的君主独裁政治に反して、現在の日本の政体は立憲君主政体であります。立憲政体という語は、本来は一定の政体を指す語ではなく、ただ英国においてまず発達し、その影響に因り、ならびに米国の独立および仏国の革命の影響に因って、十九世紀以降漸次に世界の各文明国に普及するに至った所の政体を呼称する語であります。したがって立憲政体とは如何なる政体であるかと言えば、ただ十九世紀以後世界文明国の共通の制度となるに至った政体というのほかはないので、その主義とする所は、これを概言することが困難でありますが、大体において凡そ三点に要約することが出来ると思います。

第一　公民国家主義すなわち階級制度の打破

第二　民政主義すなわち国民の参政権

第三　法治主義すなわち国民の自由の尊重

これであります。

(イ)公民国家主義

まず第一の点から言えば、立憲制度は国民の階級制度に反対するものであって、総ての国民が一定の法律上の資格に応じて平等に公民として国家の公務に就くことの出来るものたらしむることを要求するものであります。これを公民国家主義と謂《い》うことが出来ます。これは必ずしも立憲制度にのみ特有なものではなく、日本においても憲法施行前既にほぼ実行せられて居った所である。維新前の旧日本においては人民には厳重なる階級の区別があって、政権および兵馬の権に与《あずか》ることの出来るのはただ武士の階級のみに限られて、町人百姓は全くこれに与ることを許されなかったのであります。維新以後においてはこの階級制度が全く打破せられて、四民平等何人《なんぴと》でもその才能に応じ、その資格に応じて、政権に与り兵役に就くことが出来るようになった。憲法第十九条に「日本臣民ハ法律命令ノ定ムル所ノ資格ニ応シ均ク文武官ニ任セラレ及其ノ他ノ公務ニ就クコトヲ得」といって居るのは、すなわち階級の区別なく、何人でも公職に就くことが出来るということを示したものであって、すなわち階級制度の禁止を言明したものにほかならぬのであります。

(ロ)民政主義　立憲制度の第二の特色は国民の参政権、すなわち総ての国民に参政権が与えられたということにある。階級制度の打破は憲法制定前維新以後の改革に依って既に実行せられた所であるが、この第二の点すなわちいわゆる民政主義は憲法の施行に依って始めて行われた所で、これに依って始めて立憲政体となったのであります。単に階級制度が打破されて国民が均しく公職に就くことが出来るというばかりではなく、直接に国民全体に対して参政権を与えられたのであります。これまでは国民はただ被治者たるに止まって、官吏となりまたはその他の公職に就いた者のほかは、自から国政に与る者ではなかったのでありましたが、憲政の下における国民は被治者たると同時にまた自から治者の一員たるの地位を与えられたのであります。もちろん国民が少しの例外も無く悉《ことごと》く政治に参与することが出来るというのではないが、或る資格を有《も》って居る国民は、国民として自から政治に与ることが出来るのである。従来は政治と言えばただ政府がこれを行うのであって、国民はただこれに服従するばかりであったのでありますが、今日は国家の政治は政府のみが行うのではなくして、政府とともに国民もこれに与るのである。政治の悪いのは政府のみが悪いのでなくして、国民も自からその責の幾分を負わねばならぬのである。国民は国会を通じて自から政治に与る者であって、国会が政治に与るのはすなわち国民が政治に与るのにほかならぬのであります。今日でもわれわれ日本人は多年の慣習上、動《やや》もすると政府にのみ依頼するの傾向が強いようでありますが、これは全く立憲政治の趣意に反するものであります。いやしくも立憲政治下の国民たる以上は、自から治者の一人であることを自覚して、徒《いたずら》に政府にのみ依頼するの念を去って、自から国政について相当の見識を養い、政府を督励して以て国利民福を全うすることを勉めねばならぬのであります。憲政の施行を完《まっと》うすることは、実にわれわれ国民の責任であります。徒に政府にのみ依頼するのは啻《ただ》に憲政の趣意に反するのみならず、また畏《かしこ》くも参政権を与え給うた陛下の大御心にも違うものと言わねばならぬと思います。

立憲制度の第三の特色は法治主義にあります。法治主義はあるいはこれを自由主義と謂うことが出来る。国民の自由を尊重し、法律に依るにあらざれば国家の権力を以てもその自由を侵すことの出来ないものとするの主義であります。旧時代においても人民は必ずしも全く自由を享有しなかったものではないが、しかしながらその自由の範囲はただ官憲の擅断《せんだん》に任されて居ったので、役人達の任意の職権に依って人民に命令しこれに義務を課することが出来、人民はこれに対してはただ服従するのほかは無かったのである。立憲政治の下においては、これに反して、官憲の擅断に依って人民に命令することを許さないで、人民に命令しこれに義務を負わしむるには、必ず法律に依らなければならぬ。予め法律を以て定められた場合でなければ、人民の自由を制限することを許さないのであって、しかしてその法律は人民の代表者たる国会の同意を得ることが必要である。換言すれば人民が国家の命令に服するのは、ただその代表者たる国会を通じて、自からこれに同意した場合に限るということが、すなわち法治主義の要点とする所であります。

(ハ)法治主義

今日の国家と旧時代の国家とを比較して、その政体の異なった点を求めますれば、単に以上述べた所に止まらず、なお数多の点を挙げなければならぬのでありますが、その最も著しい根本的の差違は以上の諸点にあることと信じます。

これより進んで帝国憲法の第一章すなわち天皇の章についてお話をしようと思います。まず大体について天皇の国法上の地位を述べ、次に天皇の大権および天皇の不可侵権について述べ、終りに皇位の継承を説明しようと思います。

第二講(下)　天皇(その一)

一　天皇の国法上の地位

天皇は国家の最高機関なり

申すまでもなく、天皇は日本帝国の君主として、国家の総《すべ》ての権力の最高の源泉たり、日本帝国の最高機関たる地位に在《まし》ますのであります。法律学上の問題として、天皇が国家の最高機関であるか、あるいは国家の機関ではなく天皇御自身が統治権の主体と見るべきものであるかということは、憲法学者の能《よ》く論ずる問題でありますが、これは純粋の法理論であって、あえてここに詳しく論ずる必要は無かろうと思います。ただ一言しておきたいのは、天皇が国家の最高機関であると申しても、決して天皇が最高の役人である最高の官吏であるというのではない。君主と総ての官吏とは全くその法律上の地位を異にして居るのでありまして、総ての官吏はみな君主から任命せられ、君主の委任を受けて政務に当るものであって、みな君主の機関として元来君主に属する所の権力を行うものに過ぎぬのであります。すなわち官吏は直接にはただ君主の機関であり、間接に国家の機関となるのであります。それであるから法律上の語でこれを間接機関と謂《い》います。君主はこれとは異なって何人《なんぴと》の委任に依《よ》るのでもなく、その固有の権利に基いて当然に皇位に即《つ》かせられるのであります。天皇の大権は国法上当然に天皇に属する大権であって誰からも委任されたものではない。したがって法律上の語においてこれを国家の直接機関と申すのであります。

君主が統治権の主体なりとする説の誤謬

君主が国家の機関であると申せば、チョット聞くと何だかわれわれの尊王心を傷つけられるような感じがいたすようでありますが、これは国家が一つの団体であるとすることから生ずる当然の結果であります。(＊＊＊) 法律上の意味において君主が統治権の主体であるというのは、統治権が君主の一身上の権利として君主に属して居ることを意味するのでありますが、法律上或る権利を有すというのは、その権利がその人の利益のために存して居り、またその権利に基く行為は法律上その人の行為たる効力を有することを言い表わすのであって、すなわち君主が統治権の主体であると言えば、統治権が君主の御一身の利益のために存する権利であり、また統治の行為は君主の一個人としての行為であるという意味に帰するのであります。しかしながら君主が御一身の利益のために統治権を行わせらるるのであると言うのは、実に我が古来の歴史に反し我が国体に反する(****)の甚《はなは》だしいものであります。もし君主が統治権の主体であると解してすなわち君主が御一身の利益のために統治権を保有し給うものとするならば、統治権は団体共同の目的のために存するものではなく、ただ君主御自身の目的のためにのみ存するものとなって、君主と国民とは全くその目的を異にするものとなり、したがって国家が一つの団体であるとする思想と全く相容れないことになるのであります。日本の古来の国家思想において殊《こと》に近代の国家思想において、統治権が全国家の共同目的のために存するもので、租税を課するのも、軍備を起すのも、外国と戦争をするのも、領土を拡張するのも、常に全国家の利益を計り国利民福を達するがためにするものであって、単に君主御一身の利益のためにするものでないことは、更に争いを容れない所であります。統治の行為はまた君主御一人の行為として効力を有するものではなく、法律でも、勅令でも、条約でもみな国家の行為として効力を有するのであって、それであるからこそ、これらのものはいずれも君主の崩御にかかわらず永久的の効力を有するのであります。国家が統治権の主体であって、君主は国家の機関であるというのは、ただこの思想を言い表わしたものに過ぎぬのであって、われわれの尊王心は毫《ごう》もこれに依って傷つけられないのみならず、かえってますます発揮せらるるのであります。

それであるから君主が統治権の主体であるというのは法律論としては極めて誤った考えであると信じますが、それは余り専門的の法律論に渉《わた》ることでありまして、それはいずれにしても、とにかく、帝国国権の最高の源が天皇にあるということは言うまでもないことであります。

外国の君主との比較

日本の憲法の下における天皇の国法上の地位を、外国殊に西洋諸国の君主の地位と相比較して、その異なる主なる点を挙げますと、大体において天皇の大権が西洋諸国の君主の大権よりも著しく広いという点に帰するのであります。元来日本の政体の西洋の諸君主国の政体と異なって居る最も著しい点は、君主の国法上の地位にあるのではなく、むしろ国民の忠君尊王の心が著しく深いこと、その歴史上の基礎が遥《はるか》に強固であるという点にあるのでありまして、憲法の規定の差異はむしろ末であります。それは決して政体の主要なる差異ではないのでありますが、しかしながら君主の国法上の地位についてもまた日本と外国との間には尠《すく》なからざる差異があるのであって、日本の憲法における君主の大権は外国の君主の大権に較べると、余程広くなって居るのであります。

その広い点の主なるものを申しますと、第一には憲法改正の発案権が専ら天皇にのみ留保せられて居ることで、これが最も著しい点であります。これは外国の憲法には余り例の無いことで、外国の憲法では議会からも憲法改正の議案を提出し得ることになって居るのが通例であります。単《ひと》り日本の憲法においては、普通の法律ならば議会からもその改正の議案を発することが出来るけれども、憲法の改正のみは専ら天皇の大命に依って議案を発せられるので議会からは全くこれを出すことが出来ぬのであります。これは憲法第七十三条にその事の明文がありまして、「将来此ノ憲法ノ条項ヲ改正スルノ必要アルトキハ勅命ヲ以テ議案ヲ帝国議会ノ議ニ付スヘシ」ということになって居る。勅命に依って議案を発せらるるほかは、如何《いか》なる方法を以ても憲法改正を発案することが出来ぬのであります。これは現在の諸国には殆《ほとん》ど全く例の無いことで、日本の憲法に特有な点の一つであります。ただバイエルンの憲法は憲法中特に君主の大権に関する条項については、君主の命に依ってのみ発案することになって居りますけれども、その他の条項については総て議会からも発案することを許して居ります。英吉利《イギリス》でも君主の大権に属する事柄は君主から発案するということに解

憲法改正発案の大権

せられて居るということでありますけれども、それも君主の大権に関する事柄のみであります。憲法の総ての条項について発案権を君主の大権にのみ留保して居るという例は、日本のほか、外国の憲法には殆ど無いことと信じます。

皇室法規制定の大権

それから第二には皇室法規殊に皇室典範については全く帝国議会の議に付せず専ら天皇の大権にのみ留保せられて居ること、これが第二の著しい点であります。皇室法規殊に皇室典範は単に皇室内部の家法ではなく、国政に関する国家の法規であります。殊に皇位継承の順序、摂政を置くべき場合というような事柄については、特にこれを憲法の中から除いて皇室典範の中に規定されて居ります。これらの事は決して単に皇室のみに関する事柄ではなく、国政に関する最も重要なる法則の一つであることは言うまでも無いのでありますが、これは特に憲法の中から除いて皇室典範に規定し、しかしてその皇室典範は議会の議に掛けないで、専ら天皇の大権に依ってこれを改正することが出来る、議会はこれに喙《くちばし》を容れることが出来ないということになって居ります。これも外国の憲法と著しく違って居る点であります。外国の憲法では、王室法でも国家の法規と関係ある事柄であるならば、やはり議会の議に依ってこれを決することになって居るのが通常で、議会の議決に依らず単に王室だけで定めることの出来るのは、ただ純粋の王室法、すなわち国家の政治に関係のない王室内部の事柄にのみ限るのであります。日本の皇室典範およびその他の皇室法規が、たとえ国家に関する事柄であっても、議会の議に掛けないこととされて居るのは、これも日本の憲法の著しい一つの特色であります。

その他の大権

以上の二点が最も著しい差異でありますが、その以外にもなお種々の点においても大権の範囲が広くせられてありまして、憲法第八条には緊急勅令の大権を認めて居り、憲法第九条には広い範囲において勅令を発する権を認めて居ります。憲法第十二条には陸海軍の編制および常備兵額は法律に依らないで勅令を以て定め得べきものとして居りますし、憲法第十三条には条約の締結は全然天皇の大権に属するものとして全く議会の議決を要しないものとされて居ります。憲法第六十七条には憲法上の大権に基く既定の歳出は政府の同意がなければ議会で廃除削減することを得ないことを定めて居ります。また憲法第七十条には財政上緊急の必要があったならば議会の議を経ないで臨時に財政上必要なる処分をすることが出来るということを定めて居ります。これらはみな外国にも全く例の無いことではありませぬけれども、君主の大権に重きを置いて居ります著しい点であります。それからまた憲法第三十一条には戦時または国家の事変の場合において特に天皇の大権に依って法律の効力を停止する権力を認めて居ります。いわゆる非常大権と申すのがこれであります。これらはいずれも憲法上君主の大権が特に広く認められて居る主なる点であります。そのほかなお詳しいことについては後に天皇の大権を申上げる時分に申そうと思います。

欽定憲法　人に依りますと右のほかになお日本の憲法が天皇の欽定憲法であるということに重きを置いて、憲法は欽定憲法であるからその結果として当然憲法の解釈権および憲法の改正権も専ら天皇に属して居ると言う人があります。けれどもこれは大なる間違いでありまして、欽定憲法であるということはただ憲法の制定が専ら勅旨に基いたという歴史的事実を示すのみであって、その解釈権または改正権は決して欽定憲法であるということから当然生ずべき事柄ではない。それは一つに憲法の規定に依って定まるものであります。憲法の改正については憲法中に特別の規定があって、勅命に依って議案を議会の議に付し、議会が議員三分の二以上出席して三分の二以上の多数を以てこれを決することになって居ります。議会の議決が無ければこれを改正しまたは増補することの出来ないのはもちろんであります。憲法の解釈権についても同様でありまして、これは憲法の上に明文はありませぬけれども、専ら天皇の大権にのみ属するということはない。憲法の下における国家の最高の意思は法律でありますから、法律の定むる所が憲法の有権的解釈であると見るのほかは無いのであります。

二　天皇の大権

大権の観念　次に天皇の大権ということについて申上げます。憲法第四条に「天皇ハ国家ノ元首ニシテ統治権ヲ総攬シ此ノ憲法ノ条規ニ依リ之ヲ行フ」とあります。すなわち日本帝国の統治権は天皇の親しく総攬し給う所でありまして、これを天皇の大権と申すのであります。天皇が統治の大権を総攬し給うということは憲法実施前も、憲法実施後も異なる所は無いのでありますが、ただ憲法実施の後は統治権の行使は憲法に依《よ》って一定の制限を設けられて居って、憲法の条規に従ってのみ統治権を行わせらるるのであります。これが立憲政治の専制政治と異なって居る所以《ゆえん》でありまして、天皇の統治権にこの如《ごと》き制限があるがために、我が国は立憲政体の国たるのであります。

天皇の大権はこの如く国の統治権の全部に及ぶものであって決して或る特別の事柄にのみ限らるるものではありませぬ。憲法はその第五条以下第十六条に至る各条において天皇の大権に属する各種の事項を列記して居りますけれども、これはただその重《おも》なる事柄を例示し、またこれらの事柄については議会の協賛を要しないことを明かにして居るばかりであって、大権の範囲がただこの列記事項にのみ止まるというのではありませぬ。帝国議会はただ憲法に依って与えられた権限を有《も》って居るばかりで、憲法の規定以外には特に天皇から御委任のあった場合のほか全く権限を有することが出来ないのでありますが、天皇の大権は統治権の全部に及ぶもので、特に憲法に依って制限せられて居るほかには総《すべ》ての事柄がみな大権に属するのであります。

大権の第二の意義

しかしながら、大権という語は、これよりも狭い意味に用いらるることが普通であります。広い意味においては、天皇の大権は統治権の全部に及ぶものでありますが、これらの作用の中には、天皇の御親裁に依らず、天皇の下に属する各種の機関に任せてあるものが尠《すく》なくない。殊《こと》に司法権の作用は憲法上必ず裁判所に任せることが必要であって、これは御親裁に依って行わるることの出来ないものであります。行政の作用は一般には御親裁に依ることの出来るものでありますが、これも比較的軽いものは行政官庁に任せてありまして、ただ特に重要な事柄のみが、御親裁に依って行われるのであります。狭い意味において天皇の大権と申すのは、天皇の御親裁を要する事柄のみを申すのであります。この意味においての大権の範囲には、憲法上定まった限界があるのではなく、如何《いか》なる事柄であっても、勅旨に依ってこれを他の機関に委任せらるることは、あり得べきことでありますが、概して申せば、憲法第五条以下第十六条に至る各条に列記してある事柄は、事の比較的軽微なもの、または事急を要し御裁可を仰ぐに暇《いとま》のないものを除くのほかは、御親裁に依って行われるのが、通常であります。その他なおあるいは皇室典範に依り、あるいは法律もしくは勅令に依って、御親裁を経《ふ》べき事柄とせられて居るものも少なからずあります。

大権の各種の作用

この第二の意味においての天皇の大権に属する作用の重なるものを挙ぐれば、凡《およ》そ左の通りであります。

(一)立法大権

第一には立法に関する大権で、憲法第五条には「天皇ハ帝国議会ノ協賛ヲ以テ立法権ヲ行フ」とあり、第六条には「天皇ハ法律ヲ裁可シ其ノ公布及執行ヲ命ス」とあります。すなわち立法権もまた天皇の大権に属するものでありますが、ただこれを行わせらるるには議会の協賛を得ることが必要である。協賛とは同意という意味で、議会の同意がなければ、法律を定むることが出来ないのであります。もちろん、法律は議会の議決のみに依って成立するものではなく、議会の議決のあった後、天皇の御裁可を要し、御裁可に依って法律が始めて成立するのであって、御裁可が立法権の本体を為《な》すものでありますが、御裁可のある前に必ずや議会の同意を要するので、その同意を得ないものが御裁可になったとしても、それは法律としては有効に成立することを得ないものであります。法律が成立すれば、更にこれを人民に向って公布することを要するのであるが、この公布を命ずることもまた天皇の大権に属するのである。

(二)議会に関する大権

第二は議会に関する大権で、憲法第七条には「天皇ハ帝国議会ヲ召集シ其ノ開会閉会停会及衆議院ノ解散ヲ命ス」とあり、そのほか貴族院の勅任議員を任命し、両院の議長副議長を任命し、臨時議会の会期を定むるなども、等しく天皇の大権に属するものであります。これらの作用の詳細は後に議会の事を述ぶる時分に説明すべき所で、ここにはただこれらの作用が大権作用の一つたるを一言するに止めます。

(三)緊急勅令大権

第三は緊急勅令の大権であります。これも後に説明することでありますが、元来は議会の議決を経なければ定むることの出来ない事柄でも、もし議会の閉会中に臨時緊急の必要が発生して、国家の生存上是非断行しなければならぬというような場合が起ったならば、特に応急の手段として、議会の議決を経ず、或る条件の下に勅令を以てこれを定むることを許して居るのであります。これに二種類あって、一つは憲法第八条に定めて居り、一つは第七十条に定めて居るものであります。いずれも次期の議会に提出してその承諾を得なければならぬものであります。

(四)行政上の命令大権

第四は行政上の命令大権であります。第九条に「天皇ハ法律ヲ執行スル為ニ又ハ公共ノ安寧秩序ヲ保持シ及臣民ノ幸福ヲ増進スル為ニ必要ナル命令ヲ発シ又ハ発セシム但シ命令ヲ以テ法律ヲ変更スルコトヲ得ス」とあるのがすなわちそれであります。総て人民の権利義務に関する法則を定めるのは、原則としては法律を以てしなければならぬので、すなわち議会の同意を得て定められねばならぬのでありますが、ただ或る事柄については、例外として議会の同意を得ないで定めることが出来るのであります。議会の同意を得て定められるものはこれを法律と称するのでありますが、これに対してその同意なくして定められるものは、これを命令と称します。憲法第九条はすなわちこの命令大権の事を定めたもので、これに依れば、命令を発し得べき目的は二つに限られて居ります。一つは法律を執行するための手続規定であります。この目的のためにする命令を普通に執行命令と申します。一つは公共の安寧秩序を保持しおよび臣民の幸福を増進する必要のためにする規定で、この目的のためにする命令を普通に独立命令と申します。ただし命令は常に行政上の事柄についてのみ発し得べきもので、司法的の法則は必ず法律に依らねばならぬものであります。法律と命令とは、均《ひと》しく一般人民に対して遵由《じゅんゆう》の義務を負わしむるものでありますが、ただ命令を以ては法律を変更することの出来ないもので、もし法律と命令とが相牴触するならば、法律の方が強い効力を有《も》つので、法律に違反する所の命令は全く無効であります。なお憲法には「命令ヲ発シ又ハ発セシム」とありますが「命令ヲ発シ」というのは、御親裁に依り御親署を経て発せられるのを謂うので、これを勅令と称します。「発セシム」というのは大権の御委任に依って大臣知事などの行政官庁の発するのを謂うので、閣令、省令、庁令、府県令などはそれであります。

(五)官制官規および官吏任免の大権

第五は官制官規および官吏任免の大権であります。官制とは天皇の下に国家の事務を管掌する官職についての規定であります。憲法第十条には「行政各部ノ官制」とありますが、このいわゆる行政各部というのは最も広い意味に用いられて居るので、必ずしも普通に謂《い》う所の行政官ばかりではなく、教官、技術官、外交官、領事官、武官なども含んで居り、また大礼使、大葬使などの官職をも含んで居るのであります。要するに、天皇の下に天皇の御委任に依って国務を担当して居る官職についての規定は、凡《すべ》て本条に謂う所の行政各部の官制に属するもので、いずれも天皇の大権に依って制定せられるのであります。ただ宮内官は皇室の官吏であって国家の官吏ではなく、したがって宮内官の官制は皇室が自ら制定せられる所であって、この条に謂う所の官制には属しないものであり、また裁判所、行政裁判所、会計検査院の構成は、憲法上の特例として、勅令に依らず法律を以て定めなければならぬものとせられて居ります。官規というのは官吏の権利義務についての規定であります。憲法にはただ「文武官ノ俸給」とありますが、単に俸給ばかりではなく、総て官吏が官吏たる地位において有する所の権利義務についての法則は、官吏服務規律から、官等俸給令、官吏分限令、官吏懲戒令等に至るまで、みな勅令を以て定めらるべきものであります。それは何故かと言えば、総て官吏はみな天皇の官吏であって、天皇の下に隷属し、天皇の下に使役せらるるものでありますから、その権利義務は、憲法または法律に特例の定のあるものを除くほか、総て天皇の大権に依って定められるのであります。次にまた総て官吏は天皇の大権に依って任免せられるものであります。ただ判任官以下の任免はこれを行政官庁に委任して行わしむることになって居りますが、奏任官および勅任官は大臣からの上奏に依り勅裁を以て任免せられ、親任官は天皇親しく任免せられるのであって、いずれも大権に基かないものはないのであります。

(六)軍令および軍政大権

第六は軍令および軍政大権であります。軍令権と軍政権とはいずれも軍事上の大権ではありますが、両者の間には性質上極めて重要なる差異があります。軍令権というのは軍隊の統帥権をいうのであって、これは天皇が陸海軍の大元帥として親しく統括したもう所であります。憲法第十一条に「天皇ハ陸海軍ヲ統帥ス」とあるのは、すなわちこの軍令権を謂うのであります。軍令権の作用は一般の国務上の作用とは区別せられて居って、一般の国務については総て国務大臣がこれを輔弼《ほひつ》しその責に任ずるのでありますが、ひとり軍令権すなわち軍隊統帥の作用については、天皇が軍の大元帥たる御地位において行わせられるのであって、国務大臣の輔弼のほかにあり、国務大臣はこれについてその責に任じないのであります。軍令権についての輔弼機関は別に元帥府および軍事参議院があり、天皇の下における中央軍令機関としては、陸軍には参謀本部、海軍には海軍軍令部があります。軍政権というのは軍隊そのものの行動を指揮し統帥するの権を謂うのではなく、軍備を維持するがために臣民に向って命令を為し国費を支出する等の権を謂うのであって、これについては一般の行政作用と同じく国務大臣の輔弼を要しますし、その費用については一般の歳入出の予算と同様に議会の議決を経なければならぬのであります。ただこれについても憲法第十るには法律を必要とせず勅令を以て定むることが出来るのであります。

二条に「天皇ハ陸海軍ノ編制及常備兵額ヲ定ム」とあって、すなわちこれらの事を定む

(七)外交大権　第七は外交大権であります。外交大権は総ての行政作用の中でも最も自由なるもので、法律の制限を受くることが殆《ほとん》ど無い、すなわち外国と条約を締結するのも専ら大権に属して居ってどんな条約にも議会の協賛を要しないのである。これは前にも申した通り日本の憲法が外国の憲法と違って居る著しい点の一つで、憲法第十三条には「天皇ハ戦ヲ宣シ和ヲ講シ及諸般ノ条約ヲ締結ス」と言ってあります。諸般の条約と言って居るのは、如何なる種類の条約でも天皇が御自由に締結になるので議会の拘束を受けないということを明かにして居るのであります。外国の憲法には、主として日本の憲法の模範とせられた普魯西《プロシヤ》の憲法でもまたは白耳義《ベルギー》の憲法でも、みな或る種類の条約については議会の協賛を経なければならぬことが規定されて居りますが、日本の憲法はそれらを模範としたにかかわらず、総ての条約について議会の協賛を経ないで定むることが出来るということに規定して居るのであります。これは元来外交の事は極めて機敏にかつ秘密の間に進行することを必要とするもので、予めこれを大勢の人に相談して極めるということは、国家の利益に反する事であるとして、ことさらに自由

ならしめて居るのであります。そのほか宣戦媾和の事、または大使公使を派遣しまたはこれを受くるというような凡て外交上の事柄は専ら天皇の大権に属して居るのであります。

(八)戒厳宣告の大権

第八は戒厳宣告の大権であります〔憲法第十四条〕。戒厳と申すのは戦争または内乱に依って警戒を要する地方において、一時通常の法律の効力を停止して、司法権および行政権の全部または一部を軍隊の権力に移すことをいうのであります。戒厳の要件および効力は法律を以て定むるのでありますけれども、その法律の規定に従って戒厳を宣告しますのは専ら天皇の大権に属して居るのであります。

(九)栄典授与の大権

第九は栄典授与の大権であります。憲法第十五条に「天皇ハ爵位勲章及其ノ他ノ栄典ヲ授与ス」とありまして、すなわち国民の総ての栄誉権は天皇がその最高の源泉としてこれを賜与《しよ》し給うのであります。国民の栄誉権は種々ありますが、その最も重要なるものは爵、位、勲章であります。爵は公侯伯子男の五等で華族に賜わり、これを世襲することを得るものであります。朝鮮の併合以来は別に朝鮮貴族令が定められて、朝鮮貴族にも公侯伯子男の爵を賜わることになりました。

爵は明治の御代に始めて設けられたものでありますが、位は古くより存在して居たものであることは御承知の通りであります。爵位の授与については古くからの慣習に依って、今日でも一般の国政事務とは区別せられて、国務大臣の輔弼に依らず宮内大臣がこれを奉行することとなって居ります。勲章は一等から八等に別れ、別に戦功を賞するがために金鵄勲章の制があり、功一級から功七級まで別れて居ることは、御承知の通りであります。

(十)恩赦大権　第十は刑の減免すなわち大赦特赦減刑および復権を命ずるの大権であります〔憲法第十六条〕。これは行政権が司法権に干渉を加うる唯一の例外であって、いずれも判決に対して法律の厳酷を緩和するがためにするものであります。大赦というのは或る種類の犯罪に対して一般的にこれを赦免するのを申します。すなわち国事犯ならば国事犯という特定の種類に限って、その種類に属する罪を犯した者は一般にこれを宥《ゆる》すのである。特赦というのは或る特定の犯人に対してその刑を宥すのを謂うのであります。減刑というのは既に宣告された刑を減ずるのであり、復権というのは刑罰に依って公権を剝奪せられた者に対して公権を回復するのを謂うのであります。いずれも天皇の大命に依ってこの恩典を与えらるるのであります。

天皇の大権に属する作用は、必ずしも以上の列記事項にのみ止まるものではありませぬ。広い意味において天皇の大権と申せば、憲法において特に制限して居るもののほか国家統治権の全部が総て天皇に属するのでありますから、これらの列記事項に限るものでないことは、言うまでもないことでありますが、狭い意味において天皇の親裁に属する作用という意味に解しても、必ずしもこれらの列記事項にのみ限るものではなく、一方においては、またこれらの作用の総てが必ず御親裁を要し、これを他に委任することの出来ないものというのではないのであります。憲法第五条より第十六条に至るまでに列記せられて居る事柄のほかに、なお憲法の他の条項または皇室典範または法律勅令に依りて、特に天皇の御親裁に依るべきものと定められて居るものが尠《すく》なからずあります。憲法の他の条項に依るものには、貴族院令を定むる大権(三十四条)、議院に法律案を提出する大権(三十八条)、議会の会期を延長する大権(四十二条)、臨時会の会期を定むる大権(四十三条)、議員の選挙を命ずる大権(四十五条)、憲法改正案提出の大権(七十三条)などがありますし、皇室典範に依るものには、元号を定むるの大権があり、法律勅令に依るものは、一々列記することは出来ませぬが、例えば、貴族院議員および両院の議長副議長を任命する大権、市長の就任を

大権の意義に関する反対説

裁可する大権、朝鮮総督の発する制令、台湾総督の発する律令を裁可する大権などがあります。一方においては、憲法第五条ないし第十六条に列記せられて居る事柄の中でも、例えば文武官の任免の中判任官以下の任免は、御親裁に依らず、行政官庁に任されて居り、戒厳の宣告も、緊急の場合には軍司令官の職権を以て宣告し得るように任されて居ります。したがって、いずれの点から言っても、天皇の大権に属する作用はただ第五条ないし第十六条に列記されて居る事項にのみ限るものであるとする の説は、正常ではないと信じます。

反対説の誤謬

しかるに従来多くの学者は、天皇の大権は憲法第五条から第十六条に至る各条に列記してある事柄にのみ限って、これ以外には大権に属する事項は全く無いとして居って、これらの列記事項を称して大権事項と謂って居るのが普通であります。何故にこれらの事項をのみ大権事項と謂うかと尋ねますと、このいわゆる大権事項には二つの重要なる意味がある。第一にはこれらの事項については全く議会の容喙《ようかい》を許さないという憲法の趣意であって、すなわちこれらの事柄については法律を以てこれを定むることは全くこれを許さないのであるというのが第一の点で、第二にはまたこれらの事項については必ず天皇の親裁を必要とするので、これを行政官庁に委任して行わしめるということはこれも憲法の許さない所であるというのが、第二の点であります。憲法が第五条以下に天皇の大権に属する事項を列記して居るのはこの二つの意味を以て規定して居るのであるというのであります。

これはかなり広く行われて居る説でありますが、私はこれを以て根拠のある説とは信ずることが出来ないのであります。(*****)第一にこれらの事項については法律を以てこれを定むることを許さぬというの趣意は憲法の何処《どこ》にも見えて居らぬ所であります。憲法の趣意とする所はただこれらの事項については必ずしも法律を以てしなくともよいというに止まって、法律を以て定めてはならぬという意味は少しも無い。例えば憲法には「天皇ハ行政各部ノ官制ヲ定ム」とあるが、これを以て官制は法律を以て定むることを得ずというの趣意であると解するのは、極めて無理なる解釈であると信じます。法律もやはり天皇の裁可に依りて成立するものでありまして、法律を以て官制を定めたとしても、やはり天皇がお定めになったものと見ることは少しも差支《さしつか》えないのであります。

第二にはまた大権事項は必ず天皇の親裁を要するもので、行政官庁にこれを委任することを許さぬということも何の根拠も無い説であると信じます。行政官庁はみな天皇から大権の一部分を委任せられて居るもので、総ての行政官庁の権限はみな天皇の大権にほかならぬのであります。行政官庁は自分に固有の権限を有《も》って居るものではなく、総て天皇から御委任を受けて大権の一部分を行って居るのであります。行政官庁は凡て天皇の手足たり機関たるものにほかならぬのでありますから、行政官庁に委任して行わしめらるるのは、天皇が御親裁遊ばされるのと少しも違いはないのであります。憲法第五条以下に列記してある事柄でもあえて官庁に委任して行わしむることを禁止するの趣意であると認むべき理由は少しもない。現に多くの事項については官庁に委任して行わしめて居られるのであります。例えば条約の締結でも、外交談判をするとか条約の調印をするとかいうことが大臣または全権大使に任されて居るのみならず、或る条約にあっては天皇の御批准を待たずして有効に成立するものもあります。文武官の任命についても奏任官以上は勅裁を経ますけれども、判任官以下は行政官庁においてその任免を専行して居ります。そのほか陸海軍の統帥も大部分は陸海軍の将官に委任されて居りますし、栄典の授与についてもまた官庁に委任せられて居るものが少なくないのであります。もし凡てこれらの事項について常に親裁を必要とすると解しますならば、それは殆ど実行の出来ない事であろうと信じます。

要するに右の説は広く行われて居る説ではありますが、全く理由のない事と思うので

あります。それが天皇の大権に関する説明でありますが、次に

三　天皇の不可侵権

天皇は神聖にして侵すべからず

の事を説明します。憲法第三条に「天皇ハ神聖ニシテ侵スヘカラス」とあります。これはあえて憲法の明文を待たず、古来我が国民の確信を為して居る事で、憲法はただこれを厳粛なる文字に書き現わしたに過ぎぬのであります。

天皇は神聖にして侵すべからずというのは、憲法義解(明治憲法公布の年(一八八九年)に公刊された大日本帝国憲法および皇室典範の逐条解説書。伊藤博文の著作の形式をとる)にも書いてある通り、畢竟《ひっきょう》天皇が「指斥言議《しせきげんぎ》の外にある」ことを謂《い》うのであります。固《もと》より天皇といえども、法律の上に在《まし》まして少しも法律の制限を受けさせ給わぬと謂うのではない。天皇の大権は常に憲法の条規に従って行わせられねばならぬことはいうまでも無いのみならず、法律勅令またはその他の命令についてもいやしくも法律命令が発布になった以上は、その法律命令に従って統治権を行わせられなければならぬ。もし憲法なりまたは法律命令に違反した行為があるならばそれは違法行為にほかならぬのであります。しか

しながら天皇に如何《いか》なる御所為があろうともそれは臣民の批評すべき限りではないのであります。天皇は全く無責任で、如何なる事があっても裁判所において天皇を裁判することは出来ない、議会において天皇を弾劾することは出来ないのであります。

大権の行使については国務大臣が専らその責に任ず

総て大権の行使についてもし憲法に違反し法律に違反しまたは公益に反するような事があったならば、それは輔弼《ほひつ》の任に当って居る国務大臣のみが専らその責に任ずべきものであって天皇が直接にその責に任ぜらるるのではないのであります。議会は大臣の責任を質すことが出来ますし、人民の輿論は大臣の失政を攻撃することが出来ますけれども、天皇御自身に対しては何人《なんぴと》もこれを非議弁難することは出来ぬ、天皇を非議するのは許すべからざる不敬の罪であります。

これは大権すなわち国務上の行為について申したのでありますが、天皇の私の行為についても、またたとえ如何なる御行為があっても、刑法違反というようなことを以てその責を問うことは出来ないのであります。

君主が無責任であるという原則は今日では総《すべ》ての君主国において認められて居る原則であります。共和国においても、例えば仏蘭西《フランス》は大統領について同じ規定を設けて居りまして、すなわち仏蘭西の大統領は無責任の者となって居るのであります。その点においては仏蘭西は共和国とは言いながらやや君主国に近い思想を含んで居るのであります。それはとにかく君主の無責任は今日では総ての君主国の原則となって居る所でありますけれども、少し古代に遡りますと、君主が人民の批評の的になったということは、外国においては必ずしもその例に乏しくないのであります。もし君主が自分の随意に自ら政治を行うというのであれば、悪政のあるごとに君主が自ら衆民の怨府《えんぷ》となって、人民は君主の失政を批難し攻撃するということは避け難い結果であります。例えば英吉利《イギリス》の歴史を御覧になりますと、君主の失政のために人民が君主に迫って退位を余儀なくせしめたり、甚《はなは》だしきは革命に及んだというような例が少なくないのです。しかしながらこの如《ごと》きは実に国家の基礎を危うするもので、また国政の進行を妨ぐるの甚しいものでありますから、近世においては各国とも君主の無責任を厳重に認めて居って、総ての国家の政務については国務大臣がその責任者であるとして居るのであります。

かく国家の政務について君主は全く無責任で国務大臣がその責任者であるということは、その当然の結果としてまた総ての国政について君主が自分の御随意に専行し給うことは出来ないで、必ず国務大臣の輔弼を待たねばならぬということを意味して居るのであります。これはなお国務大臣の事を説明する時に申上ぐることでありますが、君主の無責任ということと国務大臣の責任ということとは相関連した原則であって、総て国務について、君主は国務大臣の輔弼に依《よ》らなければ大権を行わせらるることが無いために君主は無責任であるのであります。もしこれに反して君主が御一人の御随意に凡《すべ》ての政治を行わせらるるということであれば、君主の無責任ということは実際に望むべからざる所であって皇室の尊厳を傷つくるの結果は避け難い所であります。我が皇室が世界無比の尊厳を保たれ、国民の尊王忠君心は政治上の如何なる変動にもかかわらず寸毫《すんごう》の動きもなかったということは、実に我が古来の政体において天皇が親《みずか》ら国政の衝に当られなかったことがその原因の一つを為して居ることと思われるのであります。我が古来の政体において、藤原氏の時代、武家政治の時代等はもちろん、天皇御親政の時代におきましても、その御親政と言うのはあえて天皇御自身に凡ての政治を御専行あらせらるるというのではなく、常に輔弼の大臣があって、その輔弼に依って政治を行わせられたのである。これが実に我が国体の存する所で、これに依って国体の尊厳が維持せらるるのであります。我が今日の制度において、皇族が国務大臣の如き責任ある地位に立たせられぬこととなって居るのも、同じ趣意から来て居るのであります。

財産関係における民事裁判

君主はかくの如く全く無責任ではありますが、ただ財産関係については君主もまた財産権の主体としては民事裁判所の裁判を受くることを妨げないことは各国共に認められて居る所であります。財産関係についての民事裁判所の裁判はあえて君主の神聖を害するものでなく、ただこれに依って人民との間の財産権の範囲を決定するに止まるのであります。〔明治〕四十三年十二月に発布になりました皇室財産令には、御料に関する法律上の行為については宮内大臣またはその代理官をその当事者と看做《みな》すということに規定せられて居りまして、すなわち御料に関して民事訴訟が起った時分には、宮内大臣またはその代理官が、原告または被告の地位に立って訴訟当事者となるのであります。

刑事上の無責任

しかしながら裁判所において裁判するのは、ただ財産権についての民事裁判にのみ止まるのでありまして、刑事裁判は如何なる場合にも君主に対して行わるることの出来ないのはもちろんであります。この原則を言い現わすために、英吉利《イギリス》のダイシー〔Albert Venn Dicey, 1835–1922〕という学者はこういうことを言って居ります。英国の国王はたとえ自分の手を以て総理大臣の首を斬ることがあっても国王に対しては何らの制裁を加えることが出来ぬということを言って居りますが、その通りに如何なる事があっても法律上の制裁が無いのであります。英吉利《イギリス》では王は悪事をなす能わずという格言がありますが、それはあえて真に悪事をなすことが出来ぬという意味ではなく、ただ如何なる事があっても法律上悪事として制裁を加えることが出来ぬというのであります。やはり「天皇ハ神聖ニシテ侵スヘカラス」というのと趣意において変りは無いのであります。

四　皇位継承

なお皇位継承のことを申上げるのでありますけれども、時間が余りありませぬから簡単に申します。言うまでもなく、日本の皇位は世襲であります。近代においては総《すべ》ての君主国はいずれもみな世襲でありますが、

世襲君主国と選挙君主国

しかし世襲であるということは必ずしも総ての君主国に通ずる原則という訳ではない。昔に遡ると君主国であってしかもその君主が選挙に依《よ》った例が無いではない。英吉利、仏蘭西《フランス》、独逸《ドイツ》はいずれも昔は君主は選挙主義に依って居ったのであります。殊《こと》に中世の独逸帝国は純然たる選挙君主国でありまして、選挙侯というものが七人定まって居り、その七人の選挙侯が皇帝を選挙して居ったのであります。それであるから選挙君主国の

例も無いではないのでありますけれども、それはむしろ稀なる例で君主国と言えば通常は世襲であります。

皇位継承の資格

殊に我が国にあっては、皇位が世襲であるということは日本の歴史あって以来永遠不動の原則でありまして、皇統連綿万世にわたって変ることがないのであります。皇位は男系の男子が継承するのであります。皇位の継承が男系の男子に限るるということもまた我が古来の成例であって、ただ推古天皇から以来間々《まま》女帝を出したこともありますけれども、それはみな一時の変例であって常則ではないのであります。女系の出に至りては古来かつてこれを皇統と看做《みな》したことがない。皇統といえば常に男系の出に限られたのであります。帝国憲法第二条に「皇位ハ皇室典範ノ定ムル所ニ依リ皇男子孫之ヲ継承ス」とあるのはすなわちこの事を明言して居るのであります。

皇統の一系

皇統は必ず一系でなければならぬ。もし天皇の正系の御子孫の全く無いときにはやむを得ず傍系に伝うるのでありますけれども、傍系から出て皇位に就かれた場合にはその系統が更に正系となるのでありまして、等しく皇統が一系であることを失わないのであります。これは我が古来の定則でありますが、ただ中世において後深草天皇以来数世の間、後深草天皇の系統と亀山天皇の系統とが両統交《かわ》る交《がわ》る立つというような変態が起って、遂には南北朝の大乱を来すことになりましたが、それはただ一時の変例たるに止まるものであります。

皇位継承の順序

皇位継承の順序は皇室典範において一定せられて居ります。その順序は西洋の語で謂《い》うプリモゼニチュア〔primogeniture〕すなわち長系継承法と謂うべき順序に依るのであります。長系継承法というのは近親継承法に対するもので、近親継承法というのは専ら親等の近い者すなわち子と孫とある場合には常に子の方が孫よりも先に継承権を有するのを謂うのであり、長系継承法は長系に属する者が幼系に属する者よりも先に継承権を有するのを言うのであります。例えば長子と次子とあって長子には更に孫がありしかして長子が先に死んだという場合には、近親継承法に依れば長子に次いでは次子がその継承権を得るのであるが、長系継承法ならば長子がなくなれば長子の子である孫が次子よりも先に継承権があるのであります。すなわち長系継承法においては必ずしも親等の近いことに重きを置かず、専ら同一系統に属することに重きを置くのであって、これが今日の相続法の普通の原則であります。皇室典範に定まって居ります皇位継承の順序もまたこの原則に依って居るのでありまして、すなわち皇位は皇長子に伝うるのを常則とし、もし皇長子あらざるときは皇長孫に伝え、皇長子およびその子孫みなあらざるときは、皇次子およびその子孫に伝う、以下みなこれに例す(典範第二条第三条)ということになって居ります。皇子孫が一人も在《ま》さないときに、始めて皇兄弟およびその子孫に伝うるので、これも専ら系統に重きを置いて、第一の継承権ある皇兄弟に御子孫があるとすれば、その御子孫がそれに次いで継承権を有せらるるので、全く御子孫の無いときに始めて第二の皇兄弟に移るのであります。

皇庶子孫の継承権

日本の皇室法における一つの特色は皇庶子孫にも皇位継承権を認めて居ることであります。これは皇統の連綿を重んずる上から出た法則で、また我が古来の慣習に基かれたものと思われます。嫡出《ちゃくしゅつ》と庶出《しょしゅつ》との関係は同等内においては嫡を先にし庶を後にするのでありまして、その同等内というのは、例えば皇子とか皇兄弟とか皇伯叔父とかいう同じ親等の間について謂うのであります。同じく皇子の中ならば皇嫡子が先に継承権があって、皇嫡子が一人も在まさぬ場合にのみ皇庶子の継承権を生ずるのでありますが、親等の遠い者すなわち皇兄弟よりは皇庶子の方が先に継承権があるのであります。これと同様にまた例えば嫡出の皇長子に庶出の子孫がある場合には、この庶出の子孫は嫡出の皇次子よりも先に継承権があるのであります。その他凡《すべ》てこの例に依って知ることが出来ようと思います。

皇位継承の原因

皇位の継承は以上の如《ごと》き順序に依って、その順位に当って居られる皇嗣《こうし》が天皇の崩御に依って当然に皇位に即《つ》かれるのであります。天皇崩御の瞬間はすなわち皇嗣の即位の瞬間であって、何らの法律上の行為をも何らの儀式をも要しないで、皇嗣が法律上当然に天皇と成らせらるるのであります。即位の後即位式および大嘗祭を京都において行わせらるることに定まって居りますが、これはただ儀式に止まって法律上の効力のあるものではありませぬ。

皇位継承の順序の変更

皇位継承の順序がかく典範に依って厳重に一定せられたことは、後世に永く紛争の源を絶ち禍《わざわい》を未然に防がんとする遠大の聖旨に出たものでありまして、この順序は決して濫《みだ》りにこれを動かすことは出来ないのであります。ただその唯一の例外として皇嗣精神もしくは身体に不治の重患ありまたは重大の事故あるときは、皇族会議および枢密顧問に諮詢《しじゅん》して継承の順序を換うることが出来ることとなって居りますが、これは万《ばん》やむを得ざる場合の例外でありまして、この例外を除いては、たとえ皇嗣がなお極めて御幼少であろうとも、あるいはその他如何《いか》なる事情があろうとも、これを変更することは出来ないのであります。

皇位継承を生ずる場合はただ天皇の崩御の場合にのみ限るのでありまして譲位ということは皇室典範においては全くこれを認めて居ないのであります。これは中世以来の慣習を改められたものでありまして、上代の制に復せられたのであります。

そのほか皇位継承の事について申したい事もありますがもはや時間がありませぬから今日はこれだけに致します。

第三講（上）　天皇（その二）

昨日天皇の事についてお話致して、終りに摂政および皇室法の事を申上げるつもりでありましたが、時間がありませぬで申上げぬでした。引続いて今日はまず摂政と皇室法との事を申しまして、それから次に国務大臣および枢密顧問の事を述べようと思います。

五　摂政

天皇が未だ御幼年に在《まし》ます時、または久しきにわたる御故障のために大政を親《みずか》らし給うことの出来ない時には、摂政を置いて摂政が天皇に代って統治の大権を総攬なされるのであります。すなわち摂政を置いて居る間は法律を裁可すること、条約を締結すること、議会を召集すること、そのほか総《すべ》ての大権はみな摂政が天皇の名において行われるのであります。ただその例外として憲法および皇室典範の改正のみは摂政を置く間はこれを為《な》すことを得ないことに制限されて居ります。これが唯一の制限で、この国家の最も重要なる法典のみはこれを改正するの権利がその間は全く停止されるのであります。その間は如何《いか》なる方法を以ても、これを改正することを許さぬのであります。

摂政の国法上の地位

摂政は国法上如何なる地位にあるものであるかと申しますれば、一言を以て言えば、摂政は天皇の代表者であります。天皇の行わせらるべき大政を、天皇に代って行うの機関であります。憲法に「摂政ハ天皇ノ名ニ於テ大権ヲ行フ」とあるのは、すなわち摂政が天皇の代表者たることを示して居るのであります。

代表の観念

摂政の国法上の地位を明瞭にするためには、まず代表という観念を了解しなければならぬ。代表と謂《い》うのは民法で謂う代理という観念と同じ思想に属するもので、すなわち代表者の為した行為が、法律上あたかも被代表者の為した行為の如く看做《みな》されることを謂うのであります。この如《ごと》き思想はわれわれの社会生活上常にわれわれの有《も》って居る所でありまして、例えば極《ご》く卑近な例を申しましても、新橋に人を見送るとか、人の葬式に列するとかいうような場合に、自分の代理に人を遣って自分の名刺を持たしてやれば、代人が参りましてもわれわれの社会生活上の思想においてあたかも本人が自から行ったと同様に見るのであります。これは社会上の普通の思想でありますが、法律生活においてもまたこの普通思想を認めてこれを法律上の観念として居るのでありまして、例えば番頭が主人の代りに或る法律行為をすると、主人が自からその法律行為を為したと同様に、その行為の効力が主人に対して生ずるものとして居るので、民法では、この関係を代理関係と言って居るのであります。公法上の関係においても、これと同一の観念は常に認めらるる所でありまして、摂政が天皇の名において大権を行うというのは、摂政が天皇の代理として大権を行う、すなわち摂政の行う大権は法律上あたかも天皇御自身の為されるが如く看做さるるのをいうのであります。あたかも国会が国民を代表して政治に参与するというのと同じ思想に属するものであります。この代表という観念を認めませぬと、例えば旧幕時代において、幕府が専ら政治の実権を有《も》って居って、朝廷はただ空位を擁して居った時代に、なお天皇が国家の主権者であったということを説明することが余程困難であります。何故に幕府が実権を有って居って、しかもなお天皇が主権者であったかと言えば、やはり代表という観念を認めなければならぬので、幕府が行うて居た政権はすなわち天皇に代って行って居ったのであると看做されたからであります。幕府は天皇の名において天皇の大権を行って居たのであります。摂政もその通りでありまして、摂政を置いて居ります間は、統治の大権は専ら摂政が行うのであって、天皇御自身は大権を親《みずか》らせられないのであります。もし現実に統治権を総攬して居る人が主権者であるとするならば、摂政を置いてある間は、統治権を総攬する者は摂政であって、天皇ではないのでありますから、もし代表という観念を認めなければ、摂政の方が本統の主権者であるということにならなければならぬのでありますが、それがそうでないというのは専ら摂政が君主の代表者であるからであります。

代表または代理の関係は多くの場合には委任に依《よ》って発生するものである。例えば裁判所は天皇の名において司法権を行うもので、すなわち司法権について天皇の代表機関たるものでありますが、これは天皇から司法権を委任せられて始めてその代表権を生ずるので、すなわち委任に依る代表であります。行政官庁が行政権を行うのも、やはり同様に天皇の名においてこれを行うのでありますが、いずれも委任に依って始めてその権限を得るのであります。摂政が君主の代表者であるというのは、これとは違って天皇から御委任を受けて代表者となるのではなく、憲法上当然にその権限を有するのでありますす。民法には委任代理と法定代理とを区別して居りますが、摂政が君主を代表し、国会が国民を代表するのは、いずれもこのいわゆる法定代理に相当するのであります。裁判所だの、行政官庁だのが、天皇を代表するのは、これに反して、委任代理に相当するのであります。

摂政は専ら天皇の大権を代理摂行するものでありますから、大権の行使に関する総ての法則は摂政にも適用せらるるものでありまして、殊《こと》にその行使については、常に国務大臣の輔弼《ほひつ》に依るべきことはもちろんであります。

摂政の無責任

したがってまた大権の行使についての責任は、専ら国務大臣が負担すべきもので、摂政は天皇と御同様に、この点においては全く無責任であります。刑事上の責任についても摂政は天皇と御同様に全く無責任であるや否やということは、憲法には明文が無いために多少問題となり得るのでありますが、四十二年に発布になりました摂政令の中に「摂政ハ其ノ任ニ在ル間刑事ノ訴追ヲ受クルコトナシ」という規定を設けられまして、以て摂政が刑事についても無責任であることを明かにして居ります。しかしながら天皇の御一身上の特権はやはり天皇にのみ存して、摂政に属するものでないので、この点については摂政はただ皇族の一員としての特権を有せらるるばかりであります。例えば摂政の尊称は陛下ではなくして殿下であります。三種の神器を承《う》けらるるとか、即位式を行わせらるるとかいうようなことも、専ら天皇にのみ属して、摂政には属しないのであります。

摂政と後見人との差異

摂政は後見人とは、全くその性質を異にして居るものであります。民法に謂う後見人は、主として被後見人の一身上の保護のために存するものであります。その一身上の利益を保護し、その財産を管理し、教育を掌《つかさど》り、これを監督するというようなことが後見人の任務で、その任務は専ら被後見人の一身上の事についてのみ存するのであります。摂政はこれに反して天皇の御一身の保護を任務とするものではなく、専ら公の大権を代って行うものであります。その関係が専ら公の関係にのみ存するのであることが、後見人と全く違う所であります。天皇の御一身の保護の任に当る者としましては別に大傅《たいふ》があります。天皇が未成年であらせらる時分には必ず大傅を置くのであります。大傅は専ら御一身の教育その他の保護を任とするものでありまして、少しも大政に与《あずか》ることは出来ぬのであります。摂政の方は政治を代って行うのであって御一身の事には与らない、大傅の方は御一身の保護に与って大政に与らない、公の関係と私の関係とは厳重に区別せられて居るのであります。

摂政を置くべき場合

摂政を置かれまする場合は、天皇の未成年に在《まし》ます場合、および天皇が久しきにわたって大政を親《みずか》らし給うことの出来ない故障のある場合と、この二つの場合に限られて居ります。天皇は満十八歳を以て成年にならせ給うのでありますから、もし御即位の後なお満十八歳にならせられない時分には、必ず摂政を置くことを要するのであります。この場合は特別に摂政を置くか否かということを決定する手続を必要としないで、もし未成年であらせらるるならば、必ず当然に摂政を置かるるのであります。次に久しきにわたる故障と申すのは、重い御病気で親しく政務を見給うことが出来ないで、何時御平癒になるかという見込も立たないというような場合を申すのであります。この場合は事実問題でありまして、果してその事実があるか否かを決定しなければならぬのであります。未成年の場合とは違ってこの場合には果して摂政を置くべきや否やを決定することが必要であります。その決定の機関は皇族会議および枢密顧問ということになって居ります。皇族会議と枢密顧問との両方の一致の議決に依って摂政を置く必要を決定するのであります。

一時の御故障の場合

摂政を置かれまするのはかくの如く天皇が未成年の場合のほかはただ久しきにわたる御故障のある場合に限るのでありますから、久しきにわたる御故障でなく一時的の故障の場合、例えば陛下が臨時外国に御旅行遊ばさる時であるとか、極《ご》く一時的の御病気で数箇月の後には御平癒の見込が確かであるというような場合には、あえて摂政を置くということを必要としないのであります。そういう場合に如何にすべきかということについては、憲法上特に明文は規定せられて居りませぬが、そういう場合には臨時に皇太子または御近親の適当なる皇族をして監国の任務に当らしめて、一時天皇の大権を摂行せしめらるることは昔にも例があることでありまして、憲法も決してこれを禁ずる趣意ではないと信じます。伊藤公の憲法義解の中にもこの事を明言して居ります。人に依ってはそういうことは出来ないという人がありますけれども、それは理由の無いことであります。

摂政となるべき資格

摂政の任に就かれるのはただ皇族にのみ限られて居ります。人臣を以て摂政に任ずることを許さぬのであります。中世王朝時代に藤原氏が摂政になってから以来、人臣を以て摂政に当ることがありましたが、これはただ一時の変例に止まるのであります。皇室典範には明かに人臣を以て摂政の大任に当ることを禁じて居ります。摂政でないただ一時の監国の任に当る者については、別段の明文はありませぬけれども、これも皇太子、皇太孫または最も皇位継承の順位に近い皇族を以て当らせらるるのが本来の趣意であって、他の者をして一時の代理に当らしむることは、やむを得ざる場合にのみ限るものであるということは明文を俟《ま》たない当然のことであろうと思います。

摂政となるの順序

皇族が摂政の任に当られますのも、一定の順序が定まって居って、その順序に当る皇族が当然にその任に就かれるのであります。摂政に就くの順序は皇位継承の順序に準ずべきものでありまして、皇位継承の順位に当る皇族男子が摂政に就かれるのであります。ただ成年に達した皇族の男子が全くあらせられざる場合においてのみ、皇后、皇太后、太皇太后、その他の皇族女子において摂政に任ずるということになって居ります。

胎中天皇

摂政のことについてなお申上げておこうと思いますのは胎中天皇ということであります。天皇御崩御の時分に、もし皇后が御懐胎であって、しかして他に皇子の一人も在《お》わさない時分に、誰が皇位を継承すべきかということについては、憲法および皇室典範の中には特別の明文が無いのであります。普通の民法上の原則としては、相続に関しては胎児はすでに生れたるものと看做すという法律の規定があります。もしそれと同じような原則が皇位継承法にも適用せらるるものとしますれば、当然にその未だ胎中に在わす皇子が皇位を継承せらるべき筈《はず》であって、そのほかの人に移るべきものではないのであります。しかしながらもし民法の「胎児は相続に関しては既に生れたるものと看做す」ということは、特に法律に明文があって生ずる原則であって、特別の明文が無ければその原則は生じないとすれば、皇室法にはその明文が無いから、その以外において継承の順序に当って居る人が皇位を継承すべきものとなるのであります。この点については明文がありませぬから、疑いのある問題で、多少異論があるようでありますが、皇位は正系に伝うということが日本の憲法上および皇室法上の最も重要なる原則であることは申すまでも無いことで、皇位が万世一系であることが、日本の政体の根本原則である以上は、皇位は出来得る限り天皇の正系に伝うべきものであることは、言うを俟たない所であります。それが傍系に移るのは、ただ正系の皇子が一人も在わさない、万《ばん》やむを得ざる場合の例外であります。いやしくも正系の皇子がある以上は必ずその皇子に伝えなければならぬので、これを動かすということは非常に重大なことで、我が国体に反するの甚《はなは》だしいものであります。たとえ未だ御生れになって居らぬにしても、皇后が御懐胎であって、正系の皇子があることが確かである以上は、その皇子を差置いて他の傍系に伝えるということは、憲法および皇室典範の趣意でないことは更に疑いを容れぬ所と信じます。もちろん胎中の皇子は御出生までは、未だ皇女であるか、あるいは皇男子であるかが、分からぬのでありますから、その間は何人《なんぴと》が即位せらるべきであるかは、不明でありますが、たとえ皇男子が御出生になったとしても必ず摂政を置かれなければならぬので、その摂政は最近の皇位継承の順位に当って居らるる方がならるるのでありますから、その方が仮に摂政に御就きになって、そうしてもしその御生れになった皇子が男であるならば、当然その皇子が先帝崩御の時に遡って、皇位に御即《つ》きになったものと看做されまするし、もしそれが皇女であった時には、今摂政の任に当らるる方が、先帝の崩御の時に遡って、皇位に御即きになったものと看做すという風に、取扱うべきものと信ずるのであります。欧羅巴《ヨーロッパ》諸国においてもそれと例を同じゅうして居ります。皇位は天皇の正系に伝うるということが動かすべからざる根本原則である以上は、それが憲法および皇室典範の精神を得た解釈であろうと信ずるのであります。民法の胎児は相続に関しては既に生れたるものと看做すという規定が直に皇室法にも適用せらるるというのではありませぬが、この民法の規定は民法の明文に依《よ》って始めて生じた原則ではなくして、ただ従来われわれの法律思想に存在して居った法則を、明文に書き現わしたに過ぎぬのでありますから、たとえそういう明文がなくとも、皇室法においても同一の法則の適用のあるものと解して差支《さしつか》えないのであります。

六　皇室法

天皇の章を終るに臨んで、簡単に皇室法の事について一言しておきます。皇室とは天皇の御一家を謂《い》うので、その御一家に属する人が皇族と申すのであります。皇族たる資格は出生および婚姻の二つの原因のみに由《よ》って生ずるので、一般臣民の間における如《ごと》き養子ということは、皇室には全く適用が無いのであります。これは専ら血統を重んずるの御趣意から定められて居るので、すなわち皇族たる資格を有するのは、皇統に属する男系の子孫およびその妻にのみ限るのであります。

皇族たる資格

その発生原因

皇族の男系の子孫はその出生に依って、当然皇族たるもので、これは何代限りということは無く、特に降《くだ》って臣籍に入られた者のほかは、永世にわたって皇族たるのであります。大宝令には五世以下は皇族の限りにあらずということに定まって居りましたが、皇室典範は、この例に拠《よ》らず、何代の後までも永遠に皇族たるものと定められたのであります。四世以内の皇族すなわち皇子から皇玄孫に至るまでは、男は親王と謂い、女は内親王と謂い、五世以下は男を王と謂い、女を女王と謂うのでありまして、親王、内親王、王および女王はいずれも皇族であります。このほかに皇后は申すに及ばず、親王妃および王妃はいずれも婚姻に依って当然皇族となられるのであります。

その消滅原因

皇族たる資格の消滅原因は、(一)王が勅旨または情願に依り家名を賜いて華族に列せられた場合、(二)王が勅許に依り華族の家督相続人となり、または家督相続の目的を以て華族の養子となられた場合、この二つの場合にはその妻および子孫ならびに子孫の妻は共にその家に入られるのであります。第一の場合には王が新たに一家を創立して華族となられるので、第二の場合には既存の家に入ってその家を継がれるのであります。いずれも五世以下の皇族すなわち王にのみ適用があるので、親王にはその適用が無い。(三)皇族が懲戒処分に依って皇族特権を剝奪せられた場合には勅旨に由り臣籍に降さるることがあります。この場合にはその妻だけは共にその家に入られるのでありますが、その直系卑属すなわち子孫は、これと共に皇族特権を剝奪せられるのではないから、なお皇族たる身分を保有せらるるのであります。(四)皇族女子が勅許を経て華族に婚嫁せられた場合には当然その家に入られるので、すなわち、皇族たる身分を失われるのであります。(五)親王妃および王妃は皇族の妻たるに依って皇族たる身分を有せらるるのでありますから、離婚に依ってその身分を失われるのであります。離婚にもまた必ず勅許を経ることが必要であります。以上五つの場合が皇族たる身分を失われる原因であります。一旦皇族の身分を失って臣籍に降られた以上は、もはや皇族に復することは全く許されないのでありますし、その子孫もまた皇族たることを得ないのであります。

皇室一家

皇族は凡《すべ》て天皇の御一家で、天皇がその家長として全体を監督し給うのであります。皇族は凡て皇室の御一家に属せらるるのでありますから、皇族には特別の家名は無い。皇族に宮号を賜わることはありますが、これは決して家名ではなく、ただその人に属する称号であります。

皇室特権(一)一般法令の適用を受けざる特権

皇室には種々の特権が認められて居ります。その特権の重《おも》なるものを挙げますと、第一にその最も重なる特権は皇族の身分その他皇族の権利義務に関する法則について原則として一般法律命令の適用を受けざることの特権であります。皇族の権利義務については皇室典範および典範に基いて発せらるる皇室令に依って定めらるるのが本則でありまして、一般の法律命令は原則として皇族には適用がなく、ただ法律命令中皇族に適用すべきものと定められた規定は典範および皇室令に別段の規定の無い場合に限って適用せらるることになって居ります。これは従来もこの通りであったのでありますが、従来はその明文が無かったため多少の疑いがあったのでありますが、明治四十年の二月に発布になりました皇室典範増補の第七条、第八条においてこの事を明言して、皇族の権利義務に関しては、皇室典範および皇室令の方が法律よりも一層強い効力のあることを明かにしたのであります。元来法律は命令よりも強い効力を有《も》って居って、命令を以ては法律を変更することの出来ないのが本則で、これは憲法の中でも殊《こと》に大切な原則でありますが、ひとり皇族の事に関しては、皇室令を以て法律を変更することが出来るのであって、皇族の大なる一つの特権であります。

皇族はこの如く一般法律命令の適用を受けないのでありますから、その結果として皇族にはまた種々の重要なる特権があります。例えば皇族には租税を賦課せられないのが通常で、所得税その他の国税、または府県税、市町村税等も賦課せられないし、外国からの輸入品でも皇族用品には関税を課せられないのであります。兵役義務も皇族には適用が無いのでありますが、これは別に皇族身位令に依りまして、皇族男子は特別の事由ある場合を除くほか陸海軍の武職に任ぜらるることになって居ります。市町村制、府県制とかいうような規定も、皇族には適用が無いので、皇族は市町村の住民または公民としての権利義務を有せられないのであります。そのほか警察法規とか戸籍法とかまたはその他の公法規定は、原則として、いずれも皇族に適用せられないのであります。私法の規定につきましても一般には適用が無いのでありますが、これには区別を要するので、皇族の親族法上の関係については、皇室典範のほかなお特に、皇室誕生令、皇族身位令、皇室親族令の規定があり、相続法上の関係についても皇室財産令の中に遺産相続の事が規定されて居りまして、民法の中の親族編および相続編は全く皇族には適用が無いのであります。しかしながら皇族の財産法上の関係については、皇室典範および皇室財産令に特別の規定の無い限りは民法、商法ならびにその附属法令を準用せらるることに定まって居ります。

(二)宮廷組織の特権

第二の重要なる皇室特権は、皇室の事務を掌《つかさど》るために宮中官を置かれて居って、この宮中官が同時に国家の公の官吏としての地位を有し、その権威を認められて居ることであります。皇室の事務と国家の政務とは明かに区別せられて居りまして、国務大臣その他国務に関する官吏は、皇室の事務には与《あずか》らず、宮中の諸官はまた国務には与らないのを、一般の主義とせられて居るのでありますが、しかしながら宮中の諸官といえども、単に皇室の私の吏員ではなく、等しく国家の公の官吏でありまして、殊に宮内大臣は皇室の事務に関しては、警視総監および地方長官に命令を下すの権を有《も》って居るのであります。ただ宮中の官吏はその任免、懲戒、その権利義務等について全く一般の官吏とは区別せられ、その俸給恩給等も直接に国庫より支弁するのではなく、皇室経費から支弁せられるのであります。

宮内省　皇室の事務を掌理する官庁は宮内省であります。宮内大臣は皇室一切の事務について、輔弼《ほひつ》の責に任ずるもので、天皇の国務上の大権については国務大臣がこれを輔弼するのでありますが、皇室の家長としての天皇の大権は、宮内大臣が専らこれを輔弼するのであります。宮内省には大臣官房のほか、侍従職、式部職、宗秩《そうちつ》寮《りょう》、内蔵寮《くらりょう》、図書寮《ずしょりょう》、侍医寮、大膳寮《だいぜんりょう》、諸陵寮《しょりょうりょう》、主殿寮《とのもりょう》、内匠寮《たくみりょう》、主馬寮《しゅめりょう》、主猟寮、調度寮の各職各寮を置かれてありまして、各々掛《かかり》の官吏があり、その事務を分掌して居るのであります。このほかになお大臣の諮詢に応うるがために宮中顧問官が置かれてあります。

内大臣府　宮内省のほかに、また内大臣府というものが置かれてあります。内大臣は御璽《ぎょじ》国璽を保管し、詔書勅書その他内廷の文書に関する事務を掌《つかさど》り、天皇の御側に奉仕して天皇を輔弼する者であります。内大臣は固《もと》より宮内大臣の如くまたは国務大臣の如く、皇室の事務についてもまたは国務についても、一般に輔弼の責に任ずるものではないのでありますが、例えば宮内大臣が職を辞して、新宮内大臣が任命せらるべき場合とか、内閣が総辞職をして、新内閣が組織せらるべき場合とかいうような、輔弼の責に任ずべき大臣の欠けて居る場合に、その欠を補うて、常に天皇に奉仕し、意見を奉り、輔佐するの任を有《も》って居るのであります。

なお宮内省に附属する官庁としましては、皇后宮職、東宮職、皇族附職員、帝室会計審査局、帝室林野管理局等があります。

(三)財産上の特権

第三には財産上の特権でありまして、皇室典範第四十七条には、「皇室諸般ノ経費ハ特ニ常額ヲ定メ国庫ヨリ支出セシム」とあり、憲法第六十六条には「皇室経費ハ現在ノ定額ニ依リ毎年国庫ヨリ之ヲ支出シ将来増額ヲ要スル場合ヲ除ク外帝国議会ノ協賛ヲ要セス」ということに規定せられて居ります。すなわちこの定額の皇室経費は議会の議決を要せず毎年必ず国庫よりこれを支出するのでありまして、固より当然の事であります。なお皇室の財産については、皇室財産令において種々の特例を定められて居ります。

以上のほかなお敬称についての特権(皇室典範第十七条、第十八条)、裁判に関する特権(典範第四十九条、第五十条、第五十一条)、儀式上の特権、叙勲任官についての特権など種々ありますが、詳細にわたることはこれを略します。

皇族の監督

凡て皇族は皇室の家長としての天皇の監督の下にある者で、この監督大権は摂政在任中は、国務上の大権と同じく、摂政がこれを摂行するのでありますます。監督大権は皇族の身上財産等一切の事にわたるものでありまして、その重要なる事柄は、皇室典範を初め諸皇室令において規定せられて居ります。後見保育の事、婚嫁の事、国彊《こっきょう》外旅行の事、臣籍降下の事、禁治産の事、叙勲任官の事、失踪の事、懲戒の事などはその重なるものであります。その詳細はここに述ぶることを略しますが、ただ懲戒権の事についてのみ一言します。皇室典範第五十二条に「皇族其ノ品位ヲ辱ムルノ所行アリ又ハ皇室ニ対シ忠順ヲ欠クトキハ勅旨ヲ以テ之ヲ懲戒シ」云々という規定がありまして、なお皇室身位令中に懲戒についての細則があります。皇族の懲戒は謹慎、停権および剝権の三種で、停権は一定の期間皇族特権の一部または全部の行使を停止せらるるのであり、剝権は皇族特権の全部を剝奪せらるるのであります。剝権に処せられた皇族は勅旨に依り皇族の身分をも奪われ、臣籍に降下せらるることがあることは、前に述べた通りであります。

皇室の大事を審議するの機関としては、皇族会議および枢密院を以てこれに宛てられて居ります。枢密院は国務上の事についても、天皇の諮詢に応ずる審議の機関たるものでありますが、同時にまた皇室の事についても皇族会議と共に諮詢機関とせられて居るのであります。皇族会議は成年以上の男子を以て組織せられて居るもので、専ら皇室の大事を審議するのであります。その組織の詳細については、皇族会議令に依って定まって居ります。

以上を以て天皇の章を了《おわ》りまして次の章に移ります。憲法の次の章は臣民の権利義務でありますが、これはずッと後に廻して、次に国務大臣および枢密顧問について述べようと思います。国務大臣、枢密顧問は、天皇を輔弼し、または天皇の顧問たる機関でありますから、天皇に続いて申上げるのが順序であろうと思います。

第三講(下)　国務大臣および枢密顧問

一　国務大臣

国務大臣の法律上の地位

天皇が統治の大権を行われまするのは、常に国務大臣の輔弼《ほひつ》に依《よ》って行われるのであって、しかして国務大臣がそれらの行為については専らその責に任ずるのであります。天皇が自分を輔佐するために大臣宰相を置かれるということは、あえて立憲国にのみ特有なるものではないのでありまして、古来我が国においても常に、天皇の輔佐の臣としては、君側に必ず大臣宰相に当るべき者があったのであります。しかしながら国務大臣は立憲国において特に重要なる意味をもって居るのであります。立憲国においては天皇の国務上の行為は必ず大臣の輔弼に依らなければ法律上の効力を生じないのであります。憲法は天皇が必ず国務大臣の輔弼に依って大権を行わせらるべきことを規定して居りまして、決して国務大臣に関係なく、天皇の御自身だけの行為を以て大政を行わせらるることは出来ないのであります。この点において立憲国の国務大臣は、専制政体における大臣宰相とはその法律上の地位を異にして居るものであります。

内閣制度

国務大臣は今日の制度におきましては内閣総理大臣を初めと致して、外務、内務、大蔵、陸軍、海軍、司法、文部、農商務、および逓信、これらの各省大臣でありまして、これらの各大臣で内閣を組織して居るのであります。このほかに宮内大臣がありますが、宮内大臣は専ら皇室の事務を掌《つかさど》り、国政には与《あずか》らぬものであることは前に述べた通りであります。これらの各大臣のほかになお時としては勅旨を以て国務大臣として内閣に列せらるる者があることがあります。日本の従来の先例では、枢密院議長が内閣に列せしめられたことがあります。その場合においては枢密院議長が同時に国務大臣であるのであります。故伊藤〔博文〕公爵が枢密院議長であった時分には、内閣に列せられて居りました。また山県〔有朋〕公爵が枢密院議長の時も内閣に列せられたことがあります。そういう場合は特別に勅旨に依って国務大臣の中に加わるのであります。

内閣は総《すべ》ての国務大臣が相集って国政のことを議する合議機関であります。法律、勅令、条約、主なる官吏の任免、そのほか、国務に関する主なる事柄は総て内閣の議を経て、総理大臣からこれを陛下に奏請して御裁可を仰ぐのであります。それでありますから、議会に法律案を提出するにも、また議会の議決を経た法律案を裁可せられるにも、議会に提出すべき予算案を定むるにも、あるいは議会を召集する場合も、勅令を発布する場合も、条約を締結する場合も、そのほか総て国家政務の重要なる事柄はいずれもまず内閣で相談をして、その協議の結果に依って御裁可があるのであります。国家の政務は一つとして陛下御自身の独裁になるものはないのであります。比較的軽微なものにつきましては内閣の相談を経ないで各主任大臣から直接に総理大臣を経て上奏するものがありますけれども、やや重大な事については、常に内閣各大臣の相談を経てしかる後に上奏するのであります。内閣官制第五条には「左ノ各件ハ閣議ヲ経ヘシ」とあって、法律案および予算決算案以下、七つの事項を列記してあり、なお最後に「其ノ他各省主任ノ事務ニ就キ高等行政ニ関係シ事体稍《やや》重キ者ハ総テ閣議ヲ経ヘシ」と定められて居ります。高等行政というのが何を謂《い》うのか必ずしも明瞭ではありませぬが、要するに国家の政務に関して少しく重要な事は、総て閣議を経なければならぬので、閣議を経ないで直に奏上して裁可を仰ぐのは、ただ或る一省の主管にのみ属して居って、他の政務には影響を及ぼさない軽微な事柄にのみ限るのであります。これらの事柄といえども、主任大臣から直接に奏上するのではなく、みな総理大臣を経て奏上するのであります。人に依っては、国務各大臣は各々独立に天皇を輔弼するもので、必ずしも他の大臣と相談をする必要は無く、また総理大臣を経由する必要もないと言う人がありますけれども、それは大変な間違いであります。固《もと》より各省には各々その主管事務があって、各大臣がこれを分担して居るのではあるが、各省の主管事務はいずれも互いに相関聯して居るもので、もし各大臣が各々独立にこれを処理することとなれば、その間の統一は全く保つことが出来ない結果となるを免れない。外交の事でも、軍備の事でも、財政の事でも、教育の事でも、一般内治の事でもやや重大な事は決してその主管大臣のみを以て決すべき事柄ではなく、必ず全内閣の議を経て決しなければならぬのであります。

ただこれに対する唯一の例外として、軍の機密に関する事柄は、内閣の議を経ず陸軍大臣または海軍大臣より直接に天皇に奏上して裁可を仰ぐことが出来るものとなって居ります。これは普通に帷幄上奏《いあくじょうそう》と称せられて居るもので、これが内閣総理大臣を経由せずして直接に主任大臣から上奏する唯一の例外であります。

国務大臣の副署

天皇の国務上の行為には、常に国務大臣の輔弼を要するの結果と致して、法律、勅令、条約そのほか総て国務上の詔勅には必ず国務大臣の副署がなければならぬのであります。副署と申すのは陛下の御親署のありました後、国務大臣がその下にそれに副えて自分の名を署することを言うので、これに依って、その副署をした大臣が自からその行為に翼賛し、その行為の御相談に与って、それについて自分が責任を負うことを証明するのであります。国務大臣の副署が無ければ、法律上国務上の詔勅たる効力を生ずることが出来ぬので、もし副署の無い詔勅であるならばそれは国務上の詔勅ではなくただ国務に関係の無い詔勅たる効力しかないのであります。大臣の副署は、大臣がその行為に翼賛したことを公に証明するの行為でありますから、副署をした以上は、その詔勅について副署をした大臣が当然責に任ずるのであります。しかしながら大臣の責任は必ずしもその副署をした行為についてのみ存するのではなく、いやしくも相談に与ってそれに同意をした以上は、たとえ副署はしなくとも総て責に任じなければならぬのであります。しかして稍々《しょうしょう》重要なる国務は、総て内閣の議を経て、しかる後裁可を仰ぐのでありますから、これら総て閣議を経た行為については、総ての内閣大臣が共同にその責に任じなければならぬのであります。普通に内閣の連帯責任と申すのはこの事を言うのであります。一省のみの主管に属し、その省のみにおいて決行した事柄ならば、その大臣の単独責任に属するのでありますが、閣議で決した事であるならば、総て連帯責任を生ずるのであります。

国務大臣の責任

かくの如《ごと》く総ての国務上の行為について、君主は絶対に無責任であって、専らこれに翼賛したる国務大臣がその責に任ずるのでありますが、何故に君主の国務上の行為について、国務大臣がその責に任ずるのであるかということについては、従来いろいろの説明がありまして、あるいは本来君主が責任を負うのであるけれども、君主に責を負わすことが出来ないから、国務大臣が代って責を負うのであるという説もありますし、あるいは君主には少しも悪い事はない、君主にもし過ちがあるならばそれは君主の過ちではなくして、それを輔弼する大臣の過ちであるから、大臣が責に任ずるのであるという説もありますが、いずれも正しい説明ではない。代って責を負うということは元来法律上の議論として許さるべきものではない。総ての責任は自分が過ちがあればこそ自分が責を負うので、他人の過失について責を負うということは許すべき道理でない。また君主には過ちはあり得ない。もし過ちがあればそれは国務大臣の過ちであるということも正当なる説明ではない。畏《おそ》れ多いことではありますが、道理の上から申せば、君主といえども必ずしも過ちが無いとは申されない訳であります。大臣責任の理由とする所は極めて単純でありまして、ただ国務大臣は君主を輔弼するものであるから、その輔弼したことについて責に任ずるのであります。天皇の国務上の行為は、国務大臣の輔弼がなければ国務上の行為たる効力を生じない、すなわち国務大臣が同意をしなければ行わるることが出来ないのでありますから、国務大臣はその同意をしたことについて責に任ずるのであります。決して他人の行為について代って責に任ずる訳ではなく、自分がそういう行為に同意をしたことについて責に任ずるのであります。この点において国務大臣は一般の官吏とはその地位を異にして居るものであります。普通の官吏はその上官に対して服従の地位に立って居るもので、上官の命令ならばたとえそれが違法であり、または国家に不利益であると思っても、それに背くことが出来ない、上官の命令には必ず服従しなければならぬのであります。したがってまた上官の命令に基いて為《な》したことであるならば、たとえそれが違法であっても、自分には責を負わないで、上官の命令が間違って居ったために、自分の行為が間違ったという場合は、その責を負うのは命令を下した上官であって、それに従った下級官吏は責任を負わないのでありります。国務大臣はこれに反して如何《いか》なる場合においても責を天皇の命令に帰することの出来ないものであります。国務大臣は天皇を輔弼する機関である、天皇に意見を奉りまた天皇の国務上の行為についてそれを輔佐すべき任務を有《も》って居るものであります。天皇の大命といえども、もしそれが憲法または法律に違反し、または国家に対して不利益であると思う場合には、是非これを諫争《かんそう》しなければならぬ、また国家の利益のために是非為さなければならぬと思うことであるならば是非上奏して御裁可を仰がなければならぬのである。自分が責任を以て是非やらなければならぬと思うことが御裁可を仰ぐことが出来ないとか、またはその諫争にかかわらず、自分が国家に不利益であると思うことに是非副署をせよとの大命があるとかいうような場合には、それはもはや大臣に御信任がないのでありますから、大臣は辞職するのほかはない、もし辞職をしないでその事を為したならば、それは国務大臣がこれに同意したのであって、大臣がその責を負わなければならぬのであります。それであるから、大臣の責任は絶対であって、口を大命に藉《か》りて自分の責任を免かるることが出来ぬ。普通の官吏であるならば上官の命令に基いたからということに依って、完全に責任を免かるるのでありますが、ひとり国務大臣は口を天皇の命令に藉りてその責任を免かるることは出来ぬのであります。能《よ》く通俗に袞《こん》龍《りょう》の袖に隠るるというのは、すなわち口を大命に藉りて責任を免かれんとすることを謂うので、それは立憲国の大臣において許すべからざる所であります。

そういう訳でありますから、西洋の或る国の憲法の中には、国務大臣はもし君主の命令が国家に不利益であり、または憲法法律に違反すと認めるならば、その副署を拒むことを得ということを明文を以て規定して居り、またそれと同じ意味において、もし大臣が自分の上奏したる意見が君主の容るる所とならず、自分はその責任を執ることを欲しないならば何時でも辞職することが出来る、その辞職に対してはそれを引止めることが出来ないというようなことを、明文を以て規定して居る所もあります。しかしながらそれは明文がなくとも、大臣が絶対に責任を負うという原則から生ずる当然の結果と言わなければならぬのであります。

大臣責任の種類

憲法第五十五条に「国務各大臣ハ天皇ヲ輔弼シ其ノ責ニ任ス」といって居りますのは、以上の如き趣意を明かにして居るものであります。ただ憲法には国務大臣がその責に任ずと規定して居るばかりで、如何なる責に任ずるのであるかについては、日本の憲法には、その明文を設けて居りませぬ。この点について欧洲諸立憲国の例を見ますると、大体において国務大臣の責任には、二種類を区別しなければならぬのであります。一つは法律上の責任で、一つは政治上の責任であります。法律上の責任と申すのは、自分の行為について法律上の制裁を受くるのを謂うのであります。法律上強制することの出来る制裁を加える場合が法律上の責任であります。政治上の責任というのは、自分の行為について他の者から批評を受け制裁を受ける、けれどもその批評その制裁は法律上の効力のある制裁でなくて、ただ徳義上の結果を生ずるに過ぎないものを謂うのであります。

(一)法律上の責任

大臣の法律上の責任については、これもいろいろ分かつことが出来ますが、まず民法上の責任および刑法上の責任については大臣であるからと言って、特別に他の官吏と違った所は無いのであります。大臣の法律上の責任が他の官吏と違って居る点は二つあります。一つは懲戒法上の責任で、一つは普通に憲法上の責任と申して居るものであります。

(イ)懲戒法上の責任

第一に懲戒法上の責任については、普通の官吏に適用せらるる懲戒規定は大臣にはその適用が無い。一般の官吏は地位の保障がありまして、妄《みだ》りに免官することが出来ない、特別の例外を除いては、ただ悪い事をしたときに、懲戒処分に依ってのみ免官することが出来ることになって居りまして、その懲戒処分を加えるには、一定の手続が定まって居るのであります。しかるに大臣にはそういう懲戒法は適用が無い。現行法について申すならば、一般の官吏に対しては文官懲戒令が定めてあってこれに依って懲戒処分を加えるのであるが、その文官懲戒令は大臣には適用せられないのであります。それは何故かというと、大臣には地位の保障が無い、大臣はただ陛下の御信任のある間のみ、その任に就いて居るもので、もし御信任がなくなれば何時でも罷《や》めらるべき性質のものでありますから、特に懲戒の手続を定むる必要がないのであります。

(ロ)憲法上の責任

第二に、大臣に特別なる法律上の責任として多数の諸国に規定せられて居るものは、いわゆる憲法上の責任であります。憲法上の責任と申すのは、あるいは大臣弾劾の制度と申してもよいので、簡単に申すと大臣が職務上憲法または法律に違反するというような過失があった場合に、国会の一院すなわち貴族院又は衆議院が、大臣を弾劾することが出来て、その弾劾の結果大臣は或る裁判所に移され、その裁判所において大臣を審判して判決を下し、もし大臣に職務上の過失があると認めたならば、大臣に或る法律上の制裁を科するものとして居る制度を謂うのであります。この制度は多数の国の憲法に認められて居るものでありますが、その制度の細目については各国その規定を異にして居ります。あるいはこれを一種の刑事裁判として居って、死刑またはその他の刑法上の罰を科するものとして居る国もあり、あるいは単に一種の懲戒裁判として、その科する所の罰は、ただ免職にのみ止めて居る国もあります。その弾劾権を有《も》って居る者も、あるいは国会の各院として居る国もあり、あるいは衆議院だけに止めて居る国もある。これを裁判する裁判所についても、あるいは英国の如く貴族院を以てその裁判所として居る国があり、あるいはこれがために特別の裁判所を組織するものとして居るものもあります。その制度は様々であるが、要するに、この場合のいわゆる弾劾というのは、単に大臣の不信任の決議をするとか、弾劾的の上奏をするとかいうのではなく、裁判所に向て大臣を公訴するという意味であって、その公訴に依って、或る特別の裁判所において、大臣の責任を裁判するのであります。

この如き弾劾制度はもともと英吉利《イギリス》に発達して、それが立憲政治の伝播と共に各国に伝播して、多数の立憲国は少なくとも明文の上には、概《おおむ》ねこの制度について規定して居らぬ国は無いと言って宜《よ》い位であります。けれども実際においてはこの弾劾制度は、近来は殆《ほとん》ど実行を見ないようになって居りまして、その最初の本国である所の英吉利におきましても、十九世紀以来殆ど一回もこれを行ったことがない、今日ではもはや殆ど事実上消滅したような状態になって居ります。その他の諸国でも今日では実行されない状態であります。それは何故かと申せば、今日では後に述べる政治上の責任の方が発達して、議会は単に不信任の決議をするとか、予算案を否決するとかいうような単純な行為に依って、内閣を顛覆させることが出来るようになって居りますから、もはや弾劾の如き複雑なる手続を為す事実上の必要が無いから、したがって実行が全く止んだのであります。

日本の国法は大臣に特別なる法律上の責任を認めず

これが大臣に特別なる法律上の責任でありますが、これは日本の今日の国法においては全く認めて居らぬのであります。それであるから日本の国法の下においては、大臣に特別なる法律上の責任は全く無いということになるのであります。

(二)政治上の責任

大臣に特別なる責任として論じなければならぬのは、日本の国法においては専ら政治上の責任であります。これは近代の立憲国においては、大臣の総ての責任の中にも最も重要なものでありまして、日本の憲法の下においてもまた重要の意義を有するものであります。いわゆる憲法上の責任の方は多数の国の憲法には明文に規定はありますけれども、それは殆ど空文に止まって、実際は殆ど消滅したものと言って宜い位でありますが、政治上の責任の方は、かえってますます重要となって来たものであります。大臣の政治上の責任とは語を換えて言えば大臣の議会に対する責任であります。議会が大臣の行為について、これに質問して弁明を求めこれを批難し攻撃することの出来るのを謂うのであります。ただ法律上の制裁を科することが出来ないという点において法律上の責任と異なって居るのであります。法律上の責任ならば法律上の制裁を負うのであるが、政治上の責任の方は如何なる結果を負うかは全く事実の問題で、法律上の問題でないということが法律上の責任と違うのであります。議会は君主に対して責任を問うということは全く許されないのみならず、大臣以外の官吏に対してもまた責任を問うことは出来ぬのであります。例えば台湾の政治が甚《はなは》だ圧制に流れて不当であるといっても、議会は台湾総督の責任を問うことは出来ぬ、東京府の行政が紊乱《ぶんらん》して居るといっても、東京府知事の責任を問うことは出来ぬ、ただ議会は国務大臣のみに対してその責任を問うことが出来るのであります。それを大臣の政治上の責任と申すのであります。大臣は第一には天皇の行為を輔弼《ほひつ》する、したがって天皇の行為についてはこれに輔弼したることについて責に任ずる。第二には大臣は自分が行政官庁としてすなわち各省の長官として、その職権を行った行為についてまた自ら責任を負わなければならぬ。第三には大臣は自分の下にある下級官庁に対して指揮監督の職権を有《も》って居るのであるから、したがってまたその監督について責任を負わねばならぬのであります。もし台湾の政治が紊《みだ》れても、議会は台湾総督の責任を問わないで、台湾総督の監督者たる内閣総理大臣の責任を問うのであります。東京府の政治が紊れても、議会に対して責任を負うのは東京府知事でなくて、それを監督して居る内務大臣であります。大臣は第一には君主の行為につき、第二には自己の職権上の行為につき、第三には自分の監督する官庁の行為について責任を負う者で、要するに総ての国務上の行為は軍令権の行為であるとか、司法権の行為であるとか、爵位の授与であるとかいうような、国務大臣の輔弼のほかにある行為を除いては、議会に対しては、凡《すべ》て国務大臣が絶対にその責任を負担するのであります。

日本の憲法における大臣責任

日本の憲法には、国務大臣の責任については、ただ国務大臣は天皇を輔弼しその責に任ずとあるばかりで、議会に対して責に任ずということは規定せられて居りませぬために、この点については多少の異論があって、日本の憲法の下においては、大臣は議会に対して責任を負う者ではなく専ら天皇に対し責に任ずる者であると言う人がありますけれども、それは大なる誤りであると信じます。議会に対して責に任ずと申しましても、決して議会が大臣を罷《や》めさせることが出来る、議会の決議に依って大臣が法律上必ずその職を罷めねばならぬという意味ではない。大臣の任免権は専ら君主にあることは固より言うまでもないことであります。議会に対して責に任ずと申すのは、ただ議会が大臣の責任を問うことが出来る、大臣を責任者として見ることが出来るという意味に過ぎぬのであります。大臣の政治上の責任はいわゆる議院政治の国において最も完全に発達して居りますが、これらの国においてすらも、法律上大臣を任免するの権は、専ら君主にあるので、ただ実際の慣習上議会の多数党の向背に因《よ》って、大臣があるいは職を辞し、あるいは新内閣が組織せらるるというに過ぎぬのであります。大臣の辞職ということは、決して法律上の制裁ではなくただ事実上の慣習に止まるのであります。議院政治を行って居らぬ国においては、事実上の慣習としても、内閣は議会の議決に因って、必ずしも辞職するものではありませぬけれども、しかもそれらの国においても、大臣が議会に対して責任を負うて居るということは更に争うべからざる所であります。日本の憲法についてこれを見ても、議会は大臣の職務上の過失に対して上奏してその免黜《めんちゅつ》を請うことが出来ますし、また大臣の不信任を決議することが出来ますし、また大臣に質問してその答弁を求むることが出来ます。殊《こと》に大臣に質問をして答弁を求むるということは、大臣に責任があるということを前提として居るもので、もし責任が無ければ、何故にお前はかくの如き事をしたのであるかということを質問することは出来ぬ訳である。責任があればこそかくの如く質問することが出来るので、大臣以外の者に対しては議会は全く質問権を有《も》たないのはこれがためであります。あるいは不信任の決議を為し、あるいは天皇に弾劾的の上奏を為すのも、いずれもただ国務大臣に対してのみ為し得ることで、その他の官吏に対してはこれを為すことは出来ぬ。これらはいずれも大臣のみが議会に対する責任者であるということを前提として居るからであります。もちろん議会が不信任の決議をしようとも、または天皇に上奏を致そうとも、それらの行為は総て直接に法律上の効果を生ずるものではない。大臣は決してそれがために法律上辞職しなければならぬ義務があるという訳ではない。それが如何なる結果を生ずるかはただ事実の問題であって、あるいは実際大臣が辞職することもあろうし、あるいは議会の解散または停会となることもあろうし、あるいは場合に依っては互いに譲歩して妥協するというような結果になることもありましょう。その結果の如何《いかん》はその場合場合の事実上の問題で、法律上の問題ではない。その結果がただ事実問題に過ぎないということがその法律上の責任でないという所以《ゆえん》であります。もし法律上の責任ならばその結果が法律上の制裁を生ずるのでありますが、政治上の責任であるから、その結果はただ事実問題に過ぎぬのであります。

要するに日本の憲法の下においても、国務大臣が議会に対して政治上の責任を負うて居ることは、争いを容れない所でありまして、これが大臣にのみ特別なる責任でありまず。大臣は固より天皇の官吏であるから、天皇に対して責に任ずることは、言を俟《ま》たぬ所でありますが、これはあえて大臣に特別なる責任ではなく、総ての官吏は等しく天皇に対して責任を負うて居るものである。大臣に特別なる責任はただ議会に対する関係のみに存するもので、日本の憲法がこの特別の責任を認めて居ることは、議会の質問権、上奏権、事後承諾権等みなこれを証明するものであります。

内閣の組織　国務各大臣は以上申す通り相共同して内閣を組織して内閣において国務を相談し、共同にその責に任ずるものでありますから、内閣の各大臣はなるべく同じ政治上の意見を有って居る者から組織せらるることが自然の必要であります。殊に内閣は普通の合議体のように、多数決で議決するものではなく、閣議の決定には常に全内閣員の一致を要するのである。多数決で決するということは、各大臣がその職務に関して絶対にその責任を負うということと相調和すべからざるもので、各大臣が絶対の責任者である以上は、自分が反対であるにかかわらず、多数決に従わねばならぬという道理は無い。もし自分の反対にかかわらず、なお多数決に従わねばならぬというならば、自分はそれについて責任を負うべき筈《はず》は無い訳であります。それであるから、閣議の決定が全内閣員の一致を要するということは、大臣責任の性質上当然の事でありますが、もし全内閣の一致の意見でなければ、閣議が成り立たないものとすれば、全内閣大臣が同一の政見を有するものから組織せられねばならぬということは当然の結果でありますのもし閣員の中に意見が分かれて如何にしてもその一致を得ることが出来ないとすれば、それは内閣の分裂を来すのほかは無いのであります。

議院内閣　全内閣員が同一の政見を有すということは、政党の勢力の発達して居る国では畢竟《ひっきょう》同一の政党に属すということに帰するので、しかして政党の勢力の強い国では、したがって議会の勢力も強く、政府は議会の後援を得なければ到底国政を行うことが出来ないのでありますから、その自然の結果として内閣は議会の多数を占めて居る政党から組織せらるることになるのは、免るべからざる自然の勢であります。内閣は議会の多数党とその進退を共にして、もし自分の党派が議会で多数を失ったならば、あるいは議会を解散して、再び自分の党派が多数を占むるようにするか、しからざれば総辞職をして、新多数党たる政党から新内閣を組織するというようになるのであります。この如き内閣を称して通常、議院内閣または政党内閣と謂うので、この如き内閣を有する政体を議院内閣政治または簡単に議院政治とも謂い、時としてはまた政党政治と謂うのであります。

議院内閣政治は、英吉利《イギリス》を初めとして、仏蘭西《フランス》、白耳義《ベルギー》、和蘭《オランダ》、西班牙《スペイン》、墺匈《オーストリア》、嗹馬《デンマーク》、以太利《イタリア》、英国の諸自治殖民地等立憲国の多数に行われて居るものでありますが、これらの国においても、内閣大臣が議会の多数党から出るということは、決して憲法上に定まって居るのではなく、ただ自然の勢としてかくならざるを得ないのであります。憲法上から言えば、これらの国においても大臣の任免権は、国王または大統領等に属して居るのであるが、政党の勢力が強く、したがって議会が国政の上に重きを為して居る所では、議院内閣は避くべからざる自然の勢である。反対にまたたとえ法律を以てかく定めた所で、実際に勢力ある政党がなければ、議院政治は到底実際に行わるることの出来ないもので、要するに議院内閣とか議院政治とかいうことは、法律上の制度の問題でなく、ただ実際政治の問題であります。

議院政治は法律上の制度として行わるるのではなく、実際の政治事情から来る自然の結果でありますから、議院政治の行われるには、必ず或る政治上の事情が実際に備わって居る場合でなければならぬ。殊に政党の勢力が発達して、議会の権威が政治上に重きを為して居ることがその最も大切なる条件であります。国民の中に二大政党が対立して居って、各政党には判明なる一定の政治上の主義があり、政党の組織も整って居って、一定の首領があり、能くその統一が保たれて居るというような国は、議院政治の行わるるに最も適当なる場合であります。

日本の内閣制度の沿革

日本の内閣制度は明治十八年に始めて置かれたもので、それまでは天皇の下に太政官があって国政の全般を統括して居ったのであるが、十八年十二月に太政官を廃止して、内閣を新設せられたのであります。最初に内閣総理大臣となったのは故伊藤公爵で、その以来、内閣は幾たびか更迭したのでありますが、内閣の性質もまたその間に種々の変遷を受けたのであります。最初は内閣は政党の外に超然たるべきものであるとして、議会においては政党の勢力が強かったにもかかわらず、総ての内閣員は政党以外の者から任命せられ、政党とは何らの関係を有《も》たなかったのであります。二十二年の憲法発布の際に時の総理大臣であった故黒田〔清隆〕伯爵が地方官に訓示した中にも、政府は超然として政党のほかに立たねばならぬということを公に宣言したのでありました。すなわち政党内閣、議院内閣とは正反対の主義を採ったので、世にこれを超然内閣と称して居ります。しかしながらこの超然主義の結果はどうであったかと言うと、政府と、議会とは年々衝突が絶えず、解散に次ぐに解散を以てするというような有様で、実際上到底政治を運用して行くことが出来なくなった。これがために遂にいわゆる超然主義を棄てなければならなくなって、明治二十八年の伊藤内閣の時分に始めて政府は自由党と提携の約束を為すこととなった。これが日本の内閣が公然政党と関係するに至った最初で、初めに宣言した超然主義はこれに至って全く拋棄せられ、その時から始めて議会に公然たる政府党が出来たのであります。しかしながら未だ政党の首領が自ら内閣を組織するというには至らなかったが、三十一年六月に時の二大政党であった自由党と進歩党とが相結合して、新たに憲政党という一大政党を組織して、衆議院の大多数はこの政党に属することになったので、時の総理大臣伊藤公は決然として直に辞表を捧げ、後任として、憲政党の首領たる大隈〔重信〕伯および板垣〔退助〕伯を推薦して、その結果同じ月のうちに大隈伯を総理とする憲政党内閣が組織せられた。この内閣には陸軍大臣と海軍大臣だけは、特に前任大臣が留任することとなったけれども、その以外の内閣員は悉《ことごと》く政党員で、政党の領袖たる資格において総理となり大臣となったので、陸海軍大臣を除いては純然たる政党内閣であります。これが日本における最初の政党内閣であります。政党内閣はかく咄嗟《とっさ》の間に成立したのでありましたが、その成立が迅速であっただけに、その倒れることもまた早く、未だ半年にもならぬうちにその年十一月に旧自由党と旧進歩党との衝突が起って、憲政党は分裂して、憲政党内閣もまた倒れ、山県内閣の組織を見ることとなった。政党内閣の制度は一時これに依って挫折したのでありますが、その後三十三年に伊藤公を首領とする立憲政友会という一大政党が組織せられて、その結果同年十月に山県内閣は辞職して伊藤公の総理の下に政友会内閣が組織せられた。これが第二の政党内閣であります。それより後の変遷は詳しく申す必要もありませぬが、最初の政友会内閣は三十四年に辞職して、桂〔太郎〕内閣となり、三十九年には西園寺〔公望〕内閣となり、爾来桂公と西園寺侯とが交《かわ》る交《がわ》る総理の地位に就かれたことは、御承知の通りであります。その後更に山本〔権兵衛〕内閣となり、大隈内閣となり、寺内〔正毅〕内閣となって今日に至ったのでありますが、それらの内閣の中にはあるいは准政党内閣たるのもあり、あるいは官僚内閣と見るべきものもあります。しかしながら如何に官僚内閣であるとしても決して最初の如きいわゆる超然主義を取るものではなく、常に政党と提携しその後援を得て内閣を維持して居ったのであります。内閣が政党の外に超然たるということは、立憲政治の下においては、到底長く維持すべからざる所で、次第に政党内閣、議院内閣に近くということは避くべからざる自然の趨勢であります。ただ日本において未だ純然たる議院内閣の政治を見るに至らないのは、政党の勢力が専ら衆議院にのみ限られて居って、貴族院には及ばないことと、貴族院が衆議院の決議を以て民意の発表として尊重するという思想を欠いて居ることとがその主たる原因であろうと思います。なお日本の現行制度において陸海軍大臣は必ず陸海軍将官から任ぜらるべきものと定まって居って、それがために、最初の憲政党内閣以来、陸軍大臣および海軍大臣は常に政党以外から任ぜられ、内閣の更迭にかかわらず多くの場合には前大臣が留任することとなって居りますのは、内閣史上注意すべき顕著なる事実で、これも純然たる議院内閣政治の成立を妨げる事情の一つであります。議院内閣、政党内閣にも、固より種々の短所もあり長所もあることでありますが、これは単に利害得失を以て論ずべき問題ではなく、立憲政治を行う以上はこれが必然の趨勢であると思うのであります。人に依っては、日本の憲法の下においては政党内閣、議院内閣は許すべからざるものであるというようなことを言う者があるようでありますが、これは固陋《ころう》なる無稽の言に過ぎぬもので、何の理由も無い事であります。

二　枢密顧問

枢密院の性質

それからチョット枢密院の事を一言だけ言っておきます。内閣のほかに陛下の御諮詢に応じて意見を上奏する機関としまして枢密院を設けられて居ります。枢密院は明治二十一年に憲法草案の審議に際して始めて設置せられたもので、内閣および議会のほかに独立する、天皇の最高の顧問機関であります。内閣に対しても独立であり、議会に対しても独立の地位を有《も》って居る。その設置せられた最初の目的は憲法草案の討議にあったけれども、憲法制定の後にもなお引続き存置せられて居って、憲法第五十六条には「枢密顧問ハ枢密院官制ノ定ムル所ニ依リ天皇ノ諮詢ニ応ヘ重要ノ国務ヲ審議ス」ということを明かに規定して居ります。すなわち枢密院を置くことは憲法上の必要となって居るのであります。

枢密院の組織

枢密院は議長副議長および顧問官若干名を以て組織されて居りまして、そのほかに国務大臣も院議に列し、および表決に加わることが出来ます。国務大臣は自から国政に当って居るものでありますから、特に枢密院の討議に与《あずか》ることが許されて居るのであります。ただし国務大臣だけで過半数を占むることがあっては、枢密院が内閣から独立して設けらるる趣意に反するものでありますから、枢密院は必ず大臣以上の数、すなわち十人以上の顧問官が列しなければ会議を開くことが出来ぬということに規定されて居りまして、国務大臣だけで過半数を占めることを禁じて居ります。顧問官だけで過半数以上を占めなければ会議が開かれないのであります。

枢密院の権限

枢密院の議に附せられるものは大別すると二種類であります。一つは皇室に関する事、一つは国務に関する重要な事柄、この二種類であります。皇室に関する事柄については、例えば皇位継承の順序を変更すること、摂政を置くべき場合を決しまたは摂政の順序を変更する場合、皇族を人臣に列せしめらるる場合、皇室典範の改正増補等はいずれも枢密院に諮詢せられる。それから国務に関する事については憲法および憲法に附属する法令の改正、およびその解釈に関する疑義、緊急勅令、罰則の規定ある勅令、国際条約というような事柄であります。緊急勅令、罰則の規定ある勅令または国際条約などはいずれも議会の議を経ずして定めらるるものでありますが、事態甚《はなは》だ重大でありますから、議会に掛けない代りに、枢密院に諮詢せらるるのであります。これらのいずれの事項についても、枢密院は常に御諮詢を待って始めて会議を開くので、内閣のように自から意見を備えて上奏することは出来ないのであります。すなわち常に他動的の諮詢機関で、主動的に発議するものではないのであります。ただその例外として、摂政を置くべき場合を決定するときおよび摂政の順序を変更する場合のみは、これは天皇または摂政が既に御不例で親《みずか》ら大政を攬《みそな》わすことの出来ない時分でありますから、御諮詢を待たず、枢密院が自から進んで決議を為し、または皇族会議の決議があって、皇族会議から廻されて来て枢密院において決議をするのであります。これが唯一の例外で、その他の場合は凡《すべ》て天皇の御諮詢を待って決議するのであります。

第四講　帝国議会(その一)

一　議会の国法上の性質

立憲国における国会の地位

近世の立憲国においては、政府のほかに必ず国民の中から公選せられた議員を以て組織して居る合議体があって、その合議体は立法権に参与し、および行政を監督することを主たる任務として居るのであります。この如《ごと》き合議体を通常国会と申します。日本の憲法上の公の名称としてはこれを帝国議会と申して居ります。かくの如き合議体が存在して居るということは、立憲国が立憲国たる所以《ゆえん》の最も主なる特色でありまして、同じく立憲制度と申しても、国に依《よ》ってその制度の内容にいろいろの差異がありますけれども、しかしかくの如き合議体があるということだけはいずれの立憲国にも共通なもので、国会の無い国は全く立憲国ではないのであります。もし一口に立憲政体とは何であるかと言うならば、国会の設けてある政体と言って宜《よ》いのであります。しからば国会とは如何《いか》なるものを謂《い》うのであるかと言えば、国会は二つの性質を備えたものでなければならぬ。第一には国会は国民の代表者たるもので、これが国会の最も著しい性質であります。第二には国会は立法権に参与しおよび行政を監督することを主たる任務として居るもので、これが第二の著しい性質であります。この二つの性質を備えて居るのでなければ、立憲国の意味においての国会ということは出来ないのであります。

国会は国民の代表機関なり

第一に国会は全国民の代表者でなければならぬ。中世の欧羅巴《ヨーロッパ》諸国においてもやや今日の国会と類似したような制度が無いではなかったのであります。英吉利《イギリス》を初めとして、仏蘭西《フランス》、独逸《ドイツ》、西班牙《スペイン》その他の諸国においても、みな国会に類似した合議体があって、それが国王に対して租税の賦課を承諾し、また国王の立法に参与する権利を有《も》って居ったのであります。しかしながら中世の欧羅巴におけるこれらの合議体は、全国民の代表者たるものではなかったので、ただ国民中の或る特権を有って居る階級、殊《こと》に貴族、僧侶、および市民のこの三つの階級を代表する会議であったのであります。貴族、僧侶、および市民は各々自分の仲間の中から代理人を出して、その代理人は国王の召集に応じて、あるいは租税を承諾し、あるいは国王の諮詢に応え、あるいは国王に請願を為《な》すがために集会したので、それらの代表者は全国民の利益を代表するのでなく、ただ自分の選ばれた特殊の階級のみの利益を代表したのであります。その会議において議決する所は、一々自分の選挙せられた所の階級から委任を受け、指揮訓令を受けて、その差図に基いて議事を為し決議を為したので、その委任を受けた以外の事については、全く議決する権限がなかったのであります。かくの如き会議のことを通常階級会議または等族会議と申して居ります。英吉利の国会も最初はかくの如き性質のものであったのでありますが、それが次第に変化して遂には或る特別の階級を代表するものではなくして、全国民を代表するものとなり、これと同時にまた初めは一々その選挙人から委任状を受けて、その委任状に基いて決議をして居たのが、後には選挙人の委任に依らず、代表者が自分の独立の意見に依って議事を開き決議をするというように段々変って参ったのであります。英吉利において今日の如き国会制度が発達したのは、この如き歴史的変遷に基いて居るものであります。他の諸国における国会制度は第十八世紀の終りから第十九世紀に至って、新たに英吉利に倣って拵《こしら》えたもので、英吉利の如く中世の階級会議から自然に継続して発達し来ったものではないのであります。近世の国会はかくの如き中世の階級会議とは全く性質を異にして居りまして、或る特別の階級のみを代表するものではない。国会議員は各選挙区から選ばれるのでありますが、選挙区と議員との間には何らの関係も無い。議員は決して自分の選挙区のみを代表する者ではなく、いずれの選挙区から選ばれた者でも、均《ひと》しく全国民を代表する者であります。貴族院議員に至っては、あるいは華族の中から選ばるる者もあり、あるいは各府県の多額納税者から互選せらるる者もあり、あるいは勅選せらるる者もありますが、いずれも華族とか、富豪とか、または政府とかの利益のみを代表する者ではない。貴族院議員も、衆議院議員もみな均しく全国民を代表するものであります。西洋の諸国の憲法には、憲法の明文を以て国会の議員はいずれもみな全国民を代表する者であることを規定して居るものもあります。日本の憲法には、この如き明文はありませぬけれども、これと同一の趣意を以て国会が設けられてあることは、更に疑いを容れぬ所であります。それからまた欧羅巴《ヨーロッパ》の昔の階級会議においては、議員は一々選挙人から委任状を受けて居ったのでありますが、今日はかくの如く選挙人から委任を受けて、その差図に従って決議をするのではない。これも西洋諸国の憲法の中には明文を以てその旨を定めて居って、議員が選挙人の委嘱を受くることを禁じて居るものがあります。日本の憲法にはその明文はありませぬけれども、やはり同一の趣意であることはこれも疑いを容れぬ所で、明文を俟《ま》たない当然の事柄とせられて居るのであります。学問上の言葉において、昔の如く委任を受けて国民を代表して居りますのを委任代表と申し、これに反して、今日の如く国会議員が自分の自由の意見に依って議事に加わって、しかもそれが国民を代表する者と看做《みな》されて居るのを称して自由代表と申して居ります。民法の語に比較して申せば、委任代理と法定代理との区別がほぼこれに相当するもので、今日の国会は国民の委任に依って国民を代表するものではなく、委任に依らず自分の独立の意見に依って議事に列し議決に加わるのであるが、しかもその自由の決議が法律上当然に国民の意見を代表する者と看做されるのであります。

国会の性質とその組織

国会が全国民の代表者である以上はその当然の結果として国会の全部または少なくとも一部分は国民の中から選挙せられた者でなければならぬことは言うまでも無い事であります。チョッと考えると真に国民を代表するというためには、総《すべ》ての議員が、国民から選挙せらるることが当然であって、あるいは華族とか多額納税者とかいうような特別の階級から互選せられたり、あるいは勅選せらるることは、国会が国民の代表者たる性質に反するようであります。実際にも後に述べます通り、国に依っては、上院も下院も等しく国民から公選することにして居る国も少なくないのであります。もし全国民が悉《ことごと》く平等の能力を有し、平等の資格を有《も》って居るものとすれば、全国民に悉く平等の選挙権を与えて、総ての議員が均しく全国民から公選することにするのが最も正当であるべき筈《はず》でありますが、しかしながら実際には国民は決して平等なものではない。国民はその門閥において、その財産において、その学識において、その経験において、またはその社会上の徳望において、千差万別、実際は極めて不平等なものであります。この実際上の不平等を無視して、全国民を平等な者として取扱い、これに平等の選挙権を与えて、平等に全国民の中から総ての議員を公選するものとするのは、決して真に適当なる代表者を得る所以ではないのであります。民主政体の国においては、なるべく全国民を凡《すべ》て平等の者と看做すということに傾いて居るのであるが、それですらもこの実際の不平等を全く無視することは出来ないで、小児であるとか、犯罪人であるとか、自活の能力の無い者とか、婦女子とかいうような者は、これを除いて選挙権を与えないのが、通常であります。国会をして真に適当なる国民の代表者たらしむるには、国会をして能《よ》く社会の実際を反映する者たらしめねばならぬ。社会上に優れた地位を有って居る者には、国会においてもまた特別の地位を与えることが相当である。国会は社会の縮写たるべしと言うのはこの事を言うのであって、日本の貴族院が華族議員、勅選議員、多額納税議員などから成り立って居るのも、またこの趣意に基いて居るのであります。すなわち国民の中で門閥、学識、経験、または富力において特に優れた地位にある者には特別の代表者を出さしむることが、最も適当なる国民の代表者を得る所以であるとして、この如き組織になって居るのであります。有爵者または多額納税者から互選するのも、君主が公に勅選せられるのも、均しく全国民を代表せしむるためにするのであって、この点においては全国民から公選した者と少しも変りは無いのであります。それであるから、勅選の貴族院議員は同じく君主の任命に係るものではありますが、官吏とは全く性質を異にしたものであります。官吏は君主の機関として、その手足として御使いになるために任命になるのであるが、貴族院議員は君主の機関として任命になるのではない、国民の代表者を出すの手段として、国民から選ばせる代りに、君主が適当と御認めになる者を御任命になるのであります。等しく任命ではあるがその性質は全く違ったもので、貴族院議員の任命は憲法第十条の「天皇ハ〔中略〕文武官ヲ任命ス」とあるいわゆる任命大権に基く行為でなくして全く別種の行為であります。

国会は立法に参与し行政を監督す

国会の第二の性質は立法権に参与しおよび行政を監督するの任務を有することにあります。国会の権限は国に依って多少の相違があって、殊に日本においては前々回に申上げた通り、ほかの諸国の憲法に較べますと、君主の大権が比較的広くなって居ります結果として国会の権限は比較的他の国よりも狭いのであります。例えば条約に関しては国会は何らの権限を有《も》って居らぬ、憲法の改正に関しては国会は発案権を有って居らぬというような、他の諸国に較べて権限の狭い所がありますが、大体について申しますと、国会の権限は諸国ほぼ相類して居りまして、殊に国会が立法に参与するの権を有って居りおよび行政を監督する権があるということについては、各国いずれも同様であります。能く国会のことを立法機関と申しますが、それはもし国会のみが立法する権限を有って居る意味であるとすれば、少なくとも日本の如き君主政体の国においては、全く間違いであります。国会は自から立法権を有って居るのではなく、ただ立法に参与するに止まって、立法は君主の裁可に依って成立するのであります。立法に参与する機関という意味であるとすれば、国会が立法機関であるといっても差支《さしつか》えありませぬが、しかし立法に参与するだけが国会の主たる権限ではない。それと同様にまた行政を監督することも国会の主なる権限の一つであります。もし国会を立法機関ということが正当であるとすれば、同様の意味においてまた国会は監督機関であるということも出来る。国会は政府を監督するものでありますから、大臣が国会に対して責任を負うのであります。行政に対する監督の最も著しいものは財政に対する監督であります。政府の財政に関しましては、国会はまず予算を議決する、その予算に基かなければ政府は財政を執行することが出来ない、また政府の会計の決算については国会はこれを審査することが出来る。もし予算外の支出をするようなことがあったならば、事後において国会の承諾を求めなければならぬというような事が、財政に関する監督で、これが国会の監督作用中の最も重要なるものでありますが、そのほか一般の行政に関してもやはり監督の権を有って居るものであります。固《もと》より監督と言っても、上級官庁が下級官庁を監督するように、訓令を出したり、取消権を行ったりすることが出来るというのではないが、政府の行う所の行政について、一般にこれを監視して行政の良否、善悪に注目し、もし失政があると思えば、これを質問し、またはその他の種々の権限を利用してなるべくこれを矯正するというようなことの権限を有って居るものであります。

政府と国会との対立

以上が国会の法律上の性質の主なるものでありますが、立憲国においてはかくの如く政府のほかに必ず国会というものがあって、その二つのものが互いに独立して並存して居るのであります。固より独立と言っても絶対に無関係であるというのではないが、国会の決議に対しては政府はこれを命令することは出来ないし、政府の施設に対しても国会は全く命令権を有《も》って居らぬのであります。同じく国家の機関であって、かくの如く二つの独立のものが互いに相対立して居る場合にはその結果は何方かの勢力が一層強くなるということは自然の勢として免かるべからざる所であります。二つの独立のものが同じ国家の中に相並立してその勢力に少しも強弱がなく、互いに平等の勢力を有って相対立することは、長い間続いては決してあり得べからざることであります。もし勢力にさしたる強弱がなく、ほぼ平等の勢力を有って居る者が相対立するとすれば、その間に激烈なる衝突が起ることは避くべからざる所であります。朝廷と幕府との相対立して居りました時分でも、勢力の強弱がさまでに著しくなかった時分には、度々衝突があった。承久の役とか、元弘の役とかいうような戦の起ったのは、概《おおむ》ねこの原因に基いて居るものであります。足利氏以後徳川氏に至りましては、朝廷の威力が甚《はなは》だ衰えて、幕府の勢力が遥《はるか》に朝廷よりも強かったために、その間の衝突は起らなかったのでありますが、幕府の勢力の衰うるに至っては、忽《たちま》ち衝突が起って、遂に王政復古ということになったのであります。政府と国会との対立は固より朝廷と幕府との対立に比較すべきものではありませぬが、二つの勢力が同一国内に対立して居ることにおいては、やや類似して居ると言って宜かろうと思います。その勢力の強弱は国に依って大なる異同があります。国に依っては国会の方が君主よりも実際に勢力の強い国があり、国に依ってはこれと反対に君主の勢力の方が国会の勢力よりも強い国がある。かくの如く国会と政府との間に勢力の強弱を生ずることに基いて、同じく立憲制度の中にも議院政治と君権政治との区別を生ずるのであります。国会の方が勢力の強い国においては、その結果自ずから議院政治になる傾がありますし、君主の権力の方が実際の勢力の強い国においては君権政治または官僚政治とも称すべきものを生ずるのであります。

議院政治と君権政治

国会の勢力が事実上強い場合には、政府はどうしても国会の同意を得なければならぬ。国会の意見に従って政治を行わなければ政治は到底円満に行うていくことが出来ない。国会に反対されると政治は行き止まらなければならぬ。その結果として、内閣を組織する大臣は国会の多数を占めて居る党派と同じ党派の者を以て組織しなければ、実際政治を行うていくことが出来ない結果になって、したがっていわゆる議院政治となるのであります。そういう国においては、表面は政府と議会とが相対立して居るようであるが、その実は政府の大臣は国会の多数党の領袖であって、国会の多数党の中から政府を組織するのであります。国会の勢力の比較的薄弱な国においては、これに反して必ずしも国会の多数党から政府の大臣を出さなくとも、君権の勢力の強いために、専ら君主の信任に依って任命せられた大臣が、国会を操縦して、たとえ自分は国会の多数党に属して居ないでも、とにかく政治をやって行くことが出来るというために、必ずしも国会の多数党から出ないで、専ら君主の信任に依って任命されるという状態になるのであります。かくの如き内閣を称して通俗に官僚内閣といって居ります。官僚内閣は議院内閣または政党内閣に対する言葉で国会の多数党から出て居る政府が政治に当って居るのでなくて、国会とは関係がなく、専ら君権に基いて政治を執って居るものが官僚内閣というのであります。官僚政治という語は近来新聞などにも、しばしば使われる語でありますけれども、その意味は漠然として居りますが、試みに稍々《しょうしょう》精確に申してみるならば、官僚政治とは国民の後援に因《よ》りその信頼に基いて就職した者ではなくただ君権に基いてのみ在職して居る内閣員の政治であるということが出来ようと思います。その観念の要点とする所は内閣が国会と関係が無く、したがってまた国民と関係が無いという事にあるのであります。今日の多数の立憲国においては、内閣は国会の多数党から組織せられて居って、しかして国会は国民の代表者たるものでありますから、内閣は間接には国民の後援に因って執政者の任にあるものと言うことが出来るのであります。内閣は単に君主の信任のみに依ってその任にあるのではなく、国民を背後に有《も》って居るもので、もし国民の信頼が失われたならばその職を去るのである。これがいわゆる議院政治の要点であります。近来は議院政治の国でも、内閣の勢力が追々に増進して、国会よりもむしろ内閣の方が勢力が強く、内閣が議会を統率し、指導して行くというような有様でありますが、これは内閣の大臣が議会の多数党の領袖であるがためで、つまり内閣が国会をその後援となし、間接には国民をその背後に有って居るがためであります。内閣の勢力の強いのは畢竟《ひっきょう》国民の勢力の強いためであります。官僚政治の下において内閣の勢力の強いのとは、全くその勢力の基く根拠を異にして居るのであります。

そういう訳でありまして、同じく立憲君主政治と申しても、実際の状態にはいろいろ違いがあって、殊に議院政治と君権政治との二大種類があるのであります。しかしながらこの二種類の区別はただ政治上の区別に止まって、法律上の区別ではない。立憲政治と専制政治とは固より純然たる法律上の区別で、法律上にその定義を与えることが出来るのでありますが、議院政治と君権政治とは、ただ政治上の実際にこの如き区別があるというに止まって、法律上の制度としてはその区別があるというのではない。法律上の制度としては、議院政治においても大臣の任命権は等しく君主に属して居って、その任命は自由でありますが、ただ政治上の実際において、国会の多数党の領袖たることをその任命の条件として居るというに止まるのであります。

以上は国会の性質についての大体の説明でありますが、次に国会の組織について申上げます。

二　議会の両院制度

国会の組織には御承知の通り一院制度と二院制度との区別があります。一院制度とは国会が唯一の合議体を為《な》して居るのを申します。二院制度とは国会が二つの独立の合議体に分れていて、その二つの合議体が別々に議事を開いて、その二つの決議が相一致するに依《よ》って国会の決議が成立するのを謂《い》うのであります。今日の大多数の立憲国は概《おおむ》ねみな二院制度を採って居るものであります。一院制度を採って居るものは極く僅《わず》かな小国に止まるのであります。瑞西《スイス》聯邦の中の各州、独逸《ドイツ》聯邦の中の二、三国、希臘《ギリシャ》、リュクサンブールは一院制度を採って居りますが、稍々《しょうしょう》大きな国はみな二院制度を採って居ると言って宜《よ》いのであります。日本の帝国議

一院制と二院制

会も同様で、同じく二院制度を採って居ります。

二院制の歴史的根拠

国会にかくの如《ごと》く両院制度を採って居る理由は、種々ありますが、一つには歴史上の理由に基くのであります。しばしば申上ぐる通り国会の制度はもともと英吉利《イギリス》に発達したもので、この英吉利の制度が模範となって各国に採用せられたのでありますが、英吉利における国会の制度は古くから両院制度を採って居たので、これが各国の模範となって、各国においてもまたその国会に両院制度を採るに至ったのであります。英吉利における国会の発達の歴史は今詳しく申上ぐることは出来ませぬが、英吉利の国会は、日本またはその他の国の如く立法に依って一時に設置せられたものではなく、次第に発達し来ったもので、貴族院と衆議院とは、その発達の起源を異にして居るものであります。英吉利の国会は、御承知の如く、ハウス・オブ・ローズ〔House of Lords〕すなわち貴族院と、ハウス・オブ・コンモンス〔House of Commons〕すなわち庶民院または衆議院との両院から成り立って居るのであるが、この両院のうち貴族院の方がその起源は遥《はるか》に古いので、初めには貴族院だけが存立して居ったのが、後になって、各地方から地主の代表者であるとか、市府の代表者であるとかいうものを召集するに至ったので、これらの者は別に一院を為して、従来の貴族院とは離れて別の集会を開くことになったのが、後世の衆議院の起源であります。英吉利《イギリス》の国会が両院に分かれて居ることは、こういう歴史上の事情に依って定まったので、その後クロムウェル〔Oliver Cromwell, 1599–1658〕の下に一時共和政治が作られた時分に、貴族院を廃して衆議院のみとしたことがありましたけれども、それはただ一時の事で、間もなく貴族院が復活せられ、爾来英国においては、二院制度が確定の法則となったのであります。今日の大多数の立憲国が同じく二院制度を採って居るということも、またこの英国の歴史的発達の影響を受けて居ることが、その主なる原因の一つをなして居るのであります。けれどもこれはただその原因の一つで、それればかりの理由に依って二院制度が広く各国に行われて居るのではない。二院制度が広く各国に行われて居るのは、この歴史的の理由のほかに、なお二院制度それ自身に大なる長所があるからであります。

二院制の長所

二院制度の長所とする所の最も主なる点は、多数決の欠点を補うということにあるのであります。元来多数決で事を決するということは、必ずしも常に適当なる結果を得る所以《ゆえん》ではない。多数決は人間を総《すべ》て平等の者と看《み》做《な》してただ数に依って決しようとするもので、合議体において事を決するには固《もと》よりやむを得ない方法ではありますが、人間が実際平等の者でない以上は、多数の同意する所が必ずしも常に少数の意見よりも勝れて居るということの出来ないのは当然であります。殊《こと》に国会は法律の協賛権、予算の議定権等極めて重要なる権限を有《も》って居るもので一時の多数決を以てこれを確定するということは、往々にして危険の虞《おそれ》が無いとは言えぬ。もし国会に一院制度を採って居るならば、その一院だけの多数決に依って直に議会の決議となるのでありますから、多数決の欠点が殊に明白に見《あら》われて、時として軽卒に過激な決議を為すことがないとは言えないのであります。二院制度は或る程度までこの欠点を緩和するの利益を有って居るもので、すなわち一院のみの決議を以ては議会の確定議とは為さず、他に独立の一院を置いてこれを節制せしむるのであります。譬《たと》えて申すならば、一院制度は一眼で物を見るようなもので、二院制度は一眼だけには任しておかないで、両眼で物を見ようとするのであります。たとえ一眼だけで見るとしても、もしその一眼が完全に健全な眼であるならば、別段の不都合は無いのみならず、両眼のうち一眼だけ健全で他の一眼は乱視眼であるとすれば、その健全な一眼だけで見る方が両眼を用うるよりも、かえって適当な訳であります。けれども概して申すならば、一眼で見るよりも両眼で見る方が比較的に安全で、誤りが少ないと申さなければならぬので、両院制度の目的は主としてこの点にあるのであります。府県会、郡会、市町村会等はいずれも一院制度であるにかかわらず、ひとり国会についてのみ、大多数の諸国において二院制度を採って居るのは、前に述べた歴史上の理由のほかに以上の如き理由があるためで、国会は殊に重要なる権限を有《も》って居るものであるから、なるべく誤りを少なからしめ、権力濫用の弊に陥らざらしめんとするのであります。

仏国における一院制と二院制との論争

一院制度と二院制度との利害得失は、殊に仏蘭西《フランス》において激しい議論の問題となった所で、仏蘭西では、最初大革命の際、新たに立憲制度を創設する場合に、この点について激しい議論があって最初は一院制度を採ることに決したのであります。その理由とする所は、もし二院制度を採って、別に上院を置くこととすれば、新たなる貴族を生ずるの虞がある。せっかく革命に依って旧来の階級制度を打破して全然貴族の特権を廃止したのに、再び上院の制度に依って、新貴族の階級を作るのは革命の精神に反するというにあったのであります。こういう理由に依って、仏蘭西の最初の憲法すなわち一七九一年の憲法には、大多数を以て一院制度を採ったのでありますが、しかしながらこの一院制度の経験は全く失敗に了《おわ》ったと言って宜いのでありまして、その結果は国会は非常に過激なものとなり、遂に王政を顛覆して、共和政治を立て、仏蘭西は一時全く無秩序の状態に陥った。その秩序の稍々《しょうしょう》恢復せられた後に作られた一七九五年の憲法には、既に二院制度を採ることとなって、爾来仏蘭西では一八四八年の革命に依って一時再び一院制度を採ったことのあるほか、常に二院制度を確守して居るのであります。

二院制の欠点

しかしながら二院制度にも固より欠点が無いではない。二院制度においては、国会が両院に分かれて、両院互いに独立して居るのであるから、両院が互いに意見を異にして相譲らないという場合には、何時までも国会の決議が成立しないという結果となる。もちろんこれは一面から見れば両院制度の長所でありますが、その意見を主張する者の側から見れば著しい欠点である。例えば下院の決議に対して、上院が常にこれに反対して、下院がいくたび決議しても上院では常にこれを否決するというような場合には、下院の立場から見れば、甚《はなは》だ遺憾に思われるのはもちろんで、もし下院の意見が正当なものであるとすれば、上院の反対のためにこれを決行することの出来ないのは国家のためにも甚だ不利益と言わねばならぬのであります。

英国における上院の権限の制限

最近において、御承知の通り、英吉利《イギリス》において上院の権限を制限することが非常に喧《やかま》しい問題となって、自由党と統一党との間に激しい衝突が起ったのは、この理由に基いて居るのであります。英吉利では一体に民主的精神が非常に旺盛で、しかして直接に国民から公選せられるのは専ら下院でありますから、真に国民の輿論を代表するものは下院であると看做されて、従来でも下院の決議が殊に尊重せられて居ったのであります。けれども英吉利《イギリス》の上院はその議員の多数が保守党すなわち統一党に属するものでありますから、保守党が下院の多数党でしたがって保守党が政権を執って居る間は、上院と下院との間は常に円満で、上院は常に下院の決議を尊重するという有様であったのでありますが、一旦自由党が下院の多数を占めることになって自由党政府の世となるに及んでは、上院と下院との間にしばしば衝突が起って、政府の出した重要な法律案が、下院では可決されて上院で否決せられたことが、一再ではなかったのであります。憲法上に上院の権限を制限しようという問題はこれから起ったので、英吉利の多年の懸案であったのでありますが、遂に一九一一年(明治四十四年)に至って自由党政府の主張が貫徹せられて、憲法上に上院の権限を制限して、財政法案については、上院は全く下院の可決した法案を否決することが出来ず、その他の一般の法律案についても、下院において三回まで可決した法案が、二箇年内に上院において継続して三回否決せられたるときは、上院の否決にかかわらず、下院の議決のみを以て法律となすことが出来るということが定められたのであります。これは実に英吉利の憲法上の大改革でありまして、殆《ほとん》ど二院制度の基礎を覆したものと言っても宜いのであります。固より上院が全く廃止せられたのではないから、形の上には二院制度がなお維持せられて居るのでありますが、もし下院が固くその決議を確守して、三回まで同じ決議を繰返せば、上院はもはやこれを否決することが出来ないのでありますから、上院の権限は極めて限られたもので、余程一院制度に近い結果となったのでありまず。両院制度の祖国である英吉利で、この如き大改革を行ったことは世界の憲法史上甚だ注意すべきことで、これが他の諸国に如何《いか》なる影響を及ぼすであろうかは、将来大いに注目すべき問題であります。

三　貴族院の組織

以上述べた通り、今日の大多数の立憲国は両院制度を採って居るのでありますが、両院制度を採って居る国では、その両院は互いにその組織を異にして居るのが通常でありまず。これは両院制度の目的を達する上から言って当然な事で、両院制度の目的は両院をして別々の観察点から独立に審議せしめ、以てその決議を慎重ならしめようとするのであるから、もし両院とも同じ組織を為《な》して居るものとすれば、両院は多くは同じような意見を有《も》って居るものとなって、両院制度の利益は余程少なくなる訳であります。

両院のうちその一つの方は、何処の国においても、必ず普《あまね》く国民中から公選した議員を以って組織して居ります。通常これを下院と申して居ります。すなわち日本の議会についていえば衆議院であります。衆議院の組織も国に依《よ》って種々の相違があることは、後に述べる通りでありますが、少なくともその総《すべ》ての議員が国民から公選せられるものであることは、各国共通であります。これに反して他の一院すなわち上院の方は国に依ってその組織に甚《はなは》だ大なる異同があります。大別すると三種類に分けることが出来る。

上院の組織の三種
例(一)聯邦国の上院

その一は聯邦国の上院であります。聯邦国では下院は全国の国民から選ばれた議員を以て組織せられて居りますが、上院は聯邦各国から何人ずつかの代表者を出さしめて、これを以て組織して居るのが通常であります。これは聯邦国に特有なる制度で、例えば亜米利加《アメリカ》合衆国のコングレッス〔Congress〕はセネート〔Senate〕とハウス・オブ・レプレセンタチーヴス〔House of Representatives〕との両院から成り立って居って、その中のセネートすなわち上院は合衆国の各ステートから二人宛《ずつ》の議員を選出してこれを組織して居るのであります。独逸《ドイツ》帝国には普通に聯邦参議院と訳して居るブンデスラート〔Bundesrat〕と、帝国議会と訳して居るライヒスターグ〔Reichstag〕との二つの合議体があって、その中の聯邦参議院はあたかも上院に当るべきものでありますが、これも聯邦各国から各定数の全権委員を選んで、これら各国の全権委員に依って組織せられて居るのであります。厳格にいえば、これらの聯邦国の上院は国民の代表者たるものではなく、聯邦各国の代表者たるものでありますから、真に国会の一院たるものという事は出来ぬので、殊《こと》に独逸のブンデスラートは法律上にも全く国会とは区別せられて居るのであります。厳格にいえば国会は一院制度で、国会のほかに別に聯邦各国の代表議会があるのであります。けれども二つの独立の合議体があって、共に国務を審議するの任に当って居り、両方の決議が無ければ法律が成立しないということについては、あたかも国会の両院と同様でありますから、ここにはかりにこれを上院の一種として挙げたのであります。

(二)貴族院式の上院　その二は世襲の貴族または君主の任命に係る議員を以て全部または一部分を組織して居るものであります。これは専ら君主国にのみ行われて居る制度で、その模範となって居るのは英吉利《イギリス》の上院であります。英吉利の上院は(一)皇族、(二)高僧すなわち二人のアーチビショップス〔archbishops〕と二十四人のビショップス〔bishops〕、(三)世襲の貴族、これが最も重《おも》なる分子でデュークス〔Dukes〕、マークィス〔Marquesses〕、アールス〔Earls〕、ヴァイカウンツ〔Viscounts〕、バロンス〔Barons〕合せて五百人に近い人数であります。(四)蘇格蘭《スコットランド》の貴族、(五)愛蘭《アイルランド》の貴族、この二つは蘇格蘭および愛蘭の併合に依って加わったもので、その全体から定数の議員を互選するのであります。それから最後に、(六)ローズ・オブ・アピール〔Lords of Appeal〕、すなわち裁判官たる議員が四人、これは裁判官の中から勅任せらるる者で、これが英国での唯一の勅選の終身議員であります。普漏西《プロシャ》その他の独逸《ドイツ》諸国および墺地利《オーストリア》の上院も大体において英国の上院に似て居りまして、例えば普漏西の上院は(一)皇族、(二)世襲貴族、(三)終身議員の三種から成り立って居ります。この如《ごと》く貴族を以て主たる分子として居る上院は、これを貴族院式の上院と謂《い》うことが出来ます。日本の上院もまたこの種類に属するものであることはもちろんであります。

(三)元老院式の上院　その三は上院も下院と同様に等しく国民から選挙するものとして居るもので、これは元老院式の上院と謂うことが出来ます。民主国では、国民は法律上総て平等な者として居って、貴族というような階級は全くこれを認めないのでありますから、貴族院式の上院を設けて居らぬのは当然で、総ての民主国の上院はみな国民から公選するので、それも概《おおむ》ねみな普通選挙に依って選挙するものとして居ります。民主国のほかなお君主国でも多少民主的精神に傾いて居るものは、この主義に依って上院を組織して居るものが少なくない。この如く多くの国においては、上院下院も均《ひと》しく全国民から選ばれるのでありますが、それらの国においても上院と下院とは多少組織を異にして居るのが通常で、上院の方は下院よりも多少保守的の傾向を帯びさせるような組織を採って居ります。例えば仏蘭西《フランス》について申せば、仏蘭西の上院は下院と同様に普通選挙に依って国民から選挙せらるるものではありますが、その組織は両院の間に多くの差異があって、(一)下院は直接選挙に依るのであるが上院は間接選挙に依る、すなわち下院の如く一般国民が直接に議員を選挙するのではなく、一般国民はただ選挙人を選んでこの選挙人会において更に議員を選挙するのである。(二)下院議員は二十五歳以上ならば当選することが出来るが、上院議員は四十歳以上と定められて居る。(三)下院議員の任期は四年であるが、上院議員の任期は九年で、なお(四)下院では全部同時に改選するのであるが、上院は三年ごとに三分の一ずつ改選することになって居る。(五)上院議員の数も下院議員の数よりは遥《はるか》に少なくされて居る。下院の議員数は人口に比例して定められるので時々変更するが、今日は約六百人で、上院はこれに反して三百人と一定せられて居るのであります。これは仏蘭西の例でありますが、て居ります。

亜米利加《アメリカ》その他の諸国においても、ほぼ類似の点において上院と下院との組織を異にして居ります。

上院の組織は如何《いか》に定むるのを適当とするかは各国の歴史的事情とその政体とに依って異なるべきもので、一概に断言することは出来ませぬ。英吉利《イギリス》の上院が主として高僧および貴族を以て組織せられて居ることも、専ら英吉利の歴史的沿革に起因して居るもので、単に理論上にその利害得失を論ずることは出来ませぬが、しかしながら、英吉利において上院の権威が、十九世紀以来段々に衰えて、最近には遂に法律上にその権限を制限するに至ったのは、恐らくは英吉利の上院が国民の選挙になるものではなく、主として貴族から成り立って居ることが、その主たる原因であろうと思われます。

貴族院の組織

日本の貴族院は、憲法第三十四条に依って、皇族、華族および勅任せられたる議員を以て組織することになって居りますが、これも恐らくは英吉利および英吉利の例に倣うて作られた独逸《ドイツ》諸国の上院を模範として、これに日本の固有の国情を参酌して定められたものと思います。その組織の詳細は貴族院令に依って定まって居りまして、すなわち

(イ)皇族議員

第一には成年に達せられました皇族男子は当然に貴族院議員として議席に列せられるのであります。皇族が上院の議員となられることは英吉利を初めその他の諸国にもその例が多いことで、日本の憲法もこの例に依ったことと思われますが、実際には皇族各殿下が貴族院議員となられますのはただ御名目にのみ止まって、多くは御出席の無い慣例となって居るようであります。日本の皇室法の主義と致して、皇族が政争の渦中に入られるということは、絶対にこれを禁止して居られまして、殊に皇族身位令には皇族が公共団体の吏員または議員となることは、明文を以て全くこれを禁止せられて居るのであります。これは皇室の尊厳を保持するの御趣意から来て居ることと推察せらるるのでありますが、貴族院議員としても、実際御出席の無いのは同じ御趣意から来て居ることと考えられます。

(ロ)有爵議員

第二には華族で、これは更に二種に分かれて、公爵または侯爵を有する者は満二十五歳に達したときには当然に議員となり、伯、子、男爵を有する者は各々その同爵者中から定数の議員を選挙するのであります。これが今日存して居る華族の唯一の政治上の特権であります。旧幕時代の階級制度は維新後全く打破せられたのでありますが、ただ貴族院議員となる権利のみが階級制度の唯一の名残として、今日も存して居るのであります。伯子男爵議員の定数は、明治四十二年に発布せられた貴族院令の改正に依って、伯爵十七人以内、子爵七十人以内、男爵六十三人以内とし、各爵その総数の五分の一を超過すべからずということに定まって居りましたが、大正七年に更にこれを改正して、伯爵二十人以内、子爵七十三人以内、男爵七十三人以内ということに増員せられました。その確定の員数は、選挙を行う前に詔書を以て指定せらるることになって居ります。伯子男爵議員の任期は七ケ年であります。その選挙は各爵別々に行うので、連名投票に依り、また記名投票で、かつ投票の委託を許すことが、ほかの選挙とは著しく違って居る点であります。

(ハ)勅任議員　第三が勅任せられたる議員で、これも二種ありまして、一つは国家に勲労ありまたは学識ある者より特に勅任せられた者で、これは終身議員であります。通常勅選議員と謂って居るのはこの種の議員で、これは百二十五人以内ということに限られて居ります。一つは各府県の最多額納税者十五人の中から一人を互選して、その互選の結果に依って勅任せられた者で、これは任期七年であります。通常多額納税議員と謂って居るのはこれであります。北海道および沖縄県からは従来久しく多額納税議員を選出しなかったのでありますが、これも大正七年の貴族院令改正に依り、大正七年の選挙の時から以後は、等しく選出すべきことに改まりました。勅選議員と多額納税議員との総数は有爵議員の総数に超過することを許されないことになって居りまして、すなわち皇族以外の貴族院議員は有爵議員および勅任議員の二種に大別することが出来ますが、この両者が各々百七十人内外、合せて三百四十人内外であります。勅選の終身議員というものは、英吉利《イギリス》には四人のローズ・オブ・アピールを除いてはその例の無い事でありますが、仏蘭西《フランス》の一八一四年の憲法、これはブルボン王朝が一時回復せられてルイ十八世〔Louis XVIII, 1755-1824〕が王位に即《つ》いた時に定めた欽定憲法でありますが、この憲法でその例を開いてから以来、この例に倣って、上院議員の一部を国王が勅選するとして居る国は少なくないので、普漏西《プロシャ》を初めその他の独逸《ドイツ》諸国、以太利《イタリア》などその例であります。殊に以太利では皇族のほかには全部国王が選任することとなって居ります。多額納税議員も恐らくは独逸諸国において大地主から上院議員を出すことになって居る例に倣ったものと信じます。要するに、日本の貴族院の組織は、単に外国の例をそのまま模倣したというのではありませぬが、しかも、外国の例を参酌した跡は著しく見《あら》われて居るのであります。

貴族院令

日本の貴族院の組織についての一つの特色は、その組織に関する法則が、貴族院令に依って定まって居って、貴族院令の改正にはただ貴族院の議決を要するばかりで、衆議院の議決を要しないということにあります。衆議院の組織については衆議院議員選挙法という法律で定まって居って、普通の法律と同様に貴衆両院が共に議決権を有《も》って居るにかかわらず、ひとり貴族院の組織については、法律ではなく貴族院令という勅令で定むることになって居って、衆議院の議決を経ないのであります。これも衆議院の権限を制限した一つの重要なる点であります。

参照　貴族院令（明治二十二年二月勅令第十一号）

第一条　貴族院ハ左ノ議員ヲ以テ組織ス

一　皇族

二　公侯爵

三　伯子男爵各〻其ノ同爵中ヨリ選挙セラレタル者

四　国家ニ勲労アリ又ハ学識アル者ヨリ特ニ勅任セラレタル者

五　北海道各府県ニ於テ土地或ハ工業商業ニ付多額ノ直接国税ヲ納ムル者ノ中ヨリ一人ヲ互

選シテ勅任セラレタル者

第二条　皇族ノ男子成年ニ達シタルトキハ議席ニ列ス

第三条　公侯爵ヲ有スル者満二十五歳ニ達シタルトキハ議員タルヘシ

第四条　伯子男爵ヲ有スル者ニシテ満二十五歳ニ達シ各〻其ノ同爵ノ選ニ当リタル者ハ七箇年ノ任期ヲ以テ議員タルヘシ其ノ選挙ニ関ル規則ハ別ニ勅令ヲ以テ之ヲ定ム

前項議員ノ数ハ伯爵二十人以内、子爵及男爵各七十三人以内トシ通常選挙毎ニ勅命ヲ以テ之ヲ指定ス但シ各爵其ノ総数ノ五分ノ一ヲ超過スヘカラス

前項ノ総数ハ議員数指定ノ際ニ於ケル数ニ依ル

第五条　国家ニ勲労アリ又ハ学識アル満三十歳以上ノ男子ニシテ勅任セラレタル者ハ終身議員タルヘシ

前項議員ノ数ハ百二十五人ヲ超過スヘカラス

第六条　北海道各府県ニ於テ満三十歳以上ノ男子ニシテ土地或ハ工業商業ニ付多額ノ直接国税ヲ納ムル者十五人ノ中ヨリ一人ヲ互選シ其ノ選ニ当リ勅任セラレタル者ハ七箇年ノ任期ヲ以テ議員タルヘシ其ノ選挙ニ関ル規則ハ別ニ勅令ヲ以テ之ヲ定ム

第七条　国家ニ勲労アリ又ハ学識アル者及北海道各府県ニ於テ土地或ハ工業商業ニ付多額ノ直接国税ヲ納ムル者ヨリ勅任セラレタル議員ハ有爵議員ノ数ニ超過スルコトヲ得ス

四　衆議院の組織

衆議院は広く国民中より公選せられた議員を以て組織せられて居ります。衆議院が国民の公選に依《よ》って組織せられることは各国共通の制度でありますが、その選挙に関する制度は各国甚《はなは》だ区々になって居ります。その選挙制度を説明するには、第一には何人《なんぴと》が選挙を為《な》し得るか、第二は何人が被選挙人たり得るか、第三は如何《いか》にしてその選挙を行うか、の三つの点を述ぶることが必要であります。すなわち第一に選挙権、第二に被選挙権、第三に選挙の方法、この三つの点について順次に説明します。

(一)選挙権

選挙権に関する制度は御承知の如《ごと》く普通選挙と、制限選挙との二種類があります。

普通選挙と制限選挙

普通選挙と申しても、必ずしも全国民が残らず議員を選挙する権利があるのではなく、多くの例外があることはもちろんであります。未成年者、狂者、重い刑罰を受けた者、または破産宣告を受けて未だ債務の弁済を了《おわ》らぬ者などは何処の国でも選挙権を与えないのが通例であります。そのほか多くの国においては一定の期間その選挙区内に定住して居ることを必要として居ります。これは一定の住所がなく方々を浮浪して廻って居るような無宿人を除外するという趣意に出て居るので、これに依って多少普通選挙の弊害を緩和せんとして居るのであります。そういう例外を除いて一定の年齢に達した者は一般に誰でも選挙権があるというのが普通選挙であります。女子については、多数の国では今日もなお選挙権を与えて居りませぬが、英吉利《イギリス》および亜米利加《アメリカ》では女子にも選挙権を与えるという運動が多年非常に盛んで、亜米利加の諸州ではすでに女子にも選挙権を与えて居る所があり、英吉利でも今年(大正七年)二月の選挙法改正に依り女子の選挙権を認めることになったのであります。制限選挙はそれとは違って、あるいは一定の租税を納めて居るとか、あるいは一定の程度の教育を受けて居るとかいうようなことを選挙権の要件として、それらの要件を備えて居る者に限って選挙権を与えて居るのを申すのであります。

普通選挙の二種

普通選挙という中にも二種類あって、あるいは総《すべ》ての選挙人に平等に選挙権を与えて居るのもありますし、あるいは選挙人の中に等級を設けて、納税、教育、職業または経歴等の如何《いかん》に依って、一部の選挙人には他の者よりも特に大なる選挙権を与えて居るものもある。前の場合は平等普通選挙と申し、後の場合は等級普通選挙と申します。一般に普通選挙と申すのは通常は平等普通選挙の事を申すので、等級普通選挙の事はあるいは簡単に等級選挙とも言って居ります。

欧米各国の国会の歴史を通観しまするると、大体において、古い時分には、概して制限選挙が行われて居ったが、近来は概して普通選挙に傾いて居ると言って宜《よ》いのであります。普通選挙が行われるようになったのは比較的新しい事で、欧羅巴《ヨーロッパ》では仏蘭西《フランス》がその先導者の地位にあるものであります。仏蘭西では大革命の際、既に一時普通選挙に依って国会を組織したことがありましたが、それはただ一時の事で、一八四八年の革命までは概して制限選挙を採って居ったのであります。この年にオルレアン王朝が倒れて再び共和政治を樹立したのでありましたが、この年に作られた新憲法において始めて普通選挙を採ることとなったのであります。爾来仏国では常に普通選挙を確守して居るのみならず、その制度は追々に欧洲の各国に伝わりまして、今日は世界の重《おも》なる諸国は、何方《どちら》かと言えば普通選挙を採って居るものの方が多い有様であります。仏蘭西、亜米利加《アメリカ》、瑞西《スイス》の如き民主国ではもちろん、独逸《ドイツ》帝国、西班牙《スペイン》、諾威《ノルウェー》、丁抹《デンマーク》、希臘《ギリシャ》はいずれも普通選挙の国で、独逸の聯邦諸国におきましても、南独逸の諸国すなわち巴丁《バーデン》、巴威倫《バイエルン》、威天堡《ヴュルテンベルク》などは最近において相次いで普通選挙に改むることとなった。墺地利《オーストリア》も一九〇七年の選挙法改正に依って同じく普通選挙を

欧米諸国の大勢

採ることになった。英吉利《イギリス》では多年低い程度の制限選挙を維持して居りましたが、今年(大正七年)二月の改正に依り純然たる平等普通選挙を採ることになりました。独逸の最強国たる普漏西《プロシャ》は従来普通選挙ではありますが、等級選挙の制に依って居るので、これを平等普通選挙に改めんとする選挙法改正案が幾度も議会に上ったのでありますが、これは未だ容易に成立しない有様であります。この如くまず世界の大勢は普通選挙に向って居るといって宜い有様であります。

普通選挙普及の原因

かくの如く普通選挙または普通選挙に近い制度が世界各国に行わるるようになりましたのは、いろいろの原因に基いて居るのであります。その一つは十八世紀頃に行われた天賦権説、すなわち人間は生れながらにして平等の権利を有《も》って居る者で、選挙権は天賦の権利として必ず凡《すべ》ての人間に属しなければならぬという思想であります。仏蘭西において始めて普通選挙を採ったのは疑いもなくこの思想がその原因の一つを為したのであります。しかしながらかくの如き天賦権説は全く誤りであることは今日は何人も疑わない所であります。選挙権は決して人間の天賦の権利ではない、人間が生れながらにして必ず有たなければならぬという権利ではない、国会議員を選挙するということは社会上の公の職務で、その職務を行うに適当な能力を有って居る者でなければ、その権利を与うべきものでないということは、今日では一般に認められて居る争いなき真理であります。それであるからこそ普通選挙を採って居る国でも、女子、小児、浮浪の徒とかいうような類は凡てこれを除外して居るのでありま す。今日の各国で、普通選挙を採って居るのは、決して選挙権は天賦の権利であるというような無稽な空想に基いて居るのではなく、社会上の大勢において普通選挙を採ることが避くべからざる必要となったからであります。一口に申すと、労働者階級の自覚、その社会上の地位の昇進ということが、普通選挙の行わるるようになった主たる原因であります。凡て政治上の制度は社会上の実際の勢力に伴うべきもので、社会上の勢力のある処にはしたがってまた政治上の権利が帰するのは、必然の趨勢であります。制限選挙の制度は概して申すと、上流社会および中流社会に選挙権を与えて、労働者の階級を除外するという趣意から出て居るのでありますが、十九世紀の後半期以降欧羅巴《ヨーロッパ》では労働者の教育も進み、その自覚心が発達して、その社会上の勢力もしたがって追々に増進して参ったために、政治上においても、これを除外することが出来なくなったのであります。仏国の大革命は主として中流社会の勃興で、旧来の貴族の専横を覆して中流社会を政治上貴族と同等の地位に上らせたのでありましたが、一八四八年の革命は主として労働者に依って起されたので、その結果は、労働者をも政権に加わらしむるに至ったのであります。普通選挙が今日世界の大勢となって居るのは主としてこの原因に依るものでありまして、あたかも議院政治について申したと同様にこれもまたあえて理論上の利害得失を以て決すべき問題ではなく、労働者の自覚に伴う自然の趨勢としてここに至ったのであります。

我が国法における選挙権

我が国においては御承知の通り未だ遠く普通選挙を採るには至りませぬ。これは我が国の社会事情においては当然の事で、普通選挙を主張する議論は多少世の中に聞こえないではありませぬけれども、それはただ一部政治家の主張に止まって、労働者自身の自覚に基いてこれを要求するというのではないのであります。衆議院ではこれまでもたびたび普通選挙に改めんとする法律案の提出せられたこともあり、明治四十四年の議会には衆議院で初めて普通選挙法案を通過しましたけれども、貴族院では一人の賛成者も無く満場一致を以てこれを否決し終ったのでありました。将来日本においても、国民の自覚心が普《あまね》く下層社会にも及ぶにしたがって、追々に選挙権を拡張する必要があることは言うを俟《ま》たぬことで、憲法の始めて実施せられてから以来今日の経過を見ましても選挙権は追々に拡張せられて来て居るのであります。最初憲法と同時に制定せられた選挙法では、直接国税十五円以上を納めることを要件として居たのでありますが、三十三年に改正せられた選挙法ではその制限を低くして、直接国税十円以上を納める者には選挙権を与えることとなったのであります。三十三年以来選挙法自身にはこの点については改正はありませぬが、日露戦役の結果急激な増税が行われたために、直接国税十円を納める者の範囲はこれまでよりも遥《はるか》に広くなって、間接に選挙権が著しく拡張せられた結果となって居ります。日本の今日の状勢において、今日直ちに普通選挙を行うことは恐らくは社会の事情に適しないでありましょうが、少なくとも現在の選挙権の制限が甚だ高きに失することは疑いの無い所で、将来社会の発達に伴うて是非普通選挙を実行せねばならぬ時期に達するであろうと思われます。天賦権説が誤りであるからというような単純な理由に依って一概にこれを排斥することは決して出来ないものであります。

選挙権の要件

日本の現行の選挙法に依って選挙権の要件を申しますと、第一は日本人であること、第二は男子であること、第三は年齢が満二十五歳以上であること、第四は住所に関すること、第五は納税資格に関すること、この五つが選挙権の一般の要件であります。

住　所

住所に関しては、選挙人名簿の調製期日前満一年以上引続きその選挙区内に住所を有しなお引続き有することが選挙権の一つの要件となって居ります。これは前にも述べた通り多くの国に例のあることでありますが、それは主として普通選挙を採って居る国において、この制限に依って一定の住所の無いいわゆる無宿者を除外しようとして居るので、すなわち極端なる普通選挙の弊を多少緩和するのを目的として居るのであります。日本の如く制限選挙を採って居ってしかもその制限の比較的高い国においてなおかくの如き制限を設けて居るのは甚だ理由の無い事と思われます。既に相当の高い税を納めて居るとすれば、それだけで既に無宿者というような無資産者は全く除かれて居るのでありますから、その以上になお満一年以上一ケ所に定住して居るというようなことを要件とする理由は無かろうと思うのであります。

納　税

次に納税の条件については、前にも申した通り直接国税年額十円以上を納めて居ることを必要として居ります。直接国税というのは地租、所得税および営業税の三種で、この三種を通じて一年に十円以上を納めて居れば選挙権があるのであります。

欠格原因　以上の一般要件を備えて居る者でも、なお特別の例外として選挙権の無い者とせられて居る者があります。それは第一に禁治産者および準禁治産者、これは自分の財産をすらも自分で管理する能力の無い者でありますから、いわんや国家の公の職務を托すべからざる者であるからであります。次に破産宣告を受けて未だ債務を弁済しない者、これもほぼ同様の理由に因《よ》るのであります。次には犯罪に因って公権を奪われた者。次には華族の当主、これは貴族院議員たるの特権と相重複するからであります。そのほか召集中の陸海軍人、学校の生徒なども選挙権を有しないものとなって居ります。

参照　衆議院議員選挙法（明治三十三年三月法律第七十三号）

第八条　左ノ要件ヲ具備スル者ハ選挙権ヲ有ス

一　帝国臣民タル男子ニシテ年齢満二十五年以上ノ者

二　選挙人名簿調製ノ期日前満一年以上其ノ選挙区内ニ住所ヲ有シ仍引続キ有スル者

三　選挙人名簿調製ノ期日前満一年以上地租十円以上又ハ満二年以上地租以外ノ直接国税十円以上若ハ地租ト其ノ他ノ直接国税トヲ通シテ十円以上ヲ納メ仍引続キ納ムル者

家督相続ニ依リ財産ヲ取得シタル者ハ其ノ財産ニ付被相続人ノ為シタル納税ヲ以テ其ノ者ノ納税シタルモノト看做ス

第九条　前条ノ要件中其ノ年限ニ関スルモノハ行政区画変更ノ為中断セラルルコトナシ

第十一条　左ニ掲クル者ハ選挙権及被選挙権ヲ有セス

一　禁治産者及準禁治産者

二　身代限ノ処分ヲ受ケ債務ノ弁償ヲ終ヘサル者及家資分散若ハ破産ノ宣告ヲ受ケ其ノ確定シタルトキヨリ復権ノ決定確定スルニ至ル迄ノ者

三　剥奪公権者及停止公権者

第十二条　華族ノ戸主ハ選挙権及被選挙権ヲ有セス

陸海軍軍人ニシテ現役中ノ者及戦時若ハ事変ニ際シ召集中ノ者又ハ官立公立私立学校ノ学生、生徒亦前項ニ同シ

(二)被選挙権　被選挙権に関しましては選挙権とは違って、日本の選挙法は頗《すこぶ》る寛大な制度を採って居ります。選挙権については納税を必要としそのほかなお種々の要件を必要として居るに反して、被選挙権については、納税資格を必要として居らず、また或る年限の間その選挙区内に定住して居るということをも必要とし

て居りませぬ。いやしくも年齢満三十歳以上の男子であるならば、原則として誰でも被選挙人となることが出来るということにして居るのであります。被選挙権についてかくの如く全く納税資格を必要として居りませぬのは、主として二つの理由に依って居るのであります。一つは被選挙人は多数の選挙人の衆望を得て当選する者であるから、衆望の帰して居る者であるならば、たとえ沢山に納税して居る者でないにしても、なお議員たるに差支《さしつか》えないというのが第一の理由であります。既に選挙権について一定の制限を設け、相応に財産のある者でなければ選挙権を与えないとして居る以上は、その選挙権者の多数の投票を得て当選した者は、たとえ一文の税を出さない者であっても適当な人と認めなければならぬというのであります。もう一つの理由は、たとえ被選挙権について、納税資格に制限を設けたとしましても、熱心に候補者になろうと思えば一時かりに自分の名義を以て納税資格を拵《こしら》えることは別に困難なことではなく、法律上その制限を設けたとても実際に効能がないというのが第二の理由であります。かくの如き理由に基いて、日本においては被選挙権について全く納税資格の制限を付して居らぬのであります。納税資格について制限のないばかりでなく、住所についても全く制限がないので、全国何処に住んで居っても、何処の選挙区からでも当選することが出来るのであります。

長崎に住んで居って東京で当選することも出来、東京に住んで居って鹿児島県で当選することも出来るのであります。

被選挙権に関する制限

納税資格および住所についてはかくの如く全く制限がありませぬが、その以外に特別な制限が設けられてあります。その第一の制限は年齢でありまして、年齢については被選挙権の方は特に高くしてあって、選挙権は二十五歳以上ということになって居りますけれども、被選挙権は三十歳以上でなければ有《も》つことが出来ぬ。その理由は明瞭でありまして、すなわち被選挙権というのは議員となる資格でありますから、議員となるには選挙権を行うよりも一層老成して居なければならぬというのであります。第二の制限は帰化人に対する制限であります。選挙権の方は帰化人でも有って居りますが、被選挙権については日本に帰化してから後、一定の年限を経た後でなければ有つことが出来ぬのであります。国籍法第十六条にその規定があります。第三には神官、神職、僧侶その他諸宗教師、小学校教員はその在職中および退職後三ケ月間は被選挙権がないこととなって居ります。これは一つには政治と宗教または小学教育とを分離するの趣意から来て居るのであり、一つには、これらの者がその地位を利用して不当にその信徒または学校生徒の父兄の上に勢力を及ぼして、選挙運動をするの弊を避くるがためであります。第四には政府の請負を為す者または主として政府の請負を為す法人の役員、これは議員となって不当に自分の財産上の私益を計る虞《おそれ》を防ぐためであります。第五には選挙事務に関係ある官吏または吏員はその選挙区内において当選することが出来ないものとなって居ります。これは選挙の公正を保つがためでありまます。第六には或る種類の官吏はこれも被選挙権が無いこととされて居ります。官吏が同時に国会議員たり得るや否やという問題は、西洋では随分歴史のある問題で、国に依っては全く禁止して居るのもありますが、日本の選挙法は原則としては官吏が国会議員を兼ぬることを許して居りまして、ただ宮内官、裁判官、会計検査官、警察官、収税官等についてのみ絶対に被選挙権を与えないことになって居ります。宮内官が国会議員となるのを禁じてあるのは累《るい》を皇室に及ぼすの虞を除くがためで、裁判官その他は、その職務の性質上厳正に独立公平ならんことを必要とするもので、いずれも全く政争の外に立たねばならぬからであります。その以外の一般の官吏については職務に妨げなき限り議員と相兼ぬることを許して居ります。職務に妨げなき限りというのでありますから、官吏が議員を兼ぬるには本局長官の許可を得なければならぬのでありますが、もし許可を得れば議員と為ることを許して居るのであります。これまで述べたのはいずれも選挙権にはなくして被選挙権にのみ特別な制限でありますが、そのほか禁治産者、準禁治産者、犯罪者、破産宣告を受けた者、華族の戸主、召集中の軍人、学生などは選挙権をも有《も》たないのでありますから、被選挙権を与えられて居らぬのは当然であります。

兼職の禁止

以上はいずれも全く被選挙権の無い者で、これらの者はたとえ選挙に当選してもその当選は全く無効となるのでありますが、このほかに当選が全く無効となるのではなく、ただ兼職の許されないものがあります。すなわち全く被選挙権が無いのではないが、ただ衆議院議員たるの地位と両立することを許されないので、必ずそのいずれか一方を辞さなければならぬのであります。それは第一には貴族院議員で、これは憲法に既に明文があって、何人も同時に両院の議員たることを得ずと規定されて居ります。これは両院制度の性質上当然の事で、もし両院共同じ議員を以て組織せらることとなっては、両院制度の目的は全く失われる訳であります。第二には府県会議員でこれも衆議院議員と兼ぬることを禁ぜられて居ります。それは一つには政党の争いを地方議会にまで持ち込むことを防ぐの趣意であろうと思われます。それから第三には職務上の妨げある官吏であります。前に述ぶる通り官吏は職務に妨げなき限り国会議員を兼ぬる事を許されて居るので、職務上妨げありとせらるる者は必ずいずれか一方を辞せなければならぬのであります。これは一般の規定はありませぬが、従来枢密顧問は内規に依って国会議員との兼職を許されぬことになって居るようであります。

参照　衆議院議員選挙法

第十条　帝国臣民タル男子ニシテ年齢満三十年以上ノ者ハ被選挙権ヲ有ス
第十一条（一九九頁ヲ看ヨ）
第十二条（一九九頁ヲ看ヨ）
第十三条　神官、神職、僧侶其ノ他諸宗教師、小学校教員ハ被選挙権ヲ有セス其ノ之ヲ罷メタル後三箇月ヲ経過セサル者亦同シ
政府ノ為請負ヲ為ス者又ハ政府ノ為請負ヲ為ス法人ノ役員ハ被選挙権ヲ有セス
第十四条　選挙事務ニ関係アル官吏、吏員ハ其ノ選挙区内ニ於テ被選挙権ヲ有セス其ノ之ヲ罷メタル後三箇月ヲ経過セサル者亦同シ
第十五条　宮内官、判事、検事、行政裁判所長官、行政裁判所評定官、会計検査官、収税官吏及警察官吏ハ被選挙権ヲ有セス
第十六条　前条ノ外ノ官吏ハ其ノ職務ニ妨ナキ限ハ議員ト相兼ヌルコトヲ得
第十七条　府県会議員ハ衆議院議員ト相兼ヌルコトヲ得ス

国籍法(明治三十二年三月法律第六十六号)

第十六条　帰化人、帰化人ノ子ニシテ日本ノ国籍ヲ取得シタル者及ヒ日本人ノ養子又ハ入夫ト為リタル者ハ左ニ掲ケタル権利ヲ有セス

七　帝国議会ノ議員ト為ルコト

第十七条　前条ニ定メタル制限ハ第十一条ノ規定ニ依リテ帰化ヲ許可シタル者ニ付テハ国籍取得ノ時ヨリ五年ノ後其他ノ者ニ付テハ十年ノ後内務大臣勅裁ヲ経テ之ヲ解除スルコトヲ得

(三)選挙の方法

選挙の方法についてはいろいろの点を述べねばならぬのでありますが、詳しい事は略しまして、ただ日本の現行法で採って居る重なる主義を挙げますと、

直接選挙

まず第一には直接選挙、すなわち一般人民が選挙人として直接に議員を選挙するのであります。直接選挙に対するものはいわゆる間接選挙で、これは一般人民が直接に議員を選挙するのではなく、人民はただ選挙人を選ぶばかりでその選挙人が更に議員を選ぶ方法であります。間接選挙は立憲政治の初期すなわち十九世紀

の前半期においては盛んに欧羅巴《ヨーロッパ》の諸国に行われて居った方法でありますが、その後大多数の国は直接選挙を採ることになって、今日では独逸《ドイツ》の二、三の聯邦諸国、諾威《ノルウェー》などに行われて居るばかりであります。間接選挙は普通選挙を採って居る国では、幾分か普通選挙の欠点を補うの効がありますが、それも競争が激しくなれば大なる効能のあるものではない。日本では最初の選挙法以来常に直接選挙主義を採って居ります。

選挙区

第二には選挙区のことでありますが、全国共通に議員を選挙するということは極く小《ご》さな国でなければ到底実行することが出来ないことでありますから、少し大きな国は何処でも必ず全国を多数の選挙区に区劃して、各選挙区において別々にこれを選挙するのであります。

現行法の選挙区制度

その選挙区の定め方はいろいろありますが、日本においては最初の選挙法では、郡部では一郡または数郡、市部では一市または市内の一区もしくは数区を各一選挙区として、一選挙区から各一人または二人の議員を選出することと定めて居ったのでありますが、三十三年の改正に依って、これを著しく改めまして、郡部は凡て一府県を通じて一選挙区として、ただ市だけは独立の選挙区とするという主義を採ることになったのであります。郡部は全府県を通じて、一選挙区とするのでありますが、ただ隠岐とか対馬とかいうような交通の不便な島嶼だけは例外としてこれも独立に一選挙区としております。すなわち現行法は主義としては大選挙区主義を採って居るもので、一選挙区から多い所では十二、三人も選挙する所もありますが、また小さい市だの、島嶼だのにおいては一選挙区から一人だけを選挙する区も沢山あります。頗《すこぶ》る主義の一致を欠いて居るのでありますが、大体について申せば、小選挙区は例外として設けて居るので、原則としては極端なる大選挙区制度を採って居るのであります。ただし北海道だけは総て小選挙区であります。

選挙区における議員の配当

各選挙区から選出する議員の定数は、人口を標準として定められて居るのでありますが、人口に増減があったからと言って、直にその定数を変更するというのではなく、法律を以て一定してあるのであって、これを変更するには法律の改正に依るのほかは無いのであります。それは衆議院議員選挙法の附録としてその別表において定められてあるのでありますが、これは最初三十三年に定まって、次いで三十五年に改正になったものであります。三十五年の改正の時に今後少なくとも十年間は人口に移動があってもこの表を改正しないということに定められまして、爾来そのままになって居るのであります。

現行法はかく原則として大選挙区主義を採って居るにかかわらず、投票は凡て一人一票に限る（選挙法第二十九条）として居りまして、すなわちいわゆる単名投票法を採って居るのであります。単名投票法は通常は小選挙区制度に伴うもので、すなわち一選挙区から一人を選出する場合には、選挙すべき議員が一人であるから、投票ももちろん一人一票に限るのであります。しかるに日本の現行法は一選挙区から一人を選挙する場合でも二人以上何人を選挙する場合でも常に一人一票に限るものとして居るのであります。これは日本の選挙法の著しい特色でありまして、理論から言って随分怪しい制度ではありますが、その趣意とする所はいわゆる少数代表の目的を達するがためにして居るのであります。少数代表というのは少数派にも多少の代表者を出すことを得せしめようとする制度を謂《い》うのでありまして、もし大選挙区において連名投票法を採るとすれば、その選挙区から出る議員は総て多数党の占領する所となって、少数派は一人も代表者を出だすことが出来ない結果となるのでありますから、この弊を救うがために、大選挙区においてもなお単名投票法を採って居るのであります。少数代表または比例代表ということは、西洋では非常に喧《やかま》しい問題で、学者実際家の熱心にこれを研究して居る者は非常に多く、これに関する書物は真に汗牛充棟というべき程の有様でありますが、あまりに長くなりますから今は略しておこうと思います。

無記名投票　次に重要なことは無記名投票の主義であります。無記名投票の最も主なる目的とする所は選挙に関する賄賂その他の不正手段を防ぐということにあるのでありまして、今日の大多数の諸国はこの主義を採って居ります。多くの国では単に無記名というだけでは満足しないで、なお厳重に投票の秘密を守るために種々の手段を取って居ります。選挙人の名前を書かぬにしても、もし被選挙人の名前を自分で書くとすれば、その筆蹟に依って後から誰が書いたのであるかを見分けることは必ずしも困難でない、したがって真に投票の秘密を保つことが出来ぬというので、あるいは予め候補者の名前を印刷しておいて、その印刷した候補者の名前の中から自分の選挙したいと思う人の処に印を付けさせるというような方法を取って居る国もあります。そういう風ないろいろな方法を以て厳重に投票の秘密を守ろうとして居りますが、それはみな不正手段に依って投票を左右するの弊害を防がんとする目的に出て居るのであります。日本の現行法もまた無記名投票の主義を採用して居ります。

罰　則　そのほか選挙法には厳重な罰則を設けて、総て選挙に不正手段を用いた者は厳罰に処することを定めて居ります。これも選挙が公正に行わるることを期するためであって、選挙人をして専ら自分の信ずるところの者に投票することを得せしめんとして居るのであります。

議員は普く全国の各地方から選出せらるるのでありますけれども、ただ新領土すなわち朝鮮、台湾、樺太よりは未だ議員を出して居りませぬ。将来これらの地方よりも議員を出すに到るの時機はなお遠い将来にあることと思います。北海道および沖縄県は、憲法施行の当時は未だ議員を選出しなかったのでありますが、沖縄県は明治四十四年以来二人の議員を選出することになり、北海道は札幌、函館、小樽は明治三十五年の総選挙から、その他は三十七年から各々議員を出すことになったのであります。

議員の任期

議員の任期は四箇年であります。四箇年ごとに総選挙を行うのですなわち全部同時に改選するのであります。

第五講　帝国議会(その二)

今日は前回に引続いて帝国議会のお話を致します。前回に議会の組織について説明を終ったのでありますから、今日はそれに引続いて国会の職務権限およびその会議についての法則を申上げたいと思います。

五　議会の権限(一)　概説、立法に関する権限

議会の権限の三種

議会の権限は大体においてこれを三種に区別することが出来ます。第一は立法に参与すること、第二は財政に参与しおよびこれを監督すること、第三は議会が国政に参与する補助手段として認められて居るもので普通にこれを形式的権限と申して居ります。第一および第二の二種類は、いずれも国家の或る法律上の行為に対して議会が同意を与えるのでありますから、これを総括して、議会の実質的権限と申して居ります。形式的権限と申すのは、そういうような国家の行為に同意

をするのでなくして、単に政府に質問しまたは希望を表すというに過ぎぬものを謂《い》うのであります。すなわち上奏、建議、質問、請願等を申すのであります。これよりこの三種類の行為について大体の説明をいたそうと思います。

(一)立法に関する権限

第一に立法に関する議会の権限について説明いたします。立法に関する議会の権限は、更に二種に分かつことが出来ます。一つは法律に協賛するの権で一つは緊急勅令に承諾を与えるの権であります。法律に協賛する方は立法の常道というべきもので、緊急勅令に承諾を与うるのは立法の変例であります。

(イ)法律に協賛するの権

第一に議会は法律に協賛するの権がある。総《すべ》て法律は議会の議決がなければ成立することが出来ぬのであります。法律が成立しますのはもちろん後に天皇の裁可を要するのでありますけれども、その裁可のあるのは必ずまず議会の議決を経たものでなければならぬ。議会の議決を経ないものは決して法律たる効力を生ずることを得ないのであります。

法律の二種の意義

法律の事を述べるについては、まず法律という語に二種の意義があって、憲法の中にも或る場合には甲の意味に用い、或る場合には乙の意味に用いて居ることを注意せねばならぬ。一つは実質の意義においての法律であって、この意味においては法律とは法規というのと同じく、広く人民の権利義務に関する法則を意味するのであります。形式から言えば勅令であろうが省令であろうが条約であろうが慣習法であろうが問う所ではないので、いやしくも人民の権利義務についての法則を定めた規定であれば、総て実質の意義においての法律であります。一つは形式の意義においての法律であって、この意味においては法律とは法律という名称を附して公布せられる国家の意思表示を謂うのであります。実質から言えば必ずしも人民の権利義務に関する規定であると否とは問う所ではない、いやしくも法律という名称の下に一般に公布せられるならば、総て形式の意義においては法律であります。

立憲政治の本来の主義としては、法律という語のこの二種の意義が原則として相一致すべきことを要求するものであります。すなわち実質上人民の権利義務に関する規定を作るには、形式においても法律の形を以て規定するのを原則とし、一方には形式上法律として規定せらるるものはその実質においては原則として人民の権利義務に関する規定たるべきことを本則とするのであります。けれどもこの原則には多くの例外が認められて居って、一方には人民の権利義務に関する規定であっても、法律の形を以てしないで、命令を以て定むることの出来るものとして居る場合が多くあるし、一方においては、法律の形を以て定められるものであって、その実質においては人民の権利義務に関係しないものがあり得る。これがために実質の意義においての法律と形式の意義においての法律とは、必ずしも相一致しないという結果を生ずるのであって、法律という語にこの二種の意義を区別する必要を生ずるのであります。

憲法第三十七条に「凡テ法律ハ帝国議会ノ協賛ヲ経ルヲ要ス」といって居るいわゆる法律は形式の意義においての法律の意味であって、すなわち法律という名称を附して公布せられるものは、必ず議会の協賛を経なければならぬことを定めて居るのがあります。必ずしも総ての法規が議会の議決を要するのではない。多くの事柄は議会の議決に依《よ》らず勅令その他の命令を以ても定めることが出来るので、ただ法律という形式を以て定めらるる場合は、議会の議決に依らねばならぬのであります。以下単に法律という場合は常に形式の意義においての法律を意味するものと御承知を願います。

法律成立の順序

法律の成立する順序を申しますと、第一には法律案の提出があり、第二には議会においてこれを議決する、第三には君主の裁可があり、第四に公布という行為がある。この四つの行為に依って法律が完全に成立するのであります。

(1)法律案の提出

法律案の提出というのは、法律案を議会に提出してその議に附することをいうのでありまして、これは政府または議会の両院のいずれよりもこれを為《な》すことが出来ます。憲法第三十八条にはこの事を明言して、「両議院ハ政府ノ提出スル法律案ヲ議決シ及各〻法律案ヲ提出スルコトヲ得」と規定して居ります。政府から提出する場合は通常主務省でこれを立案起草して、法制局の審査を受け更に閣議に提出して、その相談を経た後勅裁を仰いで内閣総理大臣から議会のいずれか一院へ提出するのであります。議会へ提出するのは貴族院または衆議院のいずれへ先に提出しても差支《さしつか》えないのでありますが、従来の実際の慣例では財政に関する法律案は概《おおむ》ね衆議院の方へ先に提出することになって居るようであります。英吉利《イギリス》を初め西洋諸国の憲法では財政に関する法律案は必ず先に下院に提出すべきものと憲法上に定まって居る例が少なくないのでありますが、日本の憲法ではただ予算について衆議院の先議権を認めて居るばかりで、法律案については両院の間に少しも区別する所は無いのであります。政府が租税法その他財政に関する法律案については、通常衆議院の方へ先に提出することにして居るのは、ただ実際上の慣習に止まって、憲法上の法則というのではないのであります。

議会の各院から提出する場合は、まずその院の議員が定数の賛成を得て議案をその院に提出して、その院でこれを可決した場合において、法律案の提出があったものと見るのであります。憲法には両議院が法律案を提出することを得とあって、議員が提出権を有すとはないのであるから、議員が議案をその院に提出するのは未だ憲法に謂う法律案の提出とは見ることが出来ぬので、その院で可決して他の一院へ廻すことになって、初めて衆議院ならば衆議院が法律案を提出したものと見るのであります。

法律案の提出については憲法に一つの制限が定められてありまして、すなわち第三十九条に「両議院ノ一ニ於テ否決シタル法律案ハ同会期中ニ於テ再ヒ提出スルコトヲ得ス」と定められて居ります。既に一たび否決した以上はその院の意思は既に決定したのでありますから、同じ会期において再び同一の案を提出するのは、議会の意思を侮辱するものというべきであるのみならず、徒《いたずら》に同一の事を反覆議決するのは無用の煩雑を来すばかりでありますから、憲法は特にこれを禁止して居るのであります。

(2) 法律案の議決

政府または両議院はかくの如《ごと》くいずれも法律案の提出権を有《も》って居るのでありますが、そのいずれから提出されましても、もし一院で可決したならば、更に他の一院に廻し他の一院でもそのまま可決したならば、法律案がすなわち確定するのであります。もし後の院において原案を修正して可決したときには、更に元の院に返してその同意を求め、元の院がその修正に賛成したならば法律案は確定しますけれども、もしその修正に同意しなかったという場合には、両院協議会を開いて、両院から委員を出して協議をして、その協議の結果を更に各院に掛けて議決をするのであります。両院とも同じ案を可決しなければ法律案は確定しないのでありますが、両院とも大体には賛成であってただ細目について両院の意見が一致しないという場合には、そのまま不成立に終らしめるのは、両院ともにその意思に反する結果となるのでありますから、この場合には両院協議会の途が開かれて居るのであります。いずれにしても両院とも全く同一の案を可決しなければ法律案は成立しないので、もしいずれかの一院で可決するとか、または修正について両院協議会の成案が成立しないという場合には、法律案は全く消滅するのであります。

(3)法律の裁可

議会の議決が確定すると、後に議決した方の院から内閣総理大臣を経て天皇に上奏しまして御裁可を仰ぐのであります。これに対して君主の御裁可があるのでありますが、御裁可のあると否とは固《もと》より御自由でありまして、議会の議決した法律案といえども必ずしも御裁可にならねばならぬというのではありません。それは政府から提出した法律案についても同様であります。もちろん政府から提出した案がそのまま何の修正も無く議会で可決せられたにもかかわらず、これに対して裁可を拒まれるということは、実際容易にあり得べきことではありませぬが、理論上は必ずしも差支えないのであります。殊《こと》に例えば内閣の更迭でもあって、前内閣の時に提出した法律案が後の内閣の時になって不裁可となるということは必ずしも想像し得られないことではない。

理論上から言えば、裁可はかくの如く自由でありますが、実際においては裁可を拒むということは各国共極めて稀に行わるるところであります。英吉利《イギリス》においてはアーン女王の時以来約二百年の間かつて不裁可権を行われた例は無い。今日では議会の議決した法律案は必ず国王の裁可あるべきものと看做《みな》されて居りまして、英吉利の学者は国王の不裁可権は今日はもはや慣習法上消滅したものであると言って居る者すらも多い位であります。もし実際にどうしても裁可を拒まれねばならぬような法律案であるならば、まだ議会を通過しないうちになるべく議会で否決させるように勉めるが、もし議会を通過したならば多少は政府の意見に合わぬようなものであっても裁可を与えらるるというのであります。英吉利以外の諸国においても君主が裁可を拒まれた例は極めて尠《すく》ないのであります。ただ亜米利加《アメリカ》合衆国においては大統領の拒否権はかなり頻繁に行われて居るようであります。拒否権は裁可権とは多少性質が違いますが、大統領が一時法律となることを拒む権利を有《も》って居るのであります。議会の議決した法律案に対してその確定法律となることを拒否して、議会の再議に附する、議会がなお議決を改めないで両院とも三分の二の多数を以て再び可決した時には、今度は大統領の同意を得ないでも当然に法律となるというのであります。すなわちサスペンシーヴ・ベトー〔suspensive veto〕、停止的不認可権とでも申すべきものであります。この不認可権は亜米利加においては頗《すこぶ》る頻繁に行われるということでありますが、これは亜米利加における特別の国情に基くことで、その他の諸国殊に君主国は、英吉利、白耳義《ベルギー》のような議院政治の国でも、独逸《ドイツ》諸国または墺地利《オーストリア》のような議院政治を行わない君権政治の国でも、不裁可ということは殆《ほとん》ど全く行われない、たとえ行われることがあるにしても極めて稀であります。日本においきましても裁可を拒まれた例は憲法実施以来未だかつて一回も無いようであります。これは議会は、国民の意思を代表するものであるから、議会の議決した法律は畢竟《ひっきょう》国民の希望する法律である、いやしくも憲政を実施した以上は、国民の希望する法律はなるべく民意を容れてこれを嘉納せらるるという聖意に出でて居ることと恐察せらるるのであります。

裁可の性質　裁可という行為は単に消極的に法律となることを妨げないというのではなくして、法律となるべき効力を附与する行為であります。議会の議決だけでは法律は未だ成立しないので、これに君主の裁可が加わって始めて法律たる効力を生ずるのであります。この点において裁可権は共和国大統領の有《も》って居る拒否権とは性質を異にして居ります。町村制の規定を御覧になると、町村会の決議に対しては、町村長が一時その執行を停止して再議に附するの権を有って居りますが、これがあたかも共和国の大統領の有って居る権力と同様であります。大統領の同意が無くとも法律は成立するのであるが、ただ大統領はその法律となることを妨げることが出来るというに止まるのであります。君主の裁可はこれとは違って、裁可が無ければ法律は成立しないので、議会の意思と君主の意思とが相加わって、始めて法律という国家意思が成立するのであります。

裁可の形式　裁可という行為は一定の形式を以て行わるる行為であります。その形式は法律の正本に御名を御親署遊ばされまして、それへ内大臣が御璽《ぎょじ》を鈐《けん》するのであります、それがありましてから後更に国務大臣が自から年月日を書いて、自分の名をその下に副署するのであります。それに依って裁可という行為が行わるるので、法律はそれで確定するのであります。

(4)法律の公布

裁可に依って法律が出来上がるのでありますが、しかしそれだけでは法律が未だ国民に対して実施の効力を生じないのであります。それはただ内部において国家の意思が確定するばかりで、法律が実施の効力を生ずるには、更に国民に対して公布されなければならぬのであります。公布は民法の言葉を以て申せば意思を表示する行為で、裁可に依って国家の意思は確定するのでありますが、これが外に向て表示せられるにはなお公布に依るのであります。法律が裁可に依って成立するか、公布に依って成立するかということは能《よ》く法律家の議論することでありますが、それはただ言葉の違いで、議論をする価値のある問題ではない。つまり内部において法律が成立するのは裁可に依るのであるが、外に向って国民に対して表示せらるるのは公布に依るのである。公布という行為はただ現に成立して居る法律を発表するだけの行為であります。公布前において法律は既に出来上がって居るのであるが、これを発表した後でなければ国民を拘束するの力を生じないのであります。法律が公布せられなければ実施の効力を生じないということは、今日は凡《すべ》ての法律について当然の事とせられて居る処でありますが、これは古来常にこの通りであったというのではない。日本においても旧幕時代には法律は概してこれを秘密にして居って、公示しなかったようで、民はこれをして拠らしむべし知らしむべからずという主義であったのであります。今日はこれに反して民に知らしめた後でなければ民を束縛することが出来ないというのが凡ての法律に通ずる欠くべからざる要素とされて居るのであります。もちろん公布があったからといっても、公布に依って直に実施の効力を生ずるというのではなく、通常はなお実施期限が定まって居って実施期限が来て始めて実施せられるのでありますが、少なくとも公布の無いものが国民を拘束する力があるということは決して無いのであります。その公布の方法は今日では御触《おふれ》を廻すというように、一々人民に実際上知らしめるという方法は取らないで、もう少し便利な、もう少し形式的な方法を用いて居ります。今日では官報に印刷して発行することが公布の方法となって居ることは御承知の通りで、この形式を取った上は、人民は本当に知って居っても、知らなくとも、人民はこれを承知したものと認めて効力を生ずることとして居るのであります。

参照　議院法（明治二十二年二月法律第二号）

第五章　会議

第二十六条　各議院ノ議長ハ議事日程ヲ定メテ之ヲ議院ニ報告ス議事日程ハ政府ヨリ提出シタル議案ヲ先ニスヘシ但シ他ノ議事緊急ノ場合ニ於テ政府ノ同意ヲ得タルトキハ此ノ限ニ在ラス

第二十七条　法律ノ議案ハ三読会ヲ経テ之ヲ議決スヘシ但シ政府ノ要求若ハ議員十人以上ノ要求ニ由リ議院ニ於テ出席議員三分ノ二以上ノ多数ヲ以テ可決シタルトキハ三読会ノ順序ヲ省略スルコトヲ得

第二十八条　政府ヨリ提出シタル議案ハ委員ノ審査ヲ経スシテ之ヲ議決スルコトヲ得ス但シ緊急ノ場合ニ於テ政府ノ要求ニ由ルモノハ此ノ限ニ在ラス

第二十九条　凡テ議案ヲ発議シ及議院ノ会議ニ於テ議案ニ対シ修正ノ動議ヲ発スルモノハ二十人以上ノ賛成アルニ非サレハ議題ト為スコトヲ得ス

第三十条　政府ハ何時タリトモ既ニ提出シタル議案ヲ修正シ又ハ撤回スルコトヲ得

第三十一条　凡テ議案ハ最後ニ議決シタル議院ノ議長ヨリ国務大臣ヲ経由シテ之ヲ奏上スヘシ但シ両議院ノ一ニ於テ提出シタル議案ニシテ他ノ議院ニ於テ否決シタルトキハ第五十四条第二項ノ規定ニ依ル

第三十二条　両議院ノ議決ヲ経テ奏上シタル議案ニシテ裁可セラルヽモノハ次ノ会期マテニ公布セラルヘシ

第十二章　両議院関係

第五十三条　予算ヲ除ク外政府ノ議案ヲ付スルハ両議院ノ内何レヲ先ニスルモ便宜ニ依ル

第五十四条　甲議院ニ於テ政府ノ議案ヲ可決シ又ハ修正シテ議決シタルトキハ乙議院ニ之ヲ移スヘシ乙議院ニ於テ甲議院ノ議決ニ同意シ又ハ否決シタルトキハ之ヲ奏上スルト同時ニ甲議院ニ通知スヘシ

乙議院ニ於テ甲議院ノ提出シタル議案ヲ否決シタルトキハ之ヲ甲議院ニ通知スヘシ

第五十五条　乙議院ニ於テ甲議院ヨリ移シタル議案ニ対シ之ヲ修正シタルトキハ之ヲ甲議院ニ回付スヘシ甲議院ニ於テ乙議院ノ修正ニ同意シタルトキハ之ヲ奏上スルト同時ニ乙議院ニ通知スヘシ若之ニ同意セサルトキハ両院協議会ヲ開クコトヲ求ムヘシ

甲議院ヨリ協議会ヲ開クコトヲ求ムルトキハ乙議院ハ之ヲ拒ムコトヲ得ス

第五十六条　両院協議会ハ両議院ヨリ各〻十人以下同数ノ委員ヲ選挙シ会同セシム委員ノ協議案成立スルトキハ議案ヲ政府ヨリ受取リ又ハ提出シタル甲議院ニ於テ先ツ之ヲ議シ次ニ乙議院ニ移スヘシ

協議会ニ於テ成立シタル成案ニ対シテハ更ニ修正ノ動議ヲ為スコトヲ許サス

第五十七条　国務大臣政府委員及各議院ノ議長ハ何時タリトモ両院協議会ニ出席シテ意見ヲ述フルコトヲ得

第五十八条　両院協議会ハ傍聴ヲ許サス

第五十九条　両院協議会ニ於テ可否ノ決ヲ取ルハ無名投票ヲ用ヰ可否同数ナルトキハ議長ノ決スル所ニ依ル

第六十条　両院協議会ノ議長ハ両議院協議委員ニ於テ各〻一員ヲ互選シ毎会更代シテ席ニ当ラシムヘシ其ノ初会ニ於ケル議長ハ抽籤法ヲ以テ之ヲ定ム

公式令(明治四十年二月勅令第六号)

第六条　法律ハ上諭ヲ附シテ之ヲ公布ス

前項ノ上諭ニハ帝国議会ノ協賛ヲ経タル旨ヲ記載シ親署ノ後御璽ヲ鈐シ内閣総理大臣年月日ヲ記入シ之ニ副署シ又ハ他ノ国務各大臣若ハ主任ノ国務大臣ト倶ニ之ニ副署ス

枢密顧問ノ諮詢ヲ経タル法律ノ上諭ニハ其ノ旨ヲ記載ス

(ロ)緊急勅令の承諾　立法に関する議会の権限の第二は、緊急勅令に承諾を与えるの権であります。法律に協賛するのは事前においてすなわち法律の出来上がる前にこれを議決するのでありますが、緊急勅令の承諾は既に出来上がったものに対して同意を与えるのであります。すなわち事前と事後との違いがありますが、立法に参与するものであるという点においては両方とも同一であります。

緊急勅令と申すのは、法律に代るべき勅令であります。本来は議会の議決を経た後定めなければならぬことであるが、議会の閉会中臨時緊急にその必要が起った場合にかりに議会の議決を経ないで政府だけの責任を以て法律に代るべき勅令を定むることを許して居るのであります。すなわち憲法第八条に「天皇ハ公共ノ安全ヲ保持シ又ハ其ノ災厄ヲ避クル為緊急ノ必要ニ由リ帝国議会閉会ノ場合ニ於テ法律ニ代ルヘキ勅令ヲ発ス。此ノ勅令ハ次ノ会期ニ於テ帝国議会ニ提出スヘシ若議会ニ於テ承諾セサルトキハ政府ハ将来ニ向テ其ノ効力ヲ失フコトヲ公布スヘシ」とありまして、(一)議会の閉会中であること、(二)公共の安全を保持しまたは公共の災厄を避くるために必要であること、(三)その必要が緊急であること、(四)法律に代る勅令を以てしなければその必要を充たすことの出来ないこと、この四つの条件が備わって居る場合には、本来ならば法律でなければ定むることの出来ない事柄でも、勅令を以て定むることが出来るのであります。けれどもこれは本来から言えば議会の議決を経なければならぬ事柄であるから、次の会期には必ずこれを議会に提出してその同意を求めなければならぬということになって居るのであります。それでありますから独逸《ドイツ》の学者は緊急勅令を称して仮法律と申して居ります。その意味はただ次の会期に至るまでの間の一時

緊急勅令の性質

的暫定的の法律であるというのであります。それでもし次の会期において議会がこれに同意を与えたならば、完全なる法律となってあたかも議会が初めに議決したのと同じ効力を有《も》つのでありますが、もし議会が同意を与えなかったならば、法律案に対して議会が否決したのと同様でそれ限りで消滅してしまうのであります。ただ議会が否決したという事は国民に向って公布される事柄ではなくしかして緊急勅令は現に公布せられて居るのでありますから、その効力を失わしめるには、更にその事を国民に向って公布することが必要で、それであるから議会が否決した場合には政府は直に将来に向って緊急勅令が効力を失うことを公布しなければならぬのであります。

議会の承諾　もし議会が承諾したならば法律として完全なる効力を生ずるのでありますが、その承諾という決議の成立するためには、あたかも法律の協賛と同様に両院の議決が一致しなければならぬ。法律案についても両院の一致の決議が無ければ、議会の決議が成立しないと同じに、緊急勅令に対する承諾も、両院とも承諾しなければ議会の承諾があったとは言えないのであります。もし一院において承諾を与えても他の一院が承諾を与えない場合には、議会の承諾のあったものとは言えぬので、政府はやはり緊急勅令が将来に向て効力を失うことを公布せねばならぬのであります。両院とも積極に承諾するということの議決があって後、始めて法律たる効力を生ずるので、したがってまた議会が解散されるとかあるいはそのほかの理由に依って会期中に両院とも議決するに至らないとか、一院は承諾しても他の一院が決議しないうちに閉会になったというような場合も同様で、やはり議会の承諾の無かったものと見るのほかは無いのであります。

承諾の性質

なお少しく詳細に緊急勅令に対する承諾の法律上の性質を申しますと、承諾は二つの意義を有《も》って居る行為であります。第一には、承諾は政府の行為を是認する行為で、すなわち政府が緊急勅令を奏請したのは正当であったということを認める行為であります。緊急勅令は元来議会の議決を経《ふ》べき事柄ではあるがその議決を経る暇《いとま》が無いために、一時政府の責任を以てかりにこれを定めておいて後に議会の追認を求めるのであります。もし議会が真にその必要があったと認めるときには、その承諾を与えるが、もしその必要が無かったと思えば、承諾を拒むのであります。議会が承諾を与えたならば、政府の責任が解除せらるる訳であります。第二には、承諾は緊急勅令を将来法律として確定の効力を有せしむることに同意を与える行為であります。この第二の点において緊急勅令の承諾は、法律案の協賛と同様の性質を有って居るもので、承諾があれば将来は法律として完全なる効力を有することとなり、承諾が無ければ将来に向ては全く効力を失うのであります。承諾はこの二つの意義を有って居る行為でありますが、これには随分反対の議論があって、承諾はただこの第二の意義すなわち緊急勅令の効力を将来に継続するという効力を有って居るばかりで、政府の責任を解除するというような意義は少しも無いと言う人が少なくない、殊に政府の従来の解釈でもその意見を採って居るようであります。しかしながらこれは甚《はなは》だ誤った議論で、承諾ということの最も主要なる意義を無視したものであります。伊藤公の憲法義解の中の第八条の註にも「若《も》シ政府ニシテ此ノ特権ニ託シ、容易ニ議会ノ公議ヲ回避スルノ方便トナシ又以テ容易ニ既定ノ法律ヲ破壊スルニ至ルコトアラハ憲法ノ条規ハ亦空文ニ帰シ一モ臣民ノ為ニ保障ヲ為スコト能ハサラムトス。故ニ本条ハ又議会ヲ以テ此ノ特権ノ監督者タラシメ緊急命令ヲ事後ニ検査シテ之ヲ承諾セシムヘキコトヲ定メタリ」といってありますのは、能《よ》く承諾の性質を明かにして居るものであります。緊急勅令を出すということは元来やむを得ざる必要に処する立法の権道でありまして、もしこれを濫用することがあったならば、議会の権限は全く蹂躙《じゅうりん》せらるることとなるのであります。その濫用の弊を除くがために、その監督の手段として議会の承諾権を認めてあるので、その承諾を与えるのは第一には緊急命令を発したことが正当であったことを追認するのであります。その効力が将来に継続するのはただこれが結果たるに過ぎぬのであります。

緊急勅令に関する外国の事例

緊急勅令の権は英吉利《イギリス》、亜米利加《アメリカ》、仏蘭西《フランス》、白耳義《ベルギー》などの憲法には認められて居りませぬ。憲法上の多くの制度は、英吉利でなければ、仏蘭西、亜米利加などから起って居るのが大多数でありますが、ひとり緊急勅令の権はこれらの国のいずれにおいても認められて居らぬので、この点においてその模範となって居るのは専ら独逸《ドイツ》諸国および墺地利《オーストリア》の憲法であります。日本の憲法はこの例に依ったものでありますが、独逸諸国または墺地利の憲法もこれに関する規定はあまり精密ではないので、これについて種々の議論を生ずることがあるようであります。我が国においても緊急勅令についてはただ憲法の中に簡単な規定があるばかりで、その細則というような規定は全くありませんし、しかも憲法実施以来この特権の行使せられたることは割合に頻繁であったために、度々議会においてこれに関する議論が起って、政府と議会との間にしばしば意見の衝突があったのであります。それらの問題を詳しく申上ぐるのは時が許しませぬから、ただ簡単にその要点だけを申そうと思います。

議会提出前における緊急勅令の廃止

第一に問題となったのは、緊急勅令を発した後、次の議会に提出する前に、その勅令を廃止することが出来るか否かということで、これは従来しばしば先例のあることでありますが、かつて明治二十九年に衆議院でこれに対する質問が起った時に政府はその答弁として、「緊急命令ガ将来ニ施行スルニ必要ナシト認メタルトキハ政府ハ進ンデ憲法上ノ権限ニ依リ速ニ之ガ廃止ノ手続ヲ取ルベク是レ啻《ただ》ニ違憲ノ処置ナラザルノミナラズ政府ノ尽スベキ当然ノ責務ナリ」と答えたのでありました。この答弁はもちろん正当なもので、緊急勅令はただやむを得ざる必要のために発するものでありますから、もしその必要が罷《や》んで、将来にこれを維持する必要が無くなれば速やかにこれを廃止すべきは当然であります。しかしながらその廃止を為すのに、政府の従来の先例では、やはり緊急勅令の形を以てして居るのでありますが、これは誤りであると信じます。緊急勅令は議会の承諾を得れば法律たる効力を生じますが、承諾を得ない前はやはり勅令だけの効力しかないもので、これを廃止するには普通の勅令を以てすべきものであると信じます。緊急勅令を発するには憲法にも明言してある通り公共の安全のために臨時緊急の必要が無ければ発布することが出来ぬのでありますが、緊急勅令を廃止するのはただもはや将来に継続する必要が無くなったという理由に止まって、これを廃止することが公共の安全のために緊急の必要であるというのではないのでありますから、緊急勅令を発すべき条件は備わって居らぬのであります。それであるから、緊急勅令の廃止に同じく緊急勅令の形を以てしたのは、甚だ穏やかでない、普通の勅令を以てすべきものであると私は考えて居ります。

しかしながらそれはただ形の問題で、実際上にはさまで重要な問題ではありませぬが、それはいずれにしても、

既に廃止したる緊急勅令もまた議会の承諾を求むるを要す

議会の開かれる前に緊急勅令を廃止した場合にはその廃止された緊急勅令をもやはり次の議会に提出して承諾を求めねばならぬことは、疑いの無い所であります。しかるに政府の従来の先例では既に廃止した緊急勅令については承諾を求むる必要の無いものとして、議会に提出しない慣例となって居りまして、明治二十九年にこの点について衆議院で質問があったときには政府は「緊急命令ヲ議会ニ提出シテ承諾ヲ求ムルハ唯将来ニ施行スル必要アル場合ニ限リ既ニ之ヲ廃止シタル上ハ之ヲ為スヲ要セズ」と答弁して居ります。その後三十九年および四十三年にも同じ問題について質問がありましたが、政府は何時でも同じような答弁をして居ります。四十三年の時は緊急勅令を以て法律を廃止したのでありましたが、この時にもその緊急勅令を議会

に提出して承諾を求めることを為さなかったので、衆議院で大問題となって、遂に衆議院では満場一致を以て「政府ハ憲法第八条第二項ニ基キ右緊急勅令ヲ速ニ帝国議会ニ提出シ其承諾ヲ求ムヘキモノトス」という決議をするに至ったのであります。右のような次第でこれまでの先例では、政府は常に緊急勅令の効力を将来に継続せしむる必要のある場合にのみ議会の承諾を求むることを要するので、既に廃止した緊急勅令とか、または緊急勅令を以て法律を廃止したような場合には、議会に提出する必要は無いものと解釈して居りますし、衆議院では常にこれに反対し来ったのであります。私はこの政府の解釈が甚だ誤った解釈であることを疑わないのであります。憲法の規定の上から言っても、憲法は凡ての緊急勅令について次の議会に提出すべきことを命じて居るので、何の例外をも認めて居らぬのであります。憲法草案の起草者たる故伊藤公の憲法義解にも、この事を明言して居りまして、少しも疑いを挟んで居らぬのであります。これは憲法制定当時の政府の意見を代表して居るものと認むべきでありますが、その後継者たる政府がこの如き誤った解釈を取って居るのは甚だ遺憾というべきでありまして、明かに憲法の精神に反して居るものと信じます。

緊急勅令を以て法律を廃止変更する場合

緊急勅令は法律に代わる勅令でありますから、法律を以て定め得べき事柄ならば、凡て緊急勅令を以ても定めることの出来るのが原則でありまして、したがってまた法律を廃止しまたは法律を変更することも出来るのであります。けれどももし緊急勅令を以て法律を廃止または変更した場合には、次の議会に提出して承諾を求めなければならぬのはもちろんでありまして、議会がもし承諾を与えなかったならば、その緊急勅令が効力を失うとともに、その廃止または変更せられた法律が凡て旧の通り効力を恢復するのであります。法律は議会の議決を以て定められたものであるのに、政府が議会の議決に依らず自由にこれを廃止変更することが出来て、議会はこれを如何《いかん》ともすることが出来ないというのは、議会の権限を蹂躙することの甚しいもので、その不条理なることはもちろんであります。

六　議会の権限(二)　財政に関する権限

それから第二に移って、財政に関する議会の権限を述べようと思います。

(一)財政に関する権限

立法に参与するほかに議会の最も重要なる権限は財政の監督にあるのであります。凡《およ》そ国家の収入はその大部分は国民の納金からなって居るもので、国家の費用が多ければ多くなるほど国民の納める所の納金はまたしたがって多くならなければならぬのであります。国家の収入はかくの如《ごと》く国民の納金からなって居るものであるから、国費の高を如何《いか》に定めるか、その金を如何に使うか、これに充つべき収入は如何にしてこれを求むるかということが、国民の利害に直接に重大の関係あることは言うまでも無い事であります。それでありますから、国民は常に政府の財政を監督して、政府をしていやしくも不必要なる支出をなさしめないようにすることが、出来なければならぬ。国民の代表者たる議会が財政監督の任に当って居るのはこれがためであります。国会制度を設けられた最も重《おも》なる目的は、実にこの財政の監督にあると言っても宜《よ》いのであります。これを欧洲諸国の歴史について見ても、英吉利《イギリス》その他の諸国において今日の国会制度の最初の起源ともいうべき中世の階級会議の起ったのは租税に対する承諾を求むること、すなわち財政に参与せしむるのがその第一の目的であったのであります。今日の国会においても、財政の監督ということは立法に参与することとその重要の程度において決して譲らない、あるいはむしろそれよりも一層重要なるものであります。国会が毎年一回これを召集するということになって居りますのも、主としてこの財政監督のためでありまして、すなわち歳入出総予算が必ず毎年一回宛《ずつ》定めらるべきものであるから、これがために国会が毎年一回必ず召集するということになって居るのであります。国会が毎年十二月に召集せらるることになって居るのも、予算の関係がその原因を為《な》して居るのであります。

財政に関する権限の各種

財政の監督に関する議会の権限は種々の方法に依《よ》って行われますが、大別すると、事前の議決と、事後の議決との二種とすることが出来ます。

事前の議決というのは、あたかも法律の協賛について申したと同様に、或る国家の行為が未だ成立しない前に、その成立に同意を表することを謂《い》うのであって、国会の議決がなければその行為を為すことを得ないのであります。財政について申しますと、第一に予算に協賛すること、第二に租税に協賛すること、第三に国債を起すことに協賛すること、第四に予算外国庫の負担となるべき契約を為すことに協賛すること、この四つが財政に関する事前の決議権で憲法の中に規定せられて居るものであります。次に事後の議決というのは、或る国家の行為の既に行われた後において、その行為が正常であったか否かを追認する行為であります。これにも三種ありまして、第一には予算超過の支出または予算外支出に対して承諾を与うること、第二には財政上臨時の必要処分を為す緊急勅令に承諾を与うること、および第三には決算を審査することであります。

財政権と立法権との関係

これからこれらの各種の権限について説明するのでありますが、その前に議会の立法についての権限と財政についての権限との関係について一言しておきます。議会の立法権と財政権とは無論区別して論じなければならぬのではありますが、この二つは必ずしも相対立して居る無関係なものではないのであります。法律とか緊急勅令とかいうのは、形式から謂う語でありますが、財政というのはこれに反して実質的の観念であります。形の上から謂えば法律を以て定めらるることでも、実質から謂えば財政に関する事柄であるものは、決して少なくはないので、したがって議会が法律に協賛するのは同時に財政に関して協賛するものであることは甚《はなは》だ多いのであります。殊《こと》に憲法には租税を定めるには常に法律を以てすべきものと定められてありますから、議会が租税に協賛するのは形の上においては常に法律に協賛することとなるのであります。そのほか、国債の募集も通常法律を以て定めらるる例でありますからやはり形の上からは立法の協賛となるのであります。そういう訳でありますから、議会の立法に関する権限と財政に関する権限とを区別して論じましても、この二つは必ずしも常に別々なものではなく、その一部分は相併合して居るものであると御承知を願うのであります。

あります。

(イ)予算に協賛するの権

第一に予算の協賛権、これが財政に関する議会の最も重要なる権限であります。憲法第六十四条第一項に「国家ノ歳出歳入ハ毎年予算ヲ以テ帝国議会ノ協賛ヲ経ヘシ」とあるのはすなわちこの事を規定して居るのであります。

予算の性質

予算は国家の毎年の収入支出の見積であります。予算を設けて、その予算に従って財政を運転するということはあえて立憲国のみに特有な制度でないのでありまして、いやしくも国家の財政が稍々《しょうしょう》整頓して居る国においては、必ず予算が無ければならぬ。啻《ただ》に国家ばかりでなく、私の経済でも、会社とか、銀行とか、または一個人でも多少大きな財産を運転して居る者であれば、毎年予算を立てて、ほぼその収入を見積り、その範囲内において支出を為して行くのが、整理された経済の常態であります。いわんや国家のような大きな財政を運転して居るものは予算が必要であることは言うまでも無い。日本においても明治以前は暫く措いて、明治以後について見ますと、維新匆々《そうそう》の際にはまだ予算制度は行われなかったようでありますが、明治六年からは毎年予算表が作らるることとなったのであります。しかしながら専制時代における予算はただ政府のみの手になったもので、政府が自から作って、その自から作った予算に従って財政を運転したのであります。立憲制度の下における予算は、これに反して、国会が政府の財政に対して同意を与えるの手段たるもので、この点において立憲国の予算は専制時代の予算とは異った特色を有《も》って居るのであります。専制時代の予算は財政の局に当る者が自から定めたものである。立憲国の予算は国会が政府の財政を監督するの手段として、これだけの金額は支出して宜いという同意を与えるので、その同意を与えられた範囲でなければ、政府は財政を運転することが出来ないのであります。

しかしながら右述べた所が完全に当て嵌《は》まるのはただ歳出予算のみで、歳入予算には必ずしも当て嵌まらぬ。この点において歳入予算と歳出予算との間には大なる相違があるのであります。少なくとも、日本の憲法の下においては国家の収入は歳入予算が成立して、始めてこれを為すことが出来るのではない。国家の収入の最も重なるものは租税でありますが、租税は、日本の憲法では法律を以て永続的に定められることとなって居って、一ケ年ごとに議会の承諾を求めるのではない。新たに租税を起すとか、または従来の税率を変更するとかいう場合には、固《もと》より法律としての議会の協賛を経ねばならぬが、一旦租税法が定まった上は、その法律を変更しない限りは、毎年の予算にはかかわらず、当然にその法律に依って租税を徴収することが出来るのであります。租税以外の国家の収入は手数料その他の報償金、専売収入、官業収入、官有財産収入、罰金科料、借入金などいろいろありますが、これらの収入についてもまた概《おおむ》ねあるいは法律に依りあるいは命令に依って定まって居るのでありまして、この法律命令の規定にしたがってその収入を得ることが出来るのであります。それであるから、歳入予算は概して申すとただ単純な一ケ年間の収入金額の見積に過ぎぬので、その見積は固より歳出予算を定むるの標準として最も大切なものであることは言うまでも無いが、歳出予算の如くにその予算に依って始めてその収入を為す権限が発生するというのではない。各種の租税法とか、専売法とか、郵便電信法とか、鉄道法とかいうような、種々の法律または命令の規定に依って当然にその収入を為し得るの権限が成立して居るのであります。歳出予算の方はこれに反して議会の同意した予算に基かなければ支出を為すことが出来ないのでありま す。たとえ法律または命令に依って支出を為すべき費途が定まって居るとしても、予算が無ければその費用を支出するの道が無いので、予算に依って始めて支出を為すべき権限を発生するのであります。

予算議決権の沿革　欧羅巴《ヨーロッパ》諸国の国会制度の歴史を見ますと、国会の予算議定権はその初めは租税承諾権から発達して来たものでありまして、政府が租税を取り立てるには必ず国民の承諾を要する、国民が金を出すことを承諾して始めて国民に税を課することが出来るというのが、その根本思想であったのであります。国会は税を出すことに承諾を与える、すなわちこれだけの金は出すということに同意をするのでありますが、その出した金を政府が何に使うかということについては、国会は一向かまわなかった、それは政府の随意に任して居ったのであります。言い換えれば、国会はただ収入に対する同意権を行ったばかりで、支出に対する同意権を行ったのではなかった。これが最初の有様でありましたが、しかしながら、人民から税を取り立てるのはもちろん国費を支出する必要があるからで、もし必要の支出でないならば、人民は固よりこれがために租税を納めるには及ばぬ訳である。それであるから租税の承諾権を行う以上は、その租税が何のために必要であるか、如何なる目的にその金を使用するものであるかを調べることになるのは当然の事で、その結果後に至っては、国会は租税を承諾するとともにその税金を使用し得べき目的を定めて、この目的に限ってこれを支出することが出来るという条件を定むるに至った。英吉利《イギリス》では十七世紀の下半期殊に一六八八年の革命以後は、この如き使途の制限を条件として租税を承諾することが慣習となって、これが英吉利《イギリス》における歳出予算制度の起源となったのであります。日本の予算制度はこれらの諸国とは大いにその沿革を異にして居ります。日本においては人民の租税承諾権というようなものは、憲法以前にはかつて認められたことは無かった。租税は専ら政府が自由にこれを定めて人民に賦課して居ったのであるが、ただその使途については政府が自から予算を定めてこれに依って支出して居たのである。立憲制度を行うことになってからの予算制度も、また大体においてこの専制時代の予算制度をそのまま維持して、ただこれが決定には議会の同意を要することとしたのであります。西洋諸国では予算の効力について収入と支出とを区別しないで、国家の収入についても等しく予算に依って始めてその権限を生ずるものとして居る国が少なくないのに反して、日本の予算では専ら歳出予算にのみこの効力を認めて、収入については毎年の予算に依らず、永久的の法律または命令に依ってこれを定むることとして居るのは、この沿革の差異がその原因の一つを為して居るのであります。

予算の形式

予算はその形式から申すと、日本の憲法においては明かに法律と区別せられて居ります。欧洲の諸国では予算は法律で定められるのが通常でありますが、これはただ形式だけの事で、実質から申すと予算は決して人民を拘束すべき法則たる性質を有するものではないのでありますから、日本の憲法は形の上においてもこれを法律と区別して居るのであります。

予算の種類

予算には総予算、特別会計予算および追加予算の三種があります。これは憲法に規定されて居るのではないが会計法にその区別を認めて居ります。国家の一切の収入支出は凡《すべ》てこれを総予算に編入するのが原則であります。これを予算統一主義と申して居ります。しかしながらその例外としまして、時としては、国家の或る特別の事業について、その事業のための収入支出は一般の収入支出とは計算を別にして、特別の会計として、これについては総予算以外特別に予算を作ることとして居るものがあります。これを特別会計と申して居ります。特別会計を設くるのは法律に依って定むることを要するのでありますが、今日ではかなり沢山の特別会計が設けられて居りまして、例えば台湾総督府特別会計、朝鮮総督府特別会計、東京帝国大学特別会計というような大小合せて五十有余に上って居るということであります。特別会計も固より国家の収入支出であって、特別の法人たるものではないのでありますから、国家の収入支出の合計を知るためには、総予算と特別会計予算とを通算しなければならぬのであります。次に追加予算というのは総予算または特別会計予算の編成後になって、予算金額に不足を生じたりまたは予算外に新しい費目の必要を生じた場合に、その補充として別に編成する予算を調うのでありまして、これを作るのはただ避くべからざる必要のある場合に限るのであります。追加予算は一般会計すなわち総予算の追加たるものと特別会計予算の追加たるものとの二種あります。

継続費　予算は凡て一会計年度ごとにこれを編成して議会の同意を求むるのでありますが、ただこれに対する一つの例外として継続費というものを設くることが許されて居ります。継続費は予算が凡て一年度限りのものであるのに反して、数年にわたって効力を有するもので、すなわち数年にわたる予算を予め一度に議会の同意を得ておくのであります。憲法第六十八条に「特別ノ須要ニ因リ政府ハ予メ年限ヲ定メ継続費トシテ帝国議会ノ協賛ヲ求ムルコトヲ得」とあるのはすなわちそれで、例えば築港工事であるとか、河川の修築、鉄道の敷設とかいうような大規模の事業で到底一ケ年を以て竣功することの出来ない場合に、これを数ケ年の継続事業として、予めその経費について協賛を求めておくのであります。継続費ももちろん総予算または特別会計予算の一部としてその中に編入せらるるのでありますが、それはただ表の上に載せるのみで、既に最初に一度協賛を経た以上は、これを変更する場合のほかはもはや協賛を経る必要は無いのであります。

予備費

継続費のほか、なお予算の中で特別の性質を有《も》って居るものは予備費であります。憲法第六十九条には「避クヘカラサル予算ノ不足ヲ補フ為ニ又ハ予算ノ外ニ生シタル必要ノ費用ニ充ツル為ニ予備費ヲ設クヘシ」とありまして、すなわち予算の中に予備費を設けることは憲法上の要件となって居ります。予備費は予算表の一部を為して居るものではありますが、一般の予算のように、当然に支出することの出来るものでない。予算は一般に一定の費目が定まって居って、その費目のためには当然に予算定額内の金員を支出することが出来るのでありますが、ひとり予備費のみはただ避くべからざる必要の生じた場合にのみ支出することの出来るもので、如何なる目的のためでも自由にこれを支出することが出来るというのではない。予備費を支出した場合には後に議会の承諾を求めねばならぬのであります。

議会の予算議定権の制限―収入予算

予算は凡て政府からこれを議会に提出してその協賛を求むるのでありますが、議会がこれを議決するのは法律案についての議決のように完全に自由なものではなく、種々の点において制限せられて居ります。まず収入予算について申せば収入の権限は前にも申す通り、大部分法律または命令に依って定まって居って、予算はただその金額の見積に過ぎぬのでありますから、議会がこれに協賛しないの余地は甚だ少ないのであります。議会はただその金額の見積について、あるいは過大にあるいは過小に見積もられて居りはせぬかということを審査して、これに同意すると否とを決するのであります。

支出予算

予算に対する議会の協賛権は主として支出予算について行わるるのでありますが、しかしながらこれについても、種々の制限が認められて居ります。

皇室経費

その制限の第一は皇室経費で、これにはかつても申上げた通り新たに増額するという場合のほかは議会の協賛を要しないのであります。皇室経費額を予算の上に載せるのはただ歳出総額を計算するの必要から表の上に示すばかりで、これについて議会の協賛を求めるのではないのであります。

憲法第六十七条

第二には、憲法第六十七条に依って「憲法上ノ大権ニ基ツケル既定ノ歳出及法律ノ結果ニ由リ又ハ法律上政府ノ義務ニ属スル歳出ハ政府ノ同意ナクシテ帝国議会之ヲ廃除シ又ハ削減スルコトヲ得ス」となって居ります。外国の憲法には明文を以てこれと同様の規定を設けて居るものはあまり例の無い事でありますが、しかしながらこれに類似の制限は外国の憲法においても明文は無くとも当然の事として認められて居るのであります。それは予算そのものの性質から当然に生ずることで、予算は立法行為ではなく、行政行為に過ぎないものであるから、予算を以て法律の効力を動かすことは出来ない、必ず法律の範囲内において定められねばならぬものである。したがってもし法律に依って既に一定の目的のために経費を支弁しなければならぬことが定まって居るとすれば、予算に依ってもこの法律上必要なる経費は必ずこれを認めなければならぬので、議会はこれを否決するの自由を有《も》たないのであります。憲法第六十七条はこの原則を明言して居るのでありますが、ただその文字の書き方がいささか明瞭でないために、その解釈には多少の疑いがあります。憲法には憲法上の大権に基ける既定の歳出、法律の結果に由《よ》る歳出、法律上政府の義務に属する歳出の三種を挙げて居りますが、この三種類の区別も必ずしも明瞭ではないようであります。しかしながらその疑点を論じますのはあまり長くなるから省略しまして、普通の解釈に依りますと、憲法上の大権に基ける既定の歳出というのは、行政各部の官制、陸海軍の編制に要する費用、官吏の俸給、外国条約に依る支出、賞勲年金などのような憲法に天皇の大権に属すと規定せられて居る事柄について、予算提議の前に既に一たび議会の協賛を得てその経常費年額の既に定まって居るのを謂うのであり、法律の結果に由る歳出というのは、帝国議会の経費とか、裁判所、行政裁判所、会計検査院の経費とか、官吏の恩給とかいうような、凡て法律に依って支出の必要の定まって居る経費を謂うのであり、法律上政府の義務に属する歳出というのは、公債の利子とか、会社に対する補助金とか、雇外国人の手当とかいうような、一箇人または団体に対して契約上政府が支払の義務を負うて居るのを謂うものと解せられて居ります。凡てこれらの支出は法律上その必要が既に定まって居るもので、もしこれを支出しなければ違法となるのでありますから、議会は自由にこれを廃除削減することは出来ないのであります。憲法には政府の同意なくして廃除削減することを得ずとあって、政府の同意を得れば自由に廃除削減することが出来るように見えますが、しかしながら政府といえどももちろん法律、条約または勅令を遵奉しなければならぬのであるから、法律、条約または勅令を実行することの出来ないような予算には同意することは全く出来ないので、これを実行するに差支《さしつか》えの無い範囲内においてのみその廃除削減に同意することが出来るのであります。もし議会が政府の同意を得ないでこれらの経費を廃除削減するの決議をしてもそれは全く無効であります。議会が政府の同意を求めるのは、各院独立にこれを為すべきものであって、両院を通過してから後にすべきものではない。これはかつて議会で議論のあった問題でありますが、予算は衆議院でまず確定の議決をして後に貴族院へ廻さるべきもので、もし衆議院が政府の同意を得ないで廃除削減の決議をしてそのまま貴族院へ廻したとすれば、それは未だ衆議院の確定の決議のあったものと言えないのでありますから、衆議院においてまず政府の同意を得て決議をして、しかる後に貴族院に廻すべきものであります。

予算に関する衆議院の先議権

予算については、憲法第六十五条に依って衆議院にその先議権を与えて居ります。予算および財政法案に関して衆議院に優勝の権限を認めるということは、もともと英吉利《イギリス》にその起源を発したもので、それから他の諸国にも採用せられたのであります。英吉利では予算および財政法律については、衆議院が主としてその権限を有《も》って居ることが古くから認められて居って、殊に近来では一八六〇年に衆議院の可決した或る租税法案について貴族院がこれを否決したことのあったのを最後として、約五十年の間貴族院は全く修正権または否決権を行ったことが無かったのでありましたが、最近一九〇九年に予算案、ただし予算案といっても歳出予算ではないむしろ収入法案でありますが、それについて政府と上院との間に激しい衝突が起って、上院はその五十年来絶えて行わなかった否決権を行って、遂に下院を通過した予算を否決したのであります。否決したと言っても真に否決したのではない、上院はこの如き急激な改革に対しては国民の輿論が真にこれを希望するということが、今一応確かめられた後でなければこれに同意することが出来ないという議決をしたのであります。すなわち一たび衆議院を解散して国民の輿論に訴えて国民がこれに賛成することが明かになるまではその決議を延ばすというのであります。上院でこの如き決議をした結果として下院は解散となったが、その総選挙の結果はやはり政府党の多数となって、総選挙後の衆議院は再び同じ予算案を通過したので、今度は貴族院も何の異論も無くそのままこれを可決したのであります。すなわち貴族院は何処までも自分の意見を貫徹するというのではなく、ただ衆議院の決議が果して真に国民の意見を代表するや否やが不明であるから、その明瞭になるまで、一時決議を延ばしたに止まって、総選挙の結果国民の輿論が明瞭となった上は躊躇なく自分の前の意見を棄てて下院の意見に従ったのであります。けれどもとにかく一応は否決権を行ったのでありまして、これがために政府と上院との間の衝突は一層激しくなって、遂に上院の権限を法律上に制限して、財政法案に関しては上院は全く否決権修正権を有《も》たないことを規定するに至ったことは前にも述べた通りであります。英国においてはこの如く予算その他の財政法案に関しては、古来上院と下院とは著しくその権限を異にして居って、遂には全く上院の権限を剥奪するに至ったのでありますが、そのここに至った根本の思想は、言うまでもなく、上院が国民の公選に因《よ》るものでないということに基いて居るのであります。上院は国民の代表者として国政に参与するのである、しかるに上院は直接に国民から選ばれたものではないから、国民から公選せられた下院の意見を以て真に国民の意見を代表するものと認めねばならぬ、殊に財政法案の如き直接に国民の負担に関係するものは一層下院の意見に重きを置かねばならぬというのであります。我が国の憲法が予算について衆議院に先議権を与えて居るのは、やはりこの思想がその根拠を為して居るものであることは疑いを容れぬ所であります。ただ日本の憲法は凡ての財政法案について衆議院の先議権を認めて居るのではなく、ただ予算についてのみこれを認めて居るので、予算についてもただ衆議院へ前に提出すべしとあるばかりで、貴族院の修正権は憲法上少しも制限せられて居らず、すなわち衆議院の決議に対しても貴族院は自由にこれを修正することを妨げないのであります。けれども憲法において特に衆議院の先議権を認めて居るのは、決して単に議事の順序のみを定めたものと見るべきでないことはもちろんで、単にそれだけの意味に過ぎないのであるならば、議院法なりその他の法律の規定に譲るべきもので、決して堂々と憲法の中に規定すべき理由は無い。憲法でこれを規定して居るのは特に衆議院の意見に重きを置くの趣意であることは言うまでも無いことであります。

予算の不成立

予算は両院の決議の相一致するに依って成立するのでありますが、場合に依って予算が成立に至らないことがある。予算は会計年度の開始前に成立しなければならぬので、会計年度の開始すなわち毎年四月一日までに予算が成立しなかったならば常に予算の不成立であります。予算の不成立は両院の確定議に至らない前に議会が解散になりまたは会期が終った場合、両院の決議が一致するを得なかった場合、憲法第六十七条の歳出についてこれを廃除削減するの決議が政府の同意を得ず、議会もまたその決議を改めないで、遂に有効の決議を見るに至らなかった場合等に生ずるのでありますが、いずれの理由に依るを問わず予算不成立の場合には、日本の憲法においては前年度の予算を執行することに定められて居ります(憲法第七十一条)。外国の憲法では予算不成立の場合に国家の財政を如何に運転するかについて別段の規定が無いために、憲法上の紛争を生ずることは往々その例のあったことで、殊に普魯西《プロシャ》では一八六二年から六六年に至るまで、議会において予算の同意を拒んだために、ビスマークは断然議会の同意を得ないで予算を執行したという有名なる歴史があります。こういう歴史のある問題であるから、日本の憲法は前年度の予算を執行するという方法を定めて居るのであります。これに依ってたとえ予算不成立の場合に遇《あ》っても財政の運転に差支えるという患《うれい》を除くことが出来るのであります。

(ロ)租税国債および予算外国庫の負担となるべき契約に協賛するの権

これが予算についてのお話でありますが、このほかなお租税、国債および予算外国庫の負担となるべき契約についても、議会は協賛権を有《も》って居って、議会の同意を得なければこれらの行為は全くこれを為すことが出来ぬのであります。このうち租税については必ず法律を以て定むることになって居って、すなわち形の上においては立法権に参与するのであります。国債についても、普通の国債は法律の形を以て定められるのが通例でありますが、ただ大蔵証券のような年度内に償還を終ってしまうものは、法律を以て定めないで、毎年の予算においてその年度内に発し得べき最高額を定める例となって居ります。予算外国庫の負担となるべき契約というのは一年以後において為すべき契約について予め議会の協賛を経ておくものをいうのであります。予算の効力は一年度限りのものでありますから、例えば外国人傭入の契約をするというようなその年度以後にわたる契約をする場合は、予算に掲げただけでは行かぬので、必ず予算以外に別に議会の協賛を経なければならぬのであります。これは従来法律でもなく、勅令でもなく、また予算でもなく、一種特別の形式を以て定めらるる例となって居ります（公式令第九条）。

参照　会計法（明治二十二年二月法律第四号）

第一条　政府ノ会計年度ハ毎年四月一日ニ始マリ翌年三月三十一日ニ終ル（第二項略）

第二条　租税及其ノ他一切ノ収納ヲ歳入トシ一切ノ経費ヲ歳出トシ歳入歳出ハ総予算ニ編入スヘシ

第五条　歳入歳出ノ総予算ハ前年ノ帝国議会集会ノ始ニ於テ之ヲ提出スヘシ

必要避クヘカラサル経費及法律又ハ契約ニ基ツク経費ニ不足ヲ生シタル場合ノ外追加予算ヲ提出スルコトヲ得ス

第十条　租税及其ノ他ノ歳入ハ法律命令ノ規程ニ従ヒ之ヲ徴収スヘシ

第三十条　特別ノ須要ニ因リ本法ニ準拠シ難キモノアルトキハ特別会計ヲ設置スルコトヲ得

特別会計ヲ設置スルハ法律ヲ以テ之ヲ定ムヘシ

公式令

第九条　予算及予算外国庫ノ負担トナルヘキ契約ヲ為スノ件ハ上諭ヲ附シテ之ヲ公布ス

前項ノ上諭ニハ帝国議会ノ協賛ヲ経タル旨ヲ記載シ親署ノ後御璽ヲ鈐シ内閣総理大臣年月日ヲ記入シ主任ノ国務大臣ト倶ニ之ニ副署ス

財政に関する事後承諾権

次に財政に関する事後承諾権については憲法第六十四条第二項に「予算ノ款項ニ超過シ又ハ予算ノ外ニ生シタル支出アルトキハ後日帝国議会ノ承諾ヲ求ムルヲ要ス」とあり、それから憲法第七十条に「公共ノ安全ヲ保持スル為緊急ノ需用アル場合ニ於テ内外ノ情形ニ因リ政府ハ帝国議会ヲ召集スルコト能ハサルトキハ勅令ニ依リ財政上必要ノ処分ヲ為スコトヲ得。前項ノ場合ニ於テハ次ノ会期ニ於テ帝国議会ニ提出シ其ノ承諾ヲ求ムルヲ要ス」とある、この二つの場合であります。

予算外および予算超過の支出

まずその第一の場合から申すと、前に申した通り政府は予算に準拠しなければ一切支出を為すことが出来ないのが原則でありますが、予算の中に予備費というものが設けてあって、もし予算に掲げてなかった新たな費目の必要を生じたとき、または費目は掲げてあっても、その金額に不足を生じたときにはこの予備費の中から支出することが出来るのであります。けれども予備費から支出する場合も避くべからざる必要のある場合に限るので、これを支出した場合には後に議会に提出して承諾を求めねばならぬのであります(会計法第八条)。

財政上の臨時処分を為す緊急勅令

予備費を以てもなお足りない場合には、常則としては追加予算を提出して更に議会の協賛を求めるのほかは無いのでありますが、事情急迫で議会を召集するの暇《いとま》も無いとかまたは戦時などで議会の召集が実際に甚だ困難であるとかいうような場合には、議会の協賛を得ないで勅令に依って財政上の臨時の必要の処分を為すことが許されて居ります。これが憲法第七十条の場合で財政上必要の処分というのは、例えば、政府の国債を起すとか、特別会計の資金を流用するとか、予算を変更するとかいうような処分を謂うのであります。これも一種の緊急勅令でありますが、普通の緊急勅令と違って、財政上の処分に関するもので直接に国民の負担を増すものでありますから、普通の緊急勅令よりも特にその手続を鄭重にして、第八条に依る緊急勅令は議会の閉会中ならばあえてこれがために臨時議会を召集する必要はなく、必要に応じてこれを発することが出来るのでありますが、第七十条に依る場合は、原則としては必ず臨時議会を召集せねばならぬので、ただ内外の事情の上においてこれを召集することの出来ない場合にのみこの緊急勅令を発することが許されて居るのであります。法律に代るべき勅令でも、例えば新税を起したり租税の税率を変更するようなものは、やはり第七十条に依るべきもので、原則としては臨時議会を召集してその協賛を経ねばならぬのであります。

右申す通り予備費を以てもなお必要の経費を充たすことの出来ない時分には、憲法上に明かに認められて居る手段としては、追加予算を出すかしからざれば憲法第七十条に依る緊急勅令を以て臨時の処分をするかのいずれかのほか、道は無いのでありますが、このほかに従来の実際の慣例では国庫剰余金の流用ということが行われて居ります。国庫剰余金というのは前年度において、あるいは予算よりも以上に収入があったとか、あるいは予算に見積もってあった経費金額を支出し終らなかったとかいうがために、前年度の国庫金に剰余を生じたのを謂うので、この剰余金は会計法第二十条に依って翌年度の歳入に繰入るることとなって居ります。従来政府は予備費を以て予算超過の支出または予算外支出を充たすことの出来なかった場合には、往々この国庫剰余金を以てその費途に充てたことがあって、しばしば議会においてこれについての問題が起ったことがあるのであります。これは憲法に別段の明文が無いために違憲の処置であるという議論が多いのでありますけれども、実際上予備費の額

国庫剰余金の支出

は通常比較的少額でこれを以て臨時の必要を充たすことは実際に甚だ困難であり、されぱとて緊急勅令に依って臨時の処分をすることは事態甚だ重大でありますから、やむを得ざる便宜の処置として国庫剰余金を流用することは必ずしも違憲として排斥すべきことでなかろうと信じます。要する所はただそれが実際上果して国家の存立のために避くべからざる必要であったか否かに存するので、もし避くべからざる必要であるならば、憲法上許され得べきことと信ずるのであります。

議会の承諾の性質

予算外または予算超過の支出を為した場合は、予備費から支出した場合でも、緊急勅令を以て臨機の処分を為した場合でも、または国庫剰余金を流用した場合でも、常に議会に提出してその承諾を求めなければならぬのであります。議会の承諾はそれらの行為が憲法上正当であったか否かを追認する行為でありまして、もし議会の承諾を得たならば、議会はそれが憲法上正当な行為であったことを認めるということを表明したもので、政府の議会に対する責任はそれに依って解除せられるのであります。それは緊急勅令の承諾について述べたのと同様でありますが、ただ普通の緊急勅令は法律に代わる命令で、すなわち永続の効力を有すべき法則を定むるものでありますから、もし議会の承諾を得なかったならば、その結果としてその効力が将来に向って消滅するという効果を生ずるのでありますが、予算外に金を支出したとか、財政上の臨時処分として国債を起したとかいうような場合は、もはや実行し終った行為であって、将来に向って効力を消滅せしめ得べきものではないのでありますから、たとえ議会の承諾を得なかったとしても、その効力には少しも影響する所は無いので、その不承諾の結果はただ国務大臣の政治上の責任を生ずるに止まるのであります。ただ財政上の臨時処分として行われたものでも、例えば租税法の制定または変更とかいうような、人民に対して永続的の効力を有すべき法則を定むるものであるならば、もちろん法律に代わる勅令の性質を有《も》って居るもので、憲法第七十条に依るとともに、憲法第八条にも依るべきものであります。したがってまたその承諾を得ない結果は将来に向って効力を失うべきものであることは当然であります。

参照　会計法

第七条　予算中ニ設クヘキ予備費ハ左ノ二項ニ分ツ

　第一予備金

　第二予備金

第一予備金ハ避クヘカラサル予算ノ不足ヲ補フモノトス
第二予備金ハ予算外ニ生シタル必要ノ費用ニ充ツルモノトス
第八条　予備金ヲ以テ支弁シタルモノハ年度経過後帝国議会ニ提出シ其ノ承諾ヲ求ムルヲ要ス
第二十条　各年度ニ於テ歳計ニ剰余アルトキハ其ノ翌年度ノ歳入ニ編入スヘシ

(二)決算の審査権

最後に議会は決算についての審査権を有《も》って居ります。憲法第七十二条に「国家ノ歳出歳入ノ決算ハ会計検査院之ヲ検査確定シ政府ハ其ノ検査報告ト倶ニ之ヲ帝国議会ニ提出スヘシ」とあるのは、すなわちこの事を規定して居るのであります。決算は予算と相対応するもので、予算は予め収入支出を見積って政府の財政を束縛するものでありますが、単に予算を定めたのみでは政府が果してその予算通りに財政を執行してこれに背くことが無かったか否かを知るの途が無い。財政の監督を全うするがためには、予算のほかに、なお果してその予算通りに実行せられたか否かを検査するの手段が無ければならぬので、決算の審査権はこれがために認められて居るのであります。予算の議定権は財政の事前の監督権であり、決算の審査権はその事後の監督権であるのであります。

決算に関する会計検査院および議会の二重の監督

決算の審査権は帝国議会に属して居るばかりでなく、第一には会計検査院に属して居るので、すなわち二重の監督に服するのであります。会計検査院は政府からは独立して、裁判所と同様の地位を有って居る独立の機関でありますが、決算はまずこの会計検査院に提出してその検査を受けなければならぬのであります。この検査を受けて、その検査報告とともに更に議会に提出してその審査に附するのであります。何故に決算はこの如く二重の検査を経るのであるかと言えば、会計の事は動《やや》もすれば錯誤に陥り易いもので、これを検査して誤りなきを期するには、綿密なる注意と専門的の智識とを要するものであるから、特にこれがために会計検査院という特別の機関が設けられてあるのであります。会計についてこの如き特別の検査機関を置かれるということは、あえて憲法政治の下に始まったことではなく、日本でも古くから備わって居った所で、現在の会計検査院も明治十三年から既に設置せられて居るものであります。しかしながら立憲政治の下においては単に会計検査院の監督のみではなお足らない、会計検査院のほかに議会も財政監督をその主たる任務の一つとして居るもので、殊に予算は議会が議決権を有って居るのであるから、その予算が果して正当に実行せられたか否かということは議会は当然これを検査するの職権を有《も》たなければならぬので、これが決算につき二重の監督権を認められて居る理由であります。憲法にはただ議会に提出すべしとあるばかりで、議会の承諾を求むべしとは書いてないのでありますが、その意味は決して単に議会に報告せよという だけではなく、やはり議会の審査に附しその承諾を求めなければならぬという意味でありまして、議会はこれに対してその決算が果して正当であるか否かを議決するのでありますその議決の如何《いかん》に依って政府の政治上の責任問題を生ずることは他の事後承諾と少しも異なる所は無いのであります。

七　議会の権限(三)　形式的権限

(三)形式的権限

第三のいわゆる形式的権限、これは更に四つに分けることが出来る。上奏権、建議権、質問権および請願受理の権がそれであります。この以外になおこれらのいずれにも属しない特別の決議を為《な》すこともあるから、これをも併せ数うれば五種であります。これらの行為はいずれも議会が国政に参与しこれを監督するがための補助手段として認められて居るもので、これらの行為をなすには、法律または予算の協賛の如く法律上効力のある国家の行為に同意を表するのではないのでありますから、したがってまた両院一致の決議を要するのでない、いずれも各院独立にこれを為すことが出来るのであります。

(イ)上奏権

第一に上奏権の事は、憲法第四十九条に「両議院ハ各〻天皇ニ上奏スルコトヲ得」とあります。上奏は議院の意見を聖聴に達するがためにするもので、直接に至尊に奉呈するものであります。上奏の内容については格段の制限は無いので、如何《いか》なる事柄についても上奏することが出来るのでありますが、大体について申すならば、上奏は儀礼に関する上奏と政治上の上奏との二種に分かつことが出来ます。儀礼に関する上奏というのは、あるいは開院式の勅語に対する奉答をしたり、あるいは賀表を上《たてま》つるというような単に儀式的の意味を有って居るに過ぎないのを謂《い》うのであり、政治上の上奏というのは国の政治に関して議会と政府とが意見を異にする場合に、議会の意見を上奏して、国務大臣の失政を奏聞したり国務大臣を弾劾するというような場合を謂うのであります。政治上の上奏は固《もと》よりこれを濫《みだり》にすべきものではない。単に将来に向けての希望を申立つるというような場合ならば、普通は政府に対する建議の形を以てなすべきもので、直接に聖聴を煩わし奉るべきではない、国政に関して聖聴を煩わし奉るのはただ議会が国務大臣と意見を異にして居るとかいうようなやむを得ざる場合にのみ限るべきものであります。議会の上奏に対してはこれを御嘉納あらせらるると否とは固よりただ聖断にのみ存するのであります。

(ロ)建議権

第二に建議権。これは憲法第四十条に「両議院ハ法律又ハ其ノ他ノ事件ニ付各〻其ノ意見ヲ政府ニ建議スルコトヲ得但シ其ノ採納ヲ得サルモノハ同会期中ニ於テ再ヒ建議スルコト得ス」とあるのがそれであります。建議は上奏とは違って直接に至尊に奉呈するものではなくて、内閣に対して議院の希望を申出ずるものであります。建議の内容はもちろん国務大臣の権限に属する事柄についてでなければならぬので、あるいは立法に関して政府からこういう法律案を提出してもらいたいということを希望することもありますし、あるいは行政上の施設に関して議会の希望を申出ずることもあります。いずれもただ将来に対する希望に限るもので上奏の如《ごと》く既往の失政を非難するということに及び得るものではない。

参照　議院法

第五十一条　各議院上奏セムトスルトキハ文書ヲ奉呈シ又ハ議長ヲ以テ総代トシ謁見ヲ請ヒ之ヲ奉呈スルコトヲ得

各議院ノ建議ハ文書ヲ以テ政府ニ呈出スヘシ
第五十二条　各議院ニ於テ上奏又ハ建議ノ動議ハ三十人以上ノ賛成アルニ非サレハ議題ト為スコトヲ得ス

(ハ)質問権

第三に質問権は憲法の中には別段の明文は規定されて居りませぬが、憲法と同時に制定せられた議院法の中には明文を以てその事を規定して居ります。質問をするのは上奏または建議の如くに議院の決議を以てするのではなく、議員三十人以上の賛成を得れば直に質問を為すことが出来るのであります。

質問の二種

もっとも質問という語には、広い意味に用いる場合と狭い意味に用いる場合とを区別しなければならぬので、広い意味に謂う場合には、現に議会の議事に上って居る議案について、その説明を求めるために質問をする場合をも含むのでありますが、この種の質問はあえて三十人以上の賛成を得る必要も無く、質問終結が宣告せらるるまでは議員は随意にこれを為すことが出来るので、議院法の中にも別段の規定はありませぬけれども、これは明文を待たぬ当然の事柄であります。この種の質問はまた必ずしも国務大臣に対して為すばかりではなく、政府委員に対しても、または議長に対しても、または議員からの提出案についてはその提出者たる議員に対しても、または議案が特別委員の審査に附せられた場合にはその委員に対してもこれを為すことが出来るのであります。狭い意義で謂う質問というのは、ただ現に議事に上って居らぬ事柄について国務大臣に対して為す質問をのみ謂うので、三十人以上の賛成を必要とするのはただこの種の質問にのみ限るのであります。日本の法律上の語としては、この二種を区別すべき語の無いのは甚《はなは》だ遺憾で、二者ともに等しくこれを質問と称して居りますが、その意味においては大なる相違があるのであります。一つは単に議案の説明に過ぎないものであり、一つは政府の既往の行為または将来の予測について政府の弁明を求むるのであります。議会の質問権として特に重要なものは言うまでもなくこの第二の種類の質問であります。

質問の内容

質問を為し得べき事柄は凡《すべ》て国務大臣の責任に属する一切の事項で外交、内治、財政、軍政の凡ての事について質問し得るのであります。質問を為す表面の目的は、要するに政府の答弁を求めるということにあるのでありますが、その裏面の目的としては色々の場合を考えることが出来ます。時としては例えば、外交の事などについて、政府が外国に対して自国の方針を弁明しておきたいというような場合に、その弁明の機会を作らんがために、政府党の議員をして故《ことさ》らにこれについての質問を為さしめるというような場合もある、いわゆる八百長質問であります。あるいはまた少数党が議事を妨害してほかの議事に移ることの出来ないようにするために、故らに質問をして質問演説に依《よ》って時間を空費させるというような場合も想像し得られる。これは現に墺地利《オーストリア》帝国の議会においてしばしば実行された所であります。しかしながらこれらはいずれも特別の場合で、質問の主たる目的とする所は国務大臣の責任を質すということにあるので、質問権の重要なる所以《ゆえん》は主としてこの点にあるのであります。国務大臣は、司法権および軍隊の統帥権のほかは国家の一切の政務についてその責を負うもので、議会はこれが監督の地位にあるものでありますから、その監督の一つの手段として質問権が認められて居るのであります。議会の質問に対しては国務大臣はこれに答弁するの義務があるので、理由なくその答弁を拒むことは出来ぬ。国務大臣が答弁の義務があるのは国務大臣がその責任者であるからであります。

参照　議院法

第四十八条　両議院ノ議員政府ニ対シ質問ヲ為サムトスルトキハ三十人以上ノ賛成者アルヲ要

ス
第四十九条　質問主意書ハ議長之ヲ政府ニ転送シ国務大臣ハ直ニ答弁ヲ為シ又ハ答弁スヘキ期日ヲ定メ若答弁ヲ為サヽルトキハ其ノ理由ヲ示明スヘシ
第五十条　国務大臣ノ答弁ヲ得又ハ答弁ヲ得サルトキハ質問ノ事件ニ付議員ハ建議ノ動議ヲ為スコトヲ得

(三)請願受理の権

第四に請願を受理するの権。これは憲法第五十条にその明文があって、「両議院ハ臣民ヨリ呈出スル請願書ヲ受クルコトヲ得」と規定してあります。人民は貴族院または衆議院のいずれに対しても請願書を呈出することが出来るので、各議院はこれを受理して、その内容を審査しその採否を決するのであります。議院においてこれを採択すべきものであると決した場合には、議院はこれについて種々の処置を取り得るので、あるいはその請願書を単に政府の参考として政府に廻附することも出来るし、あるいは議院自からその採納を希望する旨の意見書を附して政府に廻すことも出来る、あるいはその請願の趣意を取って議院自身の名を以て政府に建議しまたは至尊に上奏することも出来る、あるいは進んで法律案として提出することも出来るのであります。その如何なる処置を取るかは一つに議院自身の決する所に依るのであります。

参照　議院法

第六十二条　各議院ニ呈出スル人民ノ請願書ハ議員ノ紹介ニ依リ議院之ヲ受取ルヘシ

第六十三条　請願書ハ各議院ニ於テ請願委員ニ付シ之ヲ審査セシム

第六十四条　請願委員ハ請願文書表ヲ作リ其ノ要領ヲ録シ毎週一回議院ニ報告スヘシ

請願委員特別ノ報告ニ依レル要求又ハ議員三十人以上ノ要求アルトキハ各議院ハ其ノ請願事件ヲ会議ニ付スヘシ

第六十五条　各議院ニ於テ請願ノ採択スヘキコトヲ議決シタルトキハ意見書ヲ附シ其ノ請願書ヲ政府ニ送付シ事宜ニ依リ報告ヲ求ムルコトヲ得

第六十六条　法律ニ依リ法人ト認メラレタル者ヲ除ク外総代ノ名義ヲ以テスル請願ハ各議院之ヲ受クルコトヲ得ス

第六十七条　各議院ハ憲法ヲ変更スルノ請願ヲ受クルコトヲ得ス

第六十八条　請願書ハ総テ哀願ノ体式ヲ用ウヘシ若請願ノ名義ニ依ラス若ハ其ノ体式ニ違フモノハ各議院之ヲ受クルコトヲ得ス

第六十九条　請願書ニシテ皇室ニ対シ不敬ノ語ヲ用ヰ政府又ハ議院ニ対シ侮辱ノ語ヲ用キルモノハ各議院之ヲ受クルコトヲ得ス

第七十条　各議院ハ司法及行政裁判ニ干預スルノ請願ヲ受クルコトヲ得ス

第七十一条　各議院ハ各別ニ請願ヲ受ケ互ニ相干預セス

(ホ)決議権

以上述べたほかに各議院はなお議院の権限を行うに必要なる範囲においてその意見を表明するために種々の決議を為すことが出来ます。例えば政府の或る特定の行為を違法または不当と認めることを決議したり、議院が政府の大臣を信任しないということを決議したりするのをいうのであります。これは憲法の中にも議院法の中にも別格の明文はありませぬけれども、議会が行政の監督機関であるということから生ずる当然の結果でありまして、明文は無くとも当然に為し得る所であります。

貴族院に特別なる権限

以上は貴族院にも衆議院にも共通の権限でありますが、このほか貴族院に特別なる権限があります。それは一つは貴族院令の改正増補に協賛するの権で、これについては前に申した通りであります。一つは天皇の諮詢に応えて華族の特権に関する条規を議決するの権であります。それは貴族院令に規定せられて居ります。

参照　貴族院令

第八条　貴族院ハ天皇ノ諮詢ニ応ヘ華族ノ特権ニ関ル条規ヲ議決ス

第十三条　将来此ノ勅令ノ条項ヲ改正シ又ハ増補スルトキハ貴族院ノ議決ヲ経ヘシ

八　議会の権限(四)　議院内部の事項

(四)内部事項に関する権限

以上が議会の権限の重《おも》なるものでありますが、このほかに各議院はその議院の内部の事項について種々の権限を有《も》って居ります。これは詳しく申上ぐる必要はありませぬが、第一には各議院はその議事規則、傍聴人取締規則そのほか内部の整理に必要なる諸規則を定むるの権があります(憲法第五十一条)。第二には議員の資格を審査する権があり、貴族院ではなお選挙訴訟を判決するの権も認められております。そのほか各議院は議員を懲罰するの権がありますし、また議員の請暇および辞職を許可するの権があります。議院の機関たるものについては、貴族院の議長および副議長は議員中から勅任せられるのであって、議院でこれを選挙するのではありませぬが、衆議院では議院が各三名の候補者を選挙して、その候補者の中から勅任せらるるのであります。予算委員、決算委員、資格審査委員、懲罰委員、請願委員または各特別委員はいずれも各議院においてその選挙権を有《も》って居ることは言うまでも無い所であります。

九　議会の会議

時間がありませぬから議会の会議のことについては極《ご》く簡単に申します。

議会の召集　議会は毎年一回ずつ召集せらるるのを原則とします。これは予算の議決のためでありまして、予算は毎年編成するものであるから、少なくとも毎年一回開会することは欠くべからざる必要であります。そのほかに臨時の必要に依《よ》って召集せらるることがあります。

通常会と臨時会　毎年総予算を議決するために召集せらるるものを通常会と申し、しからざるものを臨時会と申します。総予算を議するか否かに依って通常会と臨時会とが分かれるのであります。通常会の会期は召集の日より起算して三箇月で了《おわ》るのであります。臨時会の会期はそのたびごとに勅令を以て臨時に定めらるることになって居ります。会期が了ったならば議会は当然その議事を終止すべきものでありますけれども、時としては未だ必要なる議案を議了しないというような場合において、特に勅令を以て会期を延長せらるることがあります。

衆議院の解散

あるいはこれと反対に未だ会期の了らないうちに解散を命ぜらるることもあります。解散は御承知の通りただ衆議院に対してのみ行わるるものであって、貴族院に対しては解散という行為は全く無い。貴族院は大部分終身議員または世襲議員から成り立って居るものであるから、解散が行われないのは当然であります。解散はその形式から申すと、衆議院を消滅せしむる行為であります。解散に依って衆議院議員はその資格を失い、衆議院が全くその存在を失うのであります。すなわち解散を命ぜられてから後次の総選挙を了るまでは衆議院というものは全く存在して居らぬのであります。

解散の目的

解散を行う目的は憲法上必ずしも限定せられて居らぬのでありますから、何の目的を以て解散を命ぜられてもあえて不法というのではないが、その主たる目的は、議会の意見が政府の意見と相反対する場合において、輿論の判断に訴えるがためにするのであります。殊《こと》に日本の従来の歴史において解散の行われたのは、常に衆議院が政府に反対して、その間に調和を得ることが出来なくなったために、衆議院の組織を改造して、以て両者の間の調和を求めようとする目的を以て行われたのであります。解散後は新たに総選挙を行わしめて、解散の日から五ケ月以内に新議会を召集しなければならぬのでありますが、この新議会において衆議院がやはり政府に反対するという場合には政府は再応これに解散を命ずることが出来るかどうかと申しますと憲法上は固《もと》より出来ないというのではない、憲法はこの点ついて更に何らの制限をも定めて居らぬのでありますから、単に憲法の規定から申せば、幾たびも重ねて解散を行っても必ずしも違憲という訳ではないのであります。けれども解散の本質から申すと、解散の目的は主として衆議院の意見が果して真に国民の意思を代表して居るや否や不明である場合に、国民の輿論に訴えて国民の意見が果していずれにあるかを確かめんがためにするのでありますから、既に一たび解散を命じて総選挙を行った上は、国民の輿論は既に確かめられたので、その上に再びも三たびも重ねて解散を行うのは解散の本質に反するものといわねばならぬものと信じます。少なくとも不穏当の処置であるということは断定して宜《よ》かろうと思います。

解散に伴う貴族院の停会

それから衆議院が解散を命ぜられまするると、貴族院もまた必ず同時に停会を命ぜらるるのであります。憲法第四十四条には貴族院を停会すと書いてありますが、この停会というのは真の停会とは違ってその性質においては閉会であります。本来の停会は会期中に一時その活動を停止するのでありますが、衆議院の解散に基く貴族院の停会は全く会議を終止するので、貴族院は次の会期において新たに召集せらるるまでは全く議事を開かぬのであります。ただ普通の閉会の如《ごと》く会期の終了後に行わるるのでなく、会期中に命ぜらるるのであるから、それで停会と謂《い》って居るのであります。総《すべ》て開会、閉会および停会は両院必ず同時にこれを行うことを要するので、一院だけで成立するということは出来ぬのでありますから、衆議院が解散さるれば、貴族院が停会を命ぜらるることは当然であります。

会期の不継続

議会があるいは解散せられあるいは会期が終了したときは、それまでに議了せられなかった議案は総て消滅するのであって、次の会期において同じ議案を議する場合には再び初めから審議しなければならぬ、前の議事を継続することは出来ぬのであります。これを会期不継続の原則と申して居ります。衆議院の解散と同時に貴族院が停会を命ぜられた場合はすなわちこの会期不継続の原則に依って未了の議案は凡《すべ》て消滅するのであります。

停会　これに反して真の停会というのは会期中に一時議会の活動を停止せらるるのでありまして、停会中は議会は全く議事を開くことは出来ないのでありますが、停会の日限が切れれば議会は当然再び開会して前の議事を継続するのであります。停会は一定の日限を定めて命ぜらるるので、議院法に依ると十五日以内ということになって居ります。十五日以内において勅旨を以て一定の日限間停会を命ぜられるのであります。停会を命ずる目的についても憲法上には別段の制限はありませぬが、多くの場合には議会の秩序が紊《みだ》れてこのまま引続いて開会することが公の秩序に危険であるときとか、または議会が政府に過激なる反対を為《な》す場合に議会の反省を求むるためとかいうような時分に行われるのであります。

休会　停会を命ぜらるる場合のほかにまた議会は自分から進んで休会することも出来ます。休会は自分が進んで休むというだけで議事を開くことが出来ないのでない、自から為さないのであります。停会の間は本会議も委員会議も総て議事を開くことが法律上許されんので、したがってまた停会は貴族院も衆議院も同時に命ぜられなければならぬのでありますが、休会の方は各院において随意にこれを為すことが出来るのでありますし、また本会議が休会しても委員会は開会することは固より差支《さしつか》えないのであります。

議事に関する法則

両議院の議事に関する法則については、一部分は憲法自身にその規則があり、一部分は議院法に規定せられて居り、憲法および議院法の範囲内においてはまた各議院において自からその議事規則を定むることが出来るのであります。その詳細の事は今申上ぐる時間がありませぬが、ただ憲法自身に規定してある法則だけを申上げると、憲法は四つの点を規定して居ります。

（イ）定足数

第一は議事の定足数の事で、第四十六条に「両議院ハ各〻其ノ総議員三分ノ一以上出席スルニ非サレハ議事ヲ開キ議決ヲ為スコトヲ得ス」ということが規定されて居ります。ただ憲法改正の法律案を議する場合は、第七十三条に依って両議院各々総議員の三分の二以上の出席が無ければ議事を開くことが出来ぬこととなって居りますが、この例外を除いては総議員の三分の一が定足数となって居って、これだけの出席があれば議事を開くことが出来るのであります。凡て合議体にはこの如き定足数の規定が必要で、もしこの定めが無かったならば、極《ご》く僅《わず》かの一部分の者だけで決議して、それでその会の決定であるとすることになり得るのであります。

(ロ)決議の方法

第二の点は決議の方法についてで、すなわち第四十七条に「両議院ノ議事ハ過半数ヲ以テ決ス可否同数ナルトキハ議長ノ決スル所ニ依ル」と定められて居ります。しかしこれにも一、二の例外がありまして、憲法第七十三条第三項に依って、憲法改正の法律案は出席議員三分の二以上の多数を得なければ可決することは出来ないこととなって居り、議院法第二十七条に依って読会省略の決議をするとき、および議院法第九十六条に依り議員に対する懲罰処分として除名の議決をするときにも、出席議員三分の二以上の多数を得なければならぬこととなって居ります。これらの例外を除いては凡て出席議員の過半数に依って決するのであります。

(ハ)議事の公開

第三の点は憲法第四十八条に議事の公開についての規定があります。両議院の会議は原則としてこれを公開すべきものとせられて居ります。これは各国の議会に共通の法則であります。委員会は秘密会とせられて居りますが、本会議は普《あまね》く公衆の傍聴を許すのであります。ただ政府の要求があったときまたはその議院で秘密会とすべきことを決議した場合には傍聴を禁止して秘密会とするのであります。

(二)国務大臣および政府委員の出席発言権

最後になお一つの点は第五十四条に「国務大臣及政府委員ハ何時タリトモ各議院ニ出席シ及発言スルコトヲ得」ということが規定せられて居ります。この点についてこれと正反対の主義を採って居るのは米国の憲法で、米国では極端なる三権分立主義、すなわち立法機関と行政機関とを公然相分離するの主義を採って居りまして、立法権は専ら議会にのみ属して大統領が拒否権を行うほかには政府は全くこれに関与することの出来ないものとして居ります。政府は法律案を提出する権もなければ政府の官吏が議場に出席して発言することも出来ないのであります。しかしながらこの如き極端なる分立主義を採って居るのは、ただ米国だけで、その他の国においては政府の大臣が議院に出席することを禁止して居るものはありませぬ。ただ英国では大臣として当然に出席発言の権があるのではありませぬが、大臣は通常同時に上院または下院のいずれかの議員でありますから、その議員としての資格において議場に出席して政府の方針を弁明することとなって居ります。日本の憲法は固より米国の如き極端なる三権分立主義を採って居るものではなく、立法権は決して議会のみで行うものではなくして政府もまたこれに与《あずか》るのであります。その他予算についてもまた議会は政府の提案について同意を為すのであります。したがって法律、予算またはその他の議案が議会の議に上って居る場合には、政府は議会に対して政府の意見を陳述して政府と議会との間に出来得べきだけ意思の疎通を図り、以てなるべく政府の意見を貫徹し得るように勉めることが出来なければならぬのであります。憲法が国務大臣および政府委員は何時でも議院に出席して発言することが出来ることと定めて居るのはこの趣意に出て居るのでありまして、米国を除いてはこれが多数の国の普通の原則であります。政府委員というのは国務大臣の代理官として、議会において大臣に代って弁明の任に当るもので、毎会期に特に任命せらるるのであります。

十　議員の権利義務

議会の章を終るに臨んで最後に議員の権利義務について一言だけ致しておきます。

議員の権利
(イ)参政権

議員の権利の最も大切な最も根本的なものは、言うまでも無く議員として国会に参列し得ることであります。この権利はいわゆる参政権の一種で、国民の最も重大なる権利の一つであります。しかしながらこの参政権はまた同時に議員の義務であって、議員は召集に応じ会議に列席し公平無私の心を以てその議事に参与し表決に加わるの義務を負うて居るものであります。

(ロ)発言の無責任

議員は議院内における発言について院外においては全く無責任とされて居ります。この原則はもともと英国から出て、多くの諸国の憲法に規定せられ、日本の憲法も第五十四条においてこの原則を明言して居ります。これは議員として何人《なんぴと》にも顧慮する所なく自由に発言することを得せしむるがために認められて居る原則でありまして、殊《こと》に議員は国務大臣の責任を質すべき権限を有《も》って居るものでありますから、この原則が殊に大切なる意義を有って居るのであります。ただし議員の無責任はただ院外においてその発言のために処罰を受くることが無いというに止まって、院内においてはもし議院の規則に違反したことがあれば、懲罰に処せらるることは固《もと》よりあり得るのであります。

(ハ)身体の自由に関する特権

議員はまた現行犯罪または内乱外患に関する罪を除くほか会期中その院の許諾なくして逮捕せられない特権を認められて居ります。これも多くの国の憲法に認められて居る原則で、日本の憲法も第五十三条において多数諸国の例に倣ってこの規定を設けて居るのであります。その趣意とする所は政府が悪意を以て真に有罪ならざる反対党の議員を逮捕して、以て反対派の勢力を削がんとするの虞《おそれ》を防ぐの目的に出でて居るもので、あえて議員であるからという理由に依《よ》って、真に有罪であるにかかわらず、その逮捕を免ずるという趣意に出て居るのではないのであります。

(二)歳費を受くるの権　最後に議員は歳費を受くるの権利を与えられて居ります。歳費は官吏の俸給とは異って、決して議員に衣食の費を給するという趣意に出て居るものではなく、ただ議員たるに依って生ずる失費を償いおよびその勤務に対する手当のためにするにほかならぬものであります。

第六講　行政組織

一　行政組織総論

国家の政務は通常立法、司法、および行政の三種に区別することは御承知の通りであります。そのうち立法機関については、前に既に天皇の大権について申上げ、前回にはまた国会の権限について申上げた。すなわち立法は国会の決議と天皇の裁可とによって行われるのであります。司法機関はすなわち司法裁判所でありますが、これについては次回に申上げるつもりであります。今日は行政組織すなわち行政を行う機関の組織について申上げます。

行政権の中枢

行政の作用は天皇の親しく総攬し給うところであります。立法については議会の協賛を要し、司法については裁判所に委任して独立にこれを行わしめらるるのでありますが、行政に関しては原則としては議会の協賛を要せず、また独立の機関に委任せらるることなく、天皇が国務大臣の輔弼《ほひつ》に依《よ》って親しくこれを御総攬になって居るのであります。ただ天皇が御総攬になると申しても、総《すべ》ての政務を悉《ことごと》く御親裁遊ばさるるということは固《もと》より望むべからざることでありますから、ただ重要なる政務だけが勅裁を経るばかりで、そのほかの一般の政務は天皇の大命の下に各種の行政官庁をしてこれを行わしめらるるのであります。行政官庁のほかになお地方自治団体というものがあって、地方の行政は大部分この地方自治団体において行って居ります。今日申上ぐる行政組織というのはこれらの行政官庁ならびに地方自治団体の組織を併せて申すのであります。

中央集権と地方分権

行政組織のことを述ぶるについては、まず中央集権ということと地方分権ということとについて一言申しておきたいと思う。中央集権というのは国家の権力の全般を中央政府において統一して居るのを謂《い》うのである。総ての国家の政務を中央政府が自から行うか、しからざるも地方官庁が中央政府の指揮命令の下において行うのであります。地方分権というのはこれに反して中央政府のほかに地方にも権力の中心があって、或る範囲において、中央政府から独立に政務を行うことの出来るのを謂うのであります。その中央政府から独立なる程度が広くなれば広くなるほど地方分権の程度が広いのであります。

中世における極端なる地方分権

中世、封建制度の行われて居った時代には、欧羅巴《ヨーロッパ》においてもまたは日本においても、極端なる地方分権が行われて居った。それは必ずしも故《ことさ》らに地方分権という主義を立って、その主義を実行して居ったという訳ではないが、事実上地方分権の有様であったのであります。欧羅巴の諸国については、英吉利《イギリス》は別として、仏蘭西《フランス》、独逸《ドイツ》その他の諸国の封建時代には、国王の権力は普《あまね》く地方に及ぶことが出来ないで、多くの大名が地方に割拠して、大名が各々自分の領内において殆《ほとん》ど独立の小君主の如《ごと》き権力を有《も》って居った。大名のほかにもまたいわゆる自由市というものがあって、殆ど国家内の小国家の如き有様を為《な》し、自己の軍隊を備え自己の法律を作り、自己の独立の裁判所を有って居ったのであります。

近代における中央集権

この極端なる地方分権の状態が次第に中央集権に移り行いた変遷の歴史は、欧羅巴諸国の中でも国に依っていろいろ異なって居りますが、仏蘭西においては十五世紀頃から国王の権力が次第に強くなって来て、大名の領地は追々に国王に併合せられ、その残って居る大名もその権力は次第に衰え、自由市の独立も追々に失われて、遂に十七、八世紀に至っては仏蘭西は極端なる中央集権、君主専制政治の国となったのであります。十八世紀末の大革命に依って君主専制政治は覆されましたけれども、中央集権の主義はなお引続いて維持せられて居ります。独逸《ドイツ》は仏国とは反対で、国王の権力は仏蘭西《フランス》のように強大になることが出来なくて、かえって大名の権力の方がますます強大となった、その結果第十七、八世紀頃になりましては、大名の強力なものは殆ど事実上完全な独立の国家の如き有様となって、国王が全国を統括するということは、全く有名無実となった。遂に十九世紀の初めに至って、ナポレオンの勢力の下に、旧独逸帝国は全く瓦解して、旧来の各大名および自由市が名実ともに完全なる独立国となったのであります。今日の普漏西《プロシャ》、巴威倫《バイエルン》、索遜《ザクセン》、威天堡《ヴュルテンベルク》、巴丁《バーデン》そのほか二十余の独逸の聯邦諸国は、いずれもこれらの大名または自由市が独立の国家となったものであります。独逸ではこの如く独逸の全体を通じての中央集権は行わるることが出来なかったので、独逸の国運の発達が十九世紀頃までも他の諸国に比して比較的遅れて居ったのは、これがその重《おも》なる原因を為して居るのであります。十九世紀の半頃になって、始めて、独逸でも普漏西を覇主として統一運動が盛んに起って、北独逸同盟となり、遂に今日の新独逸帝国の勃興を見るに至ったのであります。独逸ではこの如く独逸の全体を一国として見れば中央集権は近頃までは行われなかったのでありますが、しかしながら普漏西そのほかの聯邦各国を各々一国として見れば、やはり十五、六世紀頃から中央集権の傾向が頗《すこぶ》る著しかったので、独逸の全体について見ても新独逸帝国の設立以来は或る程度まで中央集権の主義が実行せられておるのであります。

日本の歴史における地方分権と中央集権

翻《ひるがえ》って日本の歴史について見ますと、足利氏以降中央政府の威力は甚《はなは》だ微弱となって、群雄地方に割拠し、最も極端なる地方分権の状態にあったのであります。徳川氏が天下を統一してからは余程中央集権に傾いたのではありましたが、なお徳川氏の下においても各地方の大名が或る程度までは独立に藩内の政治を行って居ったので、大体においてはなお地方分権主義たることを失わなかったのであります。維新の後に至ってもなお暫くはこの状態を存して居ったのでありましたが、明治二年の版籍奉還および明治四年の廃藩置県に依って旧大名の権力は凡《すべ》て収奪せられて、完全なる中央集権を立つることが出来たのであります。国家の統一を保ち国威を発揚する上において或る程度にまで中央集権ということが必要であることは言うまでも無いことで、今日の如き列国の間の競争の激しい時代において、諸国の大勢が中央集権に傾いて居るということは固より当然のことであります。

中央集権と地方分権とは畢竟程度の問題なり

しかしながら中央集権といい地方分権というのも畢竟《ひっきょう》程度の問題であって、如何《いか》に極端なる地方分権の世であっても、なお必ず或る中央権力が存在して居らねばならぬ。全く中央権力が無くなったならば、それはもはや一国ではなくして多くの独立国に分裂して居るのであります。一方には如何に極端なる中央集権と言っても、複雑極まりなき国家の政務を悉《ことごと》く中央政府で処理するということは到底行わるべからざる所でありますから、或る程度までは政務を地方に分任せしむることは欠くべからざる必要であります。今日の諸国の大勢が中央集権に傾いて居ると言うのも、ただ昔と比較して言うことでありまして、今日でも或る程度まではやはり地方分権が行われ居るのであります。

現代における地方分権—行政上の地方分権

今日の諸国に行われて居る地方分権には二種の制度を区別しなければならぬ。一つは行政上の地方分権とでも申すべきものであって、すなわち国家の行政を或る範囲において地方行政官庁の権限に任しておくことであります。前にも申す通り国家の政務は極めて複雑多端でありますから、如何に中央集権の世の中であっても、総ての政務を細大悉く中央政府で処理することは到底実行することの出来ないことであります。したがっていずれの国においても中央政府の下に必ず多くの地方官庁があって、各地方の行政事務はその地方官庁をして行わせて居るのであります。固よりこれらの地方官庁はいずれも中央政府の指揮監督の下に立って居るものでありますが、しかしながら、中央政府といえども決して何から何まで残らず指揮命令するというのではない。地方官庁は少しも自分の意見は無く、単に機械の如くに万事尽《ことごと》く中央政府の指揮を受けてその通りに働いて居るのではない。或る程度までは地方官庁が自分の独立の意見に依って自由にその行政を行うのであって、中央政府はただこれを監督して居るのに止まるのであります。かく地方官庁が中央政府の指揮命令に依らず、自分の職権として自分の自由に行政を行い得る範囲においては、すなわち地方分権が行われて居るのであります。その自由の職権に属する範囲が広くなればなるほど、地方分権の程度が大きくなるのであって、殊《こと》に殖民地においては、いわゆる総督政治が行われて居って、その行政の大部分は総督の自由の職権に任して居る場合が多い。日本においても、例えば、朝鮮とか台湾とかの殖民地の行政は、殆ど全く朝鮮総督、台湾総督の権限に任されて居ることは御承知の通りで、これらは凡て行政上の地方分権であります。

地方自治に依る分権

近代においてはこのほかになお地方分権の他の一つの重要なる方法が行われて居ります。それは地方自治団体の存立を認めて、国家全体の利害と直接の関係の少ない地方的の行政事務は、これを国家自身の事務とはしないので、地方自治団体の事務として、団体自身の費用を以て団体の機関をしてこれを行わしめ、国家はただこれを監督するに止まることであります。これは地方自治に依る分権制度と謂うことが出来ます。前に述べた行政上の分権制度は、同じく国家の官庁の中での分権で、すなわち国家の官庁の中に中央官庁と地方官庁とを区別して、地方行政は地方官庁をして分担せしむるのであります。地方官庁の職権に属するものもやはり国家の行政にほかならぬのである。地方自治に依る分権制度はこれに反して、国家の中に地方自治団体があって、これらの団体があたかも国家自身と同様に自分の機関を備え、自分の財産を有し、その機関に依りその財産を以てその地方の一般公共事務を行うのであります。その点において幾分か旧封建時代における藩と似て居るようでありますが、封建時代の藩は大名という一個人が土地を私領して居って、その私領権の結果として藩内の人民を統治して居ったのでありますが、今日の地方自治団体は一個人が土地を私領して居るのではなく、地方人民の共同団体においてその地方の公共事務を行い、その地方人民を統治して居るのであって、その性質において全く異なって居るものであります。一個人が土地を私領し人民を統治するということは、日本においては版籍奉還以来全くその跡を絶ったのでありますが、今日は各地方人民の共同団体において公の権力を行いその地方人民を統治し、地方公共の利益を達することを認めて居るのでありまして、これがいわゆる地方自治団体であります。

以上の如き二つの方法に依って地方分権が今日も或る程度にまで行われて居るのでありますが、しかしながら前にも申す通り、これは中央集権の下における地方分権で、地方官庁または地方自治団体はいずれも決して中央政府から独立して居るものではなく、常にその監督を受けて居るのであります。

右申す通りでありますから、行政組織の事を申上ぐるには、第一には中央政府すなわち中央官庁の事、第二に地方官庁の事、第三に地方自治団体の事、この三つを分けて説明する必要があります。そのうち広く地方官庁と申せば殖民地官庁すなわち朝鮮総督府、台湾総督府なども這入りますが、これらは後に殖民地を説明するときに申すつもりでありますから、ここにはこれは除いておこうと思います。まず中央政府の組織について申上げます。

二　中央官庁

中央官制の沿革―太政官

我が国の中央官制すなわち中央官庁の組織は維新以来しばしば変遷がありましたが、その沿革は今詳しく申上げることが出来ませぬ。明治二年の官制改革から以降明治十八年に至るまでは、最高中央官庁としては太政官というものが置かれてあったのであります。太政官が国家の総《すべ》ての政治を総理して、総ての政務は太政官を通じて天皇の御裁可を仰ぐということになって居ったのであります。太政官の長官は最初は左大臣、右大臣を置いて、その二人が相並んで長官となって居ったので、あたかも徳川幕府時代の官制に、大老とか、老中とかが幾人もあって、しかもそれが合議政治ではなくてその各々の人がみな同一の権限を以て交替勤番をして居ったと同じように、左右大臣が各々同一の権限を有《も》って長官となって居ったのであります。その後明治四年からは太政大臣を置くこととなって太政大臣がその長官となったのであります。太政官にはなお参議というものがあって、太政大臣を輔佐して色々な議に与《あずか》るという任務を有って居りました。太政官の下に各省がありまして、各省の長官は卿といって居りましたが、これは大抵参議が兼任して居ったようであります。各省卿は今であったのであります。

日の各省大臣とは違って、天皇を輔佐する任務を有って居る国務大臣ではなかったのであります。太政大臣が専ら天皇を輔佐する最高官吏で、各省卿はその下における下役人であったのであります。

明治十八年の官制改革

しかるに明治十八年にこの太政官制度が全く廃せられて、今日の如《ごと》き内閣制度が組織せられたので、これは御承知の通り憲法実施の準備として第一着に施行せられたところであります。これより先明治十四年に、来る明治二十三年を期して国会を開き立憲政治を実施するという詔勅がありまして、その後伊藤〔博文〕参議を初めその他の人々を欧洲各国に派遣されまして、各国の憲政の実況を調査せしめ、その帰朝の後制度取調局というものが設けられて、伊藤参議がその長官となって、色々の制度を調査し、憲法実施の準備に着々掛かって居ったのでありましたが、その準備の第一着として、明治十八年十二月にこの官制改革のことが実行されたのであります。この改革に依《よ》って従来の太政官制度が今日の如き内閣制度と改まったのでありまして、従来の太政官制度に依りますれば、最高の官吏すなわち国務大臣たる資格を有って居る者はただ太政大臣のみでありましたが、その制度を改めて合議制度の内閣というものを作ったのであります。すなわち従来は太政官の下級官庁に過ぎなかった各省卿に当る者を、改めて直接に天皇を輔弼《ほひつ》する国務大臣としたのであります。もっとも内閣各大臣の上にその首位にあるものとして内閣総理大臣というものを置いて、幾分か従来の太政大臣の地位に代らしめたのでありますけれども、この内閣総理大臣と他の大臣との関係は決して従来の太政大臣と各省卿の関係のように、上級下級の関係のあるものではなく、総理大臣と各省大臣とは法律上は対等の地位を以て、均《ひと》しく天皇を輔佐するの任務を有《も》って居り、相集まって内閣を組織するということになったのであります。すなわち単独制度の太政官が合議組織の内閣に改まったということがその改革の主要の点であります。この明治十八年の改革以来今日に至るまで、日本の中央官制は大体において同一の主義を守って居るものであります。もちろん細かいことにおいては多くの変更がありましたが、大体においてはその制度が続いて居るのであります。

現行制度における中央政府の組織―国務大臣と各省長官

現行の制度は、内閣を組織して居ります各国務大臣が、同時に各々行政の一部分を担任して、その主任の事務について天皇の下に最高の行政官庁となって居るということを、大体の主義と為《な》すものであります。内閣総理大臣を初めと致して、各大臣は、いずれも一方においては国務大臣として天皇を輔弼しその責に任ずるの任務を有って居りますとともに、一方においては天皇の下に隷属する最高の行政官庁として各々行政の一部分を担任して居るのであります。それでありますから、大臣の地位については理論上は国務大臣としての地位と各省長官としての地位とを区別しなければならぬのでありま す。法律勅令条約そのほか総ての詔勅に副署をするなどは、総て国務大臣としての任務であり、しかして省令を発したり、下級官吏を指揮監督したり、行政処分を下したりするのはいずれも各省長官としての職務であります。この二つの職務は無論互いに密接に関聯して居るものでありますが、ただ理論上から言ってこの二つの資格が区別せらるべきものであることは疑いを容れぬ所であります。国務大臣としての職務は天皇を輔弼するにあるのでありますから、勅裁を得て始めて決定することが出来るので、大臣だけでこれを専行することは出来ないのであります。各省長官としての職務は大臣自身の権限に委任せられて居るもので、大臣の名を以てこれを行うのであります。内閣の閣議に提出して相談をするのも、主として国務大臣としての職務すなわち天皇の大権に属する事柄についてでありまして、各省長官としての職務は、概しては閣議に提出せずその省だけで決行するものが多いのであります。けれどもこれもただ大体の話で、必ずしも常にそうであるというのではない。国務大臣としての職務についても軽微なるものはあるいは閣議を経ないで勅裁を仰ぐものが無いではなし、各省長官としての職務についても、国家全体の利害に関係を及ぼすような事柄は閣議に依って決することも少なくないのであります。要するにこの二つの資格は理論上区別せらるべきことはもちろんでありますが、これを以て全く無関係な別々のものと思ってはならぬのであります。殊《こと》に我が国法においては、特に勅旨を以て内閣に列せられた者のほかは常に同じ人がこの二つの資格を兼ねて居るので、次官、局長、書記官、参事官、秘書官等の補助官はいずれもこの二種の職務の双方について等しく大臣を輔佐するの任務を有《も》って居るのであります。

行政各部の組織

行政の各部は内閣総理大臣の担任に属しますもののほか、外務、内務、大蔵、司法、陸軍、海軍、文部、農商務、逓信の九省に分かれて居ることは御承知の通りであります。これら各省の主任事務の詳細は官制に依って定まって居りまして今詳細を述ぶる必要はありませぬが、大体について申しますと、外交事務は外務大臣、国の財政および公共団体の財政監督は大蔵大臣、裁判所の監督そのほか一般の司法行政は司法大臣、陸軍、海軍の軍政は陸海軍大臣に属して居ります。内政については更に四省に分かれて、教育宗教および学芸に関する行政は文部大臣に、産業の保護は農商務大臣に、交通行政は逓信大臣に、そのほかの一般内政は内務大臣に属して居るのが、事務分掌の大体の有様であります。

これら各省の担任に属して居る事務のほかに、行政の全体に関係して居って、いずれの省の主管に属するのも適当でないというような事務については、特にこれを内閣総理大臣の主管に属せしめて居るものが少なくありませぬ。殊に近来では内閣総理大臣の主管に属する事務が甚《はなは》だしく殖《ふ》えて、殊に鉄道に関する行政は鉄道国有の実施の結果として明治四十一年以来逓信省の主管を離れて内閣総理大臣の主管に属することとなり、それから殖民地行政もまた今日では内閣総理大臣に属せられて居ります。この如く一定の行政事務を担任して居る行政長官としては、内閣総理大臣は各省大臣と全く同一の地位を有って居るもので、あたかも内務大臣が一般内務行政を管轄し、文部大臣が教育行政を管轄して居ると同一の地位において、内閣総理大臣は殖民地行政を担任し、鉄道行政を担任して居るのであります。ただほかの大臣の職務については いずれも何々省という名前がついて居りますが、内閣総理大臣だけは省という名称を付けて居らぬという違いがあるばかりであります。内閣総理大臣の職務は何々省とはいわないで単に内閣と申して居ります。すなわち内閣という語は公の名称として二つの全く違った意味に用いられて居るので、或る場合には国務大臣全体を以

内閣総理大臣の主管事務

て組織して居る合議体を内閣と申し、或る場合には内閣総理大臣の行政長官としての職務の事をも内閣と申すのであります。

これらの点においては内閣総理大臣は各省大臣と別段の地位の相違は無いのでありますが、その以外において内閣総理大臣は別に各省大臣とは異なった極めて重要なる地位を有《も》って居ります。総理大臣の地位の重要なる所以《ゆえん》は、主として政治上の地位にあるのであって、法律上の権限にあるのではない。法律上から言えば、前に申す通り総理大臣と各省大臣とは上級下級の関係のあるものではなく、総理大臣といえども各省大臣に対《むか》って指揮命令するの権は有って居らぬのであります。けれども政治上の関係においては総理大臣は各省大臣よりも遥《はるか》に重要なる地位を有って居るもので、内閣の首領、内閣の中心たるべき地位にあるのであります。各省大臣の任命は無論天皇の大権に依るのでありますけれども、総理大臣が推薦をしてその推薦に基いて任命せらるるのが通常であります。内閣の各大臣の間の調和を保ちその全体を統一するというようなことも、総理大臣の任務とする所であります。或る意味においては旧制の太政大臣よりもかえって一層重要なる地位を有って居ると言って宜《よ》いのでありります。もちろんそれは主として政治上の関係についてでありますが、単に純粋の法律

内閣総理大臣の地位

上の形式から申しても、或る点においては内閣総理大臣は各省大臣よりも優れた地位を有って居ります。すなわち第一に総理大臣は法律勅令条約その他総ての国務上の詔勅に副署するの任務を有って居る。他の国務大臣はただ各々自分の主任事務について副署をするのみであるが、総理大臣は総ての詔勅について副署をする。如何《いか》なる種類に属するものであっても常に総理大臣の副署を要するのであります。その事は公式令(明治四十年勅令第六号)の中に明文を以て規定せられて居ります。これは何故であるかと申すと、総ての法律勅令またはその他の詔勅はみな閣議を経てしかる後総理大臣からこれを上奏するのでありまして、つまり内閣の全体を総理大臣が代表するというような地位にあるからであります。第二にまた内閣官制に依りますと、「内閣総理大臣ハ須要ト認ムルトキハ行政各部ノ処分又ハ命令ヲ中止セシメ勅裁ヲ待ツコトヲ得」ということが規定せられて居ります。すなわち各省の命令処分が内閣の方針に反するというような場合において、総理大臣がこれを中止せしめることが出来るのであります。これは実際には滅多に有り得べからざることでありますが、法律上はそういう権限が与えられて居って、これに依って内閣の統一を保たしめようとして居るのであります。

内閣総理大臣および各省大臣はこの如く各々行政の一部分を担任して、各自これを管轄して居るのでありますが、一方においては、各大臣は全く他と相談なく自分の独立にその主管事務を処理するというものではない。凡《すべ》て国家の政務はその総ての部分において互いに相牽聯して居るもので、もし各省相割拠して独立に自分の主管事務だけを勝手に処理するということであっては、国政の調和統一は到底これを維持することが出来ない訳であります。それであるから各大臣は一方には各々自分の主管事務を有《も》って居るとともに、一方には内閣という制度が設けられて、各大臣はその主管事務についてもやや重要なるものは自分の独立にこれを決するということをしないで、各大臣の全体の合議、相談に依り、その全員の同意を得て後決するということにせられて居るのであります。内閣制度の事はかつて国務大臣の事を述ぶる処でも申上げましたが、要するに内閣総理大臣を初め各国務大臣を以て組織して居る合議機関であります。内閣において相談すべき事柄は大部分は天皇の親裁に属する事柄、すなわち例えば法律案、勅令案、条約案、予算案とかいうような御裁可を経《ふ》べき事柄でありますが、しかしながら必ずしもそればかりではないので、天皇の御裁可を要しない各省大臣限りの職権を以て行い得る事柄でも、事体のやや重大なものは、閣議に提出して相談の後決するということは、普通に見る所の例であります。前に各大臣の資格には国務大臣たるの資格と行政官庁たる資格とを区別することが出来ると申しましたが、内閣は各大臣がこの双方の資格において参列するのであって、一面には国務大臣として天皇の大権を輔弼《ほひつ》する上について相談を為し、一面には各省大臣の行政官庁としての職権についても相談をするのであります。

各省の部局および所属機関

各省の事務を分掌するために各省は大臣官房のほかなお数局に別れて居って、各局それぞれ一定の事務を担任して居ります。各省の管轄の下にまたいろいろの特別の機関が設けられて居りますが、これらの特別機関の中には種々の種類がある。大別するとほぼ三種類に分けることが出来ます。第一はそれ自身一つの行政官庁として、大臣の監督の下に一定の範囲の行政事務について国家を代表し、これを決定するの職権を与えられて居るものであります。すなわち大臣の下級官庁と謂《い》うべきものであります。この種の官庁にも大小種々の種類がありますが、中にも殊に大規模のものを挙げますと、内閣に隷属して居る鉄道院、拓殖局、法制局、賞勲局、大蔵省に隷属して居る専売局、税関、税務監督局、農商務省の下に属して居る特許局、林区署、鉱務署、逓信省の下に属して居る郵便貯金局、逓信管理局および通信官署などであります。第二の種類は大臣の諮問に応えて、或る事項を審議するために設けられて居る委員会であります。例えば法律取調委員会であるとか、鉄道会議であるとかというような、これもその種類は頗る《すこぶ》沢山にあります。その委員となって居る人は、あるいは官吏たる者もあり、あるいは民間から選任せられて居る者もあります。第三の種類は学術上の研究であるとか、製造工業であるとかいうような、一般人民とは直接の法律上の交渉の無い事業のために設けられて居る種々の設備、すなわちいわゆる営造物で、衛生試験所とか、伝染病研究所とか、帝国学士院とか、製鉄所とかいうようなものはこの種に属するものであります。帝国大学を初め各種の教育上の設備もやはりこの種に入れることが出来ます。大略この如き仕組になって居るのであります。

独立の行政官庁

それからまた内閣および各省からは全く独立して居る二種の官庁があります。一つは会計検査院で、一つは行政裁判所であります。会計検査院の事は前にも一寸一言しましたが、政府の会計を監督することを任務として居るもので、行政裁判所は行政裁判を掌《つかさど》って居るものであります。いずれも司法裁判所と同様に独立の地位を有《も》って居るもので、その組織権限についても、普通の行政官庁ならば、勅令を以て定められるのでありますが、この二つは必ず法律を以て定めなければならぬことになって居ります。（憲法第七十二条第二項「会計検査院ノ組織及職権ハ法律ヲ以テ之ヲ定ム」、憲法第六十一条「別ニ法律ヲ以テ定メタル行政裁判所」云々）

行政裁判所の事はなお後に述べるつもりでありますから、ここにはただ会計検査院についてのみ一言しておきます。会計検査院は政府の会計を監督するものでありますが、会計の監督には事前の監督および事後の監督の二つの方法を想像することが出来ます。事前の監督というのは収入または支払を為す以前において、その収入または支払の果して正当であるか否かを検査するのを謂うのであり、事後の監督というのは収入支出のすでに実行せられた後に、その果して正当であったか否かを検査するのであります。会計検査院はこのうちただ事後の監督を為す権限を有って居るばかりで、すなわち会計検査院はただ決算についてのみ検査を為すのであります。決算を検査するの目的は凡《およ》そ三通りであります。第一には各出納官吏の計算が果して正当であるや否やを検査して、もし正当と認めたならば、その責任を解除し、もし不正当の廉《かど》があったならばその責任を判決するのであります。第二には、各官庁の収入および支払命令が予算および法律勅令に照らして果して不都合の廉が無いか否かを検査するのであります。すなわち収入が法規に違反しては居らぬか否か、支払が予算外であったり

会計検査院の権限

または予算に超過しては居らぬか否か、もし予算外または予算超過の支出であるならばすでに議会の承諾を得たか否かを検査するのであります。第三には各官庁の決算と各出納官吏の計算書を照らし合せて計算が正しいか否かを検査するのであります。会計検査院はこれら凡ての点について検査をして、毎年その成績を陛下に上奏するのであります。

参照　会計検査院法（明治二十二年法律第十五号）

第二章　職　権

第十二条　会計検査院ハ官金ノ収支官有物及国債ニ関ル計算ヲ検査確定シテ会計ヲ監督ス

第十三条　会計検査院ノ検査ヲ要スルモノ左ノ如シ

一　総決算

二　各官庁及官立諸営造ノ収支及官有物ニ関ル決算

三　政府ヨリ補助金又ハ特約保証ヲ与フル団体及公立私立諸営造ノ収支ニ関ル決算

四　法律勅令ニ依リ特ニ会計検査院ノ検査ニ属セラレタル決算

第十四条　会計検査院ハ憲法第七十二条ニ依リ決算ヲ検査確定スルト同時ニ左ノ諸項ニ付報告書ヲ作ルヘシ

一　総決算及各省決算報告書ノ金額ト各出納官吏ノ提出シタル計算書ノ金額ト符合スルヤ否

ヤ

二　歳入ノ賦課徴収歳出ノ使用官有物ノ得有沽売譲与及利用ハ各〻其ノ予算ノ規程又ハ法律勅令ニ違フコトナキヤ否ヤ

三　予算超過又ハ予算外ノ支出ニシテ議会ノ承諾ヲ受ケサルモノナキヤ否ヤ

第十五条　会計検査院ハ各年度ノ会計検査ノ成績ヲ上奏シ其ノ成績ニ就テ法律又ハ行政上ノ改正ヲ必要トスヘキ事項アリト認ムルトキハ併セテ意見ヲ上奏スルコトヲ得

第十六条　会計検査院ハ各官庁中一部ニ属スル計算ノ検査及責任解除ヲ其ノ庁ニ委託スルコトヲ得但シ其ノ検査ノ成績ハ該庁ヲシテ之ヲ会計検査院ニ報告セシムヘシ

前項ノ委託ニ拘ラス会計検査院ハ時宜ニ依リ其ノ所管ノ官庁ヲシテ計算書ヲ送付セシメ之カ検査ヲ行フコトアルヘシ

第十三条第三項団体及公立私立諸営造ノ決算ニ就テモ亦本条ヲ適用スルコトヲ得

第十七条　金庫ノ出納及簿記上ニ関ル各省ノ命令ニ付会計検査院ハ其ノ発布ノ前通知ヲ受ケ意見アルトキハ之ヲ陳述スルコトヲ得

会計検査院ハ収入及支出ニ関ル規則ヲ定メ及既定ノ規則ヲ改正スル各省ノ命令ニ付其ノ発布ノ前通知ヲ受ク

第十八条　会計検査院ハ計算書及計算証明ノ様式並ニ其ノ提出及推問ニ対スル答弁ノ期限ヲ定ム

第十九条　会計検査院ハ各官庁ヲシテ検査上必要ナル簿書及報告ヲ提出セシメ及主任官吏ノ弁明書ヲ求ムルコトヲ得

会計検査院長ハ検査上必要ト認ムルトキハ主任官吏ヲ派遣シ実地検査ヲ為スコトヲ得此ノ場合ニ於テハ予メ本属長官ニ通知シ該長官ハ主任官吏ヲシテ検査ニ立会ヲ為サシムルコトヲ得

第二十条　会計検査院ハ出納官吏ノ計算書及証憑書類ヲ検査シ正当ナリト判決シタルトキハ該官ニ対シ認可状ヲ付シ其ノ責任ヲ解除ス若必要ナル場合ニ於テハ之ヲ推問シ弁明又ハ正誤ヲ為サシメ仍正当ナラスト判決シタルトキハ本属長官ニ移牒シテ処分ヲ為サシム

第二十一条　会計検査院ノ判決ニ拠リ弁償ノ責ヲ負フ者ハ天皇ノ恩赦ニ由ルノ外本属長官之ヲ減免スルコトヲ得ス

第二十二条　出納官吏計算書及証憑書ノ提出ヲ怠リ又ハ様式ヲ守ラサルトキハ会計検査院ハ本属長官ニ移牒シテ懲戒処分ヲ要求スルコトヲ得

第二十三条　政府ノ機密費ニ関ル計算ハ会計検査院ニ於テ検査ヲ行フ限ニ在ラス

第二十四条　会計検査院ハ認可状ヲ付スルノ後ト雖其ノ付シタル日ヨリ五箇年以内ニ於テハ出納官吏ヨリ之ヲ請求スルカ又ハ計算書ノ誤謬脱漏二重記載アルコトヲ発見シタルトキハ再審ヲ為スコトヲ得但シ詐偽ノ証憑ヲ発見シタルトキハ五箇年後ト雖再審ヲ為スコトヲ得

出納官吏ハ会計検査院再審ノ判決ニ対シテ再ヒ審判ヲ請求スルコトヲ得ス

行政官庁の観念

先刻から行政官庁という言葉をたびたび使いましたが、この処で、その言葉の意味を一言附け加えて申しておきます。行政官庁という言葉はあるいは内務省ならば内務省の全体を行政官庁と申すこともありますし、あるいはその長官たる内務大臣だけを行政官庁ということもあります。官庁という語の本来の意味から申すと、官庁とは、君主の下において、君主の委任に基いて国家事務の一部分を行う権限を有《も》って居る国家の機関を謂うのであります。すなわち官庁の第一の要素は君主の下に隷属して居ることである。君主の下に隷属して居るといっても行政官庁と司法裁判所とはその隷属の程度に大なる相違がある。同じく行政官庁の中でも会計検査院および行政裁判所は司法裁判所と同様で普通の行政官庁とはその程度が大いに違う。すなわち司法裁判所または会計検査院、行政裁判所は独立の権限を有って居るもので、その職権に関しては何人《なんぴと》の命令をも受けず、全く自分の独立の見解を以てその権限を行うものでありますが、他の一般の行政官庁はみな上官の命令に服従する義務を有って居り、直接または間接に君命に基いてその権限を行うものであります。すなわちその権限の行使に関して一方は完全なる独立を有って居り、一方は上官に服従する義務があるのであります。権限についてはこの如き相違がありますけれども、しかしながら身分に関しては直接または間接に天皇に隷属して居ることにおいてはいずれも同様でありまして、すなわちその任免権、懲戒権、職務上の一切の勤惰功過を監督する権は君主および君主の下における上級官庁に属して居るのであります。そういう意味において総ての官庁はみな君主に隷属して居るもので、この点において官庁は議会と性質を異にして居ります。第二に官庁は天皇の委任に基いて国家事務の一部分について国家の意思を決定する職権を有《も》って居るものであります。いずれも或る限られたる一部の事務のみについて君主の委任を受けて君主を代表するの権があるのであります。そのうち行政事務の一部分を委任せられて居るものは行政官庁で、裁判所は司法事務を委任せられて居るのでありますが、いずれもその君主から委任せられた事務についてのみ君主を代表し、したがってまた国家を代表する権限があるのであります。その君主から委任されて居る行政事務または司法事務の一部分を官庁の権限と申すのであります。

　行政官庁はこの如きものでありますから、厳格なる意味において行政官庁というべきものは国家の意思を決定し得べき国家の機関でなければならぬ。誰が国家を代表して国家の意思を決定することが出来るかと申せば、各省について言えば大臣だけであります。大臣が国家を代表して省令を発するとか行政処分を為すとかの権限を有って居るので、次官、局長、参事官などはただ内部においてこれを輔佐するに過ぎぬのであります。それであるから行政官庁というのは厳格に言えば各省大臣とか、地方官で申せば府県知事、郡長とかいうものが官庁であります。しかしながら法律上の決定権は大臣のみに属して居るとは申しても、大臣が一人でこれを決し、一人でこれを行うというのでない。次官局長以下大臣の補助官吏が沢山あって、その補助官吏がいろいろ取調をしたり準備をして、最後に大臣がこれを決裁して発表するのである。大臣に属して居る権限は補助官吏もこれに参与しこれを補助するので、その補助に基いて大臣がこれを決定するのでありますす。それであるから大臣の権限は大臣一人がこれを行うものと見ないで、大臣とその補助機関との集った一体のものがあって、その一体のものがこれを行うものと見ることが出来ないではない。その大臣とこれに附属して居る補助官吏の全体の集まりを称して何省と申すのであります。この如き省全体を一つのものと見てこれを官庁というのも決して不当ではないのであります。そういう意味において内務省、大蔵省、鉄道院、警視庁などいうようなものを一つの官庁と普通に申すのであって、固《もと》より誤りと言うべきものではないのであります。あるいはまたその事務を執る場所、建物を何省、何庁ということがあります。すなわち事務所であります。

中央官庁の組織は大体以上申上げる通りであります。これから地方制度について申上げます。

三　地方制度

官治制度と自治制度

地方制度については第一に官治制度と、自治制度との区別を申さねばならぬ。これまで申した行政組織は総《すべ》て官治行政すなわち国家の行政についての組織でありますが、地方制度についてはこのほかに自治制度が相混じてならび行われて居るのであります。

自治の第一の意義——人民政治

自治と申す言葉はその本来の意味においては、被治者たる人民が上から治められないで、或る程度において自分が自からその公共事務を行うという意味であります。すなわち本来上から支配せらるべき地位にある人民が、上から支配せられないで、自分が自から政治を行いその他自分らの共同の利益を処理するという意味であります。こういう意味における自治制度は必ずしも政治上ばかりではなく、例えば寄宿舎の如《ごと》きにおいても行われて居る。学校の生徒は元来は学校から支配せらるべき地位にある者であるが、寄宿舎の内部においては或る範囲においては学校の役員からは支配せられないで生徒自身の中から委員を選出して、その委員達で自分達の共同事務を処理して行くというのがいわゆる寄宿舎の自治であります。それと同じような意味において地方の政治についても或る範囲において地方人民をして自から処理せしめるのを地方自治と申すのであります。これが自治という言葉の本来の意味であります。

この如き意味における自治制度は必ずしも地方行政ばかりではない。例えば国会制度の如きも被治者たる人民をして政治に参与せしむる最も著しい方法であります。裁判で申すならば、西洋で行われて居る陪審制度はやはり被治者たる人民が国の権力に参与するものであります。今日日本に行われて居る制度について申しても、例えば所得税を決定するには納税者の中から委員を選んで、所得調査委員会を設けてそれに所得税を調査せしむるのであります。それも被治者たる人民をして政治に与《あずか》らしむる一つの方法であります。広く自治と申すときはこの如くいろいろな関係において行われて居るのでありますが、今日普通に自治制度と申すのは、これらの凡《すべ》ての制度を含むものではなく、ただ地方行政についてのみ申すので、すなわち地方的の行政についてその地方の人民をしてこれを処理せしめまたはこれに参与せしむるのがいわゆる自治の制度であります。

自治の第二の意義
―公共団体の行政

これが自治という語の本来の意義でありますが、自治という語はまた一転して多少これとは異なった意義にも用いられて居るのが通常であります。すなわち簡単に言えば国家内の公共団体が国家の監督の下において自からその公共事務を行うという意味に自治という語を使って居るのであります。如何《いか》にしてこの如き意義の転訛《てんか》を生じたかと申すと、それは主として自治という語に確然たる法律上の定義を与える必要から生じたのであります。元来自治という語はただ被治者たる人民が公の政治に与るという意味でありますが、この如き意義においての自治は前にも申す通り種々様々の関係において行われて居るもので、これを法律上の一定の制度として見ることが出来ぬ。法律上の観念として自治ということに正確なる定義を与えようとするには、この本来の意義を取って直に法律上の観念とすることは出来ない訳である。この元来の意義においては自治はただ政治上の観念たるに止まって、法律上の観念となすことは出来難いのであります。しかしながら自治ということは法律上にも極めて重要なる関係のあるものであるから、これを法律上の観念として一定の正確なる定義を与える必要がある。しかして法律上の観念とするには、自治の行われて居る場合には如何なる法律上の特色があるかを観察して、その法律上の特色を取ってその観念を定むる標準とするのほかは無い。これに依《よ》って始めて自治が単に政治上の観念たるに止まらずまた法律上の観念たるのであります。

しかるに実際いわゆる地方自治の行われる場合を観察して、如何なる法律上の特色が通常これに伴うて居るかということを考えてみると、地方自治の行われて居る場合には、地方人民は常に共同的の団体を為《な》して、その団体が自分の財産を有し、あたかも一個人の如くに権利義務の主体としてその事業を行って居るという現象を見るのであります。この如き団体を組織して居るということが地方自治の法律上の最も著しい特色で、この法律上の特色を取て法律上に自治の観念を定むる標準となすことが、自治の観念を法律上に現わす最も適当な方法と言わなければならぬのであります。それがために今日の法律上の観念として自治を論じまする人は、常にこの如き団体を中心としてこの如き団体の事業がすなわち自治であると定義するのであります。これらの団体はいずれも会社その他私法上の法人と同様に多数の人が集って一つの団体を為し、その全体が一つの権利主体をなして居るのでありますが、私法上の法人とは違って、単に私の事務のために存在して居るものではなくて、公の行政を存立の目的として居るのでありますから、これを私法上の法人とは区別して公共団体または公法人と申します。公共団体または公法人が、自己の目的たる公の行政を行うことを法律上の意義において自治と申すのであります。

自治の二種の意義の差異および関係

それでありますから今日普通に用いられて居ります自治という言葉には二つの意味がある。一つは政治上の意味で、一つは法律上の意味であります。政治上の意味における自治は被治者たる人民をして政治に参与せしむるのを言うのであります。法律上の意味における自治は国家内の公共団体が、国家の監督の下において自己の目的たる行政を処理するのを言うのであります。この二つの意味はもともと互いに相関聯して居るものではありますが、必ずしも全く相一致するものではない。殊《こと》に例えば、府、県、郡の如きは府県知事、郡長がその機関となってその事務を処理して居るので、しかして知事および郡長は国の官吏であって地方人民から選任した役人ではないのでありますから、知事郡長の職務は第一の意義においては自治ということは出来ないのであります。しかしながら知事または郡長もやはり府県または郡という団体の機関としてその団体の事務を行って居るのであるから、第二の意味においては等しく自治であります。一方にはまた市町村長が国家からの委任に依って戸籍事務だの徴税事務などを行って居るのは、市町村団体の事務ではないから第二の意義においては自治ではないが、しかしながらやはり地方人民から選ばれたものが国政に参与して居るのであるから、第一の意義においては自治であります。

自治の二種の意義はこの如く互いに相異なって居るものでありますから、本来から言えば同一の自治という語を以てその二つの意味を言い表わさないで各々別の名称を附する方が一層適当であります。誤解を防ぐために私は自治という語はただ第一の意味にのみ用い、第二の意義においての自治は私は公共団体の行政と言おうと思います。

日本における自治制の発達

日本の今日の自治制度は立憲制度の施行に伴い、欧洲諸国の例に倣って新たに制定せられたものであります。明治二十一年に初めて市制町村制が発布せられて、続いて明治二十三年に府県制、郡制が発布せられ、漸次これを全国の各府県に施行致しまして以て今日に至ったのであります。これより前明治十一年に既に府県会規則を定めて、各府県に府県会が設置せられ、自治制度の端緒は既に開かれて居ったのでありますが、自治制度が稍々《しょうしょう》その形を備えてその基礎を固くしましたのは明治二十一年に市町村制を発布せられたのがその初めと言って宜《よ》いのであります。今日においては、北海道および沖縄、ならびに台湾その他の新附の領土を除きましては市町村制は普《あまね》く全国に施行されて居ります。北海道および沖縄には市町村制は施行されて居りませぬが、特別に規定があって大部分には稍々簡単な自治制度が行われて居ります。ただ交通不便な島嶼においてのみその例外が認められてあります。府県制は沖縄県にも近頃施行せらるることとなって、北海道および新領土を除きましては全国に施行されて居ります。郡制は沖縄県にはまだ行われて居りませぬが、そのほかの各府県にはすべて行われて居ります。

かくの如くして立憲制度の実施に依っては、人民は国の政治に与る権利を与えられまするし自治制度の実施に依っては、人民は地方公共の事務を自からするの権利を与えられたのであります。すなわち今日の人民は単に被治者たるものでなくして、自から治者の一人として、一方には国の政治に参与することが出来るし、一方には地方公共の事務を自からするの権利を有《も》って居るのであります。

自治制の目的

今日の如く自治制度が日本に行わるることとなったのは、欧洲諸国殊に直接には普漏西《プロシャ》その他独逸《ドイツ》諸国の例に倣ったのでありますが、欧洲諸国において今日の如く自治制度の行われて居るのは主として英吉利《イギリス》を模範としてここに至ったのであります。今日諸国に自治制度を設けて居ります目的はいろいろありますが、その最も主なる所は自治制度の実施が立憲制度の基礎として欠くべからざるものであるとする点にあるのであります。立憲制度を行う以上は必ず自治が伴わなければならぬ、もし地方自治なくして単に立憲制度を行うならば、国の政治はただ多数党の圧制に終ってしまうというのがその主たる理由とするところであります。すなわち自治制度の実施に依って地方の公共の利益を官僚政治または多数党政治の圧制から免れしめんとすることがその主たる目的とするところであります。もし地方行政についても専ら中央政府の指揮命令の下に行わしむるならば、地方の公共の利益が専ら中央政府の意思に依って左右せられて、したがって中央政府の政策に依って地方の利益が犠牲に供せらるるということがしばしばあり得るのであります。しかして立憲政治の下においては、中央政府は議会において多数党の援助がある間はその地位を安固に保つことが出来るのでありますから、中央政府はどうしても多数党の意見を容れる必要がある、したがってまた地方の利益が多数党のために犠牲に供せらるるという虞《おそれ》を生ずるのであります。地方自治制度はこれらの弊を除かんがために、地方行政をして或る程度にまで中央政府の干渉のほかに立たしめようとするのであります。すなわち地方的の利害に関する行政事務はなるべくこれをその地方の人民の自治に任せて、中央政府はただその大体を監督するに止め、一々これに干渉を加えないのであります。自治制度の第二の理由としては、地方人民をして政治に習熟せしめて政治上の責任を自覚せしむるということにあります。立憲政治は平民政治であります。それが円満に行われるためには、人民の政治思想が発達して人民が自から政治上の責任を自覚するということが、欠くべからざる必要であります。人民をして政治上の自覚心を起させるためには地方人民をしてその地方限りの行政を自から行わしむるに如くものはないというのが、自治制度の設けられた第二の重《おも》なる原因であります。これらの理由に依って自治制度は立憲政治の欠くべからざる基礎であると言われて居るのであります。要するに自治制の本旨とする所は地方の人民をして中央政府の指揮命令に依らないで、独立に自分達でその地方限りの行政を行わしむることにあるのであります。固《もと》より全く地方の自治に放任して中央政府は少しもこれに干渉しないということは出来ませぬ。或る程度においてこれを監督することはもちろん必要でありますが、国家の秩序を紊《みだ》し、国家の利益を害しない限りは、なるべく中央政府はこれに干渉を試みないというのが自治制の本旨であります。ただ日本の国民性でもありましょうか、または多年の歴史上の習慣に因《よ》ってここに至ったのでありましょうか、日本人は政治上の自由、独立を尊ぶの念が比較的少ないようでありまして、自治制を施行せらるるに至ったのも国民自身の要求に基いたよりも、むしろただ外国の制度に倣って、政府の側からこれを実施したので、その実施の結果は未だ充分にその目的を達することが出来ない状態にあるのは甚《はなは》だ遺憾とする所であります。今日においても政府の側からは動《やや》もすれば必要以上に干渉を試みんとする傾があり、地方人民の側からはかえって政府に依頼して、折角自治権を与えられて居るにかかわらず充分にこれを利用することをしないというような有様でありまして、自治制の完全なる発達はなお将来に待たねばならぬようであります。

市町村における自治

今日の制度の下において自治権が最も完全に認められて居りますのは市町村であります。市町村の行政については中央政府はただこれを監督するばかりで、その行政の任に当って居る総ての役員はみな人民の中からこれを選任するのであります。その選任についてもあるいは政府の認可を要することはありますが、政府の任命した官吏が市町村の行政を行うことはない。人民または人民の代議機関たる地方議会において選挙しまたは推薦した職員のみを以て、その行政を行って居るのであります。府県および郡においては自治制度はかくの如く完全に認められて居らぬ。その行政の最高の機関たる者は国の官吏たる府県知事および郡長であります。府県知事および郡長は政府の任命した官吏であって、それが一方において府県および郡という地方団体の機関としてその行政を行って居るのであります。府県および郡における自治の分子はただ府県会、府県参事会、郡会、郡参事会というような人民の選挙に係る地方議会があって、それが府県郡の行政に参与して居るということにおいてのみ現われて居るのであります。

以上は地方制度についての大体の話であります。要するに日本の地方行政は、政治上から申せば、官治と自治、すなわち政府の任命した官吏と、地方人民から選出した職員と、この双方の機関に依って行われて居るのでありますし、法律上の制度から申せば、一方には国家自身の行政と一方には府県、郡、市町村というような公共団体の行政と、この二種類の行政に別れて居るのであります。国家自身の行政は大部分は国家の官庁に依って行われて居るのでありますが、一部分はまた公共団体の機関に委任せられて居ります。一方には公共団体の行政もまた国の官吏がその執行の任に当って居ることは前に述べる通りであります。

地方官庁の組織

地方官庁の組織は北海道と各府県とは多少その趣を異にして居ります。北海道においては北海道庁長官があって、その下に支庁長があります。各府県には知事がその長官で、その下に郡長、島司《とうし》、および警察署が置かれてあることは御承知の通りであります。東京府においては他の府県とは異なって府知事のほかに警視総監があります。これらについての詳細の説明は行政法の範囲に属するものでありますからここにはこれを略します。

現行法における各種の地方団体

次に地方自治団体について一言します。現行制度において地方団体たるものは第一には北海道で、これには北海道会法および北海道地方費法が施行せられて居ります。北海道内の区および町村にも、北海道区制、北海道一級町村制、または北海道二級町村制が施行せられて居りまして、等しく地方団体たるものであります。各府県には府県制、郡には沖縄県を除くほか郡制が施行せられて居ることは、前に述べた通りでいずれも地方団体であります。そのほか市には市制、町村には町村制を施行せられて居ることは御承知の通りで、なお沖縄県および或る島嶼地の町村には別に沖縄県及島嶼町村制というものが規定せられて居ります。そのほかなお時として数郡または数町村の聯合に依りて郡組合または町村組合が作られて居る所があります。最後に東京、大阪、京都、名古屋などの大都会地の区も同じく地方団体たる性質を有《も》って居るものであります。

これら各種の地方団体の組織権限についてはそれぞれ法律に依って詳細に定まって居

りますが、それは特別の研究を要する問題でありますから、今は全部省略して、行政組織の話はこれだけで終りと致します。

第七講　行政作用

昨日は行政組織のことについて大要をお話ししたのでありますが、それに引続いて今日は行政作用の性質種類等について申上げます。

一　行政作用汎論

国家の作用における行政の地位

国家の作用を立法、司法、および行政の三種類に大別することは前に述べた通りでありますが、この三種類の作用の中でも行政の作用は最も広いまた最も雑駁な性質のものであります。立法と申せばただ法律を作るだけで、法律を制定する行為がすなわち立法行為である。司法は後に説明致しますが、民事裁判および刑事裁判およびそれに附随して居る作用を申すのであります。各々一定の限られた性質を有《も》って居る作用でありますが、これに反して行政の作用は極めて雑駁ないろいろの性質の行為を包含して居る作用であります。立法司法のように積極的に或る標準を定めて行政は如何《いか》なる作用であるかということを説くことは困難で、行政の観念の定義としましては、ただ国家の総《すべ》ての作用の中で立法および司法を除いてその他の総ての国家の活動を謂《い》うのであると申すほかは無いのであります。極めて不明瞭な定義ではありますが、行政が極めて雑駁なものであるという性質上やむを得ない所であります。

行政作用はまた国家の総ての作用の中でも最も根本的な最も欠くべからざる作用であります。立法行為が国家の作用として行われるに至ったのは比較的文明の発達した後のことで、古い昔に溯ると、法は概《おおむ》ね一般慣習法または自然の条理から成り立って居って、一定の立法者があって法律を作るということは全く無かった時代も歴史上少なくない。今日は立法が余程発達して居りますけれども、今日でも立法行為は絶えず間断なく行わるる作用ではなく、或る時期を隔てて時々行わるるに過ぎないものであります。裁判すなわち司法の作用は随分古い時代から存在して居りますけれども、しかもそれも絶えず頻繁に行われたというのでない。太古社会の幼稚な時代においてはただ稀に行われたに過ぎなかった時代もあります。ひとり行政の作用に至っては如何なる時代においても、如何なる幼稚なる国家においても、必ず存在しなければならぬ。行政のない国家は全く国家ではなく、ただ無政府であって国家組織の全く崩れてしまったものであります。行政は間断なく行わなければならぬ、暫くの間も行政が全く行われないで済むというものでない。すなわち国家の総ての作用の中の中心点を為《な》して居るものといって宜《よ》いのであります。

行政作用の種類─行政立法

行政の作用は今申す通り非常に雑駁なもので、その中には性質上は立法行為に属すべき行為をも含んで居り、また性質上は裁判行為に属すべきものをも含んで居ります。性質上立法に属すべき行為、すなわち国家または国民の権利義務に関する法則を定むるのは、かつて申上げた通り、原則としては議会の協賛を経て法律の形を以て定めなければならぬのでありますが、しかしそれには多くの例外があって、或る範囲においては勅令または行政官庁の命令を以ても定むることが出来るのであります。この如《ごと》く勅令またはその他の命令を以て法規を定むる場合は、性質上から言えば立法行為たるものではありますが、形の上においては法律の形を以てしないで、行政機関の命令たるものでありますから、やはりこれを行政の作用と称するのであります。あるいはこれを行政立法と称することが出来ます。この行政立法すなわち命令の事についてはなお後に法の各種類を論ずる所で説明します。

行政裁判

次に行政作用の中にはまた性質上司法に属すべき行為も含まれて居る。普通に司法というのはただ民事および刑事事件をのみ意味するので、そのほかの裁判殊《こと》に行政裁判は、性質上は等しく裁判ではありますが、司法裁判所が管轄して居るものではないために、一般に司法には属しないで行政作用の一種と看做《みな》されて居るのであります。行政裁判の事もなお後に説明するつもりであります。行政立法および行政裁判は性質上は立法または司法に属すべきもので、ただ形式上行政に属するものとせられて居るのでありますが、このほかの行政作用は凡《すべ》て性質上立法にあらず、司法にあらず、真に行政作用たるものであります。

本来の行政作用

この本来の行政作用たるもののみについて見ても、その種類は頗《すこぶ》る雑駁で、これを詳細に論ずることは、行政法の研究に譲らなければならぬのでありますが、ここにはただ極めて大体についてのみ説明しようと思います。

行政の作用はその実質から区別しますると、外政、財政、軍政、法政および内政の五種に分かつのが通常であります。

外政

第一に外政とは国家の外国との関係を処理する行政を謂うのであります。これは主として外務大臣およびその指揮監督の下に外交官および領事官に依《よ》って処理せられて居るもので、専ら外国に対する関係でありますから、直接に国民に対して法律上の関係を生ずることは稀であります。しかしながら近来は列国の関係はますます親密となり複雑となって、殊に郵便、電信、著作権、特許権などについては多数の列国が同盟条約を結んで、相共にその共同の利益を達しようとして居るので、これらの条約の結果は国民の権利義務にも直接の影響を与うるものが少なくない。そのほか関税についても列国との条約が直接の影響を有《も》って居ります。条約の事についてはなお後に説明します。

財　政

第二に財政は国家の収入を得および国家の財産を管理することについての行政であります。国家の収入の最も重《おも》なるものは租税で国民は等しく納税の義務を負担して居るのであります。租税のほかになお手数料その他の報償金があります。手数料というのは、学校の授業料とか、文官試験の受験料とかいうような、あるいは国家の設備を利用しあるいは国家が私人のために或る行為を為すことに対する報償として徴収せらるるものを謂うのであります。租税と手数料との区別の要点は租税は無償的に徴収せらるるものであるのに反して、手数料は常に反対給付の性質を有って居るもので、国家の設備を利用するとか、国家の行為を要求するとかいうことに対する報酬として納めるものであることにあります。憲法第六十二条に「新ニ租税ヲ課シ及税率ヲ変更スルハ法律ヲ以テ之ヲ定ムヘシ。但シ報償ニ属スル行政上ノ手数料及其ノ他ノ収納金ハ前項ノ限ニ在ラス」とありまして、すなわち租税であるならば必ず法律を以て定めなければならぬが、手数料ならば行政上の手数料は必ずしも法律に依らなくとも宜いのであります。行政上の手数料というのは以て司法上の手数料に対するもので、裁判費用であるとか訴訟の保証金であるとかいうようなものは、もちろん行政上の命令を以て定めることは出来ない、必ず法律に依らねばならぬのであります。手数料のほかにも国家が私人に対して或る特権を附与しまたはその他の特別の利益を与える場合にその報償として或る公納金を徴収することがあります。例えば発明について特許を受けた者に対して毎年特許料を徴収したり、独占的の企業を特許した場合にはその利益の中から一定の公納金を出さしむるというような場合であります。広くこれを総称して公法上の報償金ということが出来ます。国家の収入はこのほかになお種々あります。専売収入、官業収入、罰金科料没収等刑罰に基く収入、官有財産の払下などであります。殊に著しいのは専売収入および官業収入で、専売は今日では煙草、塩、樟脳、阿片および朝鮮の紅蔘《こうじん》の五種について行われて居ります。専売は租税の変態とも謂うべきもので、国家の収入を計るがために或る貨物《かぶつ》の生産および販売の全部または一部を国家に独占し、一般私人のこれを為すことを禁止し、しかしてその貨物の価格を普通の自由競争に依って定まるべき正当の価格よりも高く定めて、これに依って国家の収入を得ようとするものであります。一般人民はあたかも消費税を納めるが如くに正当の値段よりも特に高き価を以てこれを購買することを余儀なくせらるるのであります。次に官業収入の最も著しいものは鉄道収入で、これは前に述べた手数料とは違って公法上の収入ではなく、私法上の収入であります。

軍　政　第三に軍政と申すのは、軍隊の維持経理に関する行政であります。軍政に関して一般国民と直接の法律上の関係のあるのは主として兵役義務に関することであります。我が国において国民皆兵の主義が実行せられたのは明治五年が最初で、憲法第二十条にも「日本臣民ハ法律ノ定ムル所ニ従ヒ兵役ノ義務ヲ有ス」と明言して居ります。兵役義務のほかなお要塞地帯法、徴発令などの規定があります。

法　政　第四に法政と申すのは民事および刑事事件に関聯して行わるる行政作用でありまして、民事については人民の相互の間の権利関係を確認し、またはその権利を附与し剝奪しまたは変更する行政作用を謂うのであります。権利関係を確認する行為は、戸籍の登録、土地登記、商業登記などの各種の登記制度がその重なるものであります。その他発明の特許、意匠、実用新案および商標の登録もこの種の行為に属するものであります。権利の附与剝奪または変更というのは例えば漁業の免許とか、鉱山採掘権の特許とか、またはこれらの免許特許の取消とかいうような行為がその重なるものであります。これらの行為についてはなお後に一言する機会があろうと思います。刑事については犯罪人を検挙したり、刑を執行したりする作用を謂うのであります。

内政　最後に内政と申すのは以上のいずれにも属しない一般の行政作用を謂うので、主として直接に社会公共の利益を保護するがために行わるるものであります。第一に国家は社会全般の安寧秩序を維持しなければならぬ。もし安寧秩序を紊《みだ》る者があったならば、これを取締ってなるべくはこれを未然に防ぎ、その既に生じた上はなるべく速やかにこれを除かねばならぬ。火災、水害その他の災害に対してもこれを防禦せねばならぬ。社会の衛生を完全にし、善良の風俗を維持し、教育学芸の進歩を計り、健全なる宗教はこれを保護するとともに、迷信の害悪はこれを取締り、交通の便を進め、農工商業の発達を計るなど、いずれも国家の重要なる任務を為して居るものであります。就中《なかんずく》近代においてはいわゆる社会政策が欧洲諸国においては最も重要なる政策の一つを為して居ります。これらすべての目的を達するためには、国家は一面には自から種々の設備を作りて人民の利用に供し、一面には権力を以て人民に命令しまたはこれを強制するというような種々の手段を取るのであります。

警察　これらのうち国家が権力的に人民に命令しまたは強制するの作用はこれを警察と称するのであります。通俗に警察と申すと警部巡査の如き警察官の職務をいうようでありますが、学問上警察と申すのは必ずしも巡査警部のやって居る種類のみを言うのでない。もし簡単に定義を下すならば、学問上に警察というのは公共の秩序を維持するがために権力を以て人民の自由を制限し必要あらばこれを強制するの作用なりということが出来ます。言い換えれば凡て内政の目的のために人民の自然の自由を制限して或る事を禁止しまたは或る事を命じ、もしこれに従わなかったならば強制するというのが警察の作用であります。それは必ずしも警察官吏の行って居る行為ばかりでなくて、内務大臣も農商務大臣も文部大臣もみなこれを行う権限を有《も》って居ります。大臣の下にある県知事も等しく警察権を有って居るのであります。ただ大臣知事などは主として一般的の警察命令を発するばかりで、直接に人民に接してその命令を執行しこれを強制するのは主として警察官吏がその衝《かなめ》に当って居るのであります。警察は権力的に命令し強制する作用でありますが、これに対して国家はまた一方には命令強制の手段を用いないで、国家の方から種々の設備を設けて人民の便益に供して居るものが甚《はなは》だ多い。あるいは鉄道を敷設し道路を開設して交通の便を進め、河川を修築して水害を防ぎ、学校を設けて子弟を教育し、図書館、博物館、衛生試験所、農事試験場、そのほか種々様々の設備を作って居るのであります。この如く人民の便益に供するがために設けられて居る設備を称して通常営造物と申して居り、これに関する行政作用を保育行政または助長行政と申して居ります。要するに内政の作用は一方には命令強制の権力的作用と、一方には命令強制に依らない作用とに別つことが出来るので一つを警察といい、一つを保育というのであります。この二種の手段が相俟《あいま》って以て内政の目的を達するのでありまして、教育、学芸、農工商、交通の如き一般文化の開発を計るがためには、主として保育的助長的の手段が用いられるのでありますが、これらについてもなお例えば工場の取締とか肥料の取締とかまたは交通警察とかいうような警察手段が必要であります。一方には社会の安寧秩序を維持し衛生風俗を健全ならしむるというような目的のためには主として警察の手段に依って行われるのでありますが、これらについてもまたあるいは病院を建て、消防組を設け、衛生試験所を備えるというような助長的の手段も並び行わるるのであります。

以上は行政の作用をその実質から分類して、その大体について大略の説明を試みたのでありますが、次に行政作用をその法律上の形式から区別して、その種類についてやや詳細の説明を致そうと思います。

二　行政作用の形式的分類

事実的行為

法律上から行政作用を分類致すと、第一に区別しなければならぬのは事実的の行為と法律的の行為とであります。われわれ一個人について見ても、われわれの日常生活において為《な》して居る行為は大部分ただ事実上の行為で、法律的行為は唯一小部分に過ぎぬのでありますが、国家の行政作用についても同様で、その最大部分は事実的の行為であります。

私法的行為

しかしながら事実的の行為は暫くこれを除いて単に法律的の行為についてのみ申しますと、これは更に私法上の法律行為と公法上の行為とに区別しなければならぬ。私法上の法律行為というのは、あるいは売買であるとか、請負、雇傭というような行為で、国家も財産関係については多くの場合に私人と同様の法律に従って行動するのが通常で、例えば官有財産の払下を行ったり、官庁の需要品を購入したり、使丁だの筆生だのを雇入れたりするのは普通の民法上の契約にほかならぬのであります。これらの私法上の法律行為も暫くこれを除いて専ら公法上の行為についてのみその種類を説明しようと思います。

公法的行政行為の分類

公法的行為の分類については、未だ一般の定説があるのでありませぬが、私は第一にこれを一般的法則を定むる行為と個々の事件に関する行為との二種に大別し、個々の事件に関する行為は更に国家の単独行為すなわち行政処分と相手方との合意に依《よ》る行為すなわち公法上の契約とに別ち、行政処分は更にこれを(一)命令および禁止、(二)許可および免除、(三)附与および剝奪、(四)裁決および公証の四種に区別しようと思います。試みにこれを図示すれば左の通りであります。

行政規則

第一に一般的法則の制定から説明します。行政作用に依って定められる一般的の法則には性質上立法に属するものとしからざるものとの二種があります。性質上立法に属するものの事は前に述べましたが、立法の性質を有するのは必ず権利義務に関する法則でなければならぬ。あるいは国民に向ってその自由を束縛し義務を負わしめるものであるか、あるいはその権利関係を定むるものでなければ、法規たる性質を有するものではなく、これを定めるのは立法に属するものではないのであります。もし性質上立法に属するものであるならば、原則としては議会の協賛を経て法律を以てしなければ定むることの出来ぬものであって、ただ憲法上特に許された範囲においてのみ命令を以てこれを定むることが出来るのであります。これに反して一般抽象的の法則であっても国民の権利義務に直接の関係のない法則は性質上法規たるものではないので、この如《ごと》き法則を定めるのは当然に行政権の範囲に属して居るものであります。これらの法則はその本来の性質上立法行為でなく行政行為たるもので、特別の制限のあるものの

- 行政作用
  - 法律的行為
    - 公法的行為
      - 一般的法則の制定(行政規則)
      - 箇々の事件に関する行為
        - 行政処分
          - 命令および禁止
          - 許可および免除
          - 附与および剝奪
          - 裁決および公証
        - 公法上の契約
    - 私法的行為
  - 事実的行為

ほかは、原則として議会の協賛を要せず、命令を以てこれを定むることが出来るのであります。この如き法規の性質を有しない一般抽象的法則は通常これを行政規則または行政命令と申して居ります。こういう種類の一般的法則は沢山あります。一、二の例を申せば例えば帝国大学令、高等中学校令というようなものはいずれも国民の義務を規定したものでなければまた国民に権利を附与するものでもない。ただ国家がかくかくの学校を設ける、その学校はこういう学科を教えるということを定めたのみで、国民の自由を侵すものではなく、かえって国民に利益を供与するものであります。あるいは鉄道を何処其処《どこそこ》に敷設することを定めるとか、あるいは集金郵便の設備を起してその規則を定めるとかいうようなものは、凡《すべ》て国民の自由を侵し国民の権利義務を定めるものでなく、したがって性質上立法行為ではなく行政行為たるもので、すなわちいわゆる行政規則に属するものであります。これが行政行為の第一の種類であります。

個々の事件に関する行為

次に個々の実在の事件に関する行政の作用は更に二種類ありまして、一つは国家の単独行為すなわち国家が自分だけの意思を以て行う行為であります。一つは双方的行為、すなわち相手方の承諾を以て行う行為、この二つに分けることが出来ます。民法上の法律行為について、単独行為と双方的行為すなわち契約との二種類があることは御承知の通りでありますが、国家の行政行為についてもこの二種を区別せねばならぬのであります。単独行為はこれを行政処分と申します。双方行為は通常公法上の契約と申して居ります。まず行政処分から申上げます。

行政処分

行政処分は行政権に依る国家の一方的の意思表示でありますが、それにもまたいろいろの種類を分かつことが出来ます。まず大別しますと凡《およ》そ四種類を分かつことが出来る。その第一は命令および禁止であります。

(イ)命令および禁止

ここに命令と申すのは前の法律命令という場合の命令、すなわち勅令とか省令とかいう一般的法則を定める命令の意味ではなく、ただただ或る事を命ずる行為という意味に過ぎぬので、混同を避けるためにはあるいは下命といっても宜《よ》かろうと思います。要するに臣民に対して或る事を為すことを命じまたは或る事を為すことを禁止する行為であります。命令および禁止にもまたその目的に依って更に警察上の命令および禁止、財政上の命令および禁止、軍政上の命令および禁止などの種類に分かつことが出来ようと思います。最も普通に行われるのは警察下命でありますす。警察下命と申すのは、例えば出版警察の作用として出版物の発売を禁止したり、衛生警察の作用として伝染病者を隔離したり、その家宅の交通を遮断したり、または伝染病の予防のために家の大掃除を命じたりするのを謂《い》うのであります。財政上の命令禁止の最も重《おも》なるものは租税の納付を命ずる行為であります。そのほかこれに附随してその効果を全うするためにあるいは届出を命じたりあるいは物品の運搬を禁止するというような種々の命令禁止が行わるることがあります。軍政上の命令禁止の最も重なるものは兵役義務を命ずることであります。これにもそれに附随して種々の命令禁止が行われることは財政に関することと同じであります。

(ロ)許可および免除

行政処分の第二種は今申した第一種に属するものの反対の方面に属するものであります。すなわち一般に命令しまたは禁止せられた所を箇々の実在の場合においてその命令禁止を解除する行為であります。すなわち一般に命じた行為を或る特別の場合に限ってその命令を解いてその行為をしなくとも宜いといって許す行為、および一般に禁止した行為を或る特別の場合に限ってその禁止を解いてその行為をしても宜いといって許す行為の二種であります。前の場合はこれを免除と申し後の場合はこれを許可と申します。前に述べた命令および禁止は行為または不行為を命ずる行為で、すなわち行為または不行為の義務を負わしむるものでありますが、この第二種類の行為は丁度これと反対に、法規に依って一般に命ぜられて居る行為または不行為の義務を或る特定の場合において解除する行為であります。その不行為の義務すなわち禁止を解除するのが許可で、行為の義務すなわち命令を解除するのが免除であります。これについても右の第一種類と同様にやはり警察に関するもの、軍政に関するもの、財政に関するもの等の各種に区別することが出来ます。そのうち最も重なるものは警察に関するもの殊《こと》に警察上の許可であります。

警察許可　警察上の許可の中で最も重なるものは営業の免許であります。多くの種類の営業は一般に禁止せられて居って、ただ許可を受けた者のみがこれを為すことが出来る。例えば銀行営業を為そうと思えば大蔵大臣の許可を得なければ一般にはこれを為すことが出来ぬ。ただ許可を受けた者のみが一般の禁止を免除せられてその者はその営業を自由に為すことが出来るようになるのであります。そのほか、質屋、古物商、保険業、湯屋、宿屋、下宿屋、料理屋、劇場、寄席などはいずれも許可を必要とする営業であります。営業の免許のほかになお警察上の許可の例はいろいろあります。狩猟の免許であるとか、屋外集会の許可であるとかは、いずれも警察許可に属するものであります。警察上の免除は許可ほどにその例は多くはありませぬが、なお例えば伝染病者の自宅療養を許してその入院義務を免除したり、病気のために種痘の義務を免除したりするのは免除の実例であります。次に財政上の許可および免除に属するものには納税義務の免除が最も重なるもので、軍政に関するものの中には兵役義務の免除が最も重なるものであります。そのほか財政および軍政に関しても納税義務、兵役義務等に関聯して許可の行われる例は少なくないのであります。

(ハ)附与および剝奪

第三種の行政処分はこれを総称すると附与および剝奪ということが出来ようと思います。すなわち人民に向ってこれまで持って居なかった或る特別の権利を与え、またはその権利を剝奪する行為を言うのであります。第一種に述べた命令または禁止は人民の自由を制限する行為に過ぎないのであり、第二の許可および免除はただ命令または禁止を解いて天然の自由を回復する行為であります。いずれも新たなる権利を附与したりまたはその従来有《も》って居った権利を奪ってしまうというのではない。第三種の行為はこれに反して特別の権利を附与しまたは権利を剝奪する行為であります。この種類に属する行為もまた沢山ありますが、いずれも警察上の行為とはまるで性質の違ったものであります。例えば鉱山採掘権を特許するのは単に自由を制限するとかあるいは自由の制限を解くとかいうのではなくして、鉱業権という特別の権利を与える行為であり、漁業免許は漁業権すなわち一定の海面を自分だけが専用して漁業をする権利を与える行為であります。いずれも附与行為で、警察上の許可とは全く性質の違った行為であります。次に剝奪というのはそれらのまたはその他の権利を剝奪する行為を謂うのであります。凡て人民の権利は一旦正当の原因に依ってこれを取得した以上は、これを既得権として尊重して、国家といえどもこれを侵害することが出来ぬというのが一般の原則ではありますが、公益上やむを得ざる必要のある場合においては人民の既得の権利といえどもまたこれを剝奪することが無いではないのであります。

公用徴収

このいわゆる附与および剝奪に属する行為の中でも、最も顕著なるものは公用徴収であります。公用徴収と申すのは、公益事業の必要のために相当の賠償金を与えて特定の財産権を剝奪して公益事業の主体のためにこれに相当する権利を得せしむる行為を謂うのであります。例えば鉄道を敷設せんとする場合において、土地売買の相談が調《ととの》わないために必要の土地を手に入れることの出来ないというようなときに、国家の公の権力に依り相当の値段を以て必要なる土地を取上げてそれを鉄道の用に供するというような行為を申すのであります。公用徴収は必ずしも土地についてのみならず、種々の権利について行われるのでありますが、最も普通なのは土地について行わるるもので、これについては土地収用法という法律が定まって居ります。土地収用法に依って公益上やむを得ざる必要があったならば一定の賠償金を与えて或る土地を収用することが出来ることを定めて居るのであります。元来原則としては公益事業に必要なものであっても売買に依ってこれを取得するのが通常でありますけれども、もし売買の協議が調わないでしかして是非それが必要であるという場合において、もしそのままにしておくと折角の公益事業が出来ないというために、国家が公の権力を以て権利者の意思に反してその権利を取上げて、それに相当する賠償を与え以て公益事業を実行し得せしむるのであります。公用徴収はあるいは国家自身の事業のために実行せらるることもありますが、あるいは市町村その他の公共団体が公益事業を行って居る場合にその事業のためにこれを実行することもあり、あるいは私立の鉄道会社、電気会社というような私設の事業のために実行することもあります。公共団体または私立会社のためにこれを行う場合には常にその者の請求に依りて国家がこれを決定するのでありまして、その決定に依って原権利者がその収用せられた権利を失って、公益事業の主体たる公共団体または私立会社がその権利を取得するとともに、一方には原権利者に対して相当の賠償金を支払うべき義務を負うのであります。土地収用法のほかなお公用徴収は種々の法律に依って規定せられて居りまして、例えば東京市区改正条例には東京市の市区改正事業のためにする土地の収用について特別の手続を定めて居りますし、そのほか森林法、鉱業法、河川法などにも公用徴収の特別の場合について規定して居ります。公用徴収は相当の代価を与えて徴収するのでありますから、形においては稍々《しょうしょう》売買に似て居りまして、したがって往々公用徴収の事を強制売買とか強制買収とかいうことがありますが、法律上の性質においては全く売買とは違うのであります。売買は常に合意に依って行わるるもので、一方の意思だけで効力を生ずるものではない、強制売買とか強制買収とかいうのは言葉自身において既に矛盾であります。或る独逸《ドイツ》の学者がもし公用徴収のことを強制売買というならば、囚徒が監獄に這入るのも強制下宿ということが出来るというようなことを言って居りますが、まずそういうような訳であります。

（三）裁決および公証

行政処分の第四種は裁決および公証であります。あるいはこれを総称して確認行為ということが出来ます。裁決とは或る特定の実在の場合について何が法であるかを決定する行為を謂うのであります。例えば訴願の裁決すなわち訴願を起した者に対して或る行政処分が法律上正当であるか否か、公益上適当なる処分であるか否かを決定する行為であるとか、または恩給を申請した者に対してその恩給権を裁定するというような行為が総《すべ》て裁決であります。公証と申すのは公に或る法律事実を証明する行為でありまして、例えば度量衡の検定をして、その度量衡の真正であることを証明したり、あるいは戸籍の登録をして、各個人の身分を公に証明したり、あるいは著作権原簿を拵《こしら》えて著作権を登録するとか、あるいはまた選挙人名簿を設けて選挙権を公に証明するというような行為が総て公証であります。総て裁決に致しても公証に致しても、新たに或る権利を附与するものでなくて、既に存立して居る権利を公に認定しまたはその存在を証明するというに過ぎぬのであります。権利を創設するものではなくただこれを公認するのであります。したがってこれを総称して確認行為ということが出来ます。

行政処分の形は千差万別でありますが、大別すれば略々右の四種類で尽くすことが出来ようと思います。

公法上の契約

行政処分に対するものは合意に依る行政行為すなわち公法上の契約であります。行政処分は国家の単独の行為でありまして、相手方の同意を要せず、国家を代表する行政官庁が単独の意思を以て命令し、許可し、附与しまたは剝奪するというような行為をするのであります。その行為の効力を生ずるのは専ら国家の意思のみにあるのであります。これに反して合意に依る行為は当事者双方の意思の合致に依って効力を生ずるのであります。あたかも民法上の契約と同様に国家の意思と相手方の意思とが相合致して始めて効力を生ずるのであります。ただその契約から生ずる効果が民法上の関係を生ずるものではなく、専ら公法上の関係でありますからこれを公法上の契約と申すのであります。単独行為すなわち行政処分の中にも人民の方から出願を致してその出願に対して行わるる行為が沢山あります。例えば権利を附与する行為についで見ても、特許権を与えるのは発明者の側から出願するのである、公の証明についても出願に依って登録をする場合が多い、許可および免除についても多くの場合には許可を受ける者から願い出で、その願に対して許可を与えるのであります。しかしながらこれら凡ての場合においてその行為が法律上の効力を生ずる所以《ゆえん》は専ら国家の単独の意思にあるので、相手方の出願はただその行為の行わるる動機となるものに過ぎぬのであります。あたかも裁判を為すには訴訟を起す者があってその訴訟の提起に依って始めて裁判が行わるるのと同様であります。訴訟の提起はただ裁判の行わるる動機に過ぎぬもので、裁判それ自身は言うまでもなく国家の単独行為であります。これに反して公法上の契約にあっては双方の意思が集まって初めて行為が成立するのであります。両方の意思の合致ということがその行為の効力を生ずる必要条件となるものであります。あたかも民法上の契約と同様に双方の当事者があって、一方からは或る権利を得または或る義務を負担すべき意思を表示し、他の一方からはこれに相当すべき義務を負担しまたは権利を得べき意思を表示して、その双方の意思が相合致して成立するのであります。

公法上の契約の種類

公法上の契約にはいろいろの種類があります。国家と国家との間の契約すなわち国際条約もまた公法上の契約の一種であります。市町村その他の公共団体が他の公共団体と公法上の関係について契約を結ぶのもまた公法上の契約の一種であります。しかしながら普通に公法上の契約と申すのは主として国家と臣民との間、その臣民という中には公共団体または私立会社その他の法人を含めていうのでありますが、これらのものと国家との間に行わるるものを謂うのであります。

その実例

国家と臣民との間に行われる公法上の契約にもその実例は沢山にあります。極《ご》く普通の例を挙げてみると、学生が官立学校に入学するのも、官吏が始めて官吏として就任するのもみな一種の契約で、しかして公法上の法律関係を生ずるものであるから、すなわち公法上の契約の一種であります。学校の入学について言うならば、学生の側からは校則に従って就学したいという意思を表示し、学校の側からはその入学を許してこれに相当の教育を与えるという意思を表示するので、すなわち一種の双務契約であります。普通に入学を許可すと申しますけれども、その性質は全く警察上の許可などとは違って、単に禁止を解除して自由を回復するという行為ではないのでありまます。官吏の任命についても同様で、官吏は決して本人の意思に反して強制して就任せしむることの出来るものではない。官吏を任命するには必ず官吏たらんとする者との合意に依ってのみ為し得るので、官吏として就任するのは常に官吏たらんとする者の意思と国家の意思とが相合致して始めて成立するのであります。そのほか、例えば文部省の留学生となって外国に派遣され、帰朝の後は或る年限の間文部省の指定する職務に就くべき義務を負担するということを約束するのもまた公法上の契約の一種であります。あるいは市街鉄道会社が市街鉄道を道路に敷設することの特許を受くるについて、その代りに一定の公納金を納めることを約束するというようなこともやはり公法上の契約であります。

以上を以てほぼ行政作用の種類を述べ終ったのであります。次に行政作用の法律上の制限についての一般の法則を述べて、最後に訴願および行政訴訟について説明いたします。

三　行政作用の制限

以上述べた如《ごと》き各種類の行政作用はいずれも絶対に自由な、無制限なものではないので、法律上種々の制限を受けて居るものであります。坊間《ぼうかん》に行われて居る法制の教科書などを見ますと、よく、国家は絶対無限の権力を有《も》って居るもので如何《いか》なる事でも自由に臣民に命令することが出来る、臣民は絶対にこれに服従しなければならぬというような事を書いて居るものを見ますが、これは甚《はなは》だしい間違いと言わなければならぬのであります。国家の権力は法律に依《よ》って一定の制限を受けて居るもので、ただその制限内においてのみ活動することの出来るものであります。固《もと》より法律は国家の自から作るものでありますが、いやしくも法律の存在して居る以上は国家といえどもその法律を侵すことは出来ないので、ただその範囲内においてのみ各種の行政作用を為《な》すことが出来るのであります。これからこれらの行政作用についての法律上の制限の大体のお話をしようと思います。

行政は法律に牴触するを得ず　第一に総《すべ》ての行政作用は法律に違反することを得ない。これが第一の根本的原則であります。行政作用は常に法律の範囲内においてのみ行われ得べきもので、如何なる場合においても行政作用を以て法律に牴触することを許さないのであります。法律は憲法の下における国家の最高の意思で、これに変更を加えるのは、皇室令、条約および緊急勅令の場合を除いては、ただ法律を以てのみこれを為すことが出来るのである。行政作用を以てこれに牴触することは固くこれを許さぬのであります。それは啻《ただ》に行政処分その他本来の行政作用のみならず、行政立法すなわち勅令、閣令、省令その他の命令を以てしても同様でありまして、法律に牴触して居る命令は無効であります。

行政は命令その他の法規にも牴触するを得ず

第二に性質上の行政作用は啻に法律のみならず、命令、慣習法その他総ての法規に牴触することを得ないものであります。広く行政作用と言えば性質上の行政作用のみならず行政立法すなわち命令の制定をも包含して居るものでありますが、このうち行政立法を除いて、性質上の行政作用のみについて申せば、性質上の行政作用は命令にも慣習法にも違反することを許さないものであります。もちろん命令は等しく行政権の発動ではありますが、いやしくも命令を以て一般的の法則を定めて将来はこの法則に従って行動すべきことを公表した以上は、その命令を変更しない限り、将来における行政作用は常にこの命令の範囲内においてすべきもので、これに牴触することを得ないのであります。命令を変更するにはやはり命令の形を以てしなければならぬので、命令以外の普通の行政作用を以てはこれを変更することは出来ないのであります。たとえ自身の発布した命令であっても同様で、例えば内務大臣が内務省令を定めたとすれば、その以後内務大臣が行政処分を為しまたはその他の行政作用を為す場合にはこれに背くことは出来ないのであります。慣習法についても同様で、慣習法は等しく法規たる効力を有《も》って居るものでありますから、法律、命令またはその他の法規を以てこれを変更することは出来るが、行政作用を以てこれに違反することは許されないのであります。

法規に基くにあらざれば臣民の自由を侵すを得ず

第三に行政作用を以て人民の自由を制限するのは、契約に依るのほかは、法律または少なくとも命令もしくは慣習法等或る法規においてこれを許して居る場合でなければならぬ。法規の規定のない時分に行政作用を以て勝手に臣民に或る義務を命じ、またはその他臣民の自由を拘束することは全く許されないのであります。これが第三の重要なる原則であります。憲法には言論出版の自由であるとか、居住移転の自由であるとかいうような、いろいろな種類の自由を列挙して、法律に依るにあらざればこれらの自由を侵すことが出来ないということを規定して居りますが、そのほかの総ての自由に対しても、少なくとも法律または命令その他の法規に依らなければ、これを侵すことが出来ぬということは、立憲国における当然の原則として一般に承認せられて居る所であります。臣民の自由は必ずしも憲法に列挙せられて居る自由ばかりではなく、その以外にも到底列挙し尽くすことの出来ない種々の自由があります。殊《こと》に例えば婚姻の自由、契約の自由、職業の自由、営業の自由、教育の自由、学問の自由、肉体の不可侵というような自由は、いずれも憲法の中に規定せられて居らぬ。そのほか例えば歩く自由とか、饒舌《しゃ》べる自由とか、酒を飲む自由、飯を食う自由、書物を読む自由、車に乗る自由というようなことまで挙げれば到底列挙し尽くすことは出来ない事で、これらはもちろん一々憲法の中に規定してはないのであります。そういうことは人間の自然に欠くべからざる当然の事として規定してないので、憲法の中に規定が無いからと言って、行政作用に依って無制限にその自由を拘束し得るというのではない。憲法に列挙せられて居るものと否とを問わず凡《すべ》て臣民の自由は法規の根拠のある場合でなければ行政作用を以て勝手にこれを侵すことは出来ぬのであります。これは近代立憲国における最も大切なる原則の一つでありまして、普通に今日の有様を称して法治国と申すのは主としてこの原則に基いて居るのであります。われわれは原則としては自分の欲するままに如何なる事でも為し得る自由を有《も》って居る。われわれはまたわれわれの生命、身体、財産、名誉等その他総ての権利および利益を安全に享有することが出来る、ただ法規を以て一般的に定められて居る範囲においてのみその自由を侵されその利益および権利を奪わるることがあるのであります。昔は「泣く子と地頭には勝たれぬ」という諺があった位で、領主の役人は随分専横な処置もあったのでありますが、今は政府の為し得べき所も法規に依ってその範囲が限られて、その以外においては全く臣民の自由を侵すことを得ないのであります。

各機関の権限内なることを要す

第四に総ての行政作用はこれを行う機関の権限内に属するものでなければならぬ。これは言うまでもない事でありますが、凡て行政官庁には一定の権限が定まって居って、その権限内においてのみ国家の機関として、国家の事務を処理して居るのでありますから、その権限を越えてはいかなる行政作用をも為すことを得ないのは当然であります。

公益に適することを要す

第五には最後の重要なる法則として、凡て行政作用は、最も公益に適すべき方法を以て行われねばならぬ。これは必ずしも行政作用のみならず、立法その他凡ての国家の作用について同様でありますが、凡て国家の機関が国家の事務を行うのは、決して一個人として自分の私の権利を行って居るのではなく、国家団体の機関として全国家の利益のためにこれを行って居るのでありますから、その事務を行うには自分の私意を以てこれを左右することは出来ない、公平無私の心を以てその最も公益に適すと信ずる所を行わねばならぬことは当然の事であります。もちろん何が最も公益に適するかということは、自分の自から判断する所に拠るのほかは無いのでありますが、もしその判断を誤って公益に反する行為を為した場合には、その行為はやはり正当なる行政行為ではないので、もしその上級に立ってこれを監督する機関がこれを公益に反すと認めたならば、その行為を取消すというような処置を為さねばならぬのであります。

不法の行政作用

行政作用は以上述ぶるような各種の制限を受けて居るもので、これらの制限に違反することは出来ないのであります。しかしながら行政官庁として、これらの作用を行うの任に当って居る者は、固より人間で、しかして人間には無論時として過ちがあり得るということは言うまでもない。したがって行政作用は時としてそれらの制限に違反して、あるいは法律命令に背き、権限を超えまたは公益に反するということがあり得るのであります。行政作用があるいは法規に違反しあるいは公益に反する場合においても、その結果は時としてはただ社会一般の利益を害するに止まって、特定の人の利益または権利を害することのない場合もあり得まするし、あるいはこれに反してそれがために或る特定の一個人の権利または利益を侵害する場合もあり得るのであります。単に社会全般の利益を害するという場合においてはその損害を受けるのは社会全体で或る一個人ではありませぬから、その場合においては多くはただ上級官庁がこれを監督してそれを取消すというような手段を取るほかには、別段救済策を与えられて居らぬが通常であります。例えば内務大臣が東京市の電車市営を許可したとして、それが東京市民の多数の目から見ればあるいは東京市民の全体の利益を害したものであるかも知れませぬが、しかしたとえ東京市民の全体の利益を害したとても、それを裁判所に訴えるとかいう手段はない。その損害を受けるものは一個人ではなくて社会全体でありますから、別段の救済手段は与えられて居らぬのであります。これに反して行政作用が或る一個人の権利を侵し利益を害すという場合には、その一個人のために何らかの救済手段を設ける必要があるのであります。一私人相互の間ならば、われわれがもし他人から権利の侵害を受けたならば、われわれは常に民事訴訟を起して損害賠償を求めまたはその他の救済を仰ぐことが出来ます。国家の行政作用に依ってわれわれの権利を侵害せられたという場合には、昔ならばわれわれはただやむを得ずこれを受け忍ぶのほかは無かったのでありますが、立憲政治の今日においてはこの場合に対しても或る程度において等しく救済を求むる手段が与えられて居るのであります。

不法行政に対する救済手段

これらの救済手段の最も重《おも》なるものは訴願および行政訴訟であります。

このほかに不法に財産上の損害を加えられた場合に、あるいは国家自身に対し、あるいは行為を為した官吏自身に対して損害賠償の訴を起し得る場合もあるのでありますが、日本の今日の法律では国家に対して賠償の訴を起し得るのは、ただ国家の私経済的事業すなわち鉄道事業とか製造工業とかいうような一私人の為して居ると同様な事業についてのみで、これらの事業に関して不法に臣民に損害を加えた場合には、普通の民法の原則にしたがって国家に対して損害賠償を求むることが出来るのでありますが、公の権力の行動についてはただ二、三の特定の場合においてこれを為した官吏自身に賠償を求むることを許して居るばかりで、一般には国家に対してもまたは官吏に対しても賠償を求むることは出来ないことになって居ります。

それであるから損害賠償の事は略して、専ら訴願および行政訴訟の事について、大体の説明をいたそうと思います。

四　訴願および行政訴訟

訴願および行政訴訟の性質

行政処分に依《よ》って不法に権利を侵されまたは利益を害された場合には、日本の今日の法律においては、必ずしも常にと謂《い》うのではないが、多くの場合に、あるいは訴願を提起しあるいは行政裁判所に訴を提起するの権利が与えられて居ります。これは旧時代においては全く無かった所であります。旧時代においてはいわゆる泣く子と地頭には勝たれぬという訳で、御上《おかみ》のなさることはどんなことがあっても恐れ入ってしまうほかはない、たとえその処分が如何《いか》に乱暴な如何に不条理なものであってもこれを訴えることは出来なかったのであります。今日は行政処分は常に法律命令の下において行われなければならぬ、また必ず公益に適合しなければならぬという制限を加えられて居ります。その制限に反してそれがために個人の利益または権利を侵害せられたときは、その侵害を受けた者がそれを訴えてその処分の取消しまたは変更を要求することが出来ることとなって居るのであります。もちろん以前にも情願ということは為《な》し得たのであります。御上に向って情を陳じて救済を御願いするということは為し得ないではなかった。しかしながらそれは権利として認められて居ったのでなくただ情願に過ぎなかったので、これを容れると容れないとは全く行政官庁の自由であったのであります。今日の訴願および行政訴訟はいずれも権利として認められて居るので、その訴願または訴訟が提起せられたならば、官庁は必ずこれを受理し審査して相当の裁判または裁決をなさなければならぬ義務があるのであります。

日本の現行法において認められて居る訴願および行政訴訟はともに行政処分の再審査を要求するの手続であります。すなわち法規に違背し権限を超えまたは公益に反する行政処分があった時分にその処分が法規違反、権限超過、または公益違反であることを主張してその処分を再び審査してこれを取消しまたは変更すべきことを請求するのであります。

両者の差異(イ)管轄官庁の差異　訴願と行政訴訟との異なって居る所は第一には訴願は普通の行政官庁に訴えるのであるのに反して、行政訴訟は行政裁判所という独立の裁判所に訴えるのであるという点にあります。訴願の方は多くはその処分を為した官庁の直接上級官庁に訴えるのが普通で、例えば町村長の処分に不服であれば、郡長に訴願し、郡長の処分に不服であれば県知事に訴願し、県知事の処分に不服であれば内務大臣に訴願するというような順序になって居るのであります。時として県知事の代りに県参事会に訴願するように定められて居る場合もあります。行政訴訟の方はこれに反して、行政裁判所という独立の機関が別に設けられてあって、この独立の裁判所においてこれを管轄して居るのであります。言い換えれば、訴願の方は普通の行政事務を掌《つかさど》って居る官庁がこれを裁決するのであるのに反して、行政訴訟の方は普通の行政事務に関係の無い独立の裁判所でこれを判決するのであります。これが両者の第一の重《おも》なる差異であります。

(ロ)審理手続の差異

第二の重なる差異はその審理手続の差異であります。行政訴訟の方は原則として口頭弁論の手続を以て審理するのであります。原告および被告が裁判廷に出席して互いに口頭弁論を為し、その結果に依って裁判が与えられるのであります。もちろん当事者は口頭弁論の権利を抛棄することが出来る。必ずしも是非裁判廷に出席して弁論をしなければならぬというのではなく、書面を以て申立をなすことも出来るのでありますが、権利としては当事者は口頭弁論を為す権利を有《も》って居るのであります。訴願はこれに反して、書面審理を原則として居るものであります。もちろんもし口頭審問の必要があればこれを為すことが出来るということになっては居りますけれども。しかしながらそれはただもし官庁が必要と認めたならば為し得るというに止まって、当事者が権利として口頭弁論を要求し得るというのではないのであります。原則としては口頭弁論を為さずただ書面のみについて審査するので、すなわち当事者から訴願書を差出し、その相手方たる処分官庁からはこれに対する弁明書を出して、その双方の書面について審理をするだけであります。これが第二の重なる差異であります。

（ハ）実質の差異

第三の差異は行政訴訟の方は常に法規違反の処分に対してのみ提起することが出来るのであるが、訴願の方は法規違反の場合のみならず単に公益に反する処分に対しても提起することが出来るということにあります。憲法第六十一条に「行政官庁ノ違法処分ニ由リ権利ヲ傷害セラレタリトスルノ訴訟ニシテ別ニ法律ヲ以テ定メタル行政裁判所ノ裁判ニ属スヘキモノハ司法裁判所ニ於テ受理スルノ限ニ在ラス」という規定がありまして、すなわち行政訴訟は行政官庁の違法処分に由《よ》りて権利を傷害せられたとする訴訟であることを明かにして居るのであります。もっとも現行制度の下においてはこれに一、二の例外があって権利を侵害せらるるということが無くとも行政訴訟を起すことを許して居る場合がありますが、それはただ例外の場合で、原則としては権利を侵害せられた場合たることを要するのでありますし、少なくとも違法処分すなわち行政処分が法規に違反した場合であることは例外なく総《すべ》ての行政訴訟に通じて必要条件となって居る所であります。法律命令またはその他の法規に背いたものでなくして、単に不都合である、不適当であるというのみを以ては行政訴訟を起すことは許されないのであります。訴願の方はこれに反して法規に違反して居る場合のみならず、法規には違反しなくとも不適当である不都合であるという場合にも提起することが許されて居ります。すなわち提起し得る範囲が訴願の方が広いのであります。

以上の三点が訴願と行政訴訟との異なって居る重なる点であります。

権利の保護手段としての両者の効果

その実質についても、右の第三点として申上げた通り多少広い狭いの相違があるのではありますが、その主たる差異はその形式にあるので、すなわち第一にはこれを管轄する機関が異って居ること、第二にはその審理手続が異なって居ることが、その最も著しい相違であります。この相違あるに因《よ》って、行政訴訟の方が訴願よりも人民の権利を保護するの手段として一層確実なる手段たることを得るのであります。訴願の方は普通の行政官庁に向て訴えるので、普通の行政官庁がその訴を裁決するのである。行政官庁が被告の地位に立って居るのであるのに、その被告と同じ系統にある、同じ行政組織部内の者である上級官庁に訴えて、裁決を求むるのでありますから、被告の方がどうしても有利の地位に立つことは避くべからざる結果であります、自然の感情の上からどうしても完全に公平なる裁決を得るということが困難であります。しかのみならず訴願の方では口頭弁論を行わない、訴願を為す者はただ訴願状を差出すばかりで、相手方たる被告官庁がこれに対していかなる弁駁書《べんばくしょ》を出したかを知る機会をも与えられないのである。いわんや相手方の弁論を聞いてその場で直にこれを駁撃《ばくげき》するというような機会は全く無いのであります。これに反して行政訴訟の方は普通の行政官庁からは全く独立した、何人《なんぴと》の指揮命令をも受けない独立の裁判所において裁判をするのであるし、また口頭弁論を行って、当事者は相手方の面前において相手方の弁論を聞きこれを弁駁し、自分の主張を陳述する機会を有《も》って居るのであります。行政訴訟が訴願に比して一層確実なる権利保護の手段たるのはこれらの理由に因るのであります。

行政裁判制度

日本の行政訴訟の制度は主として独逸《ドイツ》諸国および殊《こと》に墺地利《オーストリア》の制度に倣ったものであります。英吉利《イギリス》においてはいわゆる行政訴訟も一般の民事訴訟と同様に等しく司法裁判所においてこれを管轄して居ります。すなわち国家が行政処分に依って個人の権利を侵害した場合も、人民相互の間において一個人が他の一個人の権利を侵害した場合も、別段これを区別しないで等しく民事裁判所に出訴することの出来るものとして居るのであります。仏蘭西《フランス》を初め独逸《ドイツ》諸国および墺地利《オーストリア》においてはこれに反して、一般民事事件と行政事件とは厳重にこれを区別して、民事事件すなわち人民相互の間の権利の争いは民事裁判所に出訴すべきものであるが、国家が個人の権利を侵害した場合は民事裁判所の管轄に属せしめないで、行政部内に別に行政裁判所という特別の裁判所を設けてこれを裁判せしめて居るのであります。

行政裁判を司法裁判より分離せる理由

仏蘭西、独逸その他の国において行政訴訟を民事訴訟から分離して、司法裁判所のほかに特に行政裁判所を置いて居るのは主として二つの理由に基いて居るのであります。

一つは行政権の独立を維持して行政権をして司法権の干渉を受けざらしむるがためであります。もし行政官庁の為した処分の違法であるかないかということを、司法裁判所において裁判することになれば、司法権が行政権を監督するという結果になって行政権の独立を害する。行政権と司法権とは互いに侵すべからざる独立の地位を有《も》って居るべきもので、行政権で司法権の行動に干渉することを許さないと同時に、また司法権の方からも行政権に干渉を加えてはならぬというのであります。この如《ごと》き思想は殊に仏蘭西において最も強く行われて居る思想で、仏蘭西においては革命以前から行政権と司法権とは殆《ほとん》ど敵視というべきほどに相反目して居ったのであります。行政機関は司法裁判所をまるで敵のように見て、自分の行政権の範囲には司法裁判所は少しも立入ることを許さないようにしたので、これが仏蘭西において行政裁判が全く民事裁判から分離して居る主たる理由であります。独逸諸国もまたこの仏蘭西の影響を受けて十九世紀の中頃、一八六〇年頃から次第に行政裁判の制度を設けるようになりました。この如き思想が日本の如き国情においても果して理由ある思想であろうか否かは多少疑わしいと思います。いやしくも司法裁判所に適当の人を得るならば、たとえ司法裁判所において行政事件を審理することとしても、これがために行政上大なる妨害を受けるということは容易に首肯し難い所で、かえって最も能《よ》く裁判の公平と確実とを得る所以《ゆえん》では無かろうかと思われるのであります。けれどもそれはとにかく日本においても行政裁判所が司法裁判所からは分離して、行政事件は司法裁判所においてはこれを管轄しないこととなって居りますのは、やはりこの如き思想がその重なる理由となって居るのであってそれは伊藤公の憲法義解にも第六十一条の註に「抑《そもそも》訴訟ヲ判定スルハ司法裁判所ノ職任トス而シテ別ニ行政裁判所アルハ何ソヤ司法ハ民法上ノ争訟ヲ判定スルヲ以テ当然ノ職トシ而シテ憲法及法律ヲ以テ委任サレタル行政官ノ処分ヲ取消スノ権力ヲ有セサルナリ何トナレハ司法権ノ独立ヲ要スルカ如ク行政権モ亦司法権ニ対シ均ク其ノ独立ヲ要スレハナリ若行政権ノ処置ニシテ司法権ノ監督ヲ受ケ裁判所ヲシテ行政ノ当否ヲ判定取捨スルノ任ニ居ラシメハ即チ行政官ハ正ニ司法官ニ隷属スルコトヲ免レス而シテ社会ノ便益ト人民ノ幸福ヲ便宜ニ経理スルノ余地ヲ失フヘキナリ」云々とあるに依っても知ることが出来ます。

今一つの理由は実際的の理由でありまして、司法裁判官に行政事件の審理を任せるのは、実際上適当でないということにあるのであります。司法裁判官は民事または刑事の事件を専門として居るものであるから、民法刑法には精《くわ》しいけれども行政法に精通して居るということは期待することが出来ない。行政法は民法とは違った原則に依ることが多いのみならず、凡《すべ》て行政事件は純粋の法律的の議論のほかなお行政の実際の有様に熟達して実際の便宜を考えなければならぬことが非常に多い。もし司法裁判官をして行政事件を裁判させるならば、あまりにただ法律的の理論に馳《は》せ過ぎて行政の実際を顧みないという弊害を生ずるであろう。行政の実際に適切なる裁判をせしむるには行政事件のみを管轄する特別の裁判所を置く必要があるというのが第二の理由であります。

行政裁判所の組織

行政裁判所は独逸《ドイツ》諸国においては概《おおむ》ね二審または三審の制度を取って居ります。あたかも司法裁判所と同じように下級の裁判所、中級の裁判所、高等の裁判所があるのであります。日本においてはこれに反して行政裁判所は一審として居ります。これは墺地利《オーストリア》の制度と同じで、すなわち全国にただ一つの行政裁判所を設けてそれは東京にあるだけであります。

参照　行政裁判法（明治二十三年法律第四十八号）

第一条　行政裁判所ハ之ヲ東京ニ置ク

第二条　行政裁判所ニ長官一人及評定官ヲ置ク評定官ノ員数ハ勅令ヲ以テ之ヲ定ム

行政裁判所ニ書記ヲ置ク其員数及職務ハ勅令ヲ以テ之ヲ定ム

第三条　長官ハ勅任トス評定官ハ勅任又ハ奏任トス

長官及評定官ハ三十歳以上ニシテ五年以上高等行政官ノ職ヲ奉シタル者若クハ裁判官ノ職ヲ奉シタル者ヨリ内閣総理大臣ノ上奏ニ依リ任命セラル、モノトス

書記ハ長官之ヲ判任ス

第五条　第六条ノ場合ヲ除ク外長官及評定官ハ刑法ノ宣告又ハ懲戒ノ処分ニ由ルニ非サレハ其意ニ反シテ退官転官又ハ非職ヲ命セラル、コトナシ

行政裁判所ノ長官又ハ評定官ヲ兼任スル者ハ其本官在職中前項ヲ適用ス

懲戒処分ノ法ハ別ニ勅令ヲ以テ之ヲ定ム

第六条　長官及評定官身体若クハ精神ノ衰弱ニ因リ職務ヲ執ルコト能ハサルトキハ内閣総理大臣ハ行政裁判所ノ総会ノ決議ニ依リ其退職ヲ上奏スルコトヲ得

第九条　行政裁判所ノ裁判ハ裁判長及評定官ヲ併セ五人以上ノ列席合議ヲ要ス但列席ノ人員ハ奇数ニ限ル若シ欠席ノ為偶数トナリタルトキハ官等最モ低キ評定官ヲ議決ヨリ除ク官等同シキトキハ任官ノ順序ニ依リ其後ナル者ヲ除ク

議決ハ過半数ニ依ル

行政裁判と訴願との関係

行政裁判所はこの如く一審制度でありますけれども、しかしながら行政裁判を起す前には通常まず訴願を起して、訴願の裁決を経て後その訴願の裁決になお不服であった場合に初めて行政訴訟を起すことが出来るものとせられて居りますから、実際には訴願が行政裁判の下級審のような形を為して居ります。例えば町村長の処分に対して不服である場合には、まず府県参事会に訴願を起して、府県参事会の裁決に不服であって、初めて行政裁判所に行くという風になるので、その実際の手続から申せば実際二審または三審制度の如き有様を為して居ります。ただ下級審においては常に訴願として審理を受けるのでありまして、行政訴訟として、口頭弁論の権利を以て裁判を受けるのはただ一回に止まるので、その一回の判決が確定の判決となってもはやこれに対して控訴または上告をなすというような上訴手段は全く与えられないのであります。

行政訴訟を起すにはこの如く原則としてまず訴願を起して、それから後最後の手段として出訴するのでありますが、時としては行政官庁の処分に対して訴願を経ず直に出訴することを許されて居るものがあります。それは府県知事またはそのほかの最高の地方官庁の処分に不服である場合または大臣の処分に不服である場合で、これらの場合には直接に裁判所に出訴することが出来るのであります。

行政訴訟提起の要件
(イ)行政庁の処分

行政訴訟を提起し得るの要件としましては、前に申した通り行政庁の違法処分に依りて権利を傷害せられたりとする場合たることを要するのが原則であります。すなわち原則として、第一に行政庁の処分に対するものであること。行政庁というのであるから勅裁に依る処分に対しては全く行政訴訟を許されないのであります。行政庁というのは国家の行政官庁ばかりではなく自治体の行政機関をも含んで居るもので、例えば町村長の処分に対しても出訴することが出来るのであります。

(ロ)処分の違法

第二にその処分が違法であること。違法というのは必ずしも法律に背いたものばかりではなく命令、慣習法またはその他の法規に背いて居る場合をも含んで居りますが、単に不都合であるとか公益に反するとかいうものは含まないのであります。

(ハ)権利の傷害

第三にはその処分に依って権利を傷害せられた者であること、行政処分が違法であったからと言って誰でも自由にこれについて訴を起すことが出来るというのではない。ただその処分に依って権利を侵された者のみが出訴し得るのであります。例えば免許を受くべき権利のある者が不法に免許を与えられなかったならば権利を侵害せられた者である。われわれは法律に定まって居る金額以上には租税を取り立てられない権利を有《も》って居るものであるが、もしそれよりも以上に不法に租税を取り立てられたならば、それはやはり権利の侵害であります。この如き権利の侵害があった場合にのみ出訴することが出来るのであります。

(ニ)法律勅令に依って出訴を許せること

以上三点が行政訴訟を提起するについての普通の要件でありますが、しかしながらこれらの条件が備わって居れば何時でも行政訴訟を起し得るというのではない。民事訴訟ならばいやしくも他人に依って権利を侵害せられた場合は常に訴訟を起して権利の回復を求めることが出来ます。民事裁判所は法律に正条なきが故を以て裁判を拒むことを得ずということになって居りまして、法律に明文のある事柄でも、無い事柄でもいやしくも権利の侵害があれば如何なる場合でも民事訴訟を起すことが出来るのであります。行政訴訟はこれに反して民事訴訟のように行政官庁の処分に依って権利を傷害せられたりとする総ての場合において常に行政訴訟を起し得るというまでに今日は未だ進んで居らぬのであります。殊に日本においては行政訴訟を起し得る範囲が他の諸国よりも一層狭く限られて居ります。或る特種の事件に限って行政訴訟が許されて居るので、その他の事件に関する行政処分についてはたとえ違法に権利を侵害せられた場合でも行政訴訟を起すことを許されて居らぬのであります。行政訴訟を起し得る事柄は法律または勅令の中に特に規定してある事柄に限るので、それはいろいろありますが二、三の重なる例を挙げますと、まず営業の免許については不法に免許を拒まれた場合または一旦与えられた免許を不法に取消された場合には一般に行政訴訟を起し得るものとなって居ります。次に租税についても不法に租税を課せられた場合、租税滞納処分について不法の処分のあった場合等には行政訴訟を許されて居ります。そのほか水利土木に関する処分、すなわち例えば道路を開設するについて、私人の所有権を侵したとか、水利に関する事業に依って、私人の用水権を侵したとかいうような場合にも行政訴訟を許されて居る。そのほか市制、町村制、府県制、郡制、水利組合法、森林法、河川法、国有林野法、鉱業法、漁業法、土地収用法、官吏恩給法などの種々の特別の法律勅令に依っていろいろの事項について出訴を許して居ります。ただ一般の警察処分については営業免許の事を除いては治安警察法の中に結社の禁止に対して出訴を許して居る等一、二の場合に行政訴訟を許して居るばかりでそのほか一般にはこれを許して居りませぬ。日本の行政訴訟事件の範囲が外国のよりも比較的狭いというのは主としてこの点にあるのであります。

(ホ)出訴期限　行政訴訟を起すにはこのほかなお一定の出訴期限が定まって居ってその期限を過ぎればもはや出訴することは出来ないのであります。これは当然の事で、もし出訴期限の定めが無ければ行政処分の効力は永久に確定することが出来ないものとなるからであります。

権利の傷害なくして出訴し得べき場合　最後になお述べておかねばならぬのは、行政訴訟を起すには原則として権利の侵害があった場合に限ることは前に述べた通りでありますが、その例外として、或る特別の場合には自分の権利を侵害せられた場合でなくとも行政訴訟を許して居る場合があります。その著しい例は選挙訴訟であります。府県会市町村会などの議員選挙の結果、選挙長が間違って真の当選者でない者を当選者として決定したという場合には一般選挙人は誰でも訴訟を起すことが出来るものとせられて居ります。一般選挙人はあえて権利を侵害せられたのではないがなお出訴を許されて居るのであります。そのほかまた国家の機関または自治団体の機関相互の間に争いのあった場合に、その機関の一方から他の一方を相手方として訴訟を起すということが種々の場合に許されて居ります。例えば町村長が町村会の決議を取消したというような場合にこれに不服なる町村会は訴願を起し進んでは行政訴訟を起すことの出来るようになって居ります。それからまた行政庁の処分が訴願裁決に依って取消された場合にその行政庁がこれに不服であるならばその裁決を為した官庁を相手方として行政裁判所に出訴し得ることとされて居る場合が沢山あります。これらはいずれも自分の権利を害せられたのではないが一般の公益を維持すべき職責の上から出訴の権能を与えられて居るのであります。ただしこれらはいずれも例外でありまして、これらの場合を除いては総て権利の侵害が無ければ行政訴訟を起すことを許されないのであります。

第八講（上） 司　法

前回には極めて概略ながら行政のことをお話し終ったのでありますから、今日は司法の組織および司法の作用についてお話致します。

一　司法の観念

裁判の観念　まず司法とは何であるかということについて申します。司法という言葉はその本来の意味においては裁判というのと同じことであります。詳しく言えば法の適用について争いがあり、または疑いがある場合において、その争いまたは疑いを決定するがためにする国家の行為を申すのであります。この本来の意味における司法の行為は法の総《すべ》ての区域にわたって行われるので、国際法を初めと致して、憲法、行政法、民法、刑法の総ての区域にわたって存在しない所はないのであります。

裁判の各種

国際法について申せば、国際仲裁裁判というものがある。憲法について申せば大臣の憲法上の責任を認めて居る国においては、かつて大臣の所で申した通り、大臣の責任を裁判するいわゆる政治裁判なるものがあります。国に依《よ》っては、また議会と政府との間に憲法上の解釈について衝突の起った場合に、その争いを決定して憲法の疑義を解決する裁判制度を設けて居る国もあります。行政法の区域について申せば、前回に申上げた行政裁判というものが多くの諸国に認められて居ります。それから官吏の身分を保障することの結果と致して、官吏の懲戒裁判というものがあります。あるいは司法裁判所と行政官庁との間にその権限について争いの起った場合にそれを決するために権限裁判というものが行われて居る所があります。これらの総ての裁判はその性質上から申すならば、いずれも司法に属するものであります。

司法の観念

しかしながら今日普通に司法といい、司法裁判所といい、または司判権の独立というようなことを申すのは、広くこれらの総ての裁判を含めて申すのではないのであります。普通に司法と申すのは、ただ民事裁判、すなわち民法、商法等私法の適用について争いがある場合にそれを決定する裁判、および刑事裁判すなわち犯罪に対して如何《いか》なる刑罰を科すべきかを決定する裁判、この二種の裁判のみを司法と申すのであります。そのほかの国際法上の裁判であるとか、憲法または行政法上の裁判であるとかというようなものは、性質は等しく裁判行為であっても通常司法という中には含まないものと解せられて居るのであります。

司法の観念の沿革

司法の観念がかくの如《ごと》くただ民事および刑事の裁判のみに限らるるというのは、これは仏蘭西《フランス》からその源を発して居るのであります。民事および刑事の裁判が他の各種の裁判と異なって居る特色は何であるかと申せば、凡《すべ》ての他の裁判すなわち憲法上、行政法上、または国際法上の裁判は凡て国家の行為または国家の官吏の行為について裁判が行われるのであります。すなわち国家が行政作用に依って人民の権利を侵害した場合にその行政作用が果して違法であるや否やということを裁判する、あるいは国家が他の国家に対して或る行為をした、それが違法であるかないかということを裁判する、あるいは国務大臣が国務上について或る行為をした、その行為が憲法上違法であるか否かという事を裁判するというような類であります。民事および刑事の裁判はこれに反して人民の行為についての裁判であります。すなわち民事についで申せば一私人が他の一私人の権利を侵害した場合に、それが果して権利の侵害であるや否やを裁判する、刑事について申しても一私人が犯罪行為をして、それを罰するというのであります。いずれも私人の行為について裁判を下すのであります。欧洲諸国の裁判制度の沿革について見ますと、この如き一私人の行為についての裁判と国家の行為についての裁判とを区別して、別の裁判所に属せしむるものと、両者の区別なく同じ裁判所に属せしむるものと、概して申せばこの二種の主義があったようであります。一つは羅馬《ローマ》法主義ともいうべきもので、一つはゲルマン法主義ともいうべきものでありま す。ゲルマン法主義においては概して両者の間に厳格なる区別を認めないで、両方とも同一の裁判所において裁判を為《な》さしめて居ったのであります。今日もその主義に拠《よ》って居るものの最も著しいのは英吉利《イギリス》であります。英吉利では元来公法と私法との間に実際上判然たる区別を認めないで、国家と臣民との間の関係も私人相互の関係も、等しくいわゆるコンモン・ロー〔Common Law〕すなわち普通法の支配する所とせられて居って、したがってその総てを同一の裁判所において管轄して居るのであります。すなわち英吉利法における司法という観念は必ずしも民事および刑事にのみ限られては居らぬのであります。これに反し羅馬法主義においては公法と私法とを判然区別して、裁判所はただ私人の行為についての裁判を為すばかりで、国家の公の行為についての裁判は全く別のものとして、普通の裁判所においてはこれを管轄しないということになって居ったのであります。この主義の最も著しく現われて居るのは、仏蘭西《フランス》でありまして、仏蘭西においては革命以前旧王政時代から司法権と行政権との間に厳重なる区別を認めて居りまして、行政権の行為については司法権は全くこれに干渉することを許さない、行政官庁がたとえ違法の行為をしても、それが違法であるか否かということを判断するのは司法裁判所は与《あずか》らないという主義を執り来ったのであります。この旧来の沿革に基きまして、十八世紀の仏蘭西の哲学者でありますモンテスキュー〔Montesquieu, 1689-1755〕が三権分立説を唱えて、司法権は独立でなければならぬということを主張しましたそのいわゆる司法権というのも、ただ民事および刑事の裁判をのみ言って居ったのであります。このモンテスキューの三権分立説は各国に最も著しい影響を与えたのでありますが、これらの影響に基いて、他の諸国においても、司法権という意味は、等しく民事および刑事の裁判のみを意味するものと一般に解釈せらるることとなったのであります。したがって行政裁判、権限裁判、官吏の懲戒裁判というようなものは、司法という中には這入らない、行政に属するものとされて居るのであります。行政裁判もその性質から申せばもちろん司法の性質を有《も》って居るもので、これを行う裁判所も普通の行政官庁の如く上官の命令の下に立つものでなく、司法裁判所と同様に独立の職権を以て行うものではありますが、なおこれを行政の一部分と看做《みな》して司法とは看做して居らぬのであります。かくの如き沿革に基いて今日の我が国においても司法という言葉は専ら民事および刑事の裁判を謂《い》うものと解せられております。憲法の第五十七条に「司法権ハ天皇ノ名ニ於テ法律ニ依リ裁判所之ヲ行フ」とあるいわゆる司法権もまたこの意味に用いられて居るのであります。

司法の形式的意義と実質的意義

しかしながらここに一つの注意しなければならぬ事は、前に立法という観念を述ぶる所で申した通り、立法の観念には、形式の意義における立法と、実質の意義における立法との区別があって、実質上から言えば法規を定むるのが立法であるけれども、形式上から言えば法律という形で議会の協賛を経るものが立法であるというのと同じように、司法という言葉にも形式の意義と実質の意義と二種の意義を区別しなければならぬのであります。実質の意義における司法とは民事刑事の裁判を謂うものでありますが、形式の意義においては必ずしも民事刑事の裁判のみならず、凡て司法裁判所およびこれに附属して居る検事局、執達吏《しったつり》、弁護士等の行う行為は、裁判以外のものであっても、等しくこれを司法と称するのが通常であります。例えば裁判所の監督の下において行われる土地の登記、法人登記、商業登記などは性質上は行政行為ではありますが、等しく権利を確認し、権利の所在を公に証明するがための行為であって、しかも司法裁判所がこれを管掌して居るものでありますから、形式の意義においては司法行為と言われて居ります。一方においては性質上は民事または刑事の裁判に属すべきものであっても、例えば特許権についての裁判を行うとか警察署で警察犯の処罰を宣告するとかいうような行政官庁の管掌に属して居るものは、形式の意義においては司法とは称せられぬのであります。ただし裁判所の行う所為の中でも、裁判官を任免するとか裁判官の身分上の監督を行うとか、または裁判所の会計を管理するとかいうような行為は、形式の意味においても司法行為とは申さないので、これらは全く法規の維持ということには、関係の無い行為で、したがってこれらは通常司法行政すなわち司法に附随する所の行政と称せられて居ります。それであるから形式の意義における司法とは法規を維持するがための作用であって、裁判所の権限に属するものを謂うということが出来ると思います。

二　司法権の独立

司法という言葉の意味は大要右の通りでありますが、この司法の作用は独立なる裁判所に依《よ》って行わるるのを原則とするのでありまして、憲法に「司法権ハ天皇ノ名ニ於テ法律ニ依リ裁判所之ヲ行フ」ということの書いてあるのは、すなわちこの原則を明言したのであります。司法権の機関はかくの如《ごと》く独立なる裁判所であるためにこれを称して司法権の独立と申すものであります。

司法権独立の二方面

司法権の独立の原則は更に二つの方面からこれを観察することが出来ます。一つは裁判官の地位の独立であります。一つは裁判官の職務上の独立であります。この二つが相俟《あいま》って以て司法権の独立を担保するのでありまして、その両方がなければ完全なる独立を有するものとは言えないのであります。

(一)職務上の独立(イ)他の干渉を受けざること

第一に裁判官の職務上の独立から申しますと、それは更に二つの点に分かつことが出来ます。職務上の独立の第一点は、裁判官はその職務の執行に関しては何人《なんぴと》の指揮をも受けることがない、ただ法規に従ってこれを判断するばかりでその法規の判断については上官の指揮命令はもちろんその他毫も他からの干渉を容れないということであります。憲法の中に「司法権ハ天皇ノ名ニ於テ法律ニ依リ裁判所之ヲ行フ」とありますが、その「法律ニ依リ」と申すのは、ただ法律には服従するけれどもその他の権力には服従しないという意味であって、すなわち裁判を行うに当ってその標準とする所はただ法律のみにあるということを明かにしたのであります。ただしここに法律とあるのは必ずしも形式上の意味の法律を言うのではなく、実質の意義における法律すなわち法規ということに解すべきものでありまして、命令も慣習法もその他の法規をも含んで居るのであります。裁判所は法律だけを適用して命令を適用しないというのではない。法律でも、命令でも、慣習法でもいやしくも有効なる法規は凡《すべ》てこれを適用すべきものであります。法律という文字は日本の憲法は多くの場合に形式の意義すなわち議会の協賛を経て定められたる法則という意味に用いて居りますが、時としては実質の意義すなわち法規という意味に用いて居る場合もあるので、第五十七条の「法律ニ依リ裁判所之ヲ行フ」とある法律はすなわちこの場合の一例であります。もちろん裁判官が何人の指揮命令をも受けないというのはただ裁判行為それ自身について言うのでありまして、その職務に関する一切の事柄について言うのではない。その職務の執行についても、その出勤時間であるとか、如何《いか》なる事件を担任するとかいうような点については、もちろん上官の指揮命令に従うのであります。職務上の独立はただ裁判の内容すなわち如何なる裁判判決をなすべきかということについてのみ存して居るのであります。

（ロ）命令の審査権

裁判官の職務上の独立の第二点は、命令に対する審査権であります。裁判官は法律、命令、慣習法等総《すべ》ての法規を適用するの任務を有《も》って居るものでありますが、ただ裁判官の法律に対する関係と命令に対する関係とは頗《すこぶ》る著しい違いがあります。法律に対しては裁判官はただその形式について審査権を有って居るばかりで内容については審査権を有たないのであります。法律が形式上有効に成立して居るならば、たとえその内容が憲法に違反するようなことがあっても、裁判官はその法律を有効のものとして適用しなければならぬのであります。形式上有効に成立するというのは、法律が議会の協賛を経たものであり、また君主の裁可を経て国務大臣の副署を以て公布せられたものであることをいうのでありまして、この形式が備わって居れば法律は完全に成立して居る。その形式が備わって居るか否かについては、裁判官はもちろんこれを審査する必要がある。議会の協賛を経たものでなければ法律として成立したものではない、君主の裁可が無くまたは大臣の副署が無ければ法律として成立して居らぬ、法律として成立し居るものでなければ無論これを適用すべきはずはないので、したがって裁判官は果して法律が成立して居るか否かを審査しなければならぬのでありますす。けれどもその形式さえ備わって居ればその内容が憲法違反ではないかということについては審査権を有《も》たないのであります。立法権は憲法の下における国家の最高の意思の発表でありまして、立法権者が自からこれを憲法違反でないと認めて発布した以上は、何人もこれに対抗してそれが憲法違反であるということを断定する権力はない、裁判官もまたそれだけの職権を有って居らぬのであります。法律が既に議会の議決と君主の裁可とを経て発布せられた以上は、議会もそれが憲法違反ではないと認め、君主もこれを御嘉納あらせられたものと看るべきは当然でありまして、すなわちその法律が憲法違反でないということはもはや確定的に決せられて居るものであります。たとえ裁判官はそれが憲法に違反して居ると信じてもその主張を対抗することは出来ないので、やはり有効の法律としてこれを適用するほかはないのであります。

命令に対してはその関係は頗《すこぶ》るこれと異なって居りまして、この点においてまた司法権の独立がその効果を現わして居るのであります。司法権の独立と申すのは主として司法権が行政権から独立して居ることを意味するのであります。立法権に対しては司法権は絶対の服従の地位にある。法律が或る規定を設けたならば司法権はそれには抵抗することが出来ぬ、法律に対しては絶対に服従の地位にあるのであります。行政権に対してはこれに反して司法権は独立の地位を有って居るものである。もちろん裁判官は命令をも適用しなければならぬことは前にも申した通りで、命令の規定が有効に成立して居る以上は必ずその規定を適用しなければならぬのであります。しかしながら裁判官はその命令が果して有効のものであるかないかということを審査するの権利がある。無効の命令についてはこれを適用しない職権と職務とを有って居るのであります。しかして命令が有効であるか否かということについては、単に形式についてのみならず、その内容についてもまた均《ひと》しくこれを審査することが出来るのであります。命令が憲法または法律に背いて居るならば命令として有効なものではない。裁判官は命令の内容にまで立入って、その命令が果して憲法または法律に違反することがなきや否やを審査して、もし憲法または法律に違反して居る命令ならばこれを適用する必要が無いのみならず、また適用してはならぬのであります。これが職務上の独立の第二の点であります。

(二)地位の独立　裁判官は職務上かくの如き特別の地位を有って居るのでありますが、もし裁判官が政府の都合に依って何時でも免職することが出来る、何時でもその地位を動かすことが出来るとすれば、司法権の独立は到底これを保つことが出来ぬ。司法権の独立を全うするには職務上の独立のほかになお地位の独立を与える必要があります。地位の独立が与えられて、裁判官が安全にその地位を保ち得ることが保障せられて、始めて公平なる裁判を期待することが出来るのであります。

もちろん裁判官といえども等しく天皇の任命大権に基いて任命せられ罷免せらるるのでありますが、ただその任命についても、または転任もしくは罷免についても憲法および法律による特別の制限が加えられて居りまして、裁判官の地位の独立を保障して居るのであります。憲法第五十八条に「裁判官ハ法律ニ定メタル資格ヲ具フル者ヲ以テ之ニ任ス。裁判官ハ刑法ノ宣告又ハ懲戒ノ処分ニ由ルノ外其ノ職ヲ免セラルヽコトナシ。懲戒ノ条規ハ法律ヲ以テ之ヲ定ム」とありまして、第一にはその任命について必ず法律に定めた資格を具えた者でなければならぬ。一般の官吏についてはその任命は専ら君主の大権に属して居るので、その任用の資格についても法律に依らず勅令を以てこれを定めることが出来るのであります。ひとり裁判官については法律を以てその任用の資格を定められて居るので、その資格を具えたものでなければ任命することは出来ないのであります。現行法では裁判官任用の資格要件は裁判所構成法第二編において定められて居ります。第二には裁判官は刑罰または懲戒処分に由《よ》るほかには免官ということが無い。すなわち裁判官は終身官であります。一般の官吏についても近来は追々その地位の安全が保障せられまして、殊《こと》に文官分限令に依って猥《みだ》りに官吏の意に反して免官することは出来ないことに定められて居りますが、それでも一般の文官には休職ということがあって、官庁の事務の都合に依っては随意に休職を命ずることが出来る、休職を命ぜられて、二年の間復職を命ぜらるることがなかったならば、当然に官吏たる身分を失うのでありま す。それからまた普通の官吏ならば廃官もしくは廃庁の場合には別段の辞令が無かったならば当然退官となるのでありますし、また疾病または老朽のために職務を執るに堪えない場合とかもしくは官制または定員の改正に依って過員を生じた場合は免官することが出来るのであります。廃官というのは例えばかつて各省に総務長官とか参与官とか官房長とかいう官職が置かれて居ったことがありましたが、それが官制の改正に依って廃止せられたというような場合で、それらの場合にはその官職にあった人は当然に免官となるのであります。廃庁というのは例えば拓殖務省が廃止せられて内務省に合併したというような場合で、その場合にも従来拓殖務省の官吏であった者はもし特に内務省またはその他の官吏に任ぜられるということがなければ当然免官となるのであります。過員を生ずというのは例えばこれまで各府県の事務官は四人と定まって居ったのが官制の改正に依って三人となったというような場合で、その場合は従来四人居った中のいずれか一人は免官することが出来るのであります。これらの総ての場合に普通の官吏ならば本人の意思に反して官吏を罷《や》められ得るのでありますが、裁判官に対してはこれらはいずれも適用が無い。裁判官には休職を命ずることも出来ぬ。廃官廃庁または過員を生ずる場合でもこれを免官することは出来ないので、ただ闕位《けつい》の出来るまで待命の地位にあるに止まるのであります。裁判官を免官することが出来るのは、ただ刑罰と懲戒処分との二つの場合にのみ限るのであります。その懲戒処分も普通の官吏については勅令に依ってその手続が定まって居りますが、裁判官については必ず法律を以てこれを定めなければならぬので、懲戒裁判の判決に依ってこれを行うのであります。免官はただこの場合に限るのでありますが、ただこのほかに退職ということがある。すなわち裁判官が精神または身体の衰弱に由って職務を執るに堪えざるようになると、大審院、または控訴院の総会の決議に依って退職を命ずることが出来ることになって居ります。退職というのは官を罷めるのではなく、ただ職を罷めるのであります。すなわち職務だけは罷められるのであるが、官吏としての身分はなお保有して居るのであります。退職を命ぜられたならば、俸給は受けることが出来ぬので、ただ恩給を受ける権利があるのであります。第三には転任についても裁判官は本人の意に反して自由にこれを転任せしめることが出来ぬ。ただ補闕《ほけつ》の必要のある場合に、同じく裁判官の中で、官等俸給のこれまでよりも低くない職務に転ぜしむることが出来るばかりであります。

参照　裁判所構成法(明治二十三年二月法律第六号)

第七十三条　第七十四条及第七十五条ノ場合ヲ除ク外判事ハ刑法ノ宣告又ハ懲戒ノ処分ニ由ルニ非サレハ其ノ意ニ反シテ転官転所停職免職又ハ減俸セラルヽコトナシ但シ予備判事タルトキ及補闕ノ必要ナル場合ニ於テ転所ヲ命セラルヽハ此ノ限ニ在ラス

前項ハ懲戒取調又ハ刑事訴追ノ始若ハ其ノ間ニ於テ法律ノ許ス停職ニ関係アルコトナシ

第七十四条　判事身体若ハ精神ノ衰弱ニ因リ職務ヲ執ルコト能ハサルニ至リタルトキハ司法大臣ハ控訴院又ハ大審院ノ総会ノ決議ニ依リ之ニ退職ヲ命スルコトヲ得

第七十五条　法律ヲ以テ裁判所ノ組織ヲ変更シ又ハ之ヲ廃シタル場合ニ於テ其ノ判事ヲ補スヘキ闕位ナキトキハ司法大臣ハ之ニ俸給ノ半額ヲ給シテ闕位ヲ待タシムルノ権ヲ有ス

第七十六条　判事ノ官等俸給及進級ニ関ル規程ハ勅令ノ定ムル所ニ依ル

第七十七条　判事ハ退職シタルトキハ恩給法ニ依リ恩給ヲ受ク

第七十八条　判事ノ俸給ハ判事ニ対シ懲戒取調又ハ判事訴追ヲ始メタルカ故ニ停職シタルニ拘ラス引続キ之ヲ給ス

裁判官は以上の如《ごと》き地位の独立を有《も》って居るもので、この地位の独立とその職務上の独立とが相俟って以て司法権の独立を確保して居るのであります。

裁判官の兼職の禁止

一方にはまた裁判官は他の職務を兼ねることを禁止せられて居ります。行政官を兼ぬることの許されないのはもちろん、国会の議員または地方議会の議員となることも出来ないし、政党または商業に関係することも出来ない。いやしくも権威に拘制《こうせい》せられ、政論または商業の利益などの牽束《けんそく》を受けるような地位に立つことは全くこれを禁じて居るのでありまして、凡ての方面から、公平に司直の府たるの職責を全うせしなることを勉めて居るのであります。

三　司法裁判所

司法制度の沿革

以上述べました如く、我が今日の制度の下においては、司法権と行政権とは相分離せられて居って、行政官庁は一、二の特別の例外(これについてはなお後に述べます)を除いては原則として司法権に与《あずか》らない、司法裁判所は行政権の干渉のほかに立って独立に裁判を行うという主義を採って居るのであります。この原則は必ずしも憲法の実施に依《よ》って始めて創設せられたのではない、憲法以前から既にほぼ備わって居ったのでありますが、しかしながらその完全に備わるに至ったのは比較的新しい事であります。旧幕府時代には司法権も行政権も同一の人の手にあったことはもちろんで、将軍および将軍の下において各藩の領主は行政権のみならず司法権をも掌握して居ったのであります。実際に司法の事務を執行して居った町奉行とか代官とかいう役人も、司法権と同時に行政権を行って居たもので、すなわち行政官が同時に裁判官であったのであります。明治の維新に依って徳川氏の政権奉還とともに、司法権もまた天皇が親しく総攬し給う所となったのでありますが、司法権と行政権とが同じ機関に依って管掌せられて居ったことは、維新前と同様で、維新の初めに始めて太政官を設けられた時に太政官の中に刑法官というものを置かれましたが、これは今日の司法省に相当すべきもので、すなわち司法行政の機関でありましたが、しかも同時に最高の裁判所であったのであります。その後明治二年二月には刑法官が刑部省《ぎょうぶしょう》と改まり、明治四年には更に司法省と改められましたが、行政の長官が同時に司法の長官であったことはなお同様であります。中央官庁のみならず地方官庁についても同様で、地方においても、各地方の行政官が同時に裁判官であったのであります。明治八年に至って、始めて太政官官制の改正とともに、大審院が置かれて、これを最高裁判所となし、独立の権限を有せしむることとなった。最高裁判所だけはこれに依って全く行政権から分離することとなったのであります。地方の裁判事務については、これより先明治五年に、既に各府県に府県裁判所を置いて、従来地方官の行った民事刑事の裁判事務を地方官から分離して特別の裁判所に移すこととしたのでありましたが、その裁判官はなお地方官をして兼任せしめたのが少なくなかったので、司法と行政との分離は決して完全には行われなかったのであります。しかるにその後明治九年に至って府県裁判所を地方裁判所と改称いたすとともに、地方官から裁判官を兼任することを禁止することとなりまして、ここに行政と司法との分離が始めて完全に行わるるに至ったのであります。

現行司法制度

裁判所の組織はその後幾たびも改正がありましたが、今日の制度は明治二十三年に発布になった裁判所構成法に依って居ります。その詳細はここに述ぶる必要は無かろうと思いますが、区裁判所、地方裁判所、控訴院および大審院の四級に分かれて居るのでありまして、各々一定の種類の事件を管轄して居るのであります。極《ご》く大体について申せば、(一)区裁判所は比較的軽い民事および刑事事件の第一審裁判、および一般の非訟事件を掌《つかさど》り、(二)地方裁判所は比較的重い民事および刑事事件の第一審裁判および区裁判所の第一審判決に対する控訴裁判を行うものであります。地方裁判所の第一審としての刑事裁判には、裁判を行う前に予審がありまして、それがために地方裁判所には、予審判事が置かれます。(三)控訴院は地方裁判所の第一審の判決に対する控訴裁判を行うものであります。以前には地方裁判所の第二審判決に対する上告裁判は、控訴院で担任して居たのでありましたが、大正二年の構成法改正の結果、上告裁判は総《すべ》て大審院に統一することに改まったのであります。(四)大審院は地方裁判所および控訴院の第二審判決に対する上告裁判を為《な》すもので、これが最終確定の裁判であります。大審院はこのほかなお特別権限として、大逆罪および皇族の犯罪について、第一審としてかつ終審としての裁判を行うの権を有《も》って居ります。これは地方裁判所または控訴院を通過せず、初めから大審院で裁判をして、それで最終確定の裁判とするのであります。裁判の仕方は区裁判所は単独、その他の裁判所は凡《すべ》て合議裁判であります。各裁判所には検事局が附置せられて居りまして、各相当の員数の検事がこれに属して居ります。検事は犯罪を検挙して裁判所に公訴を起すことを主たる任務とするもので、検事の公訴が無ければ刑事裁判は開始せられないのであります。そのほか民事事件についても検事は意見を述ぶるの権を有って居ります。検事は裁判官ではなく、したがって裁判官の如く職務上の独立を有し、また完全なる地位の独立を有って居るものではありませぬ。検事はその職務に関して上官の命令に従うの義務があるのであって、この点については普通の行政官と同様であります。また行政官が検事を兼任することも許されて居ります。ただその任用の資格、懲戒処分などについては検事も略々裁判官すなわち判事と同様の規定に従うこととなって居ります。その地位の安全を保障せられて居ることについても、裁判官の如く転任までもその意に反して行うことが出来ぬというのではありませぬが、なお刑法の宣告または懲戒の処分に由《よ》るに非ざればその意に反し免職せられない権利を有って居ることは裁判官と同様であります(裁判所構成法第八十条)。

参照　裁判所構成概要

第一　区裁判所

区裁判所ノ組織

区裁判所ノ裁判権ハ単独判事之ヲ行フ。判事二人以上ヲ置クトキハ其ノ裁判事務ヲ各判事ニ分配ス

其事務分配ハ毎年地方裁判所長予メ之ヲ定ム

区裁判所ノ権限

(一)区裁判所ハ民事訴訟ニ於テ左ノ事項ニ付裁判権ヲ有ス但シ反訴ニ関リテハ民事訴訟法ノ定ムル所ニ依ル

第一　二百円ヲ超過セサル金額又ハ価額二百円ヲ超過セサル物ニ関ル請求

第二　価額ニ拘ラス左ノ訴訟

(イ)住家其ノ他ノ建物又ハ其ノ或ル部分ノ受取明渡使用占拠若ハ修繕ニ関リ又ハ賃借人ノ家具若ハ所持品ヲ賃貸人ノ差押ヘタルコトニ関リ賃貸人ト賃借人トノ間ニ起リタル訴訟

(ロ)不動産ノ経界ノミニ関ル訴訟

(ハ)占有ノミニ関ル訴訟

(ニ)雇主ト雇人トノ間ニ雇期限一年以下ノ契約ニ関リ起リタル訴訟

(ホ)左ニ掲ケタル事項ニ付旅人ト旅店若ハ飲食店ノ主人トノ間ニ又ハ旅人ト水陸運送人トノ間ニ起リタル訴訟

(一)賄料又ハ宿料又ハ旅人ノ運送料又ハ之ニ伴フ手荷物ノ運送料

(二)旅店若ハ飲食店ノ主人又ハ運送人ニ旅人ヨリ保護ノ為預ケタル手荷物金銭又ハ有価物

(二)区裁判所ハ法律ニ特別ノ規定アルモノヲ除ク外非訟事件ニ関ル事務ヲ取扱フノ権ヲ有ス。非訟事件中登記事務ハ裁判所書記ヲシテ之ヲ取扱ハシムルコトヲ得

(三)区裁判所ハ刑事ニ於テ左ノ事項ニ付裁判権ヲ有ス但シ第二ニ記載シタル罪ハ予審ヲ経サ

ルモノニ限ル
第一　拘留又ハ科料ニ該ル罪
第二　有期ノ懲役若ハ禁錮又ハ罰金ニ該ル罪

区裁判所検事局

各裁判所ニ検事局ヲ附置ス検事ハ刑事ニ付公訴ヲ起シ其ノ取扱上必要ナル手続ヲ為シ法律ノ正当ナル適用ヲ請求シ及判決ノ適当ニ執行セラルルヤヲ監視シ又民事ニ於テモ必要ナリト認ムルトキハ通知ヲ求メ其ノ意見ヲ述フルコトヲ得又裁判所ニ属シ若ハ之ニ関ル司法及行政事件ニ付公益ノ代表者トシテ法律上其ノ職権ニ属スル監督事務ヲ行フ
区裁判所検事局ノ検事ノ事務ハ其ノ地ノ警察官憲兵将校下士又ハ林務官之ヲ取扱フコトヲ得
司法大臣ハ適当ナル場合ニ於テハ区裁判所試補又ハ郡市町村ノ長ヲシテ検事ヲ代理セシムルコトヲ得

執　達　吏

裁判所ヨリ発スル文書ヲ送達シ及裁判所ノ裁判ヲ執行ス、其ノ他法律ニ定メタル特別ノ職務ヲ行フ

第二　地方裁判所

地方裁判所ノ組織

所長一人、裁判所ノ一般ノ事務ヲ指揮シ其ノ行政事務ヲ監督ス。一若ハ二以上ノ民事部及刑事部ヲ設ケ、各部ニ部長ヲ置ク、部長ハ部ノ事務ヲ監督シ其ノ分配ヲ定ム。判事一人若ハ二人以上ヲ予審判事トシ毎年司法大臣之ヲ命ス。各事件ノ審問裁判ハ三人ノ判事ヲ以テ組織スル部ニ於テ之ヲ為シ其ノ中一人ヲ裁判長トス

地方裁判所ノ権限

(一)地方裁判所ハ民事訴訟ニ於テ左ノ事項ニ付裁判権ヲ有ス

第一　第一審トシテ区裁判所ノ権限又ハ皇族ニ対スル事件ニシテ控訴院ノ権限ニ属スルモノヲ除キ其ノ他ノ請求

第二　第二審トシテ(イ)区裁判所ノ判決ニ対スル控訴(ロ)区裁判所ノ判決及命令ニ対スル法律ニ定メタル抗告

(二)地方裁判所ハ刑事訴訟ニ於テ左ノ事項ニ付裁判権ヲ有ス

第一　第一審トシテ区裁判所ノ権限並ニ大審院ノ特別権限ニ属セサル刑事訴訟

第二　第二審トシテ(イ)区裁判所ノ判決ニ対スル控訴(ロ)区裁判所ノ決定及命令ニ対スル法律ニ定メタル抗告

(三)地方裁判所ハ破産事件ニ付一般ノ裁判権ヲ有ス

(四)地方裁判所ハ非訟事件ニ関ル区裁判所ノ決定及命令ニ対シ法律ニ定メタル抗告ニ付裁判権ヲ有ス

地方裁判所検事局

検事正一人、検事局ノ事務取扱ヲ分配指揮及監督ス。検事数人

地方裁判所支部

司法大臣ハ地方裁判所ト其ノ管轄区域内ノ区裁判所ト遠隔ナルカ若ハ交通不便ナルカ為至当ト認ムルトキハ地方裁判所ニ属スル民事及刑事ノ事務ノ一部分ヲ取扱フ為一若ハ二以上ノ支部ノ設置ヲ命スルコトヲ得

第三　控訴院

控訴院ノ組織

院長一人、一若ハ二以上ノ民事部及刑事部ヲ設ケ各部ニ部長ヲ置ク。各事件ノ審問裁判ハ三人ノ判事ヲ以テ組織スル部ニ於テ之ヲ為シ其ノ中一人ヲ裁判長トス。皇族ニ対スル民事訴訟ハ第一審ハ三人第二審ハ五人ノ合議裁判トス

控訴院ノ権限

控訴院ハ左ノ事項ニ付裁判権ヲ有ス

第一　地方裁判所ノ第一審判決ニ対スル控訴

第二　地方裁判所ノ第一審トシテ為シタル決定及命令ニ対スル法律ニ定メタル抗告

皇族ニ対スル民事訴訟ニ付第一審及第二審ノ裁判権ハ東京控訴院ニ属ス但シ第一審ノ訴訟手続ニ付テハ地方裁判所ノ第一審手続ヲ適用ス

控訴院検事局
　検事長一人、検事数人
　　第四　大審院
大審院ノ組織
院長一人、一若ハ二以上ノ民事部及刑事部ヲ設ケ各部ニ部長ヲ置ク。其ノ審問裁判ハ五人ノ判事ヲ以テ組織スル部ニ於テ之ヲ為シ其ノ中一人ヲ裁判長トス。大審院ノ或ル部ニ於テ上告ヲ審問シタル後法律ノ同一ノ点ニ付曽テ一若ハ二以上ノ部ニ於テ為シタル判決ト相反スル意見アルトキハ其ノ部ハ之ヲ院長ニ報告シ院長ハ其ノ報告ニ因リ事件ノ性質ニ従ヒ民事ノ総部若ハ刑事ノ総部又ハ民事及刑事ノ総部ヲ聯合シテ之ヲ再ヒ審問シ及裁判スルコトヲ命ス
大審院ノ権限
第一　終審トシテ(イ)地方裁判所及控訴院ノ第二審判決ニ対スル上告、(ロ)地方裁判所ノ第二審トシテ為シタル決定及命令並ニ控訴院ノ決定及命令ニ対スル法律ニ定メタル抗告
第二　第一審ニシテ終審トシテ刑法第七十三条、第七十五条及第七十七条乃至第七十九条ノ罪並ニ皇族ノ犯シタル罪ニシテ禁錮以上ノ刑ニ処スヘキモノノ予審及裁判
大審院検事局
　検事総長一人、検事数人

陪審制度

裁判所の組織の事についてなお一言申しておきたいのは陪審制度であります。日本の今日の制度においては総ての裁判は民事であっても刑事であっても専ら専任の官吏たる判事がこれを行うのであります。しかるに西洋諸国においては裁判は必ずしも専門の裁判官ばかりでこれを審理し裁判するというのではなく、一般人民の中から陪審員を選出してこれをして裁判に参与せしめて居るのが通常であります。これがいわゆる陪審制度で、英国を初め仏蘭西《フランス》、独逸《ドイツ》そのほか広く各国に行われて居ります。陪審制度にもいろいろ種類がありまして、あるいは民事刑事の双方の裁判についてこれを行って居るのもある、あるいは刑事裁判だけについて設けて居るのもある、あるいは刑事裁判の中でもただ重罪裁判についてのみ行って居る国もあります。陪審員の権限についても、あるいはただ事実の認定を為さしむるに止めて、その認定した事実に基いて法律の適用を決するのは専ら裁判官の任務として居るものもあるし、あるいは陪審員も判事と同様に事実の認定のみならず法律の適用についても権限を有せしめて、陪審員と判事との合議に依って判決するという制度を取って居るものもあります。かく制度に種々の相違はありますが、西洋の諸国は殆《ほとん》どみなこの制度を採用せざるものは無いという有様であります。日本においても近来は陪審制度を採用すべしという議論がかなり盛んで、衆議院でもかつて政府に陪審制度設置の事を建議したことがありましたが、今日では未だその運びには至って居りませぬ。将来においてその制度が日本においても採用せらるる時が来るであろうかどうかは今より予測し難い所でありまして、これを採用するの利害得失も随分疑わしい問題でありますが、今はただ欧洲諸国においてはこの如き制度が一般に行われて居るということのみを申すに止めておきます。

四　訴訟手続

凡《すべ》て裁判は民事でも刑事でも常に一定の手続を経て行わるるもので、その手続を訴訟手続と申します。訴訟手続は民事については民事訴訟法、刑事については刑事訴訟法に依《よ》って規定せられて居りますが、その詳細は固《もと》よりここにお話しすることは出来ませぬ。ただ二、三の要点についてのみ申し上げます。

刑事訴訟　まず刑事裁判について申すならば、刑事訴訟は検事からの公訴に依って開始せらるるのであります。検事はあるいは被害者からの告訴に依り、あるいは官吏もしくは人民からの告発に依り、あるいはその他の原因に依って、犯罪があると知ったならば、その犯罪の証憑《しょうひょう》を調べ、犯人を捜査して、管轄裁判所に公訴を提起するのであります。犯罪の捜査については司法警察官が検事の補佐となって、検事の命を受けてその任に当るのであります。検事の公訴があると、軽微な犯罪ならば直に公判に移されますし、やや重い犯罪ならばまず予審に附して、予審が終ってから後公判に移されるのであります。予審はつまり裁判の下調べでありまして、犯罪の証憑を調べ、公判に附すべきものであるか否かを決定するのであります。予審は予審判事がこれを担当するもので、予審判事は被告人に対して召喚状、勾引状《こういんじょう》、勾留状を発することが出来ます。予審判事からの令状が無ければ現行犯のほかは勾引することが出来ないのであります。予審の結果もし無罪と決したならば、免訴の言渡を為《な》すので、これに反して有罪と認めたならば、公判に移されるのであります。公判においては裁判官は更に証拠調を為した後、検事および被告人ならびにその弁護士をして各々弁論を為さしめて、その弁論を聞いた後これに対して判決を下すのであります。

上　訴　　これが第一審の判決でありますが、この判決に対して被告人がもし不服であったならば、一定の期間内に、その不服の理由を述べて上級の裁判所に控訴を為すことが出来ます。控訴審においては裁判所はその不服が果して理由ある不服であるか否かを審理して、もし理由が無いと認めたならばこれを棄却し、もし理由ありと認めたならば原判決を破毀して更に適当なる判決を下すのであります。控訴判決についてもなお不服であったならば、更に上級の裁判所に上告を為すことが出来ます。上告はただ法律の適用を誤ったということを理由とする場合にのみ提起することが出来るので、事実の認定については控訴審の判決が最終の判決たるのであります。控訴および上告は被告人のほか検事からも提起することが出来る事となって居ります。

裁判の公開　訴訟手続について重要なる原則の一つは、裁判公開の原則であります。これは刑事訴訟のみならず総《すべ》ての訴訟に通ずる原則でありまして、憲法の中に既にこの原則を明言して居ります。すなわち憲法第五十九条に「裁判ノ対審判決ハ之ヲ公開ス但シ安寧秩序又ハ風俗ヲ害スルノ虞アルトキハ法律ニ依リ又ハ裁判所ノ決議ヲ以テ対審ノ公開ヲ停ムルコトヲ得」とあります。裁判公開の原則はただ対審判決にのみ適用せられるので、予審には適用が無い。対審というのは、民事ならば、原被両告が裁判官の前に相対して口頭弁論を為すことを謂《い》うのであります。かく裁判の対審判決が、特別の理由に依って公開を停められる場合のほか、常に公開せられるということは裁判の公正を保ち裁判に対する人民の信用を高むるにおいて最も有力なる手段の一つであります。ただ公開の結果人心を煽動する虞《おそれ》のある場合や、風俗を害する虞のある場合には傍聴を禁止することが出来ることにされて居るのでありますが、公開の停止はただ対審についてのみで、判決を下す場合には必ず公開しなければならぬのであります。

証拠法

次に重要なる原則の他の一つは、証拠調についてであります。旧時代の裁判制度においては被告人の自白ということにのみ重きを置いて、刑罰の宣告を為すには必ず被告人が自からその罪を自認することが必要となって居ったのであります。被告人の自白を強うるがためには拷問を加うるということはやむを得ざるの必要であった。今日の制度においては拷問は堅くこれを禁止して居ると同時に、必ずしも被告人の自白にのみ重きを置かない。被告人の自白は無くとも種々の証憑《しょうひょう》に依りて犯罪のあったことを確認し得べき場合には、有罪を宣告するのでありますし、たとえ自白をしても、その自白が真実であると認め難い場合にはあるいは無罪を宣告すべき場合もあるのであります。凡て裁判官の心証に依って判断するのであります。

民事訴訟

民事訴訟は刑事訴訟とは頗《すこぶ》るその性質が異なって居ります。刑事訴訟は国家が犯罪者に刑罰を科するの手続でありますが、民事訴訟は人民相互の間に権利の争いがあった場合に国家がその争いを裁断するの手続であります。刑事裁判についてはただ被告があるばかりで原告が無い、原告の地位に立つ者は検事でありますけれども、検事は裁判官と同様に等しく国家の機関であって、国家を代表して犯罪を検挙するばかりで、真に原告たる者ではない。民事訴訟においてはこれに反して必ず原告と被告との双方の当事者がある。この双方が相争って居って、裁判官が双方の上に立って公平なる第三者としてその争いを裁判するのであります。刑事裁判は国家が自から進んでこれを行うのであるが、民事裁判はただ原告からの訴があって、始めて開かれるのであります。その結果として刑事訴訟とはいろいろその原則が異なって居ります。刑事訴訟ならば裁判の結果あるいは検事の要求したよりも一層重い刑を科することも出来るが、民事訴訟においては当事者の申立てた以外の事については裁判をすることは出来ないのであります。証拠調についても刑事訴訟ならば裁判所が進んで種々の証拠を蒐集《しゅうしゅう》することが出来るのでありますが、民事訴訟にあっては、裁判所はただ当事者の差出した証拠についての審理をするばかりで、その以外に自から証拠を集むることは出来ないのであります。ただし当事者が口頭弁論の権利を有《も》って居ること、対審判決が公開せられること、第一審判決に対して当事者がもし不服であったならば控訴を為し進んで上告を為すことが出来るということは、民事裁判も刑事裁判と同様であります。

人事訴訟および非訟事件

民事訴訟および刑事訴訟のほかに別に人事訴訟手続法および非訟事件手続法というものが定まって居ります。いずれも司法裁判所の管轄に属して居るものであります。人事訴訟というのは、離婚、養子の離縁、禁治産の宣告、失踪の宣告などのような親族関係、身分関係について裁判所において決定を為す手続を謂うのであります。その手続は民事訴訟と類似した手続に依《よ》って行われるのでありますから、これを訴訟と申して居りますけれども、その性質は真に裁判というべきものではなく、民事裁判の如《ごと》く権利の争いを裁断するのではないのであります。既に存立して居る権利関係を確認するのではなく、新たに権利関係を変更するのであります。非訟事件というのは、訴訟手続すなわち原告被告の対審に依りて判決するという手続を用いないもので裁判所の管轄に属して居るものを謂うので、法人登記、商業登記、不在者の財産の管理、親族会の招集などの事件を謂うのであります。

五　特別裁判所

特別裁判所の性質

これまで述べたのは通常裁判所について申上げたのであります。この通常裁判所のほかに別に特別裁判所というものがある。憲法第六十条に「特別裁判所ノ管轄ニ属スヘキモノハ別ニ法律ヲ以テ之ヲ定ム」とあります。すなわち民事および刑事の裁判は原則としては通常裁判所において管轄するものであるが、或る特別の事件については通常裁判所の管轄に属せしめないで、法律を以て別に特別裁判所を置いて、これを管轄せしむることが出来るとして居るのであります。特別裁判所を設けるのは必ず法律に依らなければならぬので、行政権を以て自由に特別裁判所を設けて通常裁判所の権限の一部をこれに移すということは固《もと》より憲法の許さないところであります。

その種類——軍法会議

特別裁判所の現行制度において設けられて居りますものは、殖民地の裁判所は別として、刑事事件については軍法会議がその最も重《おも》なるものであります。軍法会議は軍人軍属の犯罪についての裁判所でありまして、軍人軍属の犯罪は通常裁判所で管轄しないで特に軍事裁判所が設けてあるのであります。軍法会議の構成、その裁判手続等については陸軍治罪法、海軍治罪法によって規定せられて居りますし、軍人軍属の犯罪については別に陸軍刑法、海軍刑法の規定があります。

領事裁判

それから、日本が条約または慣習に依って治外法権を有《も》って居る外国、すなわち支那および暹羅《シャム》〔タイ国〕の如《ごと》き国においては、その国に在留して居る帝国臣民の犯罪および帝国臣民に対する民事訴訟については、その国に駐剳《ちゅうさつ》して居る日本の領事が裁判権を有《も》って居ります。領事は地方裁判所および区裁判所に相当すべき職務を行うのでありますが、ただ重罪については予審を為《な》すばかりで公判を行わない、領事の予審を経た重罪は長崎地方裁判所がこれを管轄することになって居ります。領事の裁判に対してはなお長崎控訴院に控訴することが出来るものとされて居ります。

特許局の審判

民事裁判についての特別裁判所は、右の領事裁判のほかには別段の著しいものはありませぬが、ただ特許権、意匠権、商標権、実用新案権に関する争いについては特許局審判官がこれを裁判することとなって居ります。法律にはこれを審判と申して居ります。審判の中には行政裁判の性質を有って居るものもありますが、民事裁判の性質を有って居るものもありまして、やはり一種の特別裁判所であります。

刑事事件に関する行政官庁の仮処分

これらの特別裁判所はいずれも或る特種の事件について刑事もしくは民事の裁判を行って居るもので、その決定は裁判所の判決としての効力を有って居るものでありますが、このほかに行政官庁において刑事事件について仮処分を行う権限を与えられて居る場合があります。それは第一にはいわゆる違警《いけい》罪、すなわち現行刑法で申すならば拘留または科料に該当する犯罪は、明治十八年の違警罪即決例という法律に依って、警察署または警察分署長またはその代理官吏がそれを即決処分する権限を与えられて居ります。そのほかなお租税に関する犯罪で罰金または科料に該当すべきものについては、収税官吏がこれを決定処分することが出来ることになって居ります。それは間接国税犯則者処分法という法律に依って定まって居ります。これらの場合はいずれもただ仮処分たる効力を有するばかりで、その罰を科せられた者がもしその処分に不服であったならば、裁判所に正式裁判を要求することが出来るのでありまして、もし正式裁判の要求があれば、その処分は全く効力を失い、初めから全く処分が無かったと同様になって、裁判所において再び第一審の裁判としてこれを判決するのであります。この点においてこれらの処分は特別裁判所の裁判と性質を異にして居るものであります。領事裁判とか特許局の審判とかいうものはいずれも普通の行政官庁が裁判を行うのでありますが、その裁判は通常裁判所の裁判と同様に第一審または第二審の裁判としての効力を有って居るもので、これに対して更に通常裁判所に控訴または上告を為すことが出来ますけれども、裁判所はやはり前の領事裁判または特許局の審判の判決を基礎として、これに不服の理由があるや否やを裁判するに止まるのであります。これらの場合はいずれも行政官庁が同時に特別裁判所たる地位を有って居るのであります。これに反して、警察署または税務署において仮処分を為《な》す場合は、もし正式裁判の要求が無ければその処分が確定の効力を生ずるものでありますが、もし当事者が正式裁判を要求すれば、その処分は全然無かったものと同じになるので、裁判所は控訴審としてではなく、第一審としてその裁判を行うのであります。

第八講(下)　法

一　法の本質

これまでは国家の各種の作用すなわち立法、行政および司法の各種について、説明致したのでありますが、今度は一般の法の性質および法が如何《いか》にして発生するかということについて大略の説明を致します。法と言っても法律と言っても同じ事でありますが、ただ法律と言うと形式的の法律すなわち議会の協賛を以て発布せらるるものと混同する虞《おそれ》がありますから、混同を避けるために法と申しておきます。

社会における法の必要　凡《およ》そ人類が相集まって共同生活を為して居る以上は、その共同生活において必ず各人の為すべきこと、為すべからざること、および為し得べきことについて一定の法則がなければならぬことは当然であります。もしこの如《ごと》き法則がなく、各人自分の欲するままに振舞ったならば、社会はただ強い者勝ちとなり、弱肉強食の状態となって、社会生活は全く成立することが出来ないのは言うまでもないことであります。僅《わず》かに四、五人寄って一家族を為して居っても、家族の間には必ず一定の法則がある。例えば子は親の命令を守らなければならぬとか、親は子の相当の年齢に達するまでは養育しなければならぬとか、妻は夫に従順で貞節でなければならぬとかいうような色々の法則がある。もしこの如き法則が無かったならば家族生活すらも平和に維持して行くことは到底出来ない訳であります。いわんや国家の如き大なる共同団体を為して居る場合には、必ずその共同生活についての法則が無ければならぬことはもちろんであります。法はすなわち凡《すべ》てこれらの共同生活における人類行為の法則を謂《い》うのであります。共同生活における各人の為すべきこと、為すべからざること、為し得べきことを定めて居る法則であります。為すべきことおよび為すべからざることの範囲はすなわち各人の義務で、その為し得べきことの範囲はすなわち各人の権利であります。この権利および義務についての法則がすなわちいわゆる法にほかならぬのであります。

法と道徳との区別

これだけの事は別段異論のあるべきことではありませぬが、しかしながらこれだけではまだ法の本質を明かにするには充分ではない。共同生活における各人の行為の法則の中には道徳上の法則もあれば法律上の法則もあるので、法の本質を明かにするには法と道徳とを区別しなければならぬのであります。家族生活の法則について申しても、親が子を養育する義務があるとか、子が親の命令に従わねばならぬとかいうことは法律上の法則で、その義務は単に道徳上の義務たるばかりでなく法律上の義務たるものでありますが、更に進んで、親は子に慈愛でなければならぬとか、子は親に孝行でなければならぬとかというような法則に至っては、道徳上の法則、道徳上の義務たるに止まるのであります。しかるに法と道徳との間に截然《せつぜん》たる区別を認めることは頗《すこぶ》る困難であります。もちろん明瞭なる法律上の法則と明瞭なる道徳上の法則とを比較すれば、その区別は判然たるものではありますが、両方相接近して居る所に至りますると、その限界を判然定むることは極めて困難なのであります。

その第一の差異

まず法と道徳との区別のある第一の点は、道徳は人間の心までをも支配する、単に外部に表われた行為のみならず、少しも外部に表われない心の働きについても支配する所の法則でありますが、法律はこれに反して単に心の働きにのみ止まって少しも外に表われない心理作用については更に関係する所がない。法律はただ外に表われた行為をのみ支配するもので、心の働きが外部に対する行為として現わるるに至って、初めて法律の支配する所と為るということが法と道徳との違う一つの点であります。

それからまた道徳は人間の一身上の行為についても支配する、他の人に影響を及ぼすべき行為でなく単に自分の一身上の事に止まるものであってもなお道徳の埒外に出ずるものではありませぬが、法律は人と人との関係を支配するに止まるもので、他の人に影響を与えない自分の一身上の行為については法律は関係しないのであります。これが法と道徳との第二の差異であります。この二つの点においてはその相違は明瞭でありますが、しかしながらこれだけでは法と道徳とを区別する標準と為すことは出来ませぬ。道徳も単に心だけを支配するものではなく法律と同じく外に現わるる行為をも等しく支配するものである、また他人に影響を及ぼすべき行為についてももちろん支配するのであります。ただ道徳は法律よりもややその規律する範囲が広いというに止まって、大部分においては道徳も法律も同じ範囲を有《も》って居るのであります。その範囲の相一致して居る部分については、法と道徳とを区別すべき標準は別にこれを求めなければならぬことは当然であります。

その第二の差異

法の本質に関する学説

法とは何であるか。この問題は古来幾多の学者の論議した問題で、しかも今日に至るまで議論の絶えない所であります。凡そ総《すべ》ての学問において、その学問の基礎となって居る根本観念は、かえって最も議論の多い最も不明瞭な問題であることはしばしば見る所でありますが、法律学においても同様で法律学の最も根本的の観念である法そのものについての見解が、法律学の中でも最も議論の多い最も意見の分かれて居る問題で、将来においても恐らくは意見の一致を見るに至ることは難いであろうと思われます。

法は主権者の命令なりとする説

まず最も皮相的な、その代りにまた最も解り易い見解は、法は主権者の命令であるという見解であります。あるいは法は国家の意思であると言ったり、国家の作った法則であると言ったりするのもやはり同じ思想から来て居るものであります。これは一寸考えると正しい思想のようで、殊《こと》に今日の有様では法は大部分立法者の制定した法規から成り立って居って、官報には殆《ほとん》ど毎日の如く幾多の法律命令が発布せられるし、法令全書には何千頁という大冊子が幾冊もあって、幾千となき法律命令が集載せられて居るのであります。平生こういう有様を見慣れて居るわれわれが、自然この如き文字に書き現わされた、立法者が制定した法則がすなわち法であるという考えを起すのは、怪しむに足らぬことであります。したがってこの見解は殊に日本においては随分広く行われて居りまして、法制教科書とか法学通論とかいうような書物は、殆どみなこの説に拠《よ》って居ると言っても宜《よ》い有様であります。

しかしながらこういう考えはただ表面だけを見た極《ご》く皮相の考えに過ぎぬもので、法の性質に対する説明としては最も誤った考えであると信じます。

その誤謬　もちろん国家は立法権を有《も》って居って、その立法に依《よ》って法を作るのでありますが、国家の立法は法の生ずる唯一の源ではない。国家の立法に依って法たるもののほかに、あるいは慣習に依って、あるいは条理に依って法たる力を生ずるものがあります。今日でこそ国家の立法が法の大部分を占めるようになって居りますが、少し古い時代に溯れば、立法はただ稀に行われたばかりで、大部分は慣習または条理に依って法が出来て居ったのであります。一方にはまた国家は自由に如何なる法律でも作ることが出来て、国家の作った法律は、どんなものでもみな法たる力を有し得るというのではない。能《よ》く国家は万能で、如何なる法律でも自由に作ることが出来ると申す者がありますが、それは甚《はなは》だ間違った考えで、国家といえども固《もと》より女を男とすることは出来ないし、死んだ者を生かすことは出来ない。啻《ただ》にそればかりでない、人民に対して命令することでも、その命令がわれわれの社会生活上の普通思想において到底遵奉し得べからざるものであるならば、法としての効力を生ずることはないのであります。例えば国家は貨幣制度を定めるの権がありますが、如何なる貨幣制度でも国家が随意に定めることが出来るという訳ではないので、その制度は必ず合理的のものでなければならぬ。例えば国家が不換紙幣を発行して、一枚の紙片を百円に通用すべしということを定めても、もし国家に財政上の信用がなければ、その紙幣は到底実際に百円に通用することは望むべからざる所で、それはただ実際の効力の無い空文に止まるのであります。また例えば国家は刑法を定めて人民に向て種々の行為を禁止することが出来ますが、その禁止する所の行為は必ずわれわれの普通の信念においても為してはならぬ事と思われ得る行為でなければ、到底法たる力を生ずることは困難であります。例えば日本の今日の状態において、突然法律を以て凡ての人民に向て酒を飲むことを禁止する、烟草《たばこ》を喫《す》うことを禁止するとしても、それは到底実行し得べからざる所で、いわんや米の飯を喰うことを禁じて必ず肉食しなければならぬことにするとか、和服を禁じて必ず洋装をなさしむるとか、土地の売買を禁止するとか、西洋流の学問を禁止するとかいうような禁令を発するとしてもそれは固より法として行われ得べきものではない。法が法として行われるのはわれわれ一般人の社会的信念が基礎となって居るもので、全然この信念に反するようなものはたとえ国家の意思であっても到底法たる力を有することが出来ないのであります。

それであるから、法が主権者の命令であると言ったり、国家の意思であるというのは大なる誤りであります。この点においては法と道徳との間に大なる相違は無い。道徳について申しても、あるいは主権者の命令または国家の意思と見るべきものが無いでもない。畏《おそ》れ多い事ではありますが、例えば教育勅語は主権者の制定になった道徳上の法則であります。明治天皇が一定の道徳の法則を御示しになって、その法則が今日の道徳の標準となって居るのであります。しかしながら道徳上の法則はもちろんこればかりではない、そのほかに昔からの習慣に依り条理に依って当然守らなければならぬものとせられて居る法則が沢山あります。法律もこれと同様で国家の制定するのは法の全部ではない。法は主権者の命令であるということの間違いであるのは、道徳は主権者の命令であるということの間違いであるのと大なる差異は無いのであります。

法は自然に発達すとするの説

以上の見解と正反対の見地に立って居りますのは、いわゆる歴史法学派の見解であります。歴史法学派は第十九世紀中独逸《ドイツ》において最も勢力を有《も》って居った学派でありますが、その見解に依ると法は自然に発達するもので人為的に作らるるものではないというのであります。すなわち国家の立法に依って新たに法を作るということを全然否認するもので、立法は決して新たに法を作り出すものではなく、ただ法を認定するに過ぎぬものである。法は社会の発達に伴うて歴史的に自然に発達するもので、立法者はただこの自然に発達し来った所の法を認識してこれを文字に書き現わすに過ぎない、決して立法者の勝手に作り出すものではないというのであります。この派の学者は能く法を言語と比較して居りますが、法の発達はあたかも言語の発達のようなもので、一国の言語が何時とはなしに自然に発達し変遷して行くのと同じように、法もまた社会上の種々の勢力に依って自然に発達するもので、言語について立法者が勝手にその法則を作り出すことが出来ないのと同様に、法についてもまた立法者の創造になるものではないというのが、その説の要点であります。

その説の批評

この説は前の説に比べると遥《はるか》に真理に近いものであります。しかしながら立法者が法を作るということを全く否認するのは、あまりに極端に失したものと言わなければならぬ。立法者は固よりどんな法律でも勝手に作り出すというのではないが、或る程度においては立法者が法を作成するものであることは争うべからざる所であります。全然われわれの一般信念に反するような法律は国家の意思を以ても作り出すことは出来ないのでありますが、しかしその一般信念に背かない範囲においては国家が任意の立法を以てこれを定めるのであります。例えばわれわれは人の物を盗んではならぬという一般信念を有《も》って居って、したがって人の物を盗んだ者を相当の刑罰に処するということはわれわれの信念においても当然の事と認むるのである。けれどもこれを何年の刑に処するのが相当であるかというような細密な点については、われわれは一定不動の一般的信念を有って居るものではない。それは国家の立法に依って定まるのであります。

要するに凡ての法を以て国家の意思または主権者の命令のみに帰することは固より誤りではありますが、国家の意思を以て法を作るということを全然認めないのもまた正当と言われないので、真理はその中間にあるものと信じます。

法の主観的性質

元来法律と道徳とはそう截然《せつぜん》たる区別をなすことの出来るものではない。法律にしても、道徳にしても、みな社会におけるわれわれ一般の思想の産物であって、われわれの思想を離れて決して客観的の存在を有って居るものではない、みなわれわれの頭の中に存在して居るのであります。まず道徳上の法則について見るとこれには多少客観的の標準と見るべきものが無いではない。畏らくも教育勅語を初めと致して、あるいは孔子の教えであるとか、論語とか、孟子とか、あるいはバイブルであるとかいうような、道徳を判断すべき或る標準はありますが、しかしそれらはいずれもわれわれの道徳的意識を起さしむる原因となるもので、その法則が今日の社会において道徳的法則として行われて居るのは、ただわれわれの頭において、われわれの心において、この如き事をしてはならぬ、この如き事を為さなければならぬということを意識して居るがためであります。われわれの意識を離れて道徳が存在して居るものではないのであります。法もまたこれと同様にただわれわれ一般人の意識においてその存在の根拠を有って居るのであります。われわれの心を離れて法があるのではない。法律とか命令とかいうものは凡てわれわれの法律的意識を発生せしむる原因となるものであります。専門の法律家の中でも、動《やや》もすると法律と道徳とは全く性質の違ったものであるとして、道徳は人性から発した主観的のものであるが、法律はこれに反して外から命令せられた客観的のものであるというような思想を有って居る者がありますが、それは大なる誤りであります。法律命令それ自身が直に法たるものでないことは、あたかも論語孟子が直に道徳ではないのと同様であります。法律命令に依ってわれわれの法律的意識が喚起せらるるので、その意識に依って法として行われるのであります。われわれは国家の命令には従わなければならぬ、これに服従するの義務があるという事を意識して居るがために、この一般的意識に基いて国家の命令が法たる効力を有するのであります。それであるから法も道徳も結局われわれの一般社会的意識に存立の根拠を有《も》って居ることにおいては全く同様であります。その区別のある所はただ道徳的意識と法律的意識とに多少の性質の差異があるというに止まるのであります。

法律意識と道徳意識

しかしながら法律意識と道徳意識との区別も、さまで判然たる区別ではないので、畢竟《ひっきょう》は程度の差異に過ぎぬのであります。広く申せば法もまた道徳の一部分にほかならぬもので、ただ道徳の中にその効力の特に強いものが法たる性質を有って居るのであります。一言にして申すならば、法律的意識というのはわれわれが社会生活上必ず従わなければならぬとする意識であります。われわれは法に対しては必ず従わなければならぬ。われわれが自からその可否を判断してこれに従うと否とを定めるべき自由は有たないので、是非ともこれに拠ることが必要であるのであります。道徳的意識はこれに反してこれに従うのが善事であるとする意識であります。道徳の方は時に応じて可否の判断を許すものである、是が非でも必ず従わなければならぬというのではなく、なるべくは従うべきものであるというのであります。道徳的法則は善悪の標準となるべきものであるが、法律的法則は善悪の界を超絶して、可否の裁量を許さず、是非とも従わなければならぬものであります。これが両者の区別の存する要点であろうと思われるのであります。簡単に申せば、法とは社会生活における人類行為の強要的法則なりということが出来ます。その強要的なることすなわち必ず従うことを要する法則であることにおいて道徳とその程度が違うのであります。

法律意識の性質

この如く凡て法はわれわれの法律的意識に存立の根拠を有って居るものでありますが、このいわゆる法律的意識というものは果して如何なるものを謂うのであるかはなお一言の説明を要します。われわれ一般の意識と申しても、人の心は各人相異なって居るものであるから、社会の総ての人が残らず同じ思想を有って居るものではないことはもちろんであります。一人がこれが法であると思っても他の者はそれを法とは思わないかも知れぬ。社会の人が一人残らず同じ法律的意識を有って居ることは固より期することは出来ぬのであります。しかしながら、例えば言語についても日本語ならば日本語、英語ならば英語には各々一定の法則があって、教育を受けた一般の人の間には、その法則が正しい言語の法則として意識せられて居ると同じに、法律上の法則についてもまたは道徳上の法則についても、健全なる標準的人物の頭には自ずから一定の意識があるのでありまして、この如き一般の意識を称して社会意識とか社会心意とか申すのであります。

法律意識の発生原因

この如き法律的意識は何に依って生ずるかと申しますと、それは色々の複雑な原因に基くものでありますが、その最も著しいものを挙げますと、凡そ三つに帰することが出来ようと思います。それは第一に服従心、第二に習慣性および模倣性、第三に正義心であります。これらは凡て人間の心理作用に属するものでありますが、これらの精神の働きが相合して人間の社会における法律意識となるのであります。

(一)服従心

第一に服従心。というのは、国家の権力に服従しなければならぬとする意識を申すのでありまして、言い換うれば法の権力的要素であります。前に申した法は国家の意思であるという見解は、ただこの要素のみを眼中に置いて、凡ての法はただこの要素のみから成り立って居るとして居るのでありまして、この点において誤った見解でありますが、しかしそれが法の一つの要素であるということは疑いの無い所であります。法と道徳との異なって居る一つの著しい点は、この権力的要素が法においては特に強く表われるということにあります。国家は立法権に依っては法を制定してその遵奉を命じまするし、司法権および行政権に依っては法を実際に運用してその効果を維持しまするし、法の一大部分はこの二方面の権力に依って成立し、維持せられて行くのであります。

(二)習慣性および模倣性

第二には習慣性および模倣性。これも第一の要素にも譲らぬほど、法の成立および維持に与《あずか》って力あるものであります。社会生活における種々の法則は、言語の法則でも、社会上の礼儀でも、日常の風俗でも、服装などについての流行でも、大部分は習慣および模倣に依って生ずるのであります。法律上の法則でもやはりこれと同様に、習慣および模倣が大なる勢力を占めて居るものであります。今日では民法でも商法でも、成文の法典が備わったために法の習慣的要素が昔ほど著しくないようでありますが、しかしながら今日においてもその勢力は決して衰えたものではありませぬ。法律生活においても習慣の勢力の如何にも著しいものであるかは、最も多く旧慣を墨守して居る俳優とか力士とかの生活関係について見ると容易に知ることが出来る。俳優の仲間について申すと、例えば團十郎という名前は市川宗家の独占権に属して居って、それから譲られなければほかの者はこれを名乗ることが出来ぬとか、歌右衛門という名前は誰の権利に属するとかいうことが大変に喧《やかま》しいのでありますが、しかし民法には氏名権については何の規定をも設けて居らぬので、これらは専ら習慣に依ってのみ法として認められて居るのであります。これはただ一例でありますが、これと同様の例はいくらも見ることが出来ようと思います。

(三)正義心

第三に正義心。これは今日の法律家の最も閑却して居る所でありますが、しかし前の二つの要素と相並んで、また法の大切なる要素の一つたるものであります。法は正義なりということは昔から多くの学者の唱え来った所で、争うべからざる真理であります。ただ正義心のみが法律意識を生ずる、唯一の原因ではないので、国家の権力とか習慣性とかいうことに依っても法律意識を生ずることがあるので、例外的の現象としては往々正義に反すと思われることが、法として行われて居ることが無いとも限らぬ。この例外的の現象を見て、直に法は正義であるということを排斥し去らんとするのは甚しい間違いであります。われわれが是非従わねばならぬ法則であると意識するのは、あるいは国家の命令であるから拠《よんどころ》なく従わねばならぬという場合もありましょうし、あるいは多年の習慣であるから多くの人のすることであるからとかいうことに依って自分も従わねばならぬものと考える場合もありましょうが、多くの場合にはそれが正義であるから、それが道理に適って居ることであるから、これに従わねばならぬという意識を生ずるのであります。日本の近頃の法律家が法律を解釈するのにただ法律の文字のみに重きを置いて、如何に常識に反して居ようとも、如何に正義の思想に背いて居ようとも、それには少しの頓着もなく、悪法もまた法であるというような事を申して、ただ法律の文字をその文字通りに解釈してそれがすなわち法であるというように思って居るのは、大変に間違った、また社会のために甚だ危険な思想であります。国家は正義の擁護者として、公益の保護者として社会の正義を維持し公益を全うするがために法律を作るので、正義に反し公益を害するような法律は本来あるべき筈《はず》ではない。たとえ法律の文字の上からは正義に反するように見えても、それは国家の真の意思ではないと見るべきが当然で、いやしくも解釈の余地のある以上は、出来得べきだけは正義に適するように解釈して、法律と正義との間の調和を計らねばならぬのであります。法律を極めて窮屈に解釈することは、日本の法律界の通弊でありますが、近来は仏蘭西《フランス》、独逸《ドイツ》等においては、この如き窮屈な解釈法を取るものとは正反対に、法律は非常に自由に解釈しなければならぬ、法律の文字などには強《し》いて重きを置くに足らないということを主張するものが、追々盛んになって、普通にその派の事を自由法学派と申して居ります。裁判官はあたかも立法者と同様の地位に立って、何がこの場合において最も公益に適合するか正義の思想に適うかを自から判断して決すべきものであるというのであります。この派の主張はいささか極端に失するようで、裁判官が銘々勝手な解釈をするというのでは困る訳でありますが、しかしながら法律の文字のみを金科玉条と心得て、法律の本来の目的を忘れてしまうのは一層甚《はなは》だしい弊害であります。法は正義であるということは法の運用に当って居る者の暫くも忘るべからざる所であります。

以上の如《ごと》き種々の要素が相合して社会の法律的意識が成立するもので、この法律的意識に依《よ》って法が成立し維持せられるのでありますが、かく法律的意識の生ずる原因が異なるにしたがって法に種々の種類を生じます。次にその種類について申上げようと思います。

二　法の種類

淵源に基く法の分類

法は種々の方面からその種類を別つことが出来ますが、最も大切なる区別は法の発生する淵源から見た区別であります。私は法律意識の生ずる原因を、服従心、習慣性(および模倣性)および正義心の三つに別けましたが、この区別に応じて、法の種類もまた制定法、慣習法、理法(または正義法)の三種とすることが出来ます。このうち慣習法と理法とはこれを合せて非制定法と称することが出来ます。

（二）制定法

第一に制定法は国家の制定に依って法たるもので、すなわち国家が一定の手続を以て、人の守らねばならぬ法則として定めたものを謂《い》うのでありま す。あるいは成文法と申してもほぼ同じ意味であります。成文法は今日においては法の大部分を占めて居るものでありますが、旧い時代においては法は大部分は不文法すなわち非制定法であったので、あるいは慣習法あるいは理法が法のほとんど全部または少なくとも大部分を占めて居ったのであります。ただ社会が追々と複雑になるに従って、この如き自然の条理または慣習に依って法が定まって居ることになると、何が法であるかが甚だ不明瞭で多くの場合において法を認識することが困難である、法の適用について争いを生じ疑いを生じた場合に、それを決定すべき一定の標準がないということになります。これを明瞭ならしむるためには、一定の文書を以てその法則を書き現わすことが必要となって来る。あるいは国家の公の制度についても、例えば維新の改革のような根本的の大変革を行う場合はもちろん、それほどの大改革でなくとも凡《すべ》て旧制度を改革して新しい制度を定めるというような場合には、やはり文書を以て新制度を明かにすることが欠くべからざる必要であります。この如き必要から社会が進むに従って国家の立法が追々と頻繁になり追々重要の地位を占めて来ることとなったので、今日においては昔とは反対に法の大部分は制定法からなって、不文法すなわち非制定法はただ成文法の不備を補うという地位を有《も》つに過ぎないというような状態になったのであります。古い時分は法は原則として不文法からなって居って、ただ不文法を変更せんとするとき、または疑いを明かにせんとする場合に、補充的に成文法を作ったに過ぎなかったのでありますが、今日は原則として成文法を以て凡ての法則を定むるという有様になって居るのであります。ただし成文法と不文法との重要の度合は、国に依って必ずしも一様ではないので、殊《こと》に英吉利《イギリス》では今日でも原則として不文法に依って居るのでありますが、それでも年々成文法が非常に増加して居ります。日本はこれとは反対に、最も成文法に重きを置いて、形容して言えば真に法令雨下すともいうべき状態であります。しかしながら如《い》何《か》に成文法が綿密となったとしても、社会生活の凡ての法律関係を少しも漏らす所なく規定することは、到底期待することの出来ない所で、如何なる時代になっても制定法すなわち成文法のほかに必ず或る範囲において不文法すなわち国家の制定に依らない法が行われて居るのであります。

(二) 慣習法　第二に非制定法の中の最も著しいものは慣習法であります。慣習法は長い間事実上慣習として行われたがために法たる力を有するものであります。

慣習法の中にまた政治的慣習法、行政的慣習法、判例的慣習法および民間慣習法の数種があります。政治的慣習法というのは政治上の慣習すなわち憲法上の法則に関する慣習法であります。日本の憲法上の法則も明治二十二年に憲法を制定せられたに至るまでは殆《ほとん》ど全く慣習になって居ったのであります。殊に憲法上の最も大切なる法則たる、日本が万世一系の天皇に依って統治せられるということは、あえて憲法の明文に依って定まったのでなく、二千五百年以前から既に定まって居った政治的慣習法であります。皇位継承の法則なども皇室典範の制定せらるるまでは専ら慣習法に依って定まって居ったのであります。それらは凡て政治的慣習法であります。行政的慣習法は行政上の実際の取扱が多くの先例を積んで自ずから法となったものであります。判例的慣習法はこれと同様に裁判所の判決例が先例となって自ずから法律的意識を生ずるに至ったものでありま す。民間慣習法というのはわれわれ人民の間に多年慣習として行われたものが法律となったものを謂うのであります。

(三)理法

不文法の第二の重要なる種類は私の理法と称して居るものであります。あるいは正義法と言ってもよかろうと思います。つまりわれわれの正義心においてかくあらねばならぬと意識して居る法則であります。制定法、慣習法のほかに理法という一種の法があるということは、日本にはあまり広く行われて居らぬ説でありますが、私は固くこれを信じて居ります。普通に法律家が能《よ》く類推ということを申します。類推というのは、直接に法律に何の規定も無い場合に、もしそれと類似の事柄について法律の規定があれば、この場合もこれに準ずべきものとして、その規定を適用しようというのでありますが、これもやはり正義の要求すなわち理法にほかならぬのであります。すなわちわれわれの正義心において、同様の事柄は同様の法則の下に支配せらるべきものであることを意識して居るから、いわゆる類推が行われるのであります。そのほか凡て成文法も備わって居らず、慣習も無いという場合には、われわれの正義心の要求する所に依って何が法であるかを認識するのほかは無いのであります。最近(一九〇七年十二月)に発布になった瑞西《スイス》の新民法第一条には、この法律に規定のあるものについてはこの法律を適用し、この法律に規定の無いものは慣習法に従い、慣習法も無い場合には裁判官は自分が立法者であったならば法規として制定したるべき所に従って裁判すべしということを規定して居りますが、この最後の法則はすなわちいわゆる理法を裁判の準拠法となすべきことを命じたものであります。ただ私は更に一歩を進めて制定法の規定の備わって居る場合であっても、その規定の解釈を定むるには常に理法すなわち正義心の要求を参酌して解釈しなければならぬと信ずるのであります。

内容に基く法の分類

制定法、慣習法、理法の区別は、法をその淵源から区別した種類でありますが、法はまたその規定の内容に依って種々に分類せられます。法は社会生活における人類行為の強要的法則でありますが、人類の社会的生活関係にはいろいろの種類がありますから、その生活関係の異なるに因《よ》って法は数種に区別することが出来ます。

公法および私法

第一に人類の社会生活には国家的生活と個人的生活との二方面があります。一面にはわれわれは国家の一員として国家的の共同生活を為《な》して居る、一面にはまたわれわれは人間として一個人として、個人的生活を営んで居る。われわれの生活関係にこの二方面あるに依って、社会生活の法則たる法にもまた国家的生活関係の法則と個人的生活関係の法則とを区別することが出来ます。公法と私法との区別はこれに依って生ずるので、国家的生活の法は公法で、個人的生活の法は私法であります。

公法と私法とはまた各々その規定事項の如何《いかん》に依って数科に分かたれて居ります。公法には、まず国際公法と国内公法との区別があり、国内公法には更に憲法、行政法、刑法、訴訟法などの区別があります。憲法のことは時としては国家法または国法と称することがありますし、あるいはまた憲法と行政法とを合せてかく称することもあります。私法には民法、商法、国際私法などの種類がありますし、民法の中には更に人格法、親族法、相続法、物権法、債権法、工業所有権法などいろいろに分かつことが出来ます。

法の種類についてはなお申上げたい事もありますが、もはや時が無いからこれだけにして、次回には制定法の各種について説明しようと思います。

第九講(上)　制定法の各種

前回に制定法と非制定法との区別について大体のお話を致したのでありましたが、それに続いて今日は極めて簡単に制定法の各種類について申上げたいと思います。日本の制定法は、憲法および皇室典範を最も重《おも》なるものとし、その下に法律、命令、条約等の各種があります。これらの各種について順次簡単に説明しようと思います。

一　憲法

憲法の意義　制定法の各種類の中では、第一に憲法を挙げなければならぬ。憲法という言葉は、その本来の意味から言えば、国権の組織および作用に関する基本的法則を謂《い》うのでありますが、そういう意味においては如何《いか》なる国家においても必ず憲法が無い国はないのであります。憲法が無ければ未だ国家として成立して居るものではない。いやしくも国家として成立する以上は、その国家の権力について、誰がその権力を総攬する人であるか、その権力がどういう風に行われるかという根本的原則について、必ず一定の法則がなければならぬのであります。能《よ》く国家と法とはどちらが前に出来るものであるか、国家があってしかる後に国家が法を作るのであるか、あるいは法がまず出来上がって国家が後に出来るのであるかという問題を論ずる人がありますが、国家と法とは前後の関係のあるものではない、必ず同時に存在すべきもので、少なくとも憲法は国家の成立と同時に必ず成立すべきものであります。また国家が成立しないで憲法が先に出来るということもない。そういう意味においては日本もまたその建国の初めから既に一定の憲法が備わって居ったのであります。すなわち日本が君主政体であって、万世一系の天皇を戴いて居るということは建国の初めから定まって居った憲法上の法則であります。

しかしながら今日普通に申す憲法という語はそういう広い意味に用いらるるのでなくして、ただいわゆる立憲国すなわち国会を有して居る国の憲法だけを申すのであります。専制政治の国でも封建政治の国でもその国権の組織および作用について一定の法則はもちろん定まって居って、すなわちそういう意味においては憲法があるのでありますが、それは普通に憲法とは申さないので、ただ国会を開いて居る国の国権の組織作用についての根本法則のみを憲法と謂い、この如《ごと》き意義においての憲法を有する国のみを立憲国と申すのであります。

成文憲法と不文憲法

立憲国の憲法はあるいは特別の法典として、その法典の中に一括して規定せられて居る国もあります。あるいは英吉利《イギリス》のように多くの単行法律または判決例、または事実上の慣習などに依《よ》って定まって居って、これを一纏《ひとまと》めにして規定した特別の法典の無い国があります。普通に前者を成文憲法と申し、後者を不文憲法と申します。制定法の第一種としてここに憲法を挙げましたのは専ら成文憲法すなわち一国の憲法的法則の全部を一定の法典として制定したものを謂うのであります。もちろん不文憲法と申しても、全く成文が無いというのではない。英吉利のような不文憲法の国でも、有名なる大憲章《マグナ・カルタ》を初めと致して権利章典《ビル・オブ・ライツ》とか権利請願《ペチション・オブ・ライト》とか王嗣決定法《アクト・オブ・セットルメント》とか、そのほか人身の自由を保障したハベアスコルプスアクト〔Habeas Corpus Act. 人身保護法(一六七九年)〕だの、国会議員の選挙法だの、最近に上院の権限を制限した国会法だの、そのほか単行法律は幾らも出て居るのであります。ただこれを一括して規定した法典が無いのでありますから、普通にこれを不文憲法と申して居るのであります。今日では不文憲法の国は英吉利のほかには僅《わず》かに匈牙利《ハンガリー》があるばかりで、その他の立憲国は悉《ことごと》く成文の憲法を備えて居ります。英吉利《イギリス》においても英吉利本国には成文憲法はありませぬけれども、英吉利の殖民地である濠洲聯邦、加奈陀《カナダ》、南阿《ア》聯邦等の自治殖民地には各々成文憲法を備えております。

成文憲法の沿革

この如く憲法上の法則を成文の憲法を以て一括して規定するということは、その起源は比較的新しい事で、昔は何処の国でも不文憲法であった。すなわち国権の組織作用についての根本法則は概してただ事実上の政治慣習に依って定まって居たものであります。成文憲法の歴史は近代における代議制度伝播の歴史とその沿革を同じうして居るもので、近代において新たに立憲制度を採用して国会を設けるに至って、各国とも初めて成文憲法を制定するに至ったのであります。初めてこの如き成文憲法を作らんとした企ては、第十七世紀中に英吉利において革命があった時、クロムウェルの配下において憲法草案を起草して、これを国民会議の決議に附せんとしたのが最初であります。これは成効するには至らなかった。これに次いで第十八世紀に至って、亜米利加《アメリカ》における英吉利の諸殖民地が独立戦争の結果英吉利本国から分離して各々独立の一国となった時、各国とも各成文憲法を作って、国権の組織を定め人民の権利を保障したのであります。この亜米利加各州の憲法が実に近代の成文憲法の最初のものであります。最初に英吉利から独立したのは十三州でありましたが、これらの十三州は間もなく相聯合して北亜米利加合衆国を組織して、この合衆国にもまた同様の成文憲法を作った。この憲法の出来たのは一七八七年〔一七八八年発効〕でこれが多少の修正を経て今日もなお合衆国に行われて居る憲法であります。欧羅巴《ヨーロッパ》においては仏蘭西《フランス》がその先導者の地位に立って居ったので、すなわち仏蘭西大革命の際一七九一年に仏国の国民議会において議決した憲法が欧羅巴における成文憲法の最初であります。仏蘭西はその後しばしば政体の変革があって、憲法は幾たびも改正せられたのでありましたが、これらの仏蘭西の政変は常に他の諸国にも偉大の影響を与えて、他の諸国も相次いで立憲制度を採用すると同時に、また成文の憲法を作るに至ったのであります。

成文憲法と不文憲法との差異

成文憲法と不文憲法とが法律上違って居る最も著しい点は、成文憲法は普通の法律とその改正方法が違って居って、その改正が普通の法律よりも一層鄭重なる手続を要することにあるのであります。普通の法律ならば議会の過半数の決議があって君主がこれを裁可すれば、それで成立するのであるが、憲法の改正には或る特別の手続を必要として居るのであります。すなわち普通の法律よりもその改正を困難にして容易に変更することの出来ないようにして居るのであります。不文憲法の国はこれに反して憲法と普通の法律との間に全くこの如き区別を認めないで、憲法上の最も大切なる法則すらもなお普通の法律と同様の手続を以て変更することが出来るものとして居るのであります。これが成文憲法と不文憲法との法律上の差異の最も重なる点で、これがために不文憲法の方はあるいはこれを称して可動憲法または軟性憲法と申し、成文憲法の方は固定憲法または硬性憲法と申して居ります。

軟性憲法および硬性憲法

成文憲法は一度制定せられるとそれが殆《ほとん》ど固定してしまって、全く改正が出来ないというではないが、容易に改めることが出来ないからこれを固定的の憲法、硬い憲法と謂うのであり、不文憲法の方はあるいは慣習に依り、あるいは判決例に依りあるいは単行法律に依って事情の必要に応じて比較的容易に改めて行くことが出来るのであるから、これを可動的の憲法または軟い憲法と謂うのであります。英吉利《イギリス》の憲法は不文憲法でありますからすなわち軟性憲法に属して居るもので、例えば最近の上院制限問題のような根本的に憲法を飜《ひるが》えさんとするような重大な改正でも、なお普通の立法と同様の手続を以て、下院の過半数の決議と上院の過半数の同意とがあればそれで成立するのであります。無論国王の裁可が必要でありますが、国王が裁可を拒むということは英吉利では全く無いこととなって居りますから、議会の決議さえあれば、実際それで成立するのであります。成文憲法の方はこれに反して、国に依ってその困難の程度にはいろいろの違いがありますけれども、いずれも或る程度において普通の法律よりもその改正を困難ならしめて居るのであります。あるいは国に依っては憲法改正のためには普通の議会ではなく或る特別の会議を設けてその会議で決議しなければならぬとして居る国もあります。あるいは普通の議会で決議することは決議するが、ただその手続において普通ならば出席者の過半数を以て決するのに、憲法の改正については、あるいは出席者の四分の三とかあるいは三分の二とかの多数を得なければ成立しないものとして居る国もあります。

帝国憲法の改正

日本の憲法は言うまでもなく成文憲法であります。したがってまた硬性憲法であります。その改正の手続が普通の法律よりも一層困難にせられて居るのであります。日本の憲法改正の手続は憲法第七十三条に定まって居りまして、すなわち「将来此ノ憲法ノ条項ヲ改正スルノ必要アルトキハ勅命ヲ以テ議案ヲ帝国議会ノ議ニ付スヘシ。此ノ場合ニ於テ両議院ハ各々其ノ総員三分ノ二以上出席スルニ非サレハ議事ヲ開クコトヲ得ス出席議員三分ノ二以上ノ多数ヲ得ルニ非サレハ改正ノ議決ヲ為スコトヲ得ス」とあります。また第七十五条には「憲法及皇室典範ハ摂政ヲ置クノ間之ヲ変更スルコトヲ得ス」とあります。すなわち日本の憲法の改正手続が普通の立法の手続よりも特に困難となって居るのは四つの点でありまして、第一にはその発案権、すなわち憲法改正の法律案を提出するの権は専ら天皇の大権にのみ留保せられて居りまして、勅旨に依って議会の議に付せらるるばかりで、議会からは憲法の改正については全く議案を提出することが出来ぬのであります。これが最も著しい点であります。これはほかの国にはあまり例の無いことで日本の特例であるということはかつて申上げた通りであります。第二は出席者の定足数が普通の立法ならば総議員の三分の一を以て足れりとするのでありますが、憲法の改正の場合においては総議員の三分の二の出席を必要とする。貴族院においても、衆議院においても各々三分の二の出席がなければ議事を開くことが出来ぬのであります。第三点は憲法改正の議決を為《な》すには賛成者の数が各院とも出席議員の三分の二以上でなければならぬ。普通の法律ならば出席議員の過半数の賛成があれば成立するのでありますが、憲法の改正については特に三分の二なければならぬ、三分の一と一人の反対があれば成立することが出来ぬのであります。第四の点は、摂政を置くの間改正を禁止されて居るということであります。この四つの点が日本において憲法の改正手続が法律と異なって居る点であります。このほか憲法の改正について今一つ普通の立法と異なって居る点は、議院法第六十七条に依って、各議院は憲法改正についての請願を受くることの出来ないこととなって居ることであります。要するに憲法は国家の根本法則であって、猥《みだ》りにこれを動かすべきものではない、固《もと》より時勢の進運に伴うてやむを得ざるの必要があればこれを改正することは憲法の禁ずる所ではないのでありますが、人民の側からこれが紛更《ふんこう》を試みることは全く禁止せられて居るのであります。

成文憲法の内容

各国の成文憲法の中に規定してある事柄は、国に依って必ずしも一様ではない。学問上に言う所の憲法的法則は前にも申す通り国権の組織作用に関する根本法則ということで、立憲君主国について申すならば、君主の地位、君位継承法、君主の大権、摂政、議会の組織および権限、内閣制度、行政組織の大綱、司法組織の大綱、国家の領土、臣民たる資格、臣民の権利の大綱などはいずれも実質上憲法に属する法則であります。しかるに各国の成文憲法について見ますと、これらの事柄の中あるいは憲法法典の中には規定されないで、普通の法律またはその他の法規に依って規定されて居るものが沢山あります。あるいはこれと反対に成文憲法の中に規定されて居る事柄であっても、しかも性質上から申せば憲法的法則ではなく、かえって行政法、訴訟法などに属すべきものも少なくないのであります。国に依っては成文憲法の中に非常に細かい行政法規に至るまで規定して居る国があります。例えば亜米利加《アメリカ》の各州の憲法の中には極めて小さな行政上の法則を規定して居るのも少なくないのであります。甚《はなは》だしいのは学校の授業料であるとか、労働賃銀であるとか、鉄道の賃銀であるとかいうような事までも憲法の中に規定して居る国があります。それであるから成文憲法の内容と実質上に謂う憲法上の法則とはその範囲が必ずしも相一致するものではないのであります。何故にこの如く成文憲法の内容が各国区々になって居るかと申しますれば、それは主として成文憲法の改正が普通の立法よりも困難であるという理由に基いて居るのであります。すなわち将来永くなるべく改正することを欲しない、永続的の効力を有《も》って居るようにして容易に変更することの出来ないようにしようという法則は、たとえ実質上憲法に属しないものでもこれを成文憲法の中に規定する。実質上は憲法的法則に属するものであっても、将来事情の変更に応じてあまり困難なく改正することの出来るようにしたいと思うものは、特に憲法の中に規定しないで普通の法律に譲って居るのが多いのであります。各国の成文憲法の内容が必ずしも実質上憲法的法則と看るべきものの範囲と相一致しないのはこの理由に基くのであります。日本憲法について申しましても、実質上憲法に属する法則であって、しかも成文憲法の中に規定されて居らぬものは沢山あります。それは憲法制定者が特に意を用いて故《ことさ》らにこれを省いたのであります。殊《こと》に日本の憲法は貴族院および衆議院の組織に関する法則、各議院の会議に関する法則は、いずれも憲法の中には規定しないで、別に衆議院議員選挙法、貴族院令、議院法というような法律または勅令を以て定めてあります。それらの事柄は時勢の必要に応じて将来改正の必要を生じ得べき事柄であるから、殊更《ことさら》に憲法の中からは除かれたのでありまして、憲法それ自身はなるべく永久的のものとしてその尊厳を維持し、改正の必要を生ずべきものは憲法からは離して必要に応じて改正することの出来るようにしようという趣意に出でて居るものであります。これは日本の憲法の一つの特色で、大多数の国においては貴族院および衆議院の組織については少くとも主なる原則は憲法の中に規定してあるのが普通であります。それから日本の憲法には、皇位継承に関することおよび摂政に関することは、憲法の中からは除いて、別に皇室典範を以て規定せられて居ります。これは今申した衆議院議員選挙法などとはその趣意を異にして居りまして、将来改正の必要の生ずることを予想したためではなくして、専ら皇室の事は臣下の喙《くちばし》を容るべき筋合ではないという趣意に出て居るのであります。この趣意から特に憲法上の法則ではありますけれども、皇室の事に関聯して居るものは概《おおむ》ねこれを皇室法に譲って居るのであります。一方においてはまた行政上の法則であってしかも憲法の中に規定されて居るのも少なくない。殊に会計に関する法則について憲法の中に規定されて居りますものは、性質から言えば行政法規に属するものも少なくないのでありますが、こと国民の負担に関聯して重大な事柄であるから将来長く変更すべからざるものとして、特に憲法の中に規定されて居るのであります。

憲法制定の沿革については帝国の政体を述ぶる所で既に申上げたと思いますから今は申しませぬ。

二　皇室典範および皇室令

皇室典範の性質

制定法の第二は皇室典範であります。皇室典範は憲法と同時に明治二十二年二月に制定せられた皇室に関する根本法則で、憲法と相並んで国家の最も重要なる法規の一つであります。

その形式

皇室典範は憲法および法律とは重要の点においてその形式を異にして居ります。最も著しい第一の点は、皇室典範の最初に発布せられました時には、国務大臣の副署がなく、また正式に官報を以て公布せらるることがなかったことであります。総《すべ》ての国家の法規は国務大臣が副署をして、官報を以て公布するということが一般の通則でありまして、それは憲法の発布前から既に明治十九年の公文式に依《よ》ってもその事が定まって居ったのであります。しかるにこの皇室典範のみは国務大臣の副署もなく、また正式に公布をされなかったのであります。それは何故であるかと申しますと、当時の思想においては、皇室典範はただ皇室内部の法則であって、国民に関係のあるものではない、国家の法規でなくてただ皇室内部の家法であると看做《みな》して居ったからであります。伊藤公の皇室典範義解に「皇室典範ハ皇室自ラ其ノ家法ヲ条定スル者ナリ故ニ公式ニ依リ之ヲ臣民ニ公布スル者ニ非ス」といって居るのはすなわちこの趣意に出でて居るのであります。しかしながら皇室典範の性質について能《よ》く観察すると、それは決して単純なる皇室の家法たるものではないのでありまして、その一大部分は最も重要なる憲法的法則を定めたものであります。殊に皇位継承および摂政に関する法則は国家組織の最も根本的法則というべきものであります。皇室典範の中で純然たる皇室内部の家法と看做すべきものはただその小部分のみに止まって、大部分は国家に重要の関係ある性質の法規であります。それでありますから、その後明治四十年に公式令という勅令が発布せられて、各種の国家行為の形式を改定せられました時分に、皇室典範の形式についても従来の制を改めて、将来皇室典範を改正増補せらるる場合には、やはり一般の国家法規と同じく、国務大臣の副署を以て官報を以て公布せらるべきものと定められたのであります。公式令の発布に続いて、同じく四十年二月に皇室典範に数ケ条の増補を加えられましたが、その時には公式令の規定に依って、宮内大臣および国務各大臣の副署を以て発布せられたのであります。すなわち今日においては形式の上においても、皇室典範が決して皇室の内事に関する家法と見るべきものではなく、国家の法規であることが明かに承認せられたと言って宜《よ》いのであります。第二に著しい点はその改正手続でありまして、すなわち皇室典範の改正は帝国議会の協賛を要せずということであります（憲法第七十四条）。前に申す通り皇室典範はその内容においては憲法的法則を包含して居ることが少なくないのでありますが、それにもかかわらず国会の協賛権は皇室典範については全く除かれて居るのであります。これも日本の固有の国情に基いた規定でありまして、外国の憲法においては王室に関する事柄でも、国家的法規である以上は国会の協賛を要するのが一般の例でありますが、我が国においては我が固有の国体上、たとえ国家的法規といえども事の皇室に関するものは、人臣のあえて与《あずか》るべきものでないという理由に依って国会の協賛権は全く除かれたのであります。将来改正増補の必要のある場合には皇族会議および枢密顧問に諮詢してこれを勅定せらるることとなって居ります(典範第六十二条)。

その内容　皇室典範は第一章皇位継承、第二章践祚即位、第三章成年立后立太子、第四章敬称、第五章摂政、第六章太傅、第七章皇族、第八章世伝御料、第九章皇室経費、第十章皇族訴訟及懲戒、第十一章皇族会議、第十二章補則の十二章に分かれておりまして、合せて六十二ケ条であります。このほかに明治四十年に発布せられました皇室典範増補が八ケ条あります。典範増補に依って定められました事柄は主として二つの点で、一つは皇族の臣籍に入らるる場合の規定で、一つは皇族の権利義務については皇室典範および皇室令に依って定まるべきもので一般の法律命令は原則として皇族に適用しないことを明かにした規定であります。これらの規定の大要については既に皇室法としてお話したことでありますから、今は申しませぬ。

皇室典範に附属してなお申上げなければならぬのは皇室令の事であります。

皇室令　これは皇室典範に基いて定められる法則であるとか、その他凡《すべ》て皇室の事および宮内省の事に関する法則で勅裁を経て発布せらるるものであります。あるいは国家的法規に関聯するものもありますし、あるいは全く皇室内部の事柄にのみ止まって国家的法規に関係のないものもあります。この皇室令という形式はやはり明治四十年の公式令に依って初めて定められた形式でありまして、従来はこれに相当するものは宮内省達という名称を以て発布せられて居ったのでありますが、公式令に依って初めて別に皇室令という形式を認められてその効力についても明かに規定せられたのであります。皇室令を以て規定し得べき事柄は、ただ皇室に関することおよび宮内省に関することのみに限られて居るのでありますが、これらの事項に関しては皇室令は普通の法律勅令よりも強い効力を有《も》って居りまして、皇室令を以て法律勅令を廃止変更することが出来るけれども、法律勅令を以ては皇室令に牴触することは出来ないのであります。これも日本の国体上日本に特有なる例であります。皇室令の従来発布せられましたものは随分数多くあります。皇室法規の根本原則は皇室典範に依って定まったのでありますが、それはただ大原則にのみ止まってその原則の下になお皇室の制度について詳細の規定を要する事柄が甚《はなは》だ多いのでありますから、その後宮中に帝室制度調査局というものが設けられまして、故伊藤公を総裁とし、皇室の制度について調査審議を為《な》さしめられて居りましたが、その調査の結果として爾来多くの皇室令が制定公布せられたのであります。この調査事業はもはや略々結了して調査局は先年既に廃止になり、その調査になった各種の皇室令は大部分既に勅裁を経て発布になって居ります。発布年月の順序に依ってその重《おも》なるものを列挙しますと、皇室誕生令、皇族会議令、皇室祭祀令、登極令、摂政令、立儲令、皇室成年式令、皇室服喪令、皇族身位令、皇室親族令、皇室財産令、皇族服装令などがあります。このほかなお皇族に関する訴訟手続についても将来御治定になるべきことと推測せらるるのでありますが、それを除いては皇室の制度は略々完備した次第であります。そのほか皇族より臣籍に入られた者および婚嫁に因《よ》って臣籍から皇族と為られた者の戸籍に関しては別に法律を以て定められて居ります。直接に皇室の制度に関するもののほかに宮内省の官制とか宮内官の任免その他についての法則とかまたは華族令、朝鮮貴族令なども皇室令を以て定められて居ります。華族令などが皇室令を以て定められて居りますのは、授爵の事は国務大臣の職務の範囲に属しない純然たる皇室の事務とせられて居るからであります。

三　法律

各種の法律

制定法の第三種は法律でありますが、法律の性質、その制定の手続等については議会の所で既に略々説明しましたから、再び述べる必要は無かろうと思います。法律のこれまで発布になって居るものは非常に多数で固《もと》より列挙することは出来ませぬ。実質から言えばあるいは憲法的法則に属する議院法、衆議院議員選挙法などがありますし、行政法に属するものの中には治安警察法、新聞紙法のような警察法規もあれば、各種の税法もあり、河川法、森林法、漁業法、土地収用法のような人民の権利に関する法規もあり、そのほか種々の法規があります。司法的の法律に属するものには、法の適用に関する一般の原則を定めた法例を初めとして、刑事については刑法、刑法施行法、その他種々の特別刑法があり、民事については民法、商法を初めとして、戸籍法、不動産登記法、著作権法、特許法など種々の法律があります。そのほか訴訟法だの裁判所構成法だの到底数うるに暇《いとま》あらぬ程で、要するに法律は各種の事項にわたって普《あまね》く権利義務の法則を規定して居るので、制定法の中でも最も重《おも》なるものであります。

四　国際条約

条約の性質

第四に挙ぐべきものは国際条約であります。条約はその第一の性質としては国家が他の国家と結ぶ約束でありまして、したがってその効果は第一には国家と国家との間の法律関係を定むるものであります。これが条約の最も著しい性質でありますが、この性質のみに重きを置く学者は、条約は国民に対して効力のあるものではなく、ただ国家と国家の間にのみ効力のあるもので、すなわち単に国際法上の効力があるに止まって国民の権利義務に関する法則としての効力を有するものではないと言って居る人が少なくないのであります。

国内法規としての条約

しかしながら条約の種類を見ますると、条約の中には国民の権利義務に関する法則を定めて居るものが少なくないのであります。あるいは著作権条約であるとか、あるいは関税条約であるとか、あるいは通商航海条約、あるいは特許権条約というような各種類の条約は、国家そのものの権利義務を定むるよりは、国内における自国臣民または締盟国臣民の権利義務を定むることを主たる目的とするものであります。例えば著作権条約について申すと、日本は亜米利加《アメリカ》と著作権条約を結んで、亜米利加《アメリカ》の著作物は日本において飜訳することは出来るが、そのまま飜刻することは許さないということを定めて居ります。すなわち国法上の法則を定めた条約であります。こういう種類の条約にあってはただ国家と国家の間に約束しただけではその目的を達することは出来ぬ、国民がこれに拘束せられて、その条約に従う義務があるのでなければ、何の役にも立たぬ訳であります。日本が亜米利加に対して日本人は亜米利加の著作物を飜刻することが出来ぬということを約束しても、もし国内の人民が少しもこれに拘束せられないで勝手に飜刻することが出来るものであるとすれば、その条約は全く効果の無いものであります。この如《ごと》き種類の条約については単に国際上の効力を生ずるばかりではなく、国民に対する国法上の法規としての効力を有するものでなければならぬので、すなわちこの種類の条約は一面において国家と国家との約束たるとともに、一面においては国民に対する法規すなわち制定法の一種たる性質を有するものでありまず。

条約の形式　従来の古くからの日本の慣例においても、条約は、法律勅令、その他各種の法規と同じく、官報に依《よ》ってこれを国民に公布することになって居りまして、公布せらるれば条約は普通の法律勅令と同様に人民に対して効力を有するものとせられて居ります。学者の間には異論を唱うる人がありますけれども、実際は条約が法律命令以外に国内法としての効力を有する一種の制定法であるということは、事実上普《あまね》く承認せられて居ります。殊《こと》に明治四十年の公式令の発布になった後は、条約の公布の形式を明かに定められまして、官報の中に皇室令、法律、勅令などと相並んで、条約という欄を特に設けて、条約第一号第二号として公布せらるるのであります。条約が法律命令以外に国内法の一つの特別の淵源たるものであることはこれに依って形式の上にも承認せられたと言って宜《よ》いのであります。

参照　公式令

第八条　国際条約ヲ発表スルトキハ上諭ヲ附シテ之ヲ公布ス
前項ノ上諭ニハ枢密顧問ノ諮詢ヲ経タル旨ヲ記載シ親署ノ後御璽ヲ鈐シ内閣総理大臣年月日ヲ記入シ主任ノ国務大臣ト倶ニ之ニ副署ス

国内法規たらざる条約

条約が国内法たる効力を有《も》って居るのはただ直接に国民の権利義務を定めた条約に限るのであります。この種類の条約は条約の中でも比較的少数で、多数の条約は直接にはただ国家自身の他の国家に対する権利義務を定むるばかりで、その結果が間接に国民の権利義務に影響することはあっても、条約それ自身には直接に国民に対する法則を定めたものでないものが多いのであります。この如き条約はただ国家自身を拘束するばかりで、直接に国民に対して効力があるものではないから、あえてこれを公布する必要は無いので、ただ国民に知らせるために公布することはあっても、それは法律命令の公布などとは全く意味の違ったもので、単に発表するというだけの意味しか無いのであります。例えば日英同盟条約とか、犯罪人引渡条約とか、赤十字条約、陸戦法規、海戦法規とかいうものは、概《おおむ》ね国内法たる性質を有《も》って居るものではないのであります。国民の権利義務に関するものであっても、条約を以て直接にその権利義務を定めないで、条約国が各自その国の法律を以て将来これを定めるということを約束するに止まるならば、それはやはり国家間の約束に止まって、直接に国民に対する法規たるものではない。条約が国内法規たる性質を有するのは、ただ条約自身において締盟国臣民は何々の事を為《な》すことを得ずとか、為すことを得とかいう類の事を定めた場合に限るのであります。

国内法規たる性質を有って居る国際条約は、日本の現行条約では万国工業所有権保護同盟条約、文学的及美術的著作物保護万国同盟条約、各国との通商航海条約などが重《おも》なるものであります。そのほか、領土の割譲に関する条約、日韓併合条約、境界整理に関する条約などは、いずれもこれに依って同時に国内法上の領土の範囲を確定し、その領土内の人民が帝国の統治権に服する義務のあることを定めるものでありますから、同じく国内法規たる性質を有するものであります。

国内法規たる条約の種類

五　命令

命令の性質

法律のほかに制定法の最も重なるものは勅令およびその他の命令であります。かつて述べた通り、凡《すべ》て法規は原則としては議会の議決を経て定めるのでありますが、これには多くの例外があって、或る種類の事柄については議会の議決を経ないで定めることが出来る。議会の議決を経て定むるものはすなわち前に述べた法律であって、その議決を経ないで定むるものはこれを総称して命令と申すのであります。すなわち法律と命令との区別は、法律は議会の協賛を経たものであるに反して、命令は議会の協賛を経ないものであることにあります。この意味においては皇室令も命令の一種であり、条約もまた国内法規としてやはり命令の一種であるということが出来ます。しかしながらここに命令と申すのは皇室令および条約を除いて申すのでありますが、この意味においての命令にもなお色々の種類があります。まず形式から区別しますと勅令、軍令、閣令、省令、庁令、府県令、郡令、島庁令というような名があります。朝鮮台湾その他の殖民地においてはなお特殊の命令がありますが、これは殖民地の所で別に申すつもりであるからここには申しませぬ。これらの各種の命令のうち勅令と軍令とは勅裁を以て制定せらるるものでありますが、その他の各種の命令はいずれも行政庁の発する所の命令であります。

勅令　まず勅令について申します。勅令は一般の国家事務に関して法規を定むるものので、法律に次いで国内法規の最も重《おも》なるものでありますが、しかしながら法律は如何《いか》なる事柄についても、憲法、皇室法、国際法および条約に抵触しない限りは広く各種の法規を規定することの出来るのに反して、勅令を以て法規を定むるのは、その範囲が限られて居って、一定の範囲以外においてはこれを定むることが出来ないのであります。

(一)緊急命令　勅令をその規定事項の内容から区別しまするると、四種類に分かつことが出来ます。第一は緊急勅令すなわち法律に代る勅令であります。緊急勅令の事は既に説明致しましたからここには説明を省略します。

(二)委任命令　第二は委任命令であります。委任命令は法律の委任に基く命令で、必ずしも勅令にのみは限らない、行政官庁でも法律の委任に因《よ》って命令を発する場合は少なくないのでありますが、今はまず勅令についてのみ申します。法律は往々或る特別の種類の事項を限って、その事項については自からその規定を定めないで、勅令を以てこれを定むということを規定して居る場合が沢山あります。この如《ごと》き法律の特別委任に依《よ》って定められたものがすなわち委任命令であります。法律が勅令に委任する事柄は種々あります。あるいは一定の事項を指定して、その事項については勅令を以てこれを定むということを規定する場合もあります。あるいは法律の自から定めて居る原則に対して、或る特別の場合について例外規定を設くることを命令に委任する場合もあります。あるいはまた法律が自分の施行期限すなわち何時から実施するかという期限について、自からこれを規定しないで勅令を以てこれを定めしむる場合もあります。本来ならば、法律の例外規定を設けたり、その施行期限を定めたり、そのほか憲法上勅令を以て定め得べきものとせられて居る以外の事柄は、凡て法律を以てしなければ規定することの出来ぬ性質のものでありますが、もし法律が自からその規定を勅令に譲って、勅令を以てこれを定むということを規定して居るならば、固《もと》より勅令を以てこれを定むることが出来るのであります。すなわち法律が自分で規定を設くる代りに勅令をしてこれを規定せしむるので、普通にこれを法律の委任と謂《い》うのであります。この如き法律の委任は各種の法律に極めて普通に見る所でありまして、例えば町村制（四十四年四月法律第六九号）について見ましても第百三条には町村税およびその賦課徴収について、第百二十八条には町村の一部の事務について、第百五十六条には町村の廃置分合等の場合について、第百五十七条には北海道沖縄県および島嶼地に施行すべき町村制について、各々勅令を以てこれを定むるということを規定して居るし、第百四十九条には監督官庁の許可を要する事項について例外規定を設くることを勅令に委任して居るし、第百五十八条にはこの法律の施行期日を定むることを委任して居ります。これらはいずれもいわゆる法律の委任であって、この委任に基いてそれらの事項を規定した勅令はすなわち委任命令であります。このほかこういう種類の法律の委任は各種の法律について幾らでもその例を挙ぐることが出来ます。

(三) 執行命令

勅令の第三種は執行命令であります。執行命令は法律を実際に執行するについての手続規定であります。手続規定でありますから、原法律以外に新たなる法規を設くることは出来ない、ただ原法律を実際に適用するについての手続を定むるに止まるのであります。法律と牴触する規定を設くることの出来ないのはもちろん、牴触しなくとも法律の予想して居らぬ新しい法規を設くることは出来ないので、ただ前に規定されてある事柄を実際に適用するについての細則を定めるに止まるのであります。これは特に法律の委任がなくとも当然定むることが出来るのでありますが、もし原法律の規定外に新たなる法規を定める場合ならば、もはや当然には勅令を以て定めることは出来ぬので、特に法律の委任のある場合でなければ、必ず法律を以てしなければならぬのであります。例えば新刑法が発布されて、これを実施するについては、旧刑法との間の経過規定を定むる必要がありますから、その後別に刑法施行法というものが制定せられましたが、これは名は施行法と申しても決して単に手続規定に止まるものではなく、経過規定として新たなる法規を定めて居るもので、この如き規定は執行命令を以て定むることが出来るものではない、必ず法律を以てしなければならぬのであります。執行命令を以て定むることの出来るのはただ法律から当然推し及ぼすことの出来る法則に限るのであります。

(四)独立命令

第四はいわゆる独立命令であります。独立命令というのは法律の委任に因るのでもなく、法律を執行するためでもなく、法律とは独立に君主の大権に依って発せらるる命令であります。これは多くの国においては全く認めて居りませぬ。すなわち命令を以て法規を定むることの出来るのは、多くの国においては、法律の委任に基く場合のほかはただ法律を執行するために発する場合にのみ限られて居りまして、緊急命令は別として、その以外には命令はただ委任命令、執行命令の二種類だけに止まるものとして居るのが普通の例であります。日本の憲法はこれに反して比較的広い範囲において君主の大権に依って独立に法規を定むるを得べきことを認めて居ります。日本の憲法上法律の委任に依らず勅令を以て独立に法規を定め得るものとして居る事項はいろいろありますが、その重なる事項は、第一には行政各部の官制および文武官の任免その他官吏の権利義務に関する法則、第二には陸海軍の編制および常備兵額に関する規定、第三には大赦、特赦、減刑、復権等、刑の宥免に関する法則、第四には爵位勲章その他の栄典の授与に関する法則、第五には法律条約その他公文書の方式に関する法則、第六には憲法第九条に規定されて居ります「公共ノ安寧秩序ヲ保持シ及臣民ノ幸福ヲ増進スル為ニ必要ナル命令」これは一般の行政規則および警察命令を意味して居るのであります。凡てこれら数種の事柄に関しては法律に牴触しない限り、法律の規定を侵さない限りは、法律の委任を俟《ま》たないで勅令を以てこれを定むることが出来るのであります。委任に依らず独立に定めるのでありますからこれを独立命令と申すのであります。

勅令をその内容に依って区別すると、ほぼ以上の四種類に分かつことが出来ます。勅令はただこれらの四種の事柄についてのみ規定することが出来るので、その以外の事項については、常に法律を以てしなければ規定することは出来ないのであります。殊《こと》に民法、商法、刑法、訴訟法、著作権法、特許法、鉱業法、市制、町村制、租税法、懲兵法の如き種類に属するものすなわち概して言えば凡ての司法的法規および行政法規の中でも法政、軍政、財政に関する法規は、一般に法律を以て定めなければならぬので、法律の委任のある場合のほかは勅令を以て規定することは出来ぬのであります。

軍　令　勅令のほかに別に軍令というものがあります。これも勅令と同じく勅裁に依って制定し発布せらるる命令であって、もし広く勅裁に依る命令を凡て勅令と申すならば、軍令もまた勅令の一種であると言ってよいのであります。ただ軍令が一般勅令と異って居る所は、勅令は一般の国務に関する規定であるが、軍令は陸海軍の統帥に関する規定であるということにあります。従前にはこの種の規定もやはり普通の勅令の形を以て発布せられて居たのでありますが、明治四十年の公式令に依って総《すべ》ての勅令には内閣総理大臣の副署を要することとなった結果として、同年の軍令第一号に依って別に軍令という形式を定めて、これには内閣総理大臣の副署を要せず、ただ陸軍大臣海軍大臣のみの副署を以て公布せらるることになったのであります。何故に勅令のほかにこの如き特別の形式の命令が定められたかと申しますと、一般の勅令は必ず法制局で審査をして、閣議に掛けて、内閣総理大臣から上奏して裁可を仰ぐので、したがってまた内閣総理大臣が必ずこれに副署するのでありますが、軍機に関するものについては内閣の議を経ないで主任の陸軍大臣または海軍大臣から直接に上奏して裁可を仰ぐことが出来ることになって居るために、特にこの如き区別が設けられて居るのであります。すなわち軍令だけは法制局の審査をも経ず、閣議にも掛からないのであります。

参照　公式令

第七条　勅令ハ上諭ヲ附シテ之ヲ公布ス

前項ノ上諭ニハ親署ノ後御璽ヲ鈐シ内閣総理大臣年月日ヲ記入シ之ニ副署シ又ハ他ノ国務各

大臣若ハ主任ノ国務大臣ト倶ニ之ニ副署ス
枢密顧問ノ諮詢ヲ経タル勅令及貴族院ノ諮詢又ハ議決ヲ経タル勅令ノ上諭ニハ其ノ旨ヲ記載シ帝国憲法第八条第一項又ハ第七十条第一項ニ依リ発スル勅令ノ上諭ニハ其ノ旨ヲ記載ス
帝国議会ニ於テ帝国憲法第八条第一項ノ勅令ヲ承諾セサル場合ニ於テ其ノ効力ヲ失フコトヲ公布スル勅令ノ上諭ニハ同条第二項ニ依ル旨ヲ記載ス

軍令ニ関スル件(明治四十年九月軍令第一号)

第一条　陸海軍ノ統帥ニ関シ勅定ヲ経タル規程ハ之ヲ軍令トス
第二条　軍令ニシテ公示ヲ要スルモノニハ上諭ヲ附シ親署ノ後御璽ヲ鈐シ主任ノ陸軍大臣海軍大臣年月日ヲ記入シ之ニ副署ス
第三条　軍令ノ公示ハ官報ヲ以テス
第四条　軍令ハ別段ノ施行時期ヲ定ムルモノ、外直ニ之ヲ施行ス

行政官庁の命令

勅令および軍令はいずれも勅裁に依って制定せらるるものでありますが、そのほかに内閣総理大臣各省大臣その他の行政官庁の発する所の命令があります。内閣総理大臣の発するのが閣令、各省大臣のが省令、北海道庁長

官のが北海道庁令、そのほか警視庁令、府県令、郡令、島庁令などの各種であります。これらの行政官庁の発する命令には、その内容から申すと職権に基く命令すなわち職権命令と特別の委任に基く命令すなわち委任命令との二種があります。

職権命令と委任命令

官制を御覧になりますと、各省大臣はその職権もしくは特別の委任に依り省令を発することを得という規定があり、北海道庁長官、警視総監、府県知事などについても、略々同様の規定があります。この職権に依り発すというのがいわゆる職権命令であります。各省大臣府県知事等の行政官庁はいずれも或る一定の主任事務について一般に権限を委任せられて居りますが、それらの主任事務については、法律、条約、勅令またはその他の上級命令に牴触しない範囲においては、自分の適当と認むる所に依りて行政規則、警察命令または執行命令を発することが出来るのであります。すなわち職権に依って命令を発し得る範囲は第一には自分の主任事務に関する事でなければならぬこと、第二には法律、条約、勅令または上級官庁の命令に牴触してはならぬことのほかに、第三には必ず行政規則か警察命令かまたは執行命令かのいずれかに属するものでなければならぬものであります。勅令については、前に緊急命令、委任命令、執行命令、独立命令の四種類があることを申上げましたが、このうち緊急命令は必ず勅令に依らねばならぬので、行政官庁の命令を以てはこれを発することは出来ぬ。行政官庁の発し得るのは委任命令、執行命令、独立命令の三種でありますが、このうち委任命令は特別の委任に依って発するもので、これは次に述べる所であります。行政官庁が特別の委任に依らず、当然職権に依って発し得るものは、ただ執行命令、独立命令の二種類で、執行命令はあるいは法律を執行するがためにする命令もあり、あるいは勅令または上級官庁の命令を執行するがためにする命令もあります。独立命令は、勅令ならば行政規則および警察命令のほかに、行政各部の官制を初めそのほか色々の事項について定むることが出来ることは前に述べた通りでありますが、これらは総て原則として勅令を以て規定すべきもので、特別の委任が無ければ行政官庁の命令を以ては定むることは出来ないのであります。行政官庁がその職権上当然に定むることの出来るのは、執行命令のほかにはただ行政規則および警察命令にのみ止まるので、その中でも殊に重要なのは警察命令であります。殊に警察上の規定は各地方の事情に応じて適宜に定むべきことが多いために、法律または勅令の如き全国一般に通ずる規定の定まって居らぬ事柄が頗《すこぶ》る多いので、それらの事については各府県の命令を以て定むることが出来るのでありあります。殊に風俗警察、衛生警察、営業警察、火災予防警察などについては各府県の命令を以て定まって居るのが多いようであります。次に委任命令は特別の委任に基いて発するもので、あるいは法律に依りあるいは勅令またはその他の上級命令に依って、或る特定の事項について、行政官庁の命令を以て定むべきことを委任せられた場合にその委任事項を定むる所の命令であります。

参照

内閣官制第四条　内閣総理大臣ハ其ノ職権又ハ特別ノ委任ニ依リ閣令ヲ発スルコトヲ得

各省官制通則第四条　各省大臣ハ主任ノ事務ニ付其ノ職権若クハ特別ノ委任ニ依リ省令ヲ発スルコトヲ得

警視庁官制第七条　警視総監ハ部内ノ行政事務ニ付其ノ職権又ハ特別ノ委任ニ依リ管内一般又ハ其ノ一部ニ庁令ヲ発スルコトヲ得

北海道庁官制第十条　長官ハ北海道ノ事務ニ付其ノ職権又ハ特別ノ委任ニ依リ管内一般又ハ其ノ一部ニ庁令ヲ発スルコトヲ得

同第二十八条　支庁長ハ法律命令ニ依リ又ハ長官ヨリ委任セラレタル事件ニ付支庁令ヲ発スルコトヲ得

地方官制第七条　知事ハ部内ノ行政事務ニ付其ノ職権又ハ特別ノ委任ニ依リ管内一般又ハ其

ノ一部ニ府県令ヲ発スルコトヲ得
同第三十七条　郡長ハ法律命令ニ依リ又ハ知事ヨリ委任セラレタル事件ニ付郡令ヲ発スルコトヲ得
同第四十六条　島司ハ法律命令ニ依リ又ハ知事ヨリ委任セラレタル事件ニ付島庁令ヲ発スルコトヲ得

命令の効力

以上が命令の種類でありますが、緊急勅令を除いてそのほか総ての命令と法律との間には効力の軽重があって、凡て法律の方が命令よりも強い効力を有《も》って居るのであります。もちろん国家の法規として国民を拘束する効力のあるという点においては両方とも同様でありますが、ただその廃止変更について、したがってまた両方相衝突した場合にどちらが効力が強いかという点について、法律の方が命令よりも強い効力を有って居るのであります。法律は法律を以てしなければ廃止変更することが出来ぬ、緊急勅令を除いては命令を以てはこれを廃止変更することを許さぬのであります。しかして法律を以ては凡ての命令を廃止変更することが出来る。これと同様にまた命令の中でも同じ意味においての効力の軽重の区別がある。勅令は直接に君主の大権に基く命令でありますから、命令の中では一番強い効力を有《も》って居るもので、他の命令を以て勅令を廃止変更することは出来ぬ。行政官庁の命令についてもやはり官庁の上下の階級に基いて、上級官庁の命令は下級官庁の命令よりも強い効力を有って居って、したがって閣令または省令は庁令、府県令を廃止変更することが出来るが、庁令府県令を以ては閣令省令を廃止変更することは出来ないのであります。ただし、閣令と省令とは、前回にも内閣総理大臣と各省大臣とは上級下級の関係のあるものでないということを申しましたが、その理由に依って閣令と省令との間にも上下の区別がない、全く対等の効力を有って居るもので、ただその権限の範囲が違うのであります。

詔書勅書　命令の事を述ぶる序《ついで》に詔書勅書の事について一言しておきます。これは制定法の一種という訳ではありませぬから、ここで述べるのでは適当の場所ではありませぬが、前に天皇の大権のお話をする時分に申し遺《のこ》したので、ここで申しておくのであります。元来国務上の事に関する詔勅は色々の形式に分かれて居ります。これまで述べました憲法、皇室典範、皇室令、法律、条約、勅令、軍令などいずれも勅裁に依って制定せらるるもので、みな国務上の詔勅の一種でありますが、これらのほかになお一般的の法則を定むるものではなく、箇々の一事件に関する事柄で、国務に関して発せらるる詔勅が数多くあります。それらの中にも授爵、叙位、叙勲、任官等の辞令については、各々特別の形式が定まって居りますが、これらの特別の形式の定まって居るもののほか、一般の国務上の詔勅は詔書および勅書の二つの形式が定められて居ります。詔書と申すのは公に発表せらるるのを謂うので、勅書と申すのは公に発表せられないのを謂うのであります。詔書の中にはあるいは皇室の事に関するものもありますし、あるいは専ら国事に関するものもあります。国事に関する詔書は、例えば議会の召集令とか、衆議院の解散命令とか、国会議員の選挙命令とか、宣戦の布告とか、そのほか色々あります。

参照　公式令

第一条　皇室ノ大事ヲ宣誥シ及大権ノ施行ニ関スル勅旨ヲ宣誥スルハ別段ノ形式ニ依ルモノヲ除クノ外詔書ヲ以テス
詔書ニハ親署ノ後御璽ヲ鈐シ其ノ皇室ノ大事ニ関スルモノニハ宮内大臣年月日ヲ記入シ内閣総理大臣ト倶ニ之ニ副署ス其ノ大権ノ施行ニ関スルモノニハ内閣総理大臣年月日ヲ記入シ之ニ副署シ又ハ他ノ国務各大臣ト倶ニ之ニ副署ス

第二条　文書ニ由リ発スル勅旨ニシテ宣誥セサルモノハ別段ノ形式ニ依ルモノヲ除クノ外勅書ヲ以テス

勅書ニハ親署ノ後御璽ヲ鈐シ其ノ皇室ノ事務ニ関スルモノニハ宮内大臣年月日ヲ記入シ之ニ副署ス其ノ国務大臣ノ職務ニ関スルモノニハ内閣総理大臣年月日ヲ記入シ之ニ副署ス

憲法施行前の法令

最後になお憲法施行前に発せられた命令について一言いたします。憲法第七十六条に「法律規則命令又ハ何等ノ名称ヲ用ヰタルニ拘ラス此ノ憲法ニ矛盾セサル現行ノ法令ハ総テ遵由ノ効力ヲ有ス」とありまして、すなわち憲法施行前から行われて居った法令でその内容が憲法と牴触しないものは、その以後あるいは廃止になりあるいはその他の原因によって効力を失ったもののほかは、なお引続きその効力を有《も》って居るものであります。今日でも憲法以前から引続いて存して居る法令は少なからず残って居りまして、中にも、徴兵令、徴発令、戒厳令などは憲法以前に制定せられたものが大体において今日も存続して居るのであります。

六　自治団体の法規

市町村条例

以上に述べた各種の制定法はいずれも国家の制定する法規でありますが、そのほかになお地方自治団体の制定する法規があります。殊《こと》に市町村は条例を定むるの権利を与えられて居ります。条例もまた制定法の一種でありまして、市町村制において一定の範囲において市町村がその住民の権利義務を拘束するためにこれを定むることを許されて居ります。ただ市町村条例はもちろん市町村にのみ効力を有って居るもので、その他のものに及ぶことは出来ぬ、また総《すべ》ての国家の法規には全く牴触することの出来ないものであります。府県、郡については府県制、郡制の中には一般に条例を定むるの権を明かに与えては居りませぬけれども、しかしながら或る特別の事項については府県郡においても法規を制定するの権利を有って居ることは疑いを容れぬ所であります。すなわち府県会の議事規則府県会傍聴人取締規則などについては府県制中にその明文がありますし、特に明文の無い事柄でも例えば府県税の賦課徴収についての法則の如《ごと》きは府県はその課税権を有って居るのであるから当然規定し得るものと認めねばならぬのであります。手数料の徴収についても同様であります。これらの特種の事件については府県郡もまた法規を制定するの権利を有って居るのであります。府県郡の法規については法律には一定の形式を定めて居りませぬ、市町村制には条例という形式を以てすべきことが明かに定まって居りますが、府県制郡制にはそれに相当すべき規定が無いので、各府県郡において適宜に定むべきものであります。実際は府県郡においても多くは府県知事および郡長が国家の行政官庁として制定する府県令、郡令と同じ形式を以て発布して居るのが通常のようであります。すなわち形式上は等しく府県令郡令と申して居るものの中に二種類あるので、あるいは国家の官庁として府県知事、郡長の定むる命令たるものもあり、あるいは自治団体たる府県郡の機関として制定する府県郡の法規もあるのであります。形式上はこの二種を区別することが出来ぬのでありますが、ただその規定の内容からこれを区別することが出来るので、すなわち規定の内容がもし府県の行政に関するものであればそれは府県の法規であり、もし国の行政に関するものであれば国家の法規である、専ら規定の内容に依《よ》って区別するのほかは無いのであります。

第九講（下）　国民の権利義務

次に国民の権利義務についてお話するのでありますが、もはや追々時間が乏しくなりましたから、極めて簡単に申上ぐるに止めておきます。

一　国民の権利

権利思想の発達

日本の旧時代においては権利という思想は殆《ほと》ど全く発達して居なかったと言ってもよい位で、権利という語も西洋の法律思想の輸入された後、西洋語の飜訳に依って初めて作られた語であります。言葉が無かった位であるから、その思想も甚《はなは》だ幼稚であったことは容易に想像し得べき所であります。個人相互の間には所有権その他の財産権、親族権、相続権というような権利思想はもちろん発達して居ったのでありますが、国民の国家に対する関係においては殆ど全く権利という思想は無かったと言ってもよい。国民はただ国家に服従する義務があるばかりで、国家に対して主張すべき権利を有《も》って居らぬように考えられて居った。御上の命令ならば如何《いか》なることでも服従しなければならぬ、御上の命令に違法というものはない、どんな事でも御無理御尤《ごもっとも》で必ずこれに従わねばならぬ、金を出せと言われれば出さなければならぬ、所払いを命ぜらるれば立ち退かねばならぬ、というような思想が行われて居ったのであります。能《よ》く日本人の思想は義務本位であるということを申しますが、旧時代においては実際義務の思想があったばかりで、権利の思想は殆ど無かったと言ってよいのであります。維新以後西洋の思想が這入ってまいったのに伴って、権利思想もまた追々に発達して、いわゆる民権自由説というような事が盛んに主張せらるることになり、遂に憲法が制定せらるることになって、国民の国家に対する権利が憲法上に承認せられ保障せらるることになったのであります。

国民の国家に対する権利

今日においては国民は決して単に国権に服従する義務を有って居るばかりではなく、国権に服従すると同時にまた国家に対して一定の範囲において権利を主張することの出来るものであるということは、憲法上にすでに明かに承認せられて居る所であります。今日においてもいわゆる義務本位の思想がなおかなり強く行われて居りまして、動《やや》もすれば国民は絶対に国家に服従するの義務があるということを申す者がありますけれども、それは大いなる誤りであります。絶対の服従は奴隷である。われわれは固《もと》より国権に服従しなければならぬ義務を有って居るものので、国家の裁判権、警察権、課税権、軍政権などに対して、もちろん常にこれに服従せねばならぬのでありますが、われわれがこれに服従するのは、ただ法律上に定められて居る一定の範囲においてのみであって、無限に服従の義務を有って居るのではありませぬ。われわれの生命自由および財産はわれわれは安全にこれを享有するの権利を有って居るもので、国家といえども猥《みだ》りにこれを奪うことは出来ぬ。人民の生殺与奪は凡《すべ》てただ国家の欲するがままであるというのではないのであります。人民は固より国家の裁判に服するの義務がある、国家の課税に対しては租税を納める義務がある、国防の事に従うためには兵役に服さねばならぬ義務がある。啻《ただ》にそれのみならず、一旦緩急あれば義勇公に奉じ、身命をも抛《なげう》って君国を防護し奉るの義務を負うて居る者であります。けれども凡てこれらの義務はいずれも絶対無限の義務ではないので、法律上に定まって居る限られたる範囲においての義務であります。国家はただその限られたる範囲においてのみ、人民の自由を奪い、生命財産を要求することが出来るので、絶対無限に如何なる事でも人民に命令し得るというのではない。国家は人民を刑罰に処することが出来るけれども、それはただ刑法に基いて科刑することが出来るばかりで、その以外に自由に無《む》辜《こ》の民を刑罰に処することが出来るというのではない。国家が租税を取り立てるのも、ただ租税法の範囲においてのみ為《な》し得べき所で、その以外に随意に御用金を課し人民の財産を徴収し得るというのではない。国家はただ或る限られたる範囲においてのみ、国民に対して命令し強制し得るの権力を有《も》って居るのであって、かく国家の権力が限られたものであるから、国民は国家に対しても権利の主体たるものであります。

公権と私権　国民の国家に対する権利はこれを国民の公権と申します。これに対して人民相互の関係において各人の有する権利はこれを各人の私権と申します。公権と私権との区別はあたかも公法と私法との区別に相当すべきものでありまして、すなわち公権は国家的生活関係における各人の権利であり、私権は個人的生活関係における各人の権利であると言うことが出来ます。私権という中には、いわゆる人格権すなわち生命権とか、名誉権とか、体軀権とかいうような人の生存に伴う所の権利もありますし、あるいは親族権すなわち親権、夫権、戸主権とかいうような親族関係または家族関係に伴う権利もあり、あるいは相続権すなわち家督相続または遺産相続を為す権利もあり、そのほか各種の物権、債権、工業所有権、著作権などの財産権もあります。株式会社の株主の権利、合名会社の社員の権利などのいわゆる社員権もまた一種の私権であります。これらの各種の私権の性質、効力等については、民法または商法において研究せらるべきもので、ここに説明すべき所ではない。ここにはただ公権についてのみ簡単にお話するに止めます。

公権の種類　国民の公権にはいろいろの種類がありますが、大別して凡《およ》そ三種類に別つのが通常であります。第一は自由権ですなわち国民が違法に国家よりその自由を侵害せられざる権利であります。第二は積極に国家に対して或る行為を要求し、または国家から或る利益を受くるの権利でありまして、これを積極の民権と申すことが出来ます。第三は参政権であります。これよりこの三種の権利について大要を説明します。

（一）自由権　第一には自由権であります。法律上に自由と申すのは各人が自分の欲する所にしたがって精神上および肉体上の各種の活動を為し得ることを申すのであります。人間は固より絶対の自由を有って居るものではない。人間はその天性において社会的の動物であって、しかして人間が社会を構成して居る以上は人間が絶対の自由を享有し得るものでないことは、当然であります。もし人間が各自如何なる事でも勝手に為し得ることとなれば、社会生活は到底成立し得ない。人間の自由は第一には他人の権利に依って制限せられて居ります。すなわち何人《なんぴと》も他人の権利を侵害することが出来ぬという制限を受けて居ります。他人の生命、身体、財産は言うに及ばず、その他凡て他人の権利はこれを毀損し侵害することを許さないのであります。第二にはまた直接に他人の権利を侵害することでなくとも、社会全般の秩序を紊《みだ》し、公益を害することは、これを為すことを得ないという制限があります。これも人間が社会を構成して居る以上は社会生活を維持する上において、欠くべからざる当然の制限であります。しかしながら如何なる事が社会全般の秩序を紊すべき事柄であるか、如何なる事が公益に反するのであるかということについて、一定の明瞭なる標準が無く、人民各自の判断に任しておくということであっては、人民はその適従する所に迷う事とならねばならぬ。それであるから国家は法規を定めて、一定の事柄は社会の秩序を紊し公益に反するものであるからこれを為してはならぬということを定め、また一定の事柄は社会を維持し公益を全うするために必要欠くべからざるものであるから、各人は必ずこれを為さねばならぬということを定めて居るのでありまして、かく国家から法規に依ってあるいは命令しあるいは禁止せられて居る事は、各人はあるいは必ずこれを為し、あるいはこれを為さざるの義務を負うて居るのであります。

一定の制限外においては自由を侵されざる権利

人間の自由はかく種々の方面から制限せられて居るものでありますが、その制限は常に法律上或る定まった範囲を有《も》って居るもので、その制限以外においては各人は自分の欲する所に従って、自由に各種の活動を為し、自己の生命、身体、財産等を安全に享有することの出来るものであります。言い換うれば各人は一定の法律上の制限以外においては、何人からもその自由を侵されない権利を有って居るものであります。他人からその自由を妨げられない権利を有って居るのみならず、国家からも、法律上に定まって居る一定の範囲以外においてはその自由を侵されない権利があるのであります。広い意味において自由権と申すときは、この二つの方面を合せ含む意に用うることも出来ます。

公権たる自由権と私権たる自由権

そういう意味に自由権という語を用いますならば、自由権は更にこれを私権たる自由権と公権たる自由権とに区別しなければならぬ。すなわち他の人民から自分の自由を侵されない権利は、私権たる自由権で、前に申した人格権の一種であります。これに反して国家から自分の自由を侵されない権利は、公権たる自由権で、ここに公権の一種として自由権を挙げましたのは、専ら国家からその自由を侵されない権利を申すのであります。

各人が国家からも侵されない自由権の範囲を有《も》って居るということが法律上に公認せらるるに至ったのは、西洋でも比較的近代の事で、大体について申すならば、略々立憲制度の発達とその起源を同じゅうして居るものと言うことが出来ます。

自由権の思想の発達

もちろんそれより以前においても人民の自由が事実上全く存在しなかったというのではない。如何に専制政治の世の中でも、人民が少しの自由もなくその生命、自由および財産は尽《ことごと》く国家の欲するままに剝奪せられ得べきものであったのではないので、実際には人民は或る範囲においての自由を享有して居ったに相違ないのであります。けれどもこれはただ事実上の自由に止まって、法律上認識せらるるに至らなかった。古代欧羅巴《ヨーロッパ》すなわち古希臘《ギリシャ》および羅馬《ローマ》を初めとして、中世の欧羅巴でも、自由という思想は絶えず学者に依って論ぜられ、また一般人民の間にも尊重せられて居ったのでありますが、このいわゆる自由というのは専ら政治上の自由の意味であって国家より侵されない範囲という意味の自由ではない、すなわち専ら参政権を意味して居ったのであります。古代および中世において自由民と謂《い》って居ったのは、政治に参与し得る資格ある人民のことを謂うので、国家から侵されない自由範囲を有って居る人民という意味ではない。今日謂う所の自由権はこれに反して、政治に参与し得ることの意味ではなく国家から違法の命令を受けない、違法にその自由活動を妨げられないという意味においての自由であります。政治上の自由でなくして、国家の命令強制を受けざるの自由であります。この如《ご》き意義においての人民の自由権の思想が法律上明かに承認せらるるに至りましたのは、前にも申す通り、近世の事でありまして、その初めは第十六世紀以後の宗教革命の結果に依って、宗教上の圧制に反抗して起った個人の信教の自由の思想がその端緒を為したのであります。その後亜米利加《アメリカ》の独立戦争および仏蘭西《フランス》の大革命に依って、米国の諸州、米合衆国およびこれに次いで仏蘭西において成文憲法を制定するに至って、その憲法の明文の中に信教の自由を初め人民の各種の自由を保障して、国家の権力を以ても猥《みだ》りにこれを侵害することの出来ないことを規定するに至った。欧羅巴においてこの人民の自由権を憲法の明文を以て規定し保障するに至ったのは、仏蘭西の大革命の際に最初に発布せられた一七八九年の人権宣言書がその最初の模範となったのでありまず。これより以後仏蘭西およびその他の欧洲諸国において相次いで制定せられた成文憲法の中にも殆ど例外なくみな人民の自由権についての規定を設け、自由権の保障は立憲制度の最も大切なる要件の一つと看做《みな》さるるに至ったのであります。

日本の憲法第二章においてもまたこれら諸先進国の例に倣って人民の自由権について多くの規定を設けて居ります。まず第二十二条には居住移転の自由を保障して「日本臣民ハ法律ノ範囲内ニ於テ居住移転ノ自由ヲ有ス」ということを規定して居ります。維新前封建の時代には、各藩は互いにその国境を立て、要所要所には関所を設けて、厳重に人民の通行を検査し、人民は自由にその住所を定むることが出来ないのみならず、旅行するにも割符を要するというような状態であった。維新以後封建制度が打破せられてから後は、この如き制限は撤去せられて、人民は一般に原則として全国いずれの処にでも自由にその住所を定め、移転旅行することが出来ることになったのであります。憲法は更に明文を以てこの自由を保障して、法律に依らなければこの自由を制限することが出来ないことを定めて居るのであります。第二十三条には「日本臣民ハ法律ニ依ルニ非スシテ逮捕監禁審問処罰ヲ受クルコトナシ」と規定して居る。これは一口に言えば身体の自由を保障して居るので、警察官だの検事または裁判官または監獄の官吏などが、凡て法律に依らないで、人民を逮捕監禁しまたは審問を為し、処罰を加えることの出来ないことを定めて居るのであります。第二十五条には「日本臣民ハ法律ニ定メタル場合ヲ除ク外其ノ許諾ナクシテ住所ニ侵入セラレ及捜索

帝国憲法の規定

セラルルコトナシ」とあって、すなわち住所の安全を保障しております。第二十六条には信書の秘密を保障して「日本臣民ハ法律ニ定メタル場合ヲ除ク外信書ノ秘密ヲ侵サルルコトナシ」というて居る。第二十七条には財産の安全を担保して「日本臣民ハ其ノ所有権ヲ侵サルルコトナシ。公益ノ為必要ナル処分ハ法律ノ定ムル所ニ依ル」ということを定めて居る。憲法にはただ所有権と書いてありますが、これは広く財産という意味で、すなわちわれわれ人民が安全にその財産を享有することが出来て、国家の権力に依って猥《みだ》りにこれを没収するような事の無いことを保障して居るのであります。ただ公益の必要上やむを得ない場合には、いわゆる公用徴収を行うことがありますけれども、これは必ず相当の賠償金を与え、かつ法律に基かねば行うことが出来ぬのであります。第二十八条には信教の自由を保障して「日本臣民ハ安寧秩序ヲ妨ケス及臣民タルノ義務ニ背カサル限ニ於テ信教ノ自由ヲ有ス」と規定して居ります。第二十九条には言論出版および集会結社の自由について「日本臣民ハ法律ノ範囲内ニ於テ言論著作印行集会及結社ノ自由ヲ有ス」ということを定めて居ります。最後に第三十条には請願の自由を担保して「日本臣民ハ相当ノ敬礼ヲ守リ別ニ定ムル所ノ規定ニ従ヒ請願ヲ為スコトヲ得」と規定されて居ります。請願はあるいは直接に至尊に奉呈するものもありますし、あるいは政府に対し、あるいは議会に対して呈出するものもあります。このうち議会に対する請願は議会の所で申上げた通りで、これについての手続は議院法の中に定まって居ります。行政官庁に対する請願については一般の規定は未だ備わって居りませぬが、種々の法令において種々の特別の場合について規定せられて居ります。直接に至尊に奉呈すべき請願については、最近大正六年に発布になりました請願令に依ってその手続を定められたのであります。

憲法の規定はただ例示に止まる

憲法にはかく色々の方面においての臣民の自由を規定して、これを保障して居るのでありますが、これらの規定は決してあらゆる方面においての臣民の自由を網羅して規定して居るのではなく、ただその中の重《おも》なるものを例として挙げて居るに過ぎぬのであります。臣民はただ憲法に規定されて居るだけの自由を有《も》って居るばかりで、そのほかの自由は少しも享有して居らぬものと解しては大いなる誤りであります。かつても申上げた通り、憲法には日本臣民は法律に依るにあらざればその生命を奪わるることなしという規定も無ければ、臣民は法律に依るにあらずしてその身体を傷つけられまたは身体の捜索を受くることなしというような規定も無い。あるいは職業の自由とか、婚姻の自由とか、学問教育の自由とか、服装の自由とか、飲食の自由、交際の自由とかいうような事柄についても、凡て規定せられて居らぬのでありますが、これらは凡て当然言うを俟《ま》たぬこととして規定されて居らぬのであって、規定が無いからと言って、人民がそれらの自由を享有しないものと解してはならぬのであります。憲法の規定の意味は広く日本臣民は法律に依らずしてその自由を侵さるることなしという概括的の規定のあるものと同様で、決して居住移転の自由とか、出版の自由とか、信教の自由とかいうような或る特定の事項についてのみ臣民の自由を保障するという意味ではない。信教の自由については憲法の規定があるからわれわれは自分の自由の選択に依って如何なる宗教をも信ずることが出来るが、学問の自由については憲法の規定がないから、われわれは自分の好む所にしたがって自由に学問を修めることは出来ないという訳では、決してない。憲法に規定が有ると無いとは、この点においては何の相違も無いのでありまして、その規定のある事柄たると否とを問わず、すべて臣民の自由は法律によらずして猥《みだ》りにこれを侵さるることがないことが憲法に依って保障せられて居るのであります。憲法の列記は決して制限的の規定と解すべきものではなく、ただ例示的の規定に過ぎぬのであります。

憲法の規定はただ抽象的なり

憲法はこの如く広く臣民の自由について法律に依らずしてこれを侵すことの出来ないことを規定して居るのでありますが、この憲法上の保障は単に抽象的のものに止まって、それだけでは一般臣民が現実にどれだけの自由を享有して居るかは更に分からぬのであります。人民が現実に如何なる範囲において自由を享有して居るかということは法律の規定を待って初めて明かなるものでありまして、もし法律に依って厳重なる制限を加えるならば、その自由の範囲はあるいは甚だ狭いものとなることもあり得るのであります。例えば憲法には出版の自由を保障して居りますが、人民が現実に如何なる程度に出版の自由を享有して居るかは出版法の規定に依って定まるので、もし出版法に厳重な取締規定が設けらるるならば、出版の自由はそれだけ制限せられたものとなるのであります。法律を以て制限を加うるのはあえて憲法に牴触する所はないので、したがってたとえ憲法上に保障せられて居る自由であっても、実際は法律に依って厳重なる制限を受けるということもあるいは有り得ることであります。憲法に依って人民の自由を保障して居る結果は、要するにただ法律に依らずして政府の圧制に依って恣《ほしいまま》に人民の自由を侵害することが出来ないということを確保して居るに止まるのであります。

(二)積極の民権

国民の第二種の公権はいわゆる積極の民権であります。自由権の方は国家から違法の命令を受けない、違法に人間本来の自由を侵されない権利でありますが、この第二種の公権は積極的に国家に対して或る事を要求し得る権利であります。すなわち人民が国家に対して自分の利益のために或る事を為すことを請求し、または国家から或る利益を享けることを要求し得る権利で、一言を以て言えば積極的の要求を為すの権利であります。これには色々沢山の種類があります。国家は人民のためにあるいは裁判を行い、あるいは各種の行政行為を行い、あるいはまた人民の利益のために学校、鉄道、郵便、電信などの各種の公共的の設備を起して、人民をしてその設備を利用することを得せしめて居ります。元来国家は国民の生活を幸福ならしむることをその主たる目的として居るものでありますから、国家の総《すべ》ての作用は、あるいは直接にあるいは間接に、国民の利益のためにするものでないものは無いのであります。国家が軍備を起すのも、租税を取り立てるのも、犯罪人を処罰するのも、畢竟《ひっきょう》はみなわれわれ一般国民の利益幸福のためにするのであります。けれどもこれらの行為はただ一般国民の全体の利益のためにするのであって、各個人をして権利としてこれを要求する事を得せしむるのではない。これらの場合においては人民はこれを請求すべき公権を有するものではないのであります。ここに謂う積極の民権というのはこの如く単に一般公益のために行わるる行為ではなく、われわれ個人をして自分の利益のためにこれを要求する事を得せしめて居る場合のみに生ずるのであります。

裁判を受くるの権利

この種の権利の中でも最も重要なるものは、裁判を受くるの権利でありま す。われわれはもし他人から自分の権利を侵害されたならば、裁判所に訴を起して権利の保護を求むることが出来る。近来では更に行政裁判の制度が設けられて、行政上の処分に依って違法に権利を侵害せられた場合にも、また行政訴訟を起して、権利の保護を求めることが出来ることとなって居ることは、かつて申上げた通りであります。もし人民に裁判を受くる権利が無かったならば人民の総ての権利は殆ど有名無実のものとなって、その効力は甚だ薄弱とならねばならぬのであります。われわれは裁判所の裁判を受くる権利があり、国家がその裁判制度に依ってわれわれの権利を保護して居るからこそ、われわれは安全に自分の総ての権利を享有することが出来るのであります。もし裁判所の保護が無ければ、われわれはただわれわれ自身の腕力に依って、自分の権利を防護するのほかは無いので、腕力の強い者が勝手に弱い者を虐《いじ》め、弱い者はただ強い者に服従するのほかは無いのであります。中世の戦国時代はややこの有様に近かったのでありますが、今日はわれわれは自分の権利を防護するためにあえて自分の腕力を用うる必要が無い。権利の防護のために腕力を用うることは、ただ目前の危害を防ぐため緊急やむを得ざる場合に、いわゆる正当防衛を為すことのほかには、全く禁制せられて居るので、その代りに国家の権力に依り裁判に依ってわれわれの権利が保護せられて居るのであります。裁判を受くるの権利は実に人民の総ての権利の基礎たるものと言ってよいので、憲法第二十四条に「日本臣民ハ法律ニ定メタル裁判官ノ裁判ヲ受クルノ権ヲ奪ハルルコトナシ」といって居るのは、すなわちこの権利を保障して居るのであります。

その他の積極民権

裁判を受くる権利のほか、なおいろいろの権利があります。あるいは営業の免許を受くる権利であるとか、特許を受くる権利であるとか、土地所有権またはその他の各種の権利について登記または登録を求むる権利であるとか、文官試験、その他各種の公の試験を受くる権利であるとかいうようなものは、いずれもこの種類に属する権利であります。

(三) 参政権

第三種の公権は普通に参政権と称せられて居るものであります。総て人民が国家の公の職務に就くことの出来る権利を申すのであります。人民が国会議員を選挙する権利、国会議員に当選した者が議員となって国会の議事に参与する権利、市町村における公民の権利、市町村会議員の権利、官吏に任ぜられた者が官吏として国家の公職に参与することの出来る権利などは総て参政権であります。憲法第十九条に「日本臣民ハ法律命令ノ定ムル所ノ資格ニ応シ均ク文武官ニ任セラレ及其ノ他ノ公務ニ就クコトヲ得」とあるのは、すなわち日本臣民が一定の資格に応じて平等に参政権を有し得べきことを保障して居るのであります。

参政権は同時に国民の義務なり

国民の参政権についてはかつて日本の政体の事を申上ぐる処でも大略お話を致したのでありますから、再び詳しく申す必要は無かろうと思います。ただ一言注意しておきたいのは凡て参政権は同時に参政の義務たるもので、すなわち権利たるとともにまた一面において義務の性質を有《も》って居るものであります。国会議員が議員として国会に参列するのはもちろん国会議員の権利でありますが、同時にまたその義務であって、議員は召集に応じ、会議に参列する義務があることはかつても申上げた通りであります。選挙権もまたこれと同様に、選挙の義務たるもので、選挙人は誠心誠意に自分の適当と信ずる人に投票するの義務があるのであります。もちろんその義務を怠った者に対しても、別段罰則その他の法律上の制裁を加えられては居りませぬが、制裁が無いからと言って義務たる性質を妨げないのであります。官吏に至っては官吏が公務に従事するのは、官吏の権利たるよりは、その義務たることの性質の方が一層強く認められて居ります。すなわち官吏は義務として勤務に服しなければならぬのでありますが、この服務の義務がまた同時に官吏の権利たるものでありまず。官吏よりも一層強く義務たる性質を認められて居るのは兵役義務でありましてこれは憲法においてもただ義務としてのみ規定せられて居って、その権利たることを認められて居らぬようでありますが、その実はこれもやはり同時に国民の公の権利たるものであります。重罪の刑に処せられた者は兵役に就くことを許さないのは、決して義務を免除したものではなくして兵役に就くの権利を与えないのでありまして、また兵役に就くことが国民の権利であることの証拠の一つであります。そのほか市町村公民が市町村の名誉職に就くこともその義務たるとともにまたその権利であることももちろんであります。

二　国民の義務

国民の公義務

国民は以上述べた如《ごと》き諸種の公権を有《も》って居る者であるとともに、また国家に対して公義務を負担して居る者であります。国民の公義務は一言を以て申せば服従義務の一つに帰することが出来ます。しばしば申す通り臣民の国家に対する服従は決して絶対無限というべきものでない、国家といえども如何《いか》なる事でも勝手に臣民に命令し得べきものであるというのではありませぬ。しかしながら国家は社会生活の安寧を維持し、国民公共の福利を進め、国家の繁栄発達を図らねばならぬものでありますから、これらの目的のために必要な事柄であるならば臣民に向ってこれを命ずることが出来なければならず、またこれらの目的に有害な事であらば臣民に向ってこれを禁止することが出来なければならぬ。それらの事柄は凡《すべ》て法に依《よ》って定めらるべきもので、しかして法に依って定まって居る範囲においては国家は臣民に対して命令および強制の権力を有って居り、臣民はこれに服従するの義務があるのであります。

兵役および納税の義務

国家が臣民に対して命令する所は極めて多様であって、したがってまた臣民の国家に負う所の義務もまた種々にこれを分かつことが出来ます。その中の最も重《おも》なるものとして憲法の中に特に規定して居るものは兵役義務および納税義務の二つであります。すなわち憲法第二十条には「日本臣民ハ法律ノ定ムル所ニ従ヒ兵役ノ義務ヲ有ス」といい、第二十一条には「日本臣民ハ法律ノ定ムル所ニ従ヒ納税ノ義務ヲ有ス」と規定して居ります。これも臣民の権利について述べたと同じように、ただ臣民の義務の最も重なるものを例として示して居るに止まって、臣民の義務がただこの二つに止まるという意味でないことはもちろんであります。その義務の内容についても憲法の規定だけでは更に分からないので、法律の規定を待って初めて一定するのであります。

裁判に服するの義務

兵役および納税の義務のほか、なお臣民は国法の定むる所に従って国家に対して種々の義務を負うて居ります。就中《なかんずく》重要なるものは裁判に服するの義務で、われわれ国民は一面において裁判を受くるの権利を有って居りますが、この権利の大切なる所以《ゆえん》はわれわれがまた一面において裁判に服するの義務があるからであります。裁判のほかなお各種の行政行為殊《こと》に警察上の命令または禁止に対してもわれわれはこれに服従しなければならぬ義務を負うて居る。官吏に任ぜられた者、地方団体の吏員となりまたは議会の議員に選ばれた者が公務に従事することは、凡て権利たると同時にまた国民の大切なる公義務であることは前にも述べた通りであります。

第十講　帝国殖民地

一　殖民地の意義

本日は最後の講義といたして、殖民地の事について簡単にお話をして、それでこの講義を終ろうと思います。

十数年前までは、殖民政策ということは、日本においては殆《ほとん》ど全く拋擲《ほうてき》せられて居ったのでありますが、一たび台湾を取得し、樺太の南半部を得、更に関東州租借地（遼東半島南西部）を譲り受け、進んで最近には遂に韓国を併合するに至って、殖民政策は日本においても国家の重要なる政策の一部を為《な》すこととなったのであります。しかしてこれらの殖民地についてはその凡《すべ》ての制度が本国とは著しく異なって居るのでありますから、これについては特別に説明する必要があるのであります。

殖民地の意義

殖民地という語は、元来はただ経済上または政治上の意義を有《も》って居る語で、法律上の観念ではありませぬ。経済上の観念としての殖民地もあるいは広い意味に用いらるることもあり、あるいは狭い意味に用いらるることもありますが、普通に学問上の語として殖民地と申すのは、国法上または国際法上国家に隷属して居る土地であって、その元来の住民は生来の本国人とは異なった人種に属し、その地理上の位置も本国とは隔って居って、しかしてそこへ本国から多数の移住民が移住して居る所を謂《い》うと説明することが出来ようと思います。すなわち元来異種類の人種が住んで居った所で、そうしてその土地は国法上または国際法上本国の属地であって、それに本国から多数の人が移住して居るというのであります。国法上の属地と申すのはすなわち本国の領土の一部分を為して居る土地を謂うので、その完全なる領土たることにおいては本国と更に異なる所は無いのであるが、ただ本国とは距離も距《へだた》って居り元来別の人種の人間が住んで居って本国人が多数にそこに移住して居るという点において、普通の領土と違って居るのであります。国際法上の属地と申すのは、主として保護国および普通に勢力範囲と称して居るものを申すのであります。勢力範囲というのはまだ保護国たるにも至らないが、実際上本国が勢力を有って居る土地を謂うのであります。

時としては殖民地という語を一層広い意味に用いて、必ずしも国法上または国際法上本国の属地となって居る所でなくとも、本国とは一向関係の無い外国の土地に本国人が沢山移住して居る所をも殖民地と称することがないではありませぬ。例えば日本から移住民が沢山布哇《ハワイ》へ行って住んで居るという場合に、布哇に行って居る移民を日本の殖民と申し、布哇が日本の殖民地であると申すことがないではありませぬが、普通殖民地と申すのはただ本国の属地となって居る所に限るのであります。日本の普通の用語においても、外国に行く移住民はこれを移民と申して殖民とは申さぬ例でありますし、いわんやその土地を日本の殖民地ということはないのであります。日本の殖民地と申せばただ朝鮮、台湾、樺太、関東州などをのみ申すのであります。

法律上の観念としての殖民地

殖民地の元来の意味はそういうことでありますが、しかしながらそういう意味に殖民地という語を解しまするど、それはただ経済上の意義として見ることが出来るばかりで、これを以て直に法律上の観念とすることは出来ないといわなければならぬのであります。人種が違うとか違わぬとかいうことは法律上の関係のある事柄ではない。法律上から申せば日本の国権にのみ服従して居る者であるならば、均《ひと》しく日本の臣民である。生理上日本の人種に属するかまたは朝鮮の人種に属するかということは、法律上の観念を定むる標準としては適当なものとは言えない訳であります。また本国人が多数に移住して居ると申しても、多数というのはどれだけの数を要するのであるか、これも法律上の観念の標準としては甚《はなは》だ曖昧であると言わねばならぬのであります。それであるから、こういう意味においての殖民地はただ経済上の観念に止まるもので法律上の観念ではないということになるのであります。

殖民地の法律上の特色

しかしながら凡てこれらの殖民地には法律上にもまた著しい一つの特色がある。その特色は何であるかといえば凡て殖民地は本国とは原則としてその行われて居る法律制度を異にして居るという点であります。すなわち日本と台湾、朝鮮などの関係について見ても、日本の本国に行われて居る各種の法律勅令などは原則として凡て朝鮮、台湾などには行われないのであります。ただ勅令を以て特にこれを朝鮮または台湾に施行すということを定めたもののみはそれらの土地にも行われますけれども、それはただ例外に止まって、原則としては総《すべ》ての法律勅令は一般に朝鮮、台湾には効力を有《も》たないのであります。樺太および関東州についても同様でありま す。本国と殖民地とはこの如《ごと》く互いに法制を異にするということが法律上における殖民地の最も重《おも》なる特色で、それは日本の殖民地ばかりでなく各国の殖民地も同様であります。それであるからもし殖民地という語を法律上の観念として用いようとするならば、この法律上の特色を取って、その観念の標準としてしかるべきでありまして、すなわち法律上の意味において殖民地と申すのは、本国の国法上または国際法上の属地にして、本国とは原則としてその行わるる所の法を異にするものを謂うと申してよいのでありま す。必ずしも総ての法が尽《ことごと》く異なって居るというのではない、例外的には同一の法が行われる場合も少なくないが、原則としては法を異にして居るのであります。日本の今日の状態について申すと、その定義に当て嵌《は》まるものは朝鮮、台湾、樺太および関東州でありま す。いずれも日本の国法上の領域に属するもので、現在は日本には国際法上の属地というべきものは全く無い。なお北海道および沖縄県は今日においては原則として総ての法律勅令が本国と同一に行われて居るのでありまして、ただ例外として特に北海道沖縄県に施行しないものが多少はありますけれども原則としては同一の法が行われて居るのでありますから、これは今日では法律上殖民地ということが出来ないのであります。同じ法律の行われて居る地域はこれを称して法域と謂うことが出来ます。したがって簡単に申せば、殖民地とは一国の領域内において原則として本土と別の法域を為して居る地域を謂うということが出来ます。

近代列国の殖民地政策

近来の世界の政治状態において殖民地政策は世界の諸強国の最も重要なる政策をなして居るものであります。いわゆる帝国主義と申すのも畢竟《ひっきょう》は殖民地政策にほかならぬもので、殖民地の盛んなる国はすなわち国勢の盛んなる国であり国運の進暢の最も著しい徴候はその殖民地にあると言われて居る位であります。殊《こと》に最近三、四十年以来は各国競うて殖民地の獲得に努めて居りまして、最近に至るまでなお暗黒世界と言われて居った亜弗利加《アフリカ》は驚くべき程の短い間に欧洲の諸強国の間に分割せられてしまい、英吉利《イギリス》、仏蘭西《フランス》、独逸《ドイツ》等の諸強国は争うて殖民地政策に全力を注いで居るのであります。独逸は十九世紀の下半期までは殖民地は少しも有《も》たなかったのが、その以後盛んに殖民地の獲得に努めて、今日では世界中の第三位の殖民国となって居ります。亜米利加《アメリカ》合衆国もまた従来はいわゆるモンロー主義に依《よ》って少しも外国には手を出さなかったのでありましたが、今は比律賓《フィリピン》を得、玖馬《キューバ》を得て、新興の殖民国として更に進んで太平洋に勢力を伸さんとして居ります。最近二、三十年間に起った重なる戦争は、米西戦争、南阿《ア》戦争、日露戦争等を初め、最近の伊太利《イタリア》、土耳古《トルコ》の間のトリポリ戦争に至るまで、いずれも殖民地政策がその戦争の原因を為して居らぬものは無いと言ってよい程で、殖民政策が如何《いか》に世界の政治の重なる勢力となって居るかはこれだけでも明瞭であります。日本もまた叡聖文武なる天皇陛下の御稜威に因《よ》って、最近には追々領土を拡張し殖民地を取得することを得たのでありますが、その充分なる発達はなお国民の将来の努力に待たねばならぬのであります。

帝国の各殖民地(イ)台湾

日本の殖民地と称すべきものは、前にも申す通り、朝鮮、台湾、樺太および関東州でありますが、取得の時期の順序から申せば、第一は台湾および澎湖《ほうこ》列島であります。これは明治二十七、八年戦役の結果として、明治二十八年四月十七日の下ノ関条約に依って清国から割譲を受けたものであることは御承知の通りであります。

(ロ)樺太

第二は樺太で、これは元は北海道開拓使の下に属して日本の領地の一部であったのでありますが、明治八年の千島樺太交換条約に依って一たび露国領となったのが、明治三十七、八年戦役の結果として、三十八年十月十六日のポーツマス条約に依って、北緯五十度を境界としてその南部を再び露国から我が国に割譲せられたものであります。

(ハ)関東州

第三は関東州租借地であります。関東州は他の殖民地とはいささかその性質を異にして居るもので、他の殖民地は朝鮮でも台湾でも樺太でも完全なる日本の領土でありますが、ひとり関東州は清国から租借地という名義を以て日本に属して居る土地であります。この地は元露西亜《ロシア》が清国から租借して居ったのでありましたが、日露戦争の結果、ポーツマス媾和条約に依って露国から更に日本に譲渡し、改めて清国の承諾を経たものであります。

租借地の性質

租借地は完全なる領土とは多少性質を異にしたものでありますけれども、領土と等しく専ら日本の統治権に属して居る区域で、国法上決して外国を以て目すべきものではないのであります。租借地の法律上の性質についてはいろいろ議論が分かれて居るようでありますが、要するに或る一つの期間を定めてその期間中はその地域における支那の統治権が全くその発動を停止せられ、しかしてその間その地域においては専ら日本の統治権が行われるのであります。租借地が完全なる領土と異なって居る所は、ただ一定の期限が附せられて居るということおよび現在行われて居る日本の統治権の背後に、匿《かく》れたる支那の統治権が存在して居るということにあるのであります。匿れたる統治権と申すのは、現在はその活動が全く停止されて居るが、なお潜在的の効力を有《も》って居って、日本の統治権がもはや行われなくなったならば、その時には直に元の如く支那の統治権がその完全なる効力を回復するという意味において存在して居るのを謂うのであります。すなわち日本の統治権が消滅すると同時に支那の統治権が回復するというだけの匿れた力を有《も》って居るのであります。けれども現在の状態においては日本の完全なる領土と少しも異なる所は無い、支那の統治権は全く潜伏して少しも効力を現わさないのでその地域内においては日本のみが完全に統治権を行って居るのでありますから現在においては日本の領土であると言ってよいのであります。ただその統治権に期限が限られて居るということにおいて永久的の領土とは違うのでありますが、期限が到着すればまたこれを更新することが出来るので、将来予期せられない変動の起らない限りは期限満了の後にも更に租借条約を更新せらるべきことは今より予測し得べき所でありますから、その期限が限られて居るということもただ法律上の名目に止まって実際にはさまで大なる相違ではないのであります。日本の法律家は多くは租借地を以て日本の領土ではなくして外国であるとして居るようでありますが、それは法律論としても大なる誤りであると思います。租借地は国際法上の保護国などとは違って純然たる国法上の属地であります。支那からの委任を受けて支那の統治権を行って居るのではなく、日本自身の名において日本の統治権を行って居るのであります。

(三)朝鮮

第四は朝鮮であります。日本と朝鮮とは御承知の通り歴史上極めて古くからの関係のあるものでありますが、日露戦役中に当時はなお独立の国家であった韓国と日本との間に保護条約が結ばれて韓国は日本の保護国となったのでありました。日露戦役の結了後この保護関係は一層拡張せられて、〔明治〕三十八年の日韓新協約に依って韓国はその外交権を全く委任することとなり、三十九年の初めから日本の統監府が韓国に設置せられ統監は京城に駐在してその外交事務を処理することとなった。その後いわゆる海牙《ハーグ》の密使事件〔一九〇七年、大韓帝国皇帝高宗がハーグ開催の第二回万国平和会議に密使を送り、日本に奪われた外交権の回復を訴えようとした事件〕が起ってその結果四十年七月新協約によって韓国は内治についても統監の指揮を受くることを約束した。次いで四十二年七月には韓国の司法および監獄事務が全部日本に委任せられ、四十三年六月には警察事務をも日本に委任することとなった、すなわち韓国の統治権の一大部分は日本に委任せられて居って、日本の官吏が韓国に駐在して司法および行政の作用を行って居ったのであります。しかしながら韓国がなお独立の一国家として存立して居った間は、日本と韓国との関係はただ国際法上の関係に止まって、日本は韓国の委任を受けて、その委任条約に基いて韓国の権利を行って居ったに過ぎぬのであります。しかるに四十三年八月に至って遂に韓国併合条約が日韓両国の間に締結せられて、韓国という国家は全く消滅して、日本の完全なる領土の一部となり、同時に韓国という名称を改めて朝鮮と称することとなったことは諸君の御承知の通りであります。

日本の殖民地と称すべきものは以上の四つでありますが、次にこれらの殖民地において如何《いか》なる法規が行われて居るかについて申上げます。

二　殖民地の法

殖民地は各殊別の法域たり

前にも申す通り殖民地は原則として内地とその行わるる所の法を異にして居るものであります。内地の法律勅令その他の法令は原則として凡《すべ》て殖民地には行われないのである。もちろん事柄に依っては内地の法令がそのまま殖民地にも施行せられて居るものが少なくない、殊《こと》に民法、商法、刑法などの司法的法律は内地も殖民地も共通のものが多いのでありますが、しかしながら内地の法律勅令がそのまま殖民地に施行せられるのは、ただ特に指定せられたもののみであって、すなわち例外たるものに過ぎぬのであります。特に殖民地にも施行することを定められて居るもののほかは、内地の法律勅令その他の法令は、凡て殖民地には効力を及ぼさないのであります。語を換えて申せば内地と各殖民地とは各々別の法域を為《な》して居るのであります。日本が台湾を取得するまでは日本の全国が原則として唯一の法域を為して居って、総《すべ》ての法律勅令は特別の例外を定められたもののほかは日本の全領土内に行わるるものとせられて居ったのでありますが、今日はこれに反して、日本の全国が、唯一の法域を為して居るのではなく、朝鮮、台湾、樺太および関東州各々それぞれ特別の一法域を為して居るのであります。

朝鮮の法

各殖民地はこの如《ごと》く各々特別の一法域を為して居るのであるからしたがってまた各々その行わるる所の法を異にして居ります。まず一番重《おも》なる朝鮮について如何なる法が行われて居るかを説明しようと思います。

憲法は朝鮮に行わるるや

第一に疑問となるのは憲法であります。憲法が新領土にも当然効力を及ぼすべきものであるか否かということは、台湾取得の当時にも、学問上および実際上に疑問とせられた所でありましたが、朝鮮併合の際にもまた同一の問題が起って、いろいろ議論があったのであります。憲法の条文を見ますと、憲法には別段新領土には憲法を施行しないというような明文は無い。のみならず憲法には「天皇ハ国ノ元首ニシテ統治権ヲ総攬シ此ノ憲法ノ条規ニ依リ之ヲ行フ」とあって、この条文だけを見ると、たとえ新領土であっても凡て統治権を行わせられるには常に憲法の条規に依《よ》って行わせられねばならぬものと解せられるようであります。この如き理由に因《よ》って日本の多くの法律家は新領土にも憲法は必ず当然に効力を有するものと解して居りまして、政府の意見もまたこの解釈に依って居るようであります。しかしながら、台湾朝鮮のような新附の領土において、内地と同じ憲法政治を行うことは、到底実際に望むべからざる所でありますから、政府はやむを得ざる処置として、台湾取得の当時には二十九年の法律第六十三号に依って、台湾総督の発する律令を以て法律に代る規定を為すことが出来ることを定めて、すなわち憲法上は法律でなければ定むることの出来ない事柄でも台湾では凡て命令を以て定め得べきものとして僅《わず》かにその困難を救うたのであります。この法律は初めは満三年の期限を以て定められたのでありますが、その後延期に延期を重ねて、今日もなお略々これと同趣旨の規定が引続き効力を有《も》って居るのでありますす。ただ最初の二十九年法律第六十三号はその後三十九年法律第三十一号によって多少の改正を加えられ、この三十九年の法律が今日まで行われて居るので、今日では大正十年十二月三十一日まで効力を有するものと定められて居ります。朝鮮についてもやはりこれと同様に、朝鮮併合の際直に緊急勅令を以て、朝鮮総督の発する制令を以て法律に代る規定を設くることが出来ることを定めましたが、その後四十四年法律第三十号を以てこの勅令に代えたのであります。

この如く、台湾または朝鮮においては、憲法上法律でなければ規定することの出来ないものと定められて居る事柄でも、凡て命令を以て定め得べきものとして居るのでありまして、すなわち憲法の規定は少しも実行せられて居らぬのでありますが、それにもかかわらず、政府は従来常に憲法は新領土にも当然施行せらるるものであるという解釈を固執して居りまして、四十四年の春の議会には桂〔太郎〕総理大臣は議員の質問に応えて、政府は憲法が朝鮮に行われて居ると解して居るということを言明せられたということであります。これは政府の解釈でありますが、この如き解釈が正当であるか否かは暫く差《さし》措《お》いて、かりにそれが正当であるとしても、それはただ空の議論に止まって、実際はどうかと言えば、台湾朝鮮などにおいては実際には少しも憲法政治を行って居らぬのでありります。政府は憲法が行われて居ると申して居りましても、実際は少しも憲法に準拠して統治権を行っては居らぬのであります。憲法上の原則の最も重要なる点は言うまでも無く、国民に参政権が与えられて居ること、国会制度があること、これに伴うてまた立法権と行政権とが相分離せられて、立法には国会の協賛を要すること、司法権が完全なる独立を有《も》って居ることなどの点にあります。これが憲法政治の重なる特色でありますが、朝鮮台湾などにおいては国会議員を選出する権利の無いことはもちろん、立法権と行政権は少しも分離せられて居ないで、同じ朝鮮総督、台湾総督が行政権を行うとともにまた立法権を有って居って、如何なる法規でも議会の協賛を経ず、行政機関の命令を以て定め得るものであります。司法権の独立も完全なものではなく、朝鮮総督台湾総督は或る範囲において裁判官の地位に干渉することが出来る、すなわちこれに休職を命ずることが出来るのであります。憲法には日本臣民は法律の定むる所に従って兵役の義務を有すとありますが、朝鮮人台湾人などは全く兵役の義務を有って居らぬ、兵役に就くの権利も無いのであります。憲法には日本臣民は均《ひと》しく公職に就くことが出来るとありますが、朝鮮人台湾人は国会議員になることも出来ねば、内地において文武の官職に就くことも出来ぬのである。政府は如何に憲法が行はれて居ると申しても、事実は全くこれに反して居って、少しも憲法を行っては居らぬのであります。実際上またこの如き殖民地に内地と同様の憲法を施行しようとしても、到底行うことの出来ないことは当然の事であります。政府が前申したような解釈を執って居りますは、恐らくは未熟なる法律家の浅薄なる空論に誤られたもので、凡て殖民地には憲法を施行せられないと解するのが正当な解釈であると私は確信して居ります。前にも申す通り殖民地は原則として本国とは別の法域を為して居るもので、憲法についてもまた他の凡ての法と同じく原則として殖民地に行わるるものではないのであります。外国の殖民地を見ましても、本国と同一の憲法を施行して居る殖民地は何処の国にも無い。英吉利《イギリス》は世界到る処に殖民地を有って居りますが、英吉利本国の憲法の行われて居るのは、ただその本国ばかりで、各殖民地はあるいは特別の成文憲法を有って居るものあり、あるいはその他各特別の法に依って統治せられて居るのであります。あるいは仏蘭西《フランス》に致しても、独逸《ドイツ》に致してもあるいは西班牙《スペイン》、葡萄牙《ポルトガル》、和蘭《オランダ》その他いやしくも殖民地を有って居る各国は総て本国と同一の憲法を殖民地に行って居る所は無いのであります。日本においてもまた同様に本国の憲法は殖民地には行われて居らぬものと解するのが正当であります。

憲法以外においては如何なる法が朝鮮に行われて居るかと申すと、一部分は内地の法律勅令が朝鮮にも施行せられて居るものがありますが、大部分は朝鮮において制定せられた命令または慣習法が行われて居るのであります。

朝鮮における各種の制定法

まず形の上から朝鮮における制定法規の種類を区別しますと、法律、勅令、制令、朝鮮総督府令、旧韓国法令などの各種であります。第一に法律は原則として朝鮮に行われないのでありますが、ただ勅令を以て特に朝鮮に施行することを定められて居る法律が多少ありますし、また法律の中には特に朝鮮に行うために規定せられたのもあります。例えば朝鮮総督府特別会計法の類で、これらの法律は内地の議会の議決に依って定められたものが朝鮮に施行せられて居るのであります。第二には特に朝鮮に行う目的をおいて制定せられた勅令。これはあまり沢山はありませぬが、ただ朝鮮総督府およびその所属官庁の官制ならびに官吏の任免、監督、権利義務等に関する事柄は、朝鮮についても内地と同様に一般に勅令を以て定められて居るのが原則であります。第三は制令で、これが朝鮮における最も重なる制定法規であります。朝鮮総督は勅裁を経て法律に代るべき命令を発布する権限を与えられて居りまして、この命令を制令と謂《い》うのであります。これは前にも述べた通り韓国併合の当時緊急勅令を以て特に朝鮮総督にこの職権を与えられたのであります。その後帝国議会においてはその緊急勅令に対しては不承諾の決議をしましたけれども、直にこれに代るべき全く同一の文句の法律を決議して、この法律を以て引続いて朝鮮総督に制令を定むるの権を与えて居るのであります。制令を発するには内閣総理大臣を経て勅裁を仰ぐことを必要とするのでありますが、もし臨時緊急の必要があって勅裁を経るの暇《いとま》がない時分には、朝鮮総督は勅裁を経ないで仮にこれを定むることが出来る。その場合には事後において直に勅裁を仰ぐことを要するので、もし勅裁を得なかったならば将来に向って効力を失うということを公布しなければならぬ。すなわちあたかも緊急勅令に似たようなものであります。原則としては勅裁を経て発布するのでありますから、形の上においては朝鮮総督の命令として発布せらるるのでありますが、実質においてはむしろ勅令の性質を有《も》ったものであります。ただ外部に対しては朝鮮総督の名前を以て発布されるので、すなわち人民から見れば朝鮮総督の命令でありますが、その決定権はやはり君主の大権にあるのであります。次に第四には朝鮮総督府令。これも朝鮮総督の発する命令で、制令の下において朝鮮における制定法規の最も重要なるものであります。内地ならば勅令に相当することが主として総督府令を以て規定されて居るのであります。朝鮮総督のほか総督府警務総長、道長官および警務長などの下級官庁も各々その権限内の事柄について命令を発する権を与えられて居ります。今日朝鮮において定められる制定法規は略々これらの種類でありますが、その以外になお韓国併合の当時に韓国に行われて居った旧韓国法令および帝国法令は今日においても、その後に廃止変更せられたもののほかなお効力を有って居るのであります。すなわち併合以後において新たに制定せられた制令、朝鮮総督府令等のほかには旧韓国時代の法が引続き効力を有《も》って居るので、これはその内容が制令に相当すべきものであるならば制令として効力を有って居り、もしまた内容が朝鮮総督府令に相当すべきものであるならば朝鮮総督府令として効力を有することになって居ります。将来これを廃止変更するにはその内容にしたがってあるいは制令あるいは朝鮮総督府令を以てすることを要するのであります。

参照　朝鮮ニ施行スヘキ法令ニ関スル法律（明治四十四年三月法律第三十号）

第一条　朝鮮ニ於テハ法律ヲ要スル事項ハ朝鮮総督ノ命令ヲ以テ之ヲ規定スルコトヲ得

第二条　前条ノ命令ハ内閣総理大臣ヲ経テ勅裁ヲ請フヘシ

第三条　臨時緊急ヲ要スル場合ニ於テ朝鮮総督ハ直ニ第一条ノ命令ヲ発スルコトヲ得

前項ノ命令ハ発布後直ニ勅裁ヲ請フヘシ若勅裁ヲ得サルトキハ朝鮮総督ハ直ニ其ノ命令ノ将来ニ向テ効力ナキコトヲ公布スヘシ

第四条　法律ノ全部又ハ一部ヲ朝鮮ニ施行スルヲ要スルモノハ勅令ヲ以テ之ヲ定ム

第五条　第一条ノ命令ハ第四条ニ依リ朝鮮ニ施行シタル法律及特ニ朝鮮ニ施行スル目的ヲ以テ制定シタル法律及勅令ニ違背スルコトヲ得ス

第六条　第一条ノ命令ハ制令ト称ス

朝鮮ニ於ケル法令ノ効力ニ関スル件（明治四十三年八月制令第一号）

朝鮮総督府設置ノ際朝鮮ニ於テ其ノ効力ヲ失フヘキ帝国法令及韓国法令ハ当分ノ内朝鮮総督ノ発シタル命令トシテ尚其ノ効力ヲ有ス

行政法規と司法法規

これまで述べたのは、ただ形の上から朝鮮における制定法規の種類を申したのでありますが、更に内容に依って区別すると、法の全体は大体において行政法規と司法的法規と大別することが出来ますが、行政法規は官制、官吏法、会計法などのほかは概して制令、総督府令等に依って定まって居るのが多いようであります。司法的法規殊に民法および刑法については、内地人に適用せられる法と朝鮮人に適用せられる法とは異なって居りまして、朝鮮人には概して旧来の慣習法および旧韓国の法令が適用せられて居り、内地人には内国と同一の法律が適用せられて居るのが大体の有様であります。すなわちいわゆる法の属人主義が行われて居るので、内地人であるか朝鮮人であるかという人種の相違に依って、適用すべき法を異にして居るのであります。内地人の間の民事訴訟ならば内地の民法の原則に依って裁判するが、朝鮮人同士の間の訴訟は韓国時代からの旧来の慣習に依って裁判をするのである。日本人の犯罪は日本の刑法の原則に依って処罰するが、朝鮮人の犯罪ならば旧韓国の刑法に依って処断するというような状態になって居るのであります。

台湾の法

次に台湾においても大体において朝鮮と同様の有様にあります。その制定法の種類はやはり、法律、勅令、律令、台湾総督府令などの各種であります。律令はあたかも朝鮮の制令に相当するものであります。

参照　台湾ニ施行スヘキ法令ニ関スル法律（明治三十九年四月法律第三十一号）

第一条　台湾ニ於テハ法律ヲ要スル事項ハ台湾総督ノ命令ヲ以テ之ヲ規定スルコトヲ得

第二条　前条ノ命令ハ主務大臣ヲ経テ勅裁ヲ請フヘシ

第三条　臨時緊急ヲ要スル場合ニ於テ台湾総督ハ直ニ第一条ノ命令ヲ発スルコトヲ得

前項ノ命令ハ発布後直ニ勅裁ヲ請フヘシ若勅裁ヲ得サルトキハ台湾総督ハ直ニ其ノ命令ノ将来ニ向テ効力ナキコトヲ公布スヘシ

第四条　法律ノ全部又ハ一部ヲ台湾ニ施行スルヲ要スルモノハ勅令ヲ以テ之ヲ定ム

第五条　第一条ノ命令ハ第四条ニ依リ台湾ニ施行シタル法律及特ニ台湾ニ施行スル目的ヲ以テ制定シタル法律及勅令ニ違背スルコトヲ得ス

第六条　台湾総督ノ発シタル律令ハ仍其ノ効力ヲ有ス

樺太の法

樺太は朝鮮および台湾とは少しく趣を異にして居ります。すなわち樺太庁長官は朝鮮総督、台湾総督のように法律に代るべき命令を発するの権を与えられて居りませぬ。樺太においては概して申すと民法、商法、刑法、訴訟法、監獄則などの司法的法規は殆《ほとん》ど全部内地の法律がそのまま施行せられて居るので、ただ土人に適用するもののみは民事刑事等に関しても内地の法律に依らないで、あるいは旧慣に依りあるいは勅令を以て特別の規定を作ることが出来ることとされて居ります。行政法規についても内地の法令がそのまま樺太に施行せられて居るものは少なくありませぬが、これは憲法上法律を要する事柄であっても、勅令を以てこれを定むるを得ることとなって居ります。要するに樺太も原則としては内地と別の法域を為して居るのでありますが、土人法を除いて内地と同一の法が行われて居る範囲が台湾朝鮮に比べては遥《はるか》に広いのであります。

参照　樺太ニ施行スヘキ法令ニ関スル法律（明治四十年三月法律第二十五号）

法律ノ全部又ハ一部ヲ樺太ニ施行スルヲ要スルモノハ勅令ヲ以テ之ヲ定ム但シ左ノ事項ニ関シテハ勅令ヲ以テ特別ノ規定ヲ設クルコトヲ得

一　土人ニ関スルコト

二　行政官庁又ハ公署ノ職権ニ関スルコト

三　法律上ノ期間ニ関スルコト

四　裁判所又ハ裁判長カ職権ヲ以テ選任シ又ハ選定スル弁護人、訴訟代理人又ハ訴訟承継人ニ関スルコト

関東州の法　関東州については他の殖民地とは頗《すこぶ》る趣を異にして、政府は初めから憲法が行われて居らぬものと解して居って、したがって法律に代る命令と普通の命令との区別を全く設けて居りませぬ。朝鮮および台湾において、制令また律令と普通の命令とを区別して、憲法上法律を要する事項は制令または律令という特別の形式を以て発布するということを特に法律を以て規定して居りますのは、台湾朝鮮においては憲法が行われて居るものと解して居ったがためで、もしこの法律の規定が無ければ命令

を以て法律に代る規定を設けることが出来ない訳でありますから、特にこの法律を以てその権限を与えて、形式上はあたかも憲法に依《よ》って居るかの如《ごと》き外形を装うて居るのであります。関東州はこれに反して政府は日本の領土ではないと看做《みな》して居るようで、したがって憲法は当然これに行われないものと解して居りますから、そういう形式の区別を設けないで、憲法上は法律を要する事柄でも、または当然命令を以て定め得べき事柄でも、すべて区別なく関東都督府令を以て自由にこれを定めることが出来るものと解して居ります。ただ罰則については都督府令に附することの出来る限度が制限せられて居りまして、その以上の罰則を附すべきものは、勅令を以て定むるの例となって居ります。すなわち関東州に行われて居る法は特に関東州に施行せらるる法律のほかには勅令および関東都督府令がその重なるものであります。

三　殖民地の人民

殖民地土着民の国籍

殖民地の人民は言うまでもなく帝国の臣民であります。日本の領土となったことに因《よ》って帝国の臣民となったものであります。日本が台湾の割譲を得または朝鮮を併合するというのは単にその土地を譲受けたというばかりでなくて、また臣民に対する権利を譲受けたのであります。土地に対する権利すなわち領土権の割譲を受けたばかりでなく、また人民に対する権利すなわちいわゆる臣民高権を譲受けたのであります。したがって特別の例外を約束した場合のほかはその土地に属して居る人民はまた当然に帝国臣民となるものであります。ただ、今日の国際法上の慣習として、領土の割譲の場合には選択約款というものが割譲条約の中に規定せられて、その土地の住民は一定の期間内に或る条件を以て旧来の国籍または併合国の国籍のどちらかを選択する権利を与えられるのが通常であります。台湾の割譲の時にもこの如き選択約款を定めて台湾の住民は一定の年限の間に台湾を退去して清国の国籍を保有する自由を与えたのであります。朝鮮の併合は国家の全部の併合でありますから、そういう選択約款の余地はない、総《すべ》ての朝鮮人は当然に日本の臣民となったのであります。樺太の割譲の場合には普通の例とは異なって、樺太に居住して居る露西亜《ロシア》人は全部日本の臣民とはしなかったのであります。日露媾和条約に依って、露西亜人は自由に退去することを得せしめて、これに日本の国籍を与えなかったのであります。樺太にあって日本の臣民となったのはただ樺太の土人ばかりであります。

租借地の人民

ただ関東州は租借地でありまして、単に土地の租借に止まり人民に対する権利をまでも移転したものではないのでありますから、関東州に住んで居る支那人はその身分においては日本の臣民ではなく、支那の臣民であります。支那の臣民が租借地の効果に基いて日本の国権に服従して居るのであって、それはあたかも内地に滞在して居る外国人が領土権の効果に基いて日本の国権に服従して居るのと同様であります。

土着民の権利義務

この如く租借地を除くほか各殖民地の住民は、条約の規定に従って特に旧国籍を留保した者のほかは、法律上帝国の臣民となったものでありますが、しかしながら同じく帝国の臣民であると言っても、その権利義務、そのほか凡《すべ》ての法律上の地位において、殖民地の土着人は内地人すなわち在来の日本人とは全く区別せられて居ります。殊《こと》に兵役義務は日本国民は普《あまね》く負うて居る義務でありますが殖民地の土着人には課せられない。参政権は日本国民には普く与えられて居る権利でありますが、朝鮮人台湾人などには与えられて居らぬのであります。土着人にも参政権を附与し兵役義務を課するに至りますのはなお遠き将来にあることと信じます。土着人が既に完全に日本に同化して在来の帝国臣民と区別することの出来ない時分に至るまでは、参政権を与え兵役の義務を課することは出来ないであろうと思います。理論上の性質においてはもちろん日本の臣民ではあるけれども、日本人に関する法律の規定は朝鮮人台湾人などには原則として適用せられないのであります。

殊に台湾人の中でも特殊の地位を有《も》って居る者は蕃人であります。蕃人もまた理論上は帝国の臣民ではありますけれども、その一部分は実際上今なお完全には国権に服従しては居らぬもので、完全なる人格を認められて居らぬものであります。

四　殖民地の行政組織

次に殖民地の行政組織について簡単に申上げたいと思います。前数回の講義において立憲政治の大様についてお話を致したのでありますが、この説明は総《すべ》て日本の内地にのみ適用せらるるもので、殖民地には当て嵌《はま》るものではないのであります。殖民地には立憲政治は行われて居ないので今日も純粋の専制政治の状態にあるのであります。司法権の独立は略々完全に行われて居りますが、それでも判官に対して総督が多少その地位に干渉する権限を有って居る。立法権と行政権との分離に至っては全く行われて居らぬことは前にも申した通りであります。また内地にお

殖民地の政体

いては行政処分は総て法規に準拠することを必要として居って、違法の処分に対しては行政訴訟を起すことを許されて居るのでありますが、殖民地においては行政裁判制度はまるで行われて居らず、訴願権も認められて居りませぬ。これは殖民地の事情が全く本国の事情と異って居るがためでありまして、殖民地政策上よりやむを得ざる必要であります。

殖民地の統治権

殖民地における統治権は申すまでもなく天皇の大権に属するものであります。天皇は帝国全般の統治権を御総攬遊ばされるのでありますから、殖民地の統治権ももちろん天皇に属して居るのであります。ただ内地においてはその統治権を行わせられるのに、あるいは議会の協賛を要するのもありあるいは独立の裁判所に委任せられねばならぬものもあるのでありますが、殖民地については、この如《ごと》き特別の制限は無いので、立法についても必ずしも議会の協賛を必要としないし、司法についても必ずしも憲法に規定して居るような独立の裁判所に委任しなければならぬという必要はない。すべて大権の適宜の行動に依《よ》って統治せらるるのであります。

殖民地に関する議会の権限

殖民地に関する立法はこの如く必ずしも議会の協賛を要しないのでありますから、殖民地の事に関して帝国議会が関係することは比較的甚《はなは》だ少ない。もちろん議会の協賛を以て殖民地に施行すべき法律を定むることが出来ないというのでありませぬが、それは極めて稀な場合で、概して申せば帝国議会がこれに関係することは少ないのであります。ただその例外として帝国議会が常に殖民地の事に干与するのはその会計であります。会計に関してのみは、これはやはり国家の歳入歳出の一部でありますから、台湾における歳入歳出も朝鮮における歳入歳出も一般の帝国の財政と同様に、等しく予算を以て帝国議会の協賛を経、しかしてその決算についても会計検査院の検査および帝国議会の審査を必要とすることになって居ります。もちろん朝鮮総督府会計、台湾総督府会計は各々一つの特別会計となって居りまして、本国の一般会計とは計算を別にされて居りますけれども、ただ会計が異なって居るというだけに止まって、均《ひと》しく帝国政府の会計には相違ないのでありますから、会計法に従って行うことを要し、しかして一般会計と同じく議会の協賛を経るのであります。

殖民地行政の中央官庁と殖民地官庁

会計の事を除いては、殖民地の行政は概して専ら君主の大権に属して居りまして、君主の下においてなお種々の行政官庁に委任せられて居ります。君主の下における殖民地行政の組織については、第一にまず殖民地行政の中央官庁と各殖民地における官庁とを区別する必要があります。中央官庁は内地にあって殖民地の全体を統轄して居るものであります。前にもかつて一言したことがありましたが、日本の殖民地行政は概して行政上の分権主義を採って居るもので、最初台湾を取った時から台湾の統治は概して台湾総督に全権を委任して、一々中央政府から指揮命令するということを為《な》さなかった。総督が自分の独立の意見に依って台湾の政治を為し土地の開発を図ったのであります。朝鮮を併合した後も朝鮮の統治もまた殆《ほとん》ど朝鮮総督に一任されたのでありました。今日でも殖民地の行政は一々統一的に中央政府がこれを定めてこれを各殖民地の長官に命令するというのではなく、大抵は各殖民地で各自に独立の政治を行って居るという有様であります。内地の地方官はその権限が比較的甚だ狭いもので、大抵の事は法律勅令または省令に依って定まって居って、その他の事も大臣からの訓令に依って束縛せらるるものが多いのでありますが、各殖民地の長官は内地の地方官に比べては遥《はるか》に広い権限を有《も》って居って、内地ならばあるいは勅令で定まって居り、あるいは大臣の職権に属して居る事でも多くは各殖民地で随意にこれを定めることが出来るものとなって居ります。しかしながらいかに分権主義が行われて居ると言っても、殖民地は決して全く独立なものではなく、等しく中央政府に隷属して居るものでありますから、その行政についても、或る程度にまでは中央政府においてこれを指揮監督して居るのであります。

中央官庁

殖民地行政の中央官庁は内閣総理大臣であります。これが殖民地行政についての最高官庁で、朝鮮総督を初め各殖民地の長官はいずれもその指揮監督を受けて居るのであります。内閣総理大臣の下に拓殖局というものが置かれて、専ら殖民地行政の監督の事に当って居ります。

殖民地官庁

各殖民地自身においての行政組織は朝鮮および台湾と樺太および関東州とはやや趣を異にして居りますが、台湾と朝鮮とは大体においてその組織が類似して居りまして、ただ朝鮮の方がその土地の遥に広い結果としてその規模が一層大きいという位の相違であります。台湾における最高の官庁は台湾総督で、朝鮮において同様の地位にある者は同じく朝鮮総督であります。朝鮮総督および台湾総督はやや英吉利《イギリス》の王領殖民地の大守に似たような地位を有《も》って居るものであります。英吉利の殖民地は自治殖民地と王領殖民地とに区別されて居ります。独立の国会を備えて居る殖民地は自治殖民地と申し、国会がなくて直接に中央政府に支配されて居るのは王領殖民地と謂《い》って居ります。例えば印度《インド》は王領殖民地であります。もっとも印度は公には英吉利の殖民地と謂わず印度帝国と謂って居りますが、その性質においてはやはり殖民地であります。その王領殖民地の大守にやや似て居るような地位であります。その権限が非常に広いのでありますが、殊《こと》にその著しい特色は総督が陸海軍を統帥する権とそれから行政および立法の権とを併せ有して居るということであります。普通の内地の政治組織においては政治上の官職と軍事上の官職とは明かに区別せられて居って、政治の権限を有って居る者が同時に軍隊を指揮する権があるということは内地では認められて居らぬのであります。ひとり殖民地においてはこの原則は守らないで、政治を管轄して居る者が同時に陸海軍を指揮統帥する権限を与えられて居るのであります。朝鮮総督も台湾総督もこの点においては同様であります。したがって朝鮮総督は陸海軍大将、台湾総督は同じく大将または中将を以てこれに任ずることを必要として居ります。

総督府の組織の詳細はこれを略しまして、ただその概略を申しますと朝鮮総督府の方が遥に大規模でありまして、総督官房のほかに内務部、度支部、農商工部、司法部というような四つの部に分かれて居ります。本国で申すならば各省に分かれて居ると同様であります。内務部は内務、文部に相当するもので、度支部は大蔵省、農商工部は農商務省、司法部は司法省に相当するものであります。陸海軍については別に陸海軍の司令部、陸海軍幕僚というものがあります。台湾総督府にはそういう風の区別がありませぬで、民政部という一つの部で行政の全体を総括して居ります。その下に局が置かれて居ります。財務局、通信局、殖産局、土木局その他の部局が置かれてあります。

地方制度につきましては、台湾の地方制度は度々変更されましたが、現行の制度は総督府の下に庁を置かれて居ります。台湾の全体が十二の庁に分割されて居るのでありま す。庁には庁長があって一切の行政を管轄して居る。庁は日本の内地に較べますと府県よりやや狭い、郡よりやや広いものに相当するのであります。朝鮮の地方制度は朝鮮総督府の下に道がある、これは旧来の韓国時代の地方制度を襲うたのであります。道の下に府と郡とに分かって、その府、郡の下に更に面というのがある。これが町村に相当するものであります。この三級に分かつのであります。台湾の地方官は極《ご》く最下級におけるほかは総て日本人を用いて居りますが朝鮮におきましては日本人と朝鮮人とを併用致して居ります。道長官はあるいは日本人あるいは朝鮮人半分半分位でありますが、郡守に至っては悉《ことごと》く朝鮮人を用いて居ります。これは法律上必ず朝鮮人を以てこれを任ずというのではありませぬけれども、事実においては朝鮮人ばかりを使うて居ります。これは殖民地政策上の理由から来て居るのであろうと思います。直接に地方の人民に接しますには、やはり旧来の慣習に従って昔からその人民に親しき人また人民の尊敬を受けて居る者に治めさせるのが適当であるからであろうと思います。ただ府尹《ふいん》は尽《ことごと》く日本人を用いて居ります。

朝鮮の行政組織についてなお一つ申しておきたいのは警察制度であります。朝鮮の警察の機関は二つの系統に分かれて居りまして、一つは憲兵で一つは警察官庁であります。最下級においては憲兵と警察官と相分かれて居りますが、上級においては憲兵が同時に警察官となって居るのであります。すなわち警察の最高機関たる警務総長は朝鮮駐剳《ちゅうさつ》の憲兵司令部長である将官がその地位に当って居り、地方警察官たる各道の警務長は各道に駐在して居る憲兵の司令官である憲兵佐官がこれに当って居るのであります。すなわち憲兵の司令官である将官または佐官が朝鮮総督府の警務総長または各道の警務長となって居るので、大体について申せば朝鮮の警察権は憲兵の手にあると言って宜《よ》いのであります。これは朝鮮併合前旧韓国時代からこの通りであったので、すなわち併合の少し前に韓国の警察権を日本に委任せしめて、従来の文官組織の警察制度を改めて憲兵が警察権を掌握することとしたのであります。

樺太の制度は朝鮮および台湾とは趣を異にして居りましてほぼ北海道庁の制度に類して居ります。北海道庁の官制に倣って作られたものと思われます。樺太には樺太庁を置いて樺太庁長官がやや北海道庁長官に類似した権限を有《も》って居るのであります。関東州におきましては関東都督府が組織されて居ります。

五　殖民地の司法制度

司法裁判所

司法裁判所の組織については殖民地のなお幼稚なるものにあっては、殊《こと》に土人に対しては行政官をして同時に、司法権を行わしめて居る所が多くありますが、日本の殖民地においては概して行政権と司法権とはこれを分離して、略々司法権の独立を行って居ります。台湾においては台湾総督府法院条例という律令が発布されて居りまして、それに依《よ》って総督府法院が置かれております。総督府法院は地方法院と覆審法院との二級に分かれて居ります。地方法院は民事刑事の一切の事件について第一審の裁判所であり、覆審法院はその第二審の裁判所であります。地方法院の方は単独裁判で、覆審法院の方は三人の合議裁判であります。その裁判官はこれを判官と申して居ります。やはり内地の裁判所の構成法に依って判事となり得べき資格ある者に限ってこれを任ずるようにして居るのであります。朝鮮総督府においても略々同様であります。これは朝鮮併合前韓国がまだ独立国の形を為《な》して居りました時分から、韓国の司法権は日本に委任されて居りまして、その委任に基いて統監府裁判所令というものが発布されて、それに依って日本の裁判所を韓国に設けて、そうして韓国に代って韓国の裁判権を行って居ったのでありますが、韓国併合の後におきましてもその裁判所がそのまま継続して居るのであります。その裁判所は高等法院、覆審法院、地方法院の三つの階級に分かれて居ります。その裁判官は日本人朝鮮人を併用致して居りまして、日本人は日本内地の裁判所構成法に依って裁判官たるを得べき資格ある者に限ってこれを任用するのであります。朝鮮人については裁判所構成法の資格は適用されませぬけれども、ややこれに類似した資格を定められて居ります。すなわち日本の帝国大学、官立専門学校または朝鮮総督府の指定したる学校において、三年以上法律学を修めてこれを卒業した者という資格を定めて、そうして高等試験委員の銓衡《せんこう》を経て任用することの出来ることになって居ります。そういう資格のある者ならば、朝鮮人も裁判官となるということになって居ります。ただし朝鮮人の判事検事が職務を行うのは、朝鮮人に対する裁判にのみ限ります。そのほか日本の違警罪に相当するようなことは警察でこれは即決することが出来ることが認められて居ります。関東都督府におきましてはやはり関東都督府法院というものがありまして、それは地方法院と覆審法院との二階級に分かれて居ります。関東都督府におきましては区裁判所に相当しまするこことはこれは行政官がやって居ります。裁判所は二級しかないのでありまして、その地方法院というのは日本の地方裁判所に相当するものであります。すなわち区裁判所の裁判に対して控訴を受理するのであります。日本の内地の区裁判所に相当する事柄は関東都督府の下にあります地方官庁が同時に行って居ります。民政署長が第一審の裁判を行ってその第一審の裁判に不服の者は地方法院に控訴することが出来る、すなわち三階級に分かれて居って第一審は行政官が兼ねて居るのであります。樺太に至りましては裁判組織においては全く内地の一部として取扱われて居りまして、裁判所構成法が施行せられ、樺太地方裁判所すなわち普通の内地と同様の裁判所が置かれて居ります。

甚《はなは》だ不完全な講義でありましたが、長く御清聴下すったことは最も光栄とする所であります。

［参考１］大日本帝国憲法（一八八九年二月一一日公布、一八九〇年一一月二九日施行）

憲法発布勅語

朕国家ノ隆昌ト臣民ノ慶福トヲ以テ中心ノ欣栄トシ朕カ祖宗ニ承クルノ大権ニ依リ現在及将来ノ臣民ニ対シ此ノ不磨ノ大典ヲ宣布ス

惟フニ我カ祖我カ宗ハ我カ臣民祖先ノ協力輔翼ニ倚リ我カ帝国ヲ肇造シ以テ無窮ニ垂レタリ此レ我カ神聖ナル祖宗ノ威徳ト並ニ臣民ノ忠実勇武ニシテ国ヲ愛シ公ニ殉ヒ以テ此ノ光輝アル国史ノ成跡ヲ貽シタルナリ朕我カ臣民ハ即チ祖宗ノ忠良ナル臣民ノ子孫ナルヲ回想シ其ノ朕カ意ヲ奉体シ朕カ事ヲ奨順シ相与ニ和衷協同シ益〻我カ帝国ノ光栄ヲ中外ニ宣揚シ祖宗ノ遺業ヲ永久ニ鞏固ナラシムルノ希望ヲ同クシ此ノ負担ヲ分ツニ堪フルコトヲ疑ハサルナリ

朕祖宗ノ遺烈ヲ承ケ万世一系ノ帝位ヲ践ミ朕カ親愛スル所ノ臣民ハ即チ朕カ祖宗ノ恵撫慈養シタマヒシ所ノ臣民ナルヲ念ヒ其ノ康福ヲ増進シ其ノ懿徳良能ヲ発達セシメムコトヲ願ヒ又其ノ翼賛ニ依リ与ニ倶ニ国家ノ進運ヲ扶持セムコトヲ望ミ乃チ明治十四年十月十二日ノ詔命ヲ履践シ茲ニ大憲ヲ制定シ朕カ率由スル所ヲ示シ朕カ後嗣及臣民及臣民ノ子孫タル者ヲシテ

永遠ニ循行スル所ヲ知ラシム
国家統治ノ大権ハ朕カ之ヲ祖宗ニ承ケテ之ヲ子孫ニ伝フル所ナリ朕及朕カ子孫ハ将来此ノ憲法ノ条章ニ循ヒ之ヲ行フコトヲ愆ラサルヘシ
朕ハ我カ臣民ノ権利及財産ノ安全ヲ貴重シ及之ヲ保護シ此ノ憲法及法律ノ範囲内ニ於テ其ノ享有ヲ完全ナラシムヘキコトヲ宣言ス
帝国議会ハ明治二十三年ヲ以テ之ヲ召集シ議会開会ノ時(明治二三・一一・二九)ヲ以テ此ノ憲法ヲシテ有効ナラシムルノ期トスヘシ
将来若此ノ憲法ノ或ル条章ヲ改定スルノ必要ナル時宜ヲ見ルニ至ラハ朕及朕カ継統ノ子孫ハ発議ノ権ヲ執リ之ヲ議会ニ付シ議会ハ此ノ憲法ニ定メタル要件ニ依リ之ヲ議決スルノ外朕カ子孫及臣民ハ敢テ之カ紛更ヲ試ミルコトヲ得サルヘシ
朕カ在廷ノ大臣ハ朕カ為ニ此ノ憲法ヲ施行スルノ責ニ任スヘク朕カ現在及将来ノ臣民ハ此ノ憲法ニ対シ永遠ニ従順ノ義務ヲ負フヘシ

御 名 御 璽

明治二十二年二月十一日

内閣総理大臣　伯爵　黒田清隆
枢密院議長　伯爵　伊藤博文

外務大臣　伯爵　大隈重信
海軍大臣　伯爵　西郷従道
農商務大臣　伯爵　井上馨
司法大臣　伯爵　山田顕義
大蔵大臣兼内務大臣　伯爵　松方正義
陸軍大臣　伯爵　大山巌
文部大臣　子爵　森有礼
逓信大臣　子爵　榎本武揚

大日本帝国憲法

第一章　天皇

第一条　大日本帝国ハ万世一系ノ天皇之ヲ統治ス

第二条　皇位ハ皇室典範ノ定ムル所ニ依リ皇男子孫之ヲ継承ス

第三条　天皇ハ神聖ニシテ侵スヘカラス

第四条 天皇ハ国ノ元首ニシテ統治権ヲ総攬シ此ノ憲法ノ条規ニ依リ之ヲ行フ
第五条 天皇ハ帝国議会ノ協賛ヲ以テ立法権ヲ行フ
第六条 天皇ハ法律ヲ裁可シ其ノ公布及執行ヲ命ス
第七条 天皇ハ帝国議会ヲ召集シ其ノ開会閉会停会及衆議院ノ解散ヲ命ス
第八条 天皇ハ公共ノ安全ヲ保持シ又ハ其ノ災厄ヲ避クル為緊急ノ必要ニ由リ帝国議会閉会ノ場合ニ於テ法律ニ代ルヘキ勅令ヲ発ス
二 此ノ勅令ハ次ノ会期ニ於テ帝国議会ニ提出スヘシ若議会ニ於テ承諾セサルトキハ政府ハ将来ニ向テ其ノ効力ヲ失フコトヲ公布スヘシ
第九条 天皇ハ法律ヲ執行スル為ニ又ハ公共ノ安寧秩序ヲ保持シ及臣民ノ幸福ヲ増進スル為ニ必要ナル命令ヲ発シ又ハ発セシム但シ命令ヲ以テ法律ヲ変更スルコトヲ得ス
第十条 天皇ハ行政各部ノ官制及文武官ノ俸給ヲ定メ及文武官ヲ任免ス但シ此ノ憲法又ハ他ノ法律ニ特例ヲ掲ケタルモノハ各〻其ノ条項ニ依ル
第十一条 天皇ハ陸海軍ヲ統帥ス
第十二条 天皇ハ陸海軍ノ編制及常備兵額ヲ定ム
第十三条 天皇ハ戦ヲ宣シ和ヲ講シ及諸般ノ条約ヲ締結ス
第十四条 天皇ハ戒厳ヲ宣告ス
二 戒厳ノ要件及効力ハ法律ヲ以テ之ヲ定ム

第十五条　天皇ハ爵位勲章及其ノ他ノ栄典ヲ授与ス
第十六条　天皇ハ大赦特赦減刑及復権ヲ命ス
第十七条　摂政ヲ置クハ皇室典範ノ定ムル所ニ依ル
二　摂政ハ天皇ノ名ニ於テ大権ヲ行フ

第二章　臣民権利義務

第十八条　日本臣民タルノ要件ハ法律ノ定ムル所ニ依ル
第十九条　日本臣民ハ法律命令ノ定ムル所ノ資格ニ応シ均ク文武官ニ任セラレ及其ノ他ノ公務ニ就クコトヲ得
第二十条　日本臣民ハ法律ノ定ムル所ニ従ヒ兵役ノ義務ヲ有ス
第二十一条　日本臣民ハ法律ノ定ムル所ニ従ヒ納税ノ義務ヲ有ス
第二十二条　日本臣民ハ法律ノ範囲内ニ於テ居住及移転ノ自由ヲ有ス
第二十三条　日本臣民ハ法律ニ依ルニ非スシテ逮捕監禁審問処罰ヲ受クルコトナシ
第二十四条　日本臣民ハ法律ニ定メタル裁判官ノ裁判ヲ受クルノ権ヲ奪ハルヽコトナシ
第二十五条　日本臣民ハ法律ニ定メタル場合ヲ除ク外其ノ許諾ナクシテ住所ニ侵入セラレ及捜索セラルヽコトナシ
第二十六条　日本臣民ハ法律ニ定メタル場合ヲ除ク外信書ノ秘密ヲ侵サルヽコトナシ

第二十七条　日本臣民ハ其ノ所有権ヲ侵サルヽコトナシ
二　公益ノ為必要ナル処分ハ法律ノ定ムル所ニ依ル
第二十八条　日本臣民ハ安寧秩序ヲ妨ケス及臣民タルノ義務ニ背カサル限ニ於テ信教ノ自由ヲ有ス
第二十九条　日本臣民ハ法律ノ範囲内ニ於テ言論著作印行集会及結社ノ自由ヲ有ス
第三十条　日本臣民ハ相当ノ敬礼ヲ守リ別ニ定ムル所ノ規程ニ従ヒ請願ヲ為スコトヲ得
第三十一条　本章ニ掲ケタル条規ハ戦時又ハ国家事変ノ場合ニ於テ天皇大権ノ施行ヲ妨クルコトナシ
第三十二条　本章ニ掲ケタル条規ハ陸海軍ノ法令又ハ紀律ニ牴触セサルモノニ限リ軍人ニ準行ス

第三章　帝国議会

第三十三条　帝国議会ハ貴族院衆議院ノ両院ヲ以テ成立ス
第三十四条　貴族院ハ貴族院令ノ定ムル所ニ依リ皇族華族及勅任セラレタル議員ヲ以テ組織ス
第三十五条　衆議院ハ選挙法ノ定ムル所ニ依リ公選セラレタル議員ヲ以テ組織ス
第三十六条　何人モ同時ニ両議院ノ議員タルコトヲ得ス

第三十七条　凡テ法律ハ帝国議会ノ協賛ヲ経ルヲ要ス

第三十八条　両議院ハ政府ノ提出スル法律案ヲ議決シ及各〻法律案ヲ提出スルコトヲ得

第三十九条　両議院ノ一ニ於テ否決シタル法律案ハ同会期中ニ於テ再ヒ提出スルコトヲ得ス

第四十条　両議院ハ法律又ハ其ノ他ノ事件ニ付各〻其ノ意見ヲ政府ニ建議スルコトヲ得但シ其ノ採納ヲ得サルモノハ同会期中ニ於テ再ヒ建議スルコトヲ得ス

第四十一条　帝国議会ハ毎年之ヲ召集ス

第四十二条　帝国議会ハ三箇月ヲ以テ会期トス必要アル場合ニ於テハ勅命ヲ以テ之ヲ延長スルコトアルヘシ

第四十三条　臨時緊急ノ必要アル場合ニ於テ常会ノ外臨時会ヲ召集スヘシ

二　臨時会ノ会期ヲ定ムルハ勅命ニ依ル

第四十四条　帝国議会ノ開会閉会会期ノ延長及停会ハ両院同時ニ之ヲ行フヘシ

二　衆議院解散ヲ命セラレタルトキハ貴族院ハ同時ニ停会セラルヘシ

第四十五条　衆議院解散ヲ命セラレタルトキハ勅命ヲ以テ新ニ議員ヲ選挙セシメ解散ノ日ヨリ五箇月以内ニ之ヲ召集スヘシ

第四十六条　両議院ハ各〻其ノ総議員三分ノ一以上出席スルニ非サレハ議事ヲ開キ議決ヲ為スコトヲ得ス

第四十七条　両議院ノ議事ハ過半数ヲ以テ決ス可否同数ナルトキハ議長ノ決スル所ニ依ル

第四十八条　両議院ノ会議ハ公開ス但シ政府ノ要求又ハ其ノ院ノ決議ニ依リ秘密会ト為スコトヲ得

第四十九条　両議院ハ各〻天皇ニ上奏スルコトヲ得

第五十条　両議院ハ臣民ヨリ呈出スル請願書ヲ受クルコトヲ得

第五十一条　両議院ハ此ノ憲法及議院法ニ掲クルモノヽ外内部ノ整理ニ必要ナル諸規則ヲ定ムルコトヲ得

第五十二条　両議院ノ議員ハ議院ニ於テ発言シタル意見及表決ニ付院外ニ於テ責ヲ負フコトナシ但シ議員自ラ其ノ言論ヲ演説刊行筆記又ハ其ノ他ノ方法ヲ以テ公布シタルトキハ一般ノ法律ニ依リ処分セラルヘシ

第五十三条　両議院ノ議員ハ現行犯罪又ハ内乱外患ニ関ル罪ヲ除ク外会期中其ノ院ノ許諾ナクシテ逮捕セラルヽコトナシ

第五十四条　国務大臣及政府委員ハ何時タリトモ各議院ニ出席シ及発言スルコトヲ得

第四章　国務大臣及枢密顧問

第五十五条　国務各大臣ハ天皇ヲ輔弼シ其ノ責ニ任ス

二　凡テ法律勅令其ノ他国務ニ関ル詔勅ハ国務大臣ノ副署ヲ要ス

第五十六条　枢密顧問ハ枢密院官制ノ定ムル所ニ依リ天皇ノ諮詢ニ応ヘ重要ノ国務ヲ審議ス

第五章　司　法

第五十七条　司法権ハ天皇ノ名ニ於テ法律ニ依リ裁判所之ヲ行フ
二　裁判所ノ構成ハ法律ヲ以テ之ヲ定ム
第五十八条　裁判官ハ法律ニ定メタル資格ヲ具フル者ヲ以テ之ニ任ス
二　裁判官ハ刑法ノ宣告又ハ懲戒ノ処分ニ由ルノ外其ノ職ヲ免セラルヽコトナシ
三　懲戒ノ条規ハ法律ヲ以テ之ヲ定ム
第五十九条　裁判ノ対審判決ハ之ヲ公開ス但シ安寧秩序又ハ風俗ヲ害スルノ虞アルトキハ法律ニ依リ又ハ裁判所ノ決議ヲ以テ対審ノ公開ヲ停ムルコトヲ得
第六十条　特別裁判所ノ管轄ニ属スヘキモノハ別ニ法律ヲ以テ之ヲ定ム
第六十一条　行政官庁ノ違法処分ニ由リ権利ヲ傷害セラレタリトスルノ訴訟ニシテ別ニ法律ヲ以テ定メタル行政裁判所ノ裁判ニ属スヘキモノハ司法裁判所ニ於テ受理スルノ限ニ在ラス

第六章　会　計

第六十二条　新ニ租税ヲ課シ及税率ヲ変更スルハ法律ヲ以テ之ヲ定ムヘシ
二　但シ報償ニ属スル行政上ノ手数料及其ノ他ノ収納金ハ前項ノ限ニ在ラス
三　国債ヲ起シ及予算ニ定メタルモノヲ除ク外国庫ノ負担トナルヘキ契約ヲ為スハ帝国議会

ノ協賛ヲ経ヘシ

第六十三条　現行ノ租税ハ更ニ法律ヲ以テ之ヲ改メサル限ハ旧ニ依リ之ヲ徴収ス

第六十四条　国家ノ歳出歳入ハ毎年予算ヲ以テ帝国議会ノ協賛ヲ経ヘシ

二　予算ノ款項ニ超過シ又ハ予算ノ外ニ生シタル支出アルトキハ後日帝国議会ノ承諾ヲ求ムルヲ要ス

第六十五条　予算ハ前ニ衆議院ニ提出スヘシ

第六十六条　皇室経費ハ現在ノ定額ニ依リ毎年国庫ヨリ之ヲ支出シ将来増額ヲ要スル場合ヲ除ク外帝国議会ノ協賛ヲ要セス

第六十七条　憲法上ノ大権ニ基ツケル既定ノ歳出及法律ノ結果ニ由リ又ハ法律上政府ノ義務ニ属スル歳出ハ政府ノ同意ナクシテ帝国議会之ヲ廃除シ又ハ削減スルコトヲ得ス

第六十八条　特別ノ須要ニ因リ政府ハ予メ年限ヲ定メ継続費トシテ帝国議会ノ協賛ヲ求ムルコトヲ得

第六十九条　避クヘカラサル予算ノ不足ヲ補フ為ニ又ハ予算ノ外ニ生シタル必要ノ費用ニ充ツル為ニ予備費ヲ設クヘシ

第七十条　公共ノ安全ヲ保持スル為緊急ノ需用アル場合ニ於テ内外ノ情形ニ因リ政府ハ帝国議会ヲ召集スルコト能ハサルトキハ勅令ニ依リ財政上必要ノ処分ヲ為スコトヲ得

二　前項ノ場合ニ於テハ次ノ会期ニ於テ帝国議会ニ提出シ其ノ承諾ヲ求ムルヲ要ス

第七十一条　帝国議会ニ於テ予算ヲ議定セス又ハ予算成立ニ至ラサルトキハ政府ハ前年度ノ予算ヲ施行スヘシ

第七十二条　国家ノ歳出歳入ノ決算ハ会計検査院之ヲ検査確定シ政府ハ其ノ検査報告ト倶ニ之ヲ帝国議会ニ提出スヘシ

二　会計検査院ノ組織及職権ハ法律ヲ以テ之ヲ定ム

第七章　補　則

第七十三条　将来此ノ憲法ノ条項ヲ改正スルノ必要アルトキハ勅命ヲ以テ議案ヲ帝国議会ノ議ニ付スヘシ

二　此ノ場合ニ於テ両議院ハ各〻其ノ総員三分ノ二以上出席スルニ非サレハ議事ヲ開クコトヲ得ス出席議員三分ノ二以上ノ多数ヲ得ルニ非サレハ改正ノ議決ヲ為スコトヲ得ス

第七十四条　皇室典範ノ改正ハ帝国議会ノ議ヲ経ルヲ要セス

二　皇室典範ヲ以テ此ノ憲法ノ条規ヲ変更スルコトヲ得ス

第七十五条　憲法及皇室典範ハ摂政ヲ置クノ間之ヲ変更スルコトヲ得ス

第七十六条　法律規則命令又ハ何等ノ名称ヲ用ヰタルニ拘ラス此ノ憲法ニ矛盾セサル現行ノ法令ハ総テ遵由ノ効力ヲ有ス

二　歳出上政府ノ義務ニ係ル現在ノ契約又ハ命令ハ総テ第六十七条ノ例ニ依ル

［参考2］ 初版(一九一二年)からの主要な修正・削除箇所

本書の底本である改訂・縮刷版(一九一八年)の刊行に際して加えられた「改訂」のうち、天皇機関説論争を踏まえて修正ないし削除された主要な部分は、次の箇所である。

＊四三頁一三行目「国家の機関はその種類極めて多様でありますが、その無数の……」は、初版では、「国家の機関はその種類極めて多く、上は君主より下は交番の巡査に至るまで総《すべ》て国家の機関たるものであり、精密に言えば、前にも述べた通り、総ての国民がみな国家の機関であると言うことが出来るのであります。けれども、その無数の……」。

＊＊六一頁七行目以下には、「政体と国体」の小見出しで次の文章があった。

「最後に今一つ述べておきたいと思うのは国体という語であります。普通に能《よ》く国体ということと政体ということとを区別して、国体は何人《なんぴと》が統治権の主体であるかに依《よ》るの区別で、政体はその統治権を行う方法の異なるに依るの区別であるとして居りまして、国体には君主国体と共和国体との区別があり、政体には専制政体と立憲政体との区別があるとして居る説があります。この説は頗《すこぶ》る広く行われて居りまして、中等教育の法制教科書などには多くはこの説に依って居るようでありますが、私はこの説を以て断じて誤りであると信じて居ります。この説に依ると、国体ということと政体ということとは全く別の観念で、君主政体という共和政体というのは、その実政体の区別ではなくして国体の区別であるというのであります。もちろん政体といっても国体といっても、ただ名称の違いに止まるのみならば、いずれの名を用いても、一向差支《さしつか》えは無い訳でありますが、この説を唱えて居る人は、ただ名称の違いに止まらず、観念の相違であるとして居るので、すなわち君主国と共和国との区別は単に統治権を行う機関の区別たるに止まらず、統治権の主体の区別であるとして居るのであります。すなわち君主国においては君主が統治権の主体であり、共和国においては国民が統治権の主体であるとして居るので、これに反して立憲政体とか専制政体とかいうのは、ただその統治権を行うについての機関の組織の区別に過ぎないから、これは単に政体の区別に過ぎない、君主国と共和国との区別とは全くその区別の生ずる標準を異にして居るもので、これを同じ政体という語を以て言い表わすのは不当であるというのであります。したがってこの説に依ると日本の如《ごと》きは君主国体であって、しかして立憲政体である、一口に立憲君主政体ということは出来ない訳で、立憲政体的君主国体と言わねばならぬこととなるのであります。この説は色々の点において大なる誤りを含んで居るものでありますが、殊《こと》に君主国においては君主が統治権の主体であり、共和国においては国民が統治権の主体であるとするのは、その根本の誤謬であります。この事はなお後に述べる積りでありますが、国家が一つの権力団体であるということは君主国も共和国も全く同様であって、その権力は国家という共同団体それ自身に属して居るものと見るべきものであります。国家それ自身が統治権の主体たるもので、君主国も民主国もこの点においては同様であります。君主国と共和国との区別は専らこの統治権を行う機関が異なるに依って生ずるの区別で、決して統治権の主体の如何《いかん》に依るの区別ではない。これを国体と言っても、または政体と言っても名前はどちらでも宜《よ》い訳でありますが、ただ国体という語は、従来一般に国家の成り立ちというほどの広い意味に用いられて居るのが通常で、教育勅語の中にも「是《これ》我が国体の精華にして」云々という語がありますが、これは決して君主国体とかいうようなことを意味して居るのでないことはもちろんであります。それであるから国体という語を政体と同じ意味に使うことは、混雑を惹き起す虞《おそれ》があって、むしろ避けた方が正しいであろうと思います。それはいずれにしても、君主国と民主国とは統治権の主体の区別であるとするのは全く誤りであります。それになおおかしいことは、この説に依ると政体には立憲政体と専制政体との二種類があるものとして居って、君主国体にも立憲政体と専制政体との二種があり、民主国体にも同じくこの二種類があるとして居ることであります。しかしながら前にも申す通り、専制政体に対するものは必ずしも立憲政体には限らないので、殊に封建制度の下においては君主の大権は甚《はなは》だしく制限せられて居って、もちろん立憲政体ではないが、また決して専制政体を以て目すべきものでない。加之《しかのみならず》、民主国に立憲政体と専制政体とを区別するのも頗る変な話であります。専制政体というのは一人または少数の人が国家の全権を握って全国民を支配して居る場合をいうので、民主国すなわち国民の全体が全権を握って居る場合に専制政体というものが有り得べき筈《はず》はない。専制民主国というのはその語自身に既に矛盾である。中等教育の教科書にかくの如き誤った説を掲げて居るものの少なくないのは、甚だ遺憾とする処でありますから、一言付け加えておくのであります。」

＊＊七九頁一〇行目「であります。法律上の意味……」は、「でありまして、君主が統治権の主体であるとするのは却って我が国体に反しわれわれの団体的自覚に反するの結果となるのであります。法律上の意味……」。

＊＊＊八〇頁二行目「……歴史に反し我が国体に反する」は、「……歴史に反し我が現在の政体に反する」。

＊＊＊＊九八頁八行目～九九頁五行目「しかるに従来多くの学者は、……ずることが出来ないのであります」の部分は、次のように記されていた。

「しかるに従来これとは大変に違った説が広く行われて居りまして、これまで出来て居る中等教育の法制教科書などにも多くはその説を取って居るようであります。その説に拠《よ》ると、天皇の大権というのは憲法第五条から第十六条に至る各条に列記してある事柄にのみ限って、これ以外には大権に属する事項は全く無いとして居るので、これらの列記事項を称して大権事項と謂《い》って居るのであります。何故にこれらの事項をのみ大権事項と謂うかと尋ねますと、このいわゆる大権事項には二つの重要なる意味がある。第一にはこれらの事項については全く議会の容喙《ようかい》を許さないという憲法の趣意であって、すなわちこれらの事柄については法律を以てこれを定むることは全くこれを許さないのであるというのが第一の点で、第二にはまたこれらの事項については必ず天皇の親裁を必要とするので、これを行政官庁に委任して行わしめるということはこれも憲法の許さない所であるというのが、第二の点であります。憲法が第五条以下に天皇の大権に属する事項を列記して居るのは、この二つの意味を以て規定して居るのであるというのであります。

これはかなり広く行われて居る説で、殊に私共の先輩でありまする穂積〔八束〕博士が熱心にその説を唱えられて居るのでありますが、私はこれを以て根拠のある説とは信ずることが出来ないのであります。」

解　説

高見勝利

はじめに

本書は、百年前の一九一八年一〇月、美濃部達吉《みのべたつきち》(一八七三〜一九四八年)が自著『憲法講話　全』(有斐閣、一九一二年。以下「初版本」)に「改訂を加えて、縮刷して、再びこれを公に」(九頁)したものである。美濃部が縮刷版の刊行に踏み切ったのは、一二年刊の初版本がすでに絶版となり、読者から再版の強い要望があったということもあるが、おそらくそれ以上に、美濃部自身、初版本刊行時に本書が受けた「危険思想を含む」との攻撃が謂《い》われないものであり、むしろ、「健全なる立憲思想に終始するもの」(一〇頁)だということを、改めて世に示しておきたかったのであろう。すなわち、初版本から六年、「世界はデモクラシーにとり安全でなくてはならぬ」(ウィルソン米大統領[Adress to Congress, 2 Apr. 1917〕）として戦われた第一次世界大戦（一九一四〜一九一八年）を機に民主主義思想が急速に普及し、欧州でドイツをはじめ、多くの君主制国が共和制に移行していた。また、隣国の中国でも辛亥革命（一九一一年）が起こり、初版本が刊行された一二年三月にはすでに清朝が滅亡し、共和制樹立に向けた動きが活発となっていた。

美濃部達吉

こうした日本を取り巻く民主化状況のなかで、初版本が刊行された当時、国内の一部から「危険思想」視された美濃部の天皇機関説も、大正の幕開けとともに学界では通説化し、また、いわゆる大正デモクラシーの進展に伴って、憲政運用の場でも美濃部説が受容され、さらに、それは、国家権力を制限する「立憲思想」として広く国民の間で好感をもって受けとめられるようになっていた。美濃部が本書に込めた「立憲思想」が当時、いかに社会に浸透していたかは、例えば、大町芳衛編の市民向け修養書『大町大正青年読本』（青年修養会、一九一七年）の記述からも明らかである。そこでは、「（大日本帝国憲法の発布により）天皇も、この憲法によりて親《みずか》らその大権を使用するに守らざるべからず規則あることとなり、従来奴隷の如《ごと》く租税を納むるのほかに権利なかりし人民も、天皇治国の業を分担すること」(同書一七頁以下〔竹越与三郎〕)になったとされ、さらに、「憲法が臣民の権利を保障するは、国家の公力と私人の利益との分界を明らかにし、以て国権の妄動を制限するに出づ。立憲制度の精神は、一にここに存す」(同書二〇頁〔織田万〕)とすら明言されているからである(なお、引用文は凡例に依った。以下同じ)。

本書の成り立ちや本書をめぐる論争、事件の概要を紹介する前に、まず本書刊行に至るまでの美濃部の生い立ちと学風の形成、学説の特徴等を簡単に摘示しておこう。

一　生い立ちと学風

笈《きゅう》を負うて

著者の美濃部は、一八七三年五月七日、兵庫県の高砂《たかさご》に生まれる。父親は蘭医であったが、「あまりはやらず、町内の子供達に習字や漢学を教えて、主としてその月謝でくらしていた」ので、暮らし向きは豊かではなかった。母親は「並々ならぬ知識と教養を持ち」、夫の代わりに「患者を診たり、書や漢学を教えたりした」なかなかの「賢夫人」であった(美濃部亮吉『苦悶するデモクラシー』〔文藝春秋新社、一九五九年〕六二頁以下)。幼年期から神童のほまれが高く、高砂小学校は三年か四年で済まし、小野中学(旧制)を経て、イギリスの宣教師が開設し、英語教育を重視する神戸の乾《けん》行《こう》義塾に入った(奥平康弘「美濃部達吉」潮見俊隆他編『日本の法学者』(日本評論社、一九七五年)一五二頁)。美濃部が上京し、第一高等中学校予科に入学したのは一八八八年、一七歳のときであり、翌年二月一一日、憲法が発布されている。九四年、帝国大学法科大学に進み、政治学科に在籍する。一、二年のときの成績はトップで、最終三年のときは二番であった。また、卒業のときに受験した高等文官試験行政科の試験成績も二番であった(美濃部が卒業した九七年、京都帝国大学が設置され、東京帝国大学に改称)。

裕福でない家庭に育ったこともあり、東京遊学は、さきに第一高等中学、帝大法科に進んだ四つ年上の兄・俊吉(一八六九〜一九四五年)と同様、地元の素封家たちからの奨学金で可能となり、兄が先に法科を卒業し、農商務省の役人(後に実業界に転じ、朝鮮銀行総裁)となってからは、兄の支援と大学からの貸費で勉学に専念した。

恩師・一木喜徳郎との邂逅

法科在学中、美濃部が最も感銘を受け、将来、公法(憲法・行政法)学者として身を立てる意を決したのは、一木喜徳郎《いちききとくろう》(一八六七〜一九四四年)の国法学講義であった。六歳年上の一木は、一八八七年法科を出て内務省に入り、お雇い外国人モッセ(A. Mosse, 1846-1925)が起草し、八八年公布された市町村制の施行に携わった。その際、彼は、細大漏らさず起草者の判断を仰ぐのはいかにも不甲斐ない、もし自ら外遊して勉強するならば、外国人の力を借りずに判断できる域に達するであろうと考え、九〇年内務省を休職、ドイツに私費留学する。そして、ベルリン大学等で講義を聴講する傍ら、『日本法令予算論』を書き上げ（兄・岡田良平〔一八六四～一九三三年〕により一八九二年、哲学書院刊）、九三年早春、帰国し内務省に復職する。ドイツでの研究成果を行政実務に生かそうとした一木であったが、そのうち、研究の不十分さに気づくようになり、大学で研究生活に入りたいと考えるようになっていた矢先、法科大学で国法学を担当していた末岡精一《すえおかせいいち》（一八五五～一八九四年）が夭逝し、九四年、その後任教授として国法学と行政法の講義を担当することになる（内務省は兼任）。一木、二七歳のときのである。

一木喜徳郎

美濃部は、一木の最初の国法学講義を聴いた学生である。美濃部は、そのときの一木の印象を次のように述懐している（「退官雑筆」『議会政治の検討』（日本評論社、一九三四年。以下『検討』）五八六頁以下）。

その講義は、始めて教授となられて最初の講義であるから、もちろん十分に練熟したものではなく、瑕瑾《かきん》も少なくなかったことと思うが、しかし、その該博な引照と精緻な論理とはわれわれ学生の心を魅するに十分であった。これより先、先生はドイツ在留中に既に『日本法令予算論』の著を公にせられて居り、それが学界に知られて、先生の大学教授に任命せらるる機縁を作ったのであるが、私はそれを幾度か熟読し、その鋭い筆鋒に深い敬意を捧げて居たので、一層先生の講義に感激を覚ゆることが深かった。恐らくは三年間の大学在学中に、私の聞いた多くの講義の中で、最も大なる影響を私に与えたものは、この新進の青年学者の講義であったと思う。

一木の講筵《こうえん》に列したこともあり、美濃部は、在学中から「一生学究生活を送りたい」と考えていた。しかし、当時は、有給助手や大学院の給付学生の制度もなく、やむなく内務省に就職し、奇しくも一木が在職する県治局勤めとなる。しかし、美濃部は、どうしても役人生活にはなじめず、学究生活へのあこがれはつのるばかりであった。ちょうど、そのとき、一木から、いま、大学で比較法制史の講座を担任する候補者を探しているが、「もし大学院に入って比較法制史を研究する気が有《あ》らば、その候補者に推薦してもよい」という話があった。美濃部は、この誘いに乗り、一木の推薦で大学院に入学することになった(留学するまで内務省試補の名目で、内務省から手当てを受けている)。

学徒として立つ　一八九九年、美濃部は、比較法制史研究のため、独・仏・英三ケ国に三年間留学の旅に出る。美濃部自身の語るところによれば、「三年間の在欧中は、かなり一所懸命になって、ドイツ、フランス及びイギリスの法律歴史を勉強し……ともかくも、知名の先進学者の著述について、一通りの知識を収得することに努めた」のであった（『検討』五八四頁）。

一九〇二年、美濃部は帰国すると同時に、東京帝国大学法科大学教授となり、比較法制史の講座を担当することになる。そして、翌〇三年、一木夫妻の媒酌で、文部大臣菊池大麓《きくちだいろく》（一八五五〜一九一七年）の息女、民子《たみこ》（一八八六〜一九六六年）と結婚している。また、同年秋から、東京高等商業学校（東京高商）教授を兼任し、三四年に東京帝国大学を退官するまで、同校で憲法の講義を担当している（翌三五年も講師で担当を予定していたが、後述のごとく、天皇機関説事件〔以下「機関説事件」〕により辞退）。美濃部が、東京帝大法科で憲法の講義を行うようになるのは、二〇年の講座増設で憲法第二講座が設けられた後のことであるから、明治末から大正初めにかけて上杉慎吉《うえすぎしんきち》（一八七八〜一九二九年。一九一三年から憲法講座担当）との間で行われた、いわゆる天皇機関説論争（以下「機関説論争」）の基礎となった彼の憲法理論は、東京高商や神田界隈の法律学校における講義で培ったものであった。

なお、話はやや前後するが、一九〇八年、一木が内務次官となり、二足わらじの片方を脱いで、大学から完全に退いた後、美濃部は、一木の担当していた行政法講座を兼担するようになる。そして、一九一〇年、天稟《てんぴん》の歴史家、中田薫《なかだかおる》（一八七七～一九六七年）が法制史研究に従事していた欧州留学から帰国したのを機に、美濃部は、行政法講座の専任となり、比較法制史講座は中田が受け持つことになった。こうして、美濃部は、公法に移り、上述のごとく、二〇年からは、行政法講座とともに、憲法第二講座を兼担することになる。そして、一九二九年、上杉急逝後、東京帝大法学部（一九一九年改正帝国大学令により法科大学は法学部に改称）の憲法講座は美濃部の独擅場となるのである。

美濃部達吉
（30歳頃）

穂積vs.一木と美濃部の立ち位置

美濃部は、一木の初講義に接した一八八九年、憲法講座担当の穂積八束《ほづみやつか》の講義も受講した。そのときの印象を「一木先生の講義とは、あたかも対蹠的であって、論理などには一向拘《こだわ》らず、力強い独断的の断定を以《もっ》て終始せらるるのであった」として、次の例を挙げている（『検討』五八七頁）。

国家の本質を説明しては、国家は主権を保有する団体であると曰《い》われながら、一方

穂積八束

では、主権は天皇に属す、天皇即《すなわ》ち国家なりと曰い、国家機関というような概念を以て、天皇の御地位を説明するのは、以てのほかの曲事であると喝破《かっぱ》せられる。国家が団体であることを認めながら、天皇即ち国家であるとするならば、その論理的な必然の結果は、天皇は団体なりと謂わねばならぬことになりそうであるが、そんな論理は、先生の頓着せられる所ではなかった。

一木博士口述『憲法講義』(一八九九年度国法学講義(和綴じ・謄写版))によれば、国家は法人格をもった団体であり、その統治の意思力(統治権を指す)は最高機関によって表明せられるのであって、天皇の統治権「総攬」(憲法第四条)とは「統治権の主体を云うにあらず」(二七葉)とする。そこでは、統治権の主体は法人たる国家そのものにあり、そして、国家を組成する憲法の下では統治権を総攬する最高機関の組織と方法、すなわち「政体」による区分のみが存するとされ、統治権の主体が君主か否かの違いによる「国体」の差などあり得ないとする(同書二八葉)。すなわち、一木は、当時のドイツ国法学における国家法人説を踏まえ(同書六葉)、穂積の「国体」と「政体」の峻別を理論的に根拠のないものと断じたのである。そこで理論上根拠がないとされた穂積説とは、統治権の主体により生ずる国家体制の別を「国体」、統治権行使の態様により生ずる国家体制の別を「政体」と称し、両者「相関連せず」とするものである。しかも、そこで取りわけ強調されたのは、統治権が君主に存するか人民に存するかによって、君主国体と共和国体を峻別し、統治権が権力分立原則によって行使されるか否かによって、立憲政体と専制政体に区分することであった(「立憲政体ノ本旨」(一八九八年)『穂積八束博士論文集』(有斐閣、一九一三年。以下『穂積論文集』)四四二頁以下)。

これに対し、美濃部は、一木と同様に、初版本で、穂積の国体・政体峻別論を「大いなる誤」「根本の誤謬」と断じ、穂積の「国体」概念を否定したうえで(美濃部の「国体」理解は後述五七八頁)、「政体」を君主と共和に大別し、前者は、更に専制、制限、立憲の各君主政体、後者は寡人、貴族、民主の各政体(政治)に区分した政体類型論を展開している(本書五四二頁の初版本「政体と国体」および本書五〇頁以下参照)。

美濃部の穂積説評価

美濃部が立論の前提とした国家法人説とは、法律学上、国家を一個の法人格を持った団体と見て、国民に対する支配権を意味する統治権は法人たる国家に帰属する権利であると解し、いわゆる主権者とされる君主や国民は、国家と「必ず同時に存在すべき」憲法によって、最高機関として組織され、その憲法に基づいて統治を行うべきものとする法理論である（本書二五頁以下および四三四頁参照）。そこでは、憲法が最高機関をどのように組織しているか、その組織の仕方如何《いかん》によって各国の政体（統治体制）が決まるものとされる。この理論枠組みにあっては、穂積の言う統治権の「主体」は「国家」そのものであり、その主体が君主か、それとも国民かといった議論は、国家の最高機関の地位にあるのは君主か、もしくは国民ないし国会（国民代表者の合議体）か、という議論に解消される（本書四三頁以下）。したがって、穂積のように、統治権（穂積の場合、「主権」と同義に理解）の所在と統治権行使の形態（「政体」）を区別する議論は無意味であるのみならず、かえって「混雑を惹き起こす」だけだということになる（本書五四四頁）。

美濃部は、穂積説について、末岡・一木両説との関係で、後日（一九四一年四月、憲法史研究会）、次のように語っている（「伊東巳代治遺稿『憲法衍義』に付いて」高見勝利編『美濃部達吉著作集』（慈学社出版、二〇〇七年。以下『美濃部著作集』）一一一頁）。

その頃〔憲法施行当時〕には帝大と言えばむろん東京帝大だけでほかには何処にもない、帝大の憲法担任の教授と言えば全国に穂積さん唯《ただ》一人でありまして、その説が良かれ悪しかれ大なる勢力を持つに至ったということは怪しむに足らない所であります。しかし、穂積さんの憲法学説に対しては、はじめから反対者が多かったのであります。明治二十二、三年頃の国家学会雑誌を見ますと、穂積氏の説に反対して居る論文が少なからず載って居りまして、殊に末岡さんと穂積さんとの間にはしばしば論争が重ねられて居ります。末岡さんが亡くなりましてその後任として一木さんが教授になられた、それは明治二十七年(一八九四年)であったと思います。一木さんも国法学の講座を担任されたのでありまして、これがまた学内において穂積さんの説とは全く対立して居ったのであります。私は末岡さんや一木さんが穂積さんの説に反対せられたのは至極当然であると思うものでありまして、真に学問的に、また論理的に物を考える人であるならば、穂積さんの説には何としても賛成し得なかったであろうと思うのであります。しかるに不幸にして穂積氏の学説が朝野の間に大なる勢力を得て、それが殆《ほとん》ど定説とも謂うべきものと看做されこれに反対するものは異端邪説であるというように考えらるるに至りましたことは、日本の憲法学にとって遺憾至極のことと言わねばならぬと信じます。

学者の間で当初から反対が多かったにもかかわらず、穂積説が「定説」と見なされるようになったのは、憲法施行当時、日本で唯一の憲法講座の担当者として、その説が

「朝野」で「勢力」を得たこと、すなわち政治的ないし社会的権力と結びついていたからだというものである。

イェリネクの著作に傾倒

さて、話をもとに戻すと、美濃部が主たる留学地に選んだドイツでは、一九〇〇年ゲオルク・イェリネク(G. Jellinek, 1851-1911)の『一般国家学』(*Allgemeine Staatslehre*)が刊行されている。留学二年目のことである。美濃部は、「〔留学中〕甚大の興味を以てこれを精読し、教えらるる所が頗《すこぶ》る多かった。……国法学の研究に興味を有するに至ったのは、教授の〔この〕著に刺激せられた」からだとし、「〔一九〇二年帰朝〕後、比較法制史の講義を担当する傍《かたわら》、国法学の研究をも続けて居たが、殊《こと》にイェリネク教授の数多くの著書は、最も深く耽読し、また最も多く影響を受けたものであった」と述懐している(「はしがき」美濃部訳『人権宣言論 外三篇』〔日本評論社、一九四六年〕一頁)。

イェリネクの大著『一般国家学』は、ドイツ一国の国法学を英・米・仏の立憲主義思想と融合させながら体系化したものであり、当時、憲法学のあり方を模索していた美濃部の方途を決定づけたと言える。とりわけ、そこで展開されている法学的国家論は一木の国法学と通底するものであり、また、その比較法的・体系的手法が自らの憲法学を固めるうえでの基礎となったことは、美濃部が一九二一年刊『日本憲法　第一巻』（有斐閣）の末尾「憲法学参考用書」の「比較憲法学、一般憲法学」のいの一番にこの著を挙げ、「既に数国の語に翻訳せられ、啻《ただ》に独逸《ドイツ》にのみならず、広く外国の憲法学にも大なる影響を与えて居る」（五四五頁）と記していることからも明らかである。

本書の随所で比較憲法史的視座から日本憲法の特質が浮き彫りにされているが、その手法にはイェリネクの影響が色濃く認められる。

二　本書の成り立ち、機関説論争の本質

現在的意義と刊行の狙い

本書の初版本は、「序」にあるように、一九一一年夏、文部省主催の中学校教員夏期講習会で行った一〇回の講演速記に手を加え、翌一二年三月に公刊されたものである（全六二六頁）。すなわち、美濃部は、かねてより「もし機会あらば国民教育のために平易に憲法の要領を講ぜる一書」（本書六頁）を著したいと考えていたところ、折よく文部省の委嘱で、中学校等の教員に対し、憲法の大意を講ずる機会を得たことから上梓に至ったのである。そして、六年後の一八年一〇月、この間に「行われた法令の改正を追補し、その他前版の誤り」（本書九頁）を補正したうえ

で、縮刷版として改めて本書が出版されるに至ったのである（本書原本は全五六〇頁）。

本書は、いまからちょうど百年前の時点において、日本の憲法が一体どういう状態にあったのかを、美濃部の視点から立体的に浮き彫りにしたものである。そこから、私たちは、美濃部の目を通じて、当時、憲法が実際にどう機能し、また機能していなかったかを知りうるとともに、美濃部がなにを憲法上の課題とし、それをどのように解決しようとしていたかを知ることができる。しかも、本書で美濃部が摘示した基本問題は、ポツダム宣言の受諾（一九四五年八月一四日）に基づく日本国憲法への憲法体制の転換、そして、体制転換後すでに七〇年有余の歳月を経た現在でも、なお、憲法上の課題であり続けている。

『憲法講話』初版

例えば、「今日でもわれわれ日本人は多年の慣習上、動《やや》もすると政府にのみ依頼するの傾向が強いようでありますが、これは全く立憲政治の趣意に反するものであります」（本書七五頁）との指摘は、依然として現在の課題でもある。また、「大臣に質問をして答弁を求むるということは、大臣に責任があるということを前提として居るもので、もし責任が無ければ、何故にお前はかくの如き事をしたのであるかということを質問することは出来ぬ訳である。責任があればこそかくの如く質問することが出来るので、大臣以外の者に対しては議会は全く質問権を有《も》たないのはこれがためであります」(本書一四七〜一四八頁)との言明は、昨今の国会における首相や大臣の答弁ならざる「答弁」にも当てはまるであろう。さらに、「日本の国民性でもありましょうか、または多年の歴史上の習慣に因《よ》ってここに至ったのでありましょうか、日本人は政治上の自由、独立を尊ぶの念が比較的少ないようでありまして、自治制を施行せらるるに至ったのも国民自身の要求に基いたよりも、むしろただ外国の制度に倣って、政府の側からこれを実施したので、その実施の結果は未だ充分にその目的を達することが出来ない状態にあるのは甚《はなは》だ遺憾とする所であります」(本書三一八〜三一九頁)との所感もまた、百年後の政治的自由や地方自治の実況にほぼそのまま妥当するものと思われる。

さて、そもそも美濃部が本書をものした意図であるが、そのことは本書所収の初版本「序」に明記されている。すなわち、それは、明治憲法が施行(一八九〇年一一月)されてからすでに二十余年経過したが、思いのほか国民の間に憲法の知識が普及していないだけでなく、憲法学者の間ですら、「国体」を楯に「ひたすらに専制的の思想を鼓吹し、国民の権利を抑えてその絶対の服従を要求し、立憲政治の仮想の下にその実は専制政治を行わんとするの主張」をなす者があるので、そうした「一部の人の間に流布する変装的専制政治の主張を排す」べく初版本を著した（本書五〜六頁）、というものである。要するに、憲法施行二〇年以上経った現在でも「憲法の根本精神」について、国民の間で理解は深まっておらず、むしろ、「言を国体に藉《か》りて」変装的専制政治を語る憲法学者の言説が出回っており、その問題性を摘示し、排斥することで、「健全なる立憲思想」（本書六頁および一〇頁）を普及させたいとの思いで本書を世に問うことにしたというのである。

争論的・実践的性格

本書は、美濃部が自らの拠って立つ国家法人説の見地から、明治憲法について初めて体系的に叙述した学術的に貴重な書であるが、同時に、それは、刊行に至る経緯から明らかなように、「変装的専制政治の主張を排す」というきわめて争論的性格の書であり、また「立憲思想」の普及というすぐれて実践的な性格の書でもある。

美濃部が「変装的専制政治」を説く憲法学者として本書でやり玉に挙げたのは、憲法

上杉慎吉

講座担任の穂積八束と同講座の助教授(当時)・上杉慎吉であった。上杉もまた、一九一一年夏、美濃部と同じように、「某県教育会の嘱に応じ帝国憲法の要領」を六回にわたり講演し、速記録をもとに、同年末、『国民教育　帝国憲法講義』(有斐閣。以下『講義』)を刊行している。そこには「普通教育に従事せらるる人々の参考となり、また一般国民の国家心を養成陶冶する」意図が込められていた(同書「序」三頁)。美濃部と上杉は、ともに普通・中等教育を通じて、一方は「立憲思想」の普及を目指し、他方は「国民の国家心」の「養成陶冶」を企図したのであるから、法科の同僚とはいえ、両者の間で対立・争論の生じないはずがなかったのである。

上杉との論争の実体

美濃部と上杉との間で、「天皇機関説論争」と称される論議の切っ掛けとなったのは、上杉が、『講義』のなかで、前者の説く国家法人説・君主機関説を攻撃し、それに対して、美濃部が、『国家学会雑誌』第二六巻第五号(一九一二年五月)で、後者の『講義』を批評し、「評者の見地よりしては、国民教育のためにこの書を推奨することの出来ぬ」(星島二郎編『上杉博士対美濃部博士　最近憲法論』(初版一九一三年、実業之日本社、復刻版一九八九年、みすず書房。以下「星島本」)二一頁)として、これを一蹴したことにある。論争は、統治権の主体を「国家」と解すべきか、「天皇」と解すべきかという問題を軸に、「国体」と「政体」の関係、「国家」の法的性格、君主の法的地位等々の諸点について、明治憲法の解釈や法概念の立て方など法的議論の形をとって展開された。

だが、この議論は主に雑誌『太陽』を舞台に展開され、分野を問わず多くの論者がこれに参入したことから、機関説「論争」として黎明期のジャーナリズムを賑わし、人口に膾炙《かいしゃ》するものとなった。しかも、論争の実体は、純然たる憲法学上の争いではなく、美濃部説(天皇機関説)と上杉説(天皇主権説)のいずれが、明治末から大正初期の普通・中等教育の場で教授するに相応しいか、すなわち、明治憲法のもとでいかなる憲法教育を次世代に施すべきかをめぐる争いであった。それは、どのような「公民」を育成し、また、いかなる内容の国民的道義を涵養していくべきかにかかわる争いでもあった。

そのことは、当事者の主張からも明らかである。

上杉は、「(美濃部の)国家法人説なるものは民主の思想を法学の篩《ふるい》にかけて圧搾した」民主共和の説であり(星島本三四頁)、そこでは君主は国家の「機関」、人民の「使用人」(同書七頁)とされるがゆえに、「我が建国の体制」(同書二二頁)、「我が国体」に関する

「異説」(同書一六頁)だとし、美濃部説批判の狙いは、その「異説の異説たる所以《ゆえん》を闡明《せんめい》」

し、「一般国民をして惑う所なからしめんとする」(同書七七〜七八頁)ことにあった。

他方、美濃部が本書を著した意図もまた、上述のごとく、「国体」概念を振りまわし変装的専制政治を語る穂積・上杉の憲法論を根底から批判することで、健全な立憲思想を国民の間に普及させることにあった。それゆえ、美濃部にしてみれば、法律論のレベルではなく、国民道徳のレベルで、自説が「民主共和の説」だと論難され、「余《よ》を以《もっ》て、天皇国を統治するの大義を否認し、万世不変の我が国体を無視するもの」(同書四一頁)とし、「朝憲を紊乱《ぶんらん》する乱臣賊子の言を為すもの」とされたのでは「学問上の論争の範囲を超えて余の迷惑これに過ぐるものはない」(同書四四頁)ということになる。もとより、美濃部にとって、国家法人説は「啻《ただ》に欧米諸国の学者の間に殆《ほとん》ど定説とも言うべき程に最も広く行われて居る通説であるのみならず、我が国においてもまた多数の学者の一致して居る見解である」(同書四五頁)。しかも、穂積すら、「法人」という概念は用いていないが、「国家は法理上の観念において人格を具有す」(『憲法提要 上巻』(有斐閣、一九一〇年)四二頁)とし、「明らかに国家法人説を是認せられて居る」(星島本四六頁)のであるから、上杉は、「微力なる余の小著を攻撃」する前に、「我が学界に多大の勢力を有する穂積博士の『憲法大意』(八尾書店、一八九七年)及び『憲法提要』をその根底より打破せられねばならぬ」(同書四八頁)はずだとする。

穂積の美濃部批判の深層

穂積は、初版本が刊行された五ケ月後の一九一二年八月、病気のため東京帝大法科大学を辞職している(同年一〇月五日死去。同年一二月上杉が憲法担当の教授に就任)。穂積の絶筆「国体の異説と人心の傾向」は、『太陽』一〇月一日号に掲載される。それは、美濃部・上杉論争について、後者を擁護し、前者を痛烈に批判する内容のものであった。そして、彼の美濃部批判もまた、中学校の法制科目における憲法教育のあり方としてであった(星島本八〇頁以下)。

問題の分かるる所は皇位は統治権の主体なりや否やと謂うの点に存するのであって、しかして皇位主権否認論が今にして流行するということは、思えば実に慷慨《こうがい》に堪《た》えぬ。我が帝国を統治するの主権は万世一系の皇位に在ることは、幾千年の久しき、幾千万の多き、夢にだもこれを忘るることはなき所であるのに、今の聖世において白昼公然「統治権は皇位に存せず」と揚言《ようげん》し、「皇位を以て統治の主体とするのは我が国体に反する」と謂うの異論を吐く者あるを聞くに至りては、ただ啞然驚くのほかはない。しかもこの言語道断の説が文部省の権威の下に、全国師範学校中学校の教員を召集し法制科の講習として唱えられたということが甚だ不思議である。それよりもなお更に不思議なるのは、全国より選抜せられたる代表的の中等教員が、平然としてこれを聴聞し、一人も疑を起こさなかったということである。これらの事を綜合して味わえば、大概今の教育なるものが如何なる方針であるかが知られる。小生は異説そのものよりも平然これを迎えて怪しまざるの教育社会そのものを慨歎する。この類の説の出ずるのは説者の罪ではない、歓迎者の罪である。

要するに、穂積によれば、美濃部のような「異説」は、「西洋近時の事例および学説を、先を争うて我に紹介する位の所で起こったもので」深い意味はなく(同書九〇頁)、むしろ問題は「〔我が歴史と民族独立の思想からなる〕我が国体の由来を知らず、……我が憲法を視て舶来品と心得一意西洋の事例学説のみを追うてこれを解せんとする」(同書九八頁)ことに何らの疑義も抱かない中等教育の現場担当者にあるというのである。穂積が美濃部の夏期講習会を受講した教員の態度をなじったのは、一九一一年八月に実施された文部省主催の講習会における美濃部の講演に先立って、同年七月三一日、自らがその受講者に「国民道徳の要旨」と題する講演を行っていたからであろう(長尾龍一「八束の髄から明治史覗く」同編『穂積八束集』(信山社出版、二〇〇一年。以下、長尾『八束集』)四〇二頁)。この意味で、穂積もまた、美濃部・上杉と同様、憲法論としてではなく、「教育の中枢」である中学校における憲法教育のあり方を問題にしていたと言えるのである(「国民道徳ノ教育」『穂積論文集』九三二頁参照)。

批判の底流としての「国民道徳」論

ここで留意しておくべきは、一九一〇年、文部省主催の師範学校修身科担当教員講習会に講師として穂積と共に招かれた、修身教育の祖・井上哲次郎《いのうえてつじろう》(一八五五〜一九四四年)が、その講演草稿をもとに著した『国民道徳概論』(初版本と同じ一九一二年刊)において、「国体」の基礎は万世一系の皇統にあるとし、その国体と「国民として守るべき道徳」とは一体だとしたうえで、次の七点を摘示していることである(『井上哲次郎集』〔クレス出版、二〇〇三年〕三八頁以下。なお、山本正身『日本教育史』〔慶應義塾大学出版会、二〇一四年〕二七三頁参照)。

(1)国体と政体との分離(国体は不易であるが、政体は可変)、(2)忠君と愛国との一致、(3)皇室の先在(皇室が国民に先立ち存在)、(4)祖先崇拝(万世一系の皇統は祖先崇拝を以て成り立つ)、(5)家族制度(万世一系の天皇が国家全体の家長の地位にある)、(6)君臣の分が明らかなこと、(7)国民の統一体(建国以来、国民が統一体を維持してきたこと)。

井上にとって政体と「分離」すべき「国体」とは、「皇祖建国の当初より、万世一系の天皇億兆に君臨して、国権を総攬し給い、下人民を愛撫し給うこと父母の如〔き〕……万邦無比」の国民的統一体である(井上哲次郎『新編中学修身書 巻五』〔金港堂書籍、一九一七年〕一〇五頁参照)。この種の「国民道徳」と渾然一体となった「国体」観念が、一九三五年の機関説事件後、「主権の所在」の意味において語られる穂積の「国体」観念に代わって、「我が国体」として教育現場のみならず、政治や社会の隅々まで支配することになるのである(後述)。それは、上杉による「尊皇心」と絡めた美濃部批判の論法(矢作勝美編著『有斐閣百年史』〔有斐閣、一九八〇年。以下、矢作『百年史』〕三〇九頁)に類するものである。

文部省訓令「法制」教授要目と本書の構成

上述のごとく、美濃部と穂積・上杉との対立は、憲法論争の衣をまとってはいるが、その実、「男子に須要なる高等普通教育を為す」目的で設置された中学校(一八九九年改正中学校令)で生徒たちに憲法をどう教えるかという土俵での見解の対立であった。修業年限は五年であり、憲法を教える「法制及経済」の科目は第五学年(毎週二時間)に配され(一九〇一年中学校令施行規則)、その法制の教授要目は次のようなものとされていた(一九〇二年中学校教授要目〔文部省訓令第三号〕)。

法制
　法制、経済及道徳
　国体及政体
　天皇
　　皇位継承　大権
　臣民
　　国籍　臣民の権利義務
　帝国議会
　　議会の組織権限　議会の召集、会期、開会、閉会、停会及衆議院の解散
　国務大臣及枢密顧問
　司法裁判所
　　裁判所　弁護士、執達吏、公証人　民事訴訟、刑事訴訟、及び非訟事件
　行政
　　外務行政　内務行政　財務行政　軍事行政　教育行政　農商務行政　逓信行政
　　府県

地方長官附、警視総監　府県会　府県参事会

郡

郡長　郡会　郡参事会

市町村

市会、町村会　市参事会　市長、町村長

行政を授くる際適当の機会に於いて台湾総督及び北海道庁長官に関する事項を知らしむべし

行政裁判所

行政訴訟　訴願

〔中略〕

前記の事項は必ずしも順序を追って授くることを要せず便宜分合してこれを授くることを得〔以下略〕

本書目次からも明らかなように、一九一一年夏の講演は——順序の先後や内容の補足はあるが——上記「法制」の教授要目にほぼ沿ったものであった（本書第八講、第九講は教授要目「法制、経済及道徳」中の道徳・法・法制に対応）。

本書に倣う検定教科書の例

中学校の教科書については、当初より検定制度が採られていたものの(国定制度となるのは一九四三年)、なかには「国体及政体」の教授要目を無視し、「政体」のみを目次に掲げ、記述する教科書もあった。例えば、一九三〇年の赤羽良一著『法制経済中等教科書』(富山房)では、第一章「総論」のもとに第一節「国家」、第二節「政体」が配され、そこでの「政体」とは「国家機関の組織の意味」だとし、「国家には、必ず種々の国家機関があって、この機関あることによって、初めて国家が国家として活動し存在して行く」、そして、国家最高機関の組織の仕方によって「君主政体」と「共和政体」に分かれるとし(同書四頁)、本書四二頁以下を踏襲した節のある説明がなされている。他方、「国体」については、「国家の本質は、国家が国体であることに存する」と一言だけ記されており、しかも、この記述に続けて、「国家は、現在の国民ばかりでなく、その父祖から将来の子孫にまで及ぶ国民全体の結合から成る永久的な団体で、且《か》つ如何なる権力にも服従することのない最高の団体である」(同書三頁)とあるので、そこでは、「国体」の下で、美濃部と同様、「国家」という「最高の権力を有する団体」(本書三〇頁)が観念されているのである。

この教科書は、「国体という語を政体と同じ意味に使うことは、混雑を惹き起す虞《おそれ》があって、むしろ避けた方が正しいであろう」(初版本(本書五四四頁))との見地から、「国体及政体」の教授要目を「国家及政体」として改編して講じた本書第一講(一九頁以下)に少なからず倣ったもののようにも思われる。

法制教育現場の空気

国家法人説・国家機関論への言及は、すでに初版本刊行前の法制教育の現場においてもなされていた。例えば、法制経済の教範として著された、中村重造『新撰法制経済問答』(博文館、一九〇三年)には、「これ我国においては採用すべからざるものたり」とわざわざ断ったうえで、当時の機関説を次のように紹介している(二一頁)。

或る学者は天皇は統治権を総攬すといえども、これ国家の機関としてこれを総攬するものなり、その総攬は即《すなわ》ち機関たる所以なり、本来の総攬者は国家にして、天皇はこの国家の手足即ち機関として統治権を行うものなるとは、(あたかも)彼の会社の役員が会社を代表して会社の権利を行うが如しというもの(である)。

この記述は、逆に、中学教育の現場でも、初版本刊行のはるか前から、国体を起点とし国体・政体の峻別をその生命線とする穂積説と並んで、一木に代表される国家法人説を基礎とする政体論(国体否認論)もまた――否、むしろ前者よりも後者の方が――優勢であったことを照射するものとも言える（長尾『八束集』三七九頁によれば、穂積説が「正統派」とされるのは「あくまで学界外の権威や権力の世界の一部においてで、学界においてはせいぜい周辺的存在であった」とされる。上記五五八頁の美濃部の述懐もこれを裏付ける）。そうだとすれば、いまやアカデミズムの世界のみならず、国民教育、とりわけ次代を担う国民を育成する中学校の法制授業の場でも、一木・美濃部の憲法論が支配的となることに、穂積や上杉が強い危機感を持ったとしても不思議ではない。そして、その危機感は、明治天皇に代表される時代が終焉を迎えつつあることと重なるものであった。

大正・昭和初期の教科書記述

明治末から大正初めに行われた美濃部・上杉論争の時代的背景として、日露戦争（一九〇四〜一九〇五年）後の産業や経済の構造的変化に伴う貧富の懸隔、そこから生起した社会的混乱、思想的混迷、そして「国体」を震撼させた大逆事件や韓国併合（一九一〇年）などが指摘される（松本三之介『近代日本の政治と人間』（創文社、一九六六年）三〇頁以下）。これは、明治から大正への代替わりの矢先に生じた明治憲法体制のあり方にかかる問題を摘示したものである。そして、まさしく、そこでは、「〔日露〕戦後のあらたな状況をまえにして、デモクラシーにより近づこうとする立場から」憲法を解明し、新時代にそれを適合させてゆくか、それとは逆の方向に、「天皇を頂点にした家族主義、国家主義的思想」に基づいて体制再建を図ろうとするか、二つの路線対立が、機関説論争の形をとって浮上したのである(矢作『百年史』一八九頁)。この意味で、同論争後、美濃部説が支配的となり、憲政の運営のみならず、アカデミズムはもとより中学校における法制の教育現場でも半ば優位に立ったことは、時代の流れからして、いわば当然のことであった。

しかしながら、もとより管見によるが、大正・昭和初期における法制の教科書や公民の教科書(一九三一年改正中学校令施行規則により「法制及経済」廃止、「公民科」新設)を繙読《はんどく》する限り、上記の教授要目に従って、政体・国体の区別はほぼ例外なく堅持されており(宝文館編輯所編『法制経済新教科書』(東京法文館、初版一九一一年、訂正四版一九一四年)七頁以下。小林丑三郎『法制経済教科書』(文昌閣、一九一四年)九頁以下等)、アカデミズムの世界とは事情を異にする。その限りで、旧制中学校(また当時、普通・中等教育を担っていた高等女学校、実業学校)における法制・公民科の憲法教育と旧制高校・大学における憲法講義の乖離を指示する顕教・密教論(久野収・鶴見俊輔『現代日本の思想』(岩波書店、一九五六年)一三二頁以下)は正当なものを含んでいる。

だが、教科書類を仔細に見ると、顕教を担任する中学教科書執筆者の面従腹背ぶりも目にとまる。たとえば本書刊行二年前に公刊されたある教科書には、「国を異にすれば必ずその歴史を異にするが故に、国の異なるに従い国体の別ある理なり」(中島信虎『新編法制経済教科書』(明治書院、一九一六年)一三頁)といった、美濃部の「政体」(本書四二頁以下)とも見まがう記述も認められる。また、機関説事件が起こる二年前の公民科教範には、「我が国は同じく君主国でも国体が違うから、決してかような虞はないが」とわざとらしく念押ししたうえで、「君主国の短所は、君主の専制に依って暴政の行われる虞があることと、君主国体に伴って特権階級が生じ、これに属する者が横暴跋扈《ばっこ》することがあることである」と記するものがある(大瀬甚太郎『公民科教本教授資料』(東京開成館、一九三三年)二八六頁)。

ことほどさように、大正初期から昭和初旬の教科書類には、「国体の得失」(鳩山秀夫他『晩近法制経済教科書』(東京開成館、一九一五年)六頁)や「単純に日本の国体は最も善くて、他の国の国体は悪いということはいえない」(坂田増太郎『公民教科書教授参考書』(富山房、一九三五年)五頁)などと説くものもあり、「我が国体」を殊更に強調する機関説事件後のそれ(後述)とは異なる。

美濃部の「国体」定義

繰り返すように、機関説論争は、そもそも法的国家論（国家法人説）に関する「学術論争」ではなく（宮沢俊義『天皇機関説事件（上）』（有斐閣、一九七〇年。以下、宮沢『事件・上』）六四頁）、未来を担う次世代に憲法をどう教えるかをめぐる論争であった。そこでは、しかし、明治末という時代状況のなかで、西欧立憲主義に立脚する美濃部の議論は、世界的なデモクラシーの追い風を受けながらも、他方で、井上哲次郎に代表される国民道徳論の前に苦戦を強いられる。「尊皇心」に疑義を投ずる上杉の非難に（星島本一九頁）、「余は『憲法講話』の如何なる場所においても、……天皇国を統治するの大義を無視するの言を為したことは無い。かえって帝国が古来常に君主国たり、天皇国を統治するの原則は万世にわたって動かすべからざることを切論して居る」と応ずる（同書四一頁以下）。そして、「帝国の政体」を説くに当たっても、

「国家の成り立ち」という広義の「国体」概念を認める。すなわち、この意味の「国体」は「建国ノ体」（憲法起草を命じた一八七六年勅語）、「立国ノ体」（国会開設を命じた一八八一年勅語）と同義であり、歴史的に形成されてきた「日本の国家生活の最も重要な特色」を指示するものだとし（『美濃部著作集』一一一頁、後述五八二頁）、本書でも都合六箇所において広義の「国体」に言及している（八〇、一〇四、一二一、四四六、四四八頁。なお、五四

二頁からの「国体」は除く)。しかしながら、他方で、穂積の狭義の「国体」概念(上掲五五六頁)については、「政体」概念との区別がつかないとして、徹底してこれを排除するのである。

広義ではあれ、「国体」概念を一方で容認しつつ、他方でそれを「憲法論から切り離す」という意味において、美濃部憲法学もまた「一つの国体論」であった(『丸山眞男集別集　第四巻』(岩波書店、二〇一八年)七九頁)。そして、この「国体」を容認する限りにおいて、美濃部には、自説が「たとえ国体には反しようとも、科学的には、正確である、と弁明する余地」はなく、「お前の学説は国体に反する」、「お前は非国民だ、不忠者だ」との批判に対しては、「自分も国民道徳規範を承認する、国体を尊重する、とやっきになって弁明するよりほかはなかった」(宮沢『事件・上』一三頁以下)のである。このように、広義の「国体」については、美濃部自身、これを徹底して突き放し、憲法学的批判の対象とすることができなかった。その限りにおいて、機関説論争における美濃部の立ち位置には当初から限界があった。とはいえ、その立ち位置こそ、彼の「立憲思想」の「健全なる」所以であった。だが、それは同時に、論敵たる上杉の「尊皇」観念と通底するところでもあった。そのため、昭和に入り軍靴の跫音《きょうおん》が高まるなか一九三五年に至り、美濃部説は、国民の「尊皇心」をバネに一挙に政治問題化されたとき、官憲により「安寧秩序」等を妨害する事件の証拠資料に貶められるのである。

三　天皇機関説事件と本書の意義

著作の行政処分と本書

天皇機関説事件とは、美濃部の著作物が国法に触れるとされ、行政処分・司法処分の対象となり、そこで説かれた天皇機関説が政府の手により国禁の説と断定されたものである。機関説事件の引き金となったのは、一九三五年二月、貴族院本会議場で、菊池《きくち》武夫《たけお》(一八七五〜一九五五年)議員が、機関説を「金甌《きんおう》無《む》欠《けつ》なる皇国の国体を破壊する」ものとし、その論者を「謀《む》反人《ほんにん》」だと非難したことである。これに対して、美濃部(一九三二年五月貴族院議員に勅任)が、同議場において、これを「堪え難い侮辱」だとし、一身上の弁明を試み、反撃したことで一気に事件へと発展した。それは、当時、官僚主体の岡田(啓介)内閣のもと、衆議院多数派の政友会が政権から疎外され、倒閣を目論んでいたところ、貴族院で機関説問題が浮上し、同党はここぞとばかりに軍部や右翼と結託して、機関説排撃運動を全国規模で展開したからである。そのため、政府は、事態を収拾すべく「定見なく天皇機関説を禁止し、美濃部の著作『憲法撮要』などを発禁処分（三谷太一郎「二・二六事件における一般兵士」『学士会会報』九三二号（二〇一八年七月）五頁）に付し、行政上の処分として問題に結着をつけようとしたのである。

このとき出版法第一九条の「安寧秩序ヲ妨害……スルモノト認」められる文書にあたるとし、内務大臣により発禁処分（同年四月九日）となった著書は、一九二三年刊『憲法撮要』（有斐閣。以下『撮要』。直近版は三五年三月改訂第五版二一刷）、二七年刊『逐条憲法精義』（有斐閣。以下『精義』）、三四年刊『日本憲法の基本主義』（日本評論社。以下『基本主義』）の三冊である。同時に、内務省警保局は、『現代憲政評論』（岩波書店、一九三〇年）、『議会政治の検討』（日本評論社、一九三四年）につき、版元責任者を出頭させ、記述箇所を指摘し改版を厳命した。しかし、これらの著書には、本書に見られるような「天皇は国家の最高機関なり」（七八頁）といった記述は一切含まれていない。とはいえ、いずれの著書も、国家法人説を基礎に君主を「最

美濃部達吉が貴族院で「弁明」演説を行ったことを報じる『東京朝日新聞』(1935年2月26日)

高機関」と言明しており、機関説を維持しているのは明瞭だと、当局は判断したのである。

その際、本書が当該処分の対象とならなかったのは、(1)『撮要』の公刊によって本書との間で多くの部分に重複が生じたこと、(2)『精義』は本書の「第三版」として「全部を新たに起稿し」たものであること、そのため、(3)差押の対象となる本書の「刻版印本」は既に版元に存在しなかったことによるものと思われる(『精義』序に「今年春『憲法講話』の版本将《まさ》に尽きんとす」と記されている)。なお、『基本主義』は、一九二五年八月、当時、九州帝国大学法文学部の創設責任者であった美濃部が、同学部生に講じた手記「日本憲法の特色」(『国家学会雑誌』第四〇巻第一~八号)をほぼ全面的に書き直し、一九三四年の東京帝大退官を機に自選論文集第一巻として公刊したばかりで、『撮要』の総説部分を敷衍したものであった(第一章冒頭で、「国体」を「歴史的に発達し構成せられた日本の国家生活の最も重要な特質」と定義し、「日本憲法の君主主義」は、この国体を基礎とするものであることを詳述している)。

「国体明徴」による美濃部説抹殺

機関説事件は、政府当局の思い描いた行政処分に止まるものではなかった。貴族院本会議で美濃部説が攻撃された一九三五年二月には、機関説排撃派の江藤源九郎《えとうげんくろう》（一八七九〜一九五七年）衆議院議員によって、美濃部の著書は不敬罪に当たるとし、東京地方裁判所検事局に告発され、受理されていたからである。それは、美濃部が機関説なるものを宣伝流布し、三〇年余にわたり帝国臣民をまどわす「不敬ノ行為アリタル者」（刑法第七四条）だ、とするものであった（宮沢俊義『天皇機関説事件（下）』〈有斐閣、一九七〇年〉三九八頁参照）。同年四月七日、検事局に任意出頭し、思想検事の事情聴取に応じた美濃部は、もとより機関説が国体観念に反するものでないと弁じた。そこで、検事局は、不敬罪ではとても無理だが、「教育勅語は国務に関する詔勅と し、……〔これを〕批議して宜しい趣旨」の『精義』の書きぶり（「教育勅語の如き重要なる詔勅が国務大臣の副署を要することは勿論」〈五一九頁〉）に目をつけ、出版法（一九三四年改正）第二六条「皇室ノ尊厳ヲ冒瀆シ」、同二七条「安寧秩序ヲ妨害シ」たる著作者としてなら、行政処分とは別に、起訴できるのではないかと考えた（矢作『百年史』三二四頁、宮沢『事件・下』四〇四頁以下参照）。

他方で、政府は、その頃、政友会・軍部・在郷軍人会・右翼団体等の圧力に屈しはじめ、八月三日には、「国体明徴」声明を出すことを余儀なくされていた。かくして、九月一四日に、検事局は、美濃部に対し二度目の出頭を求め、その後の心境を聴取したうえで、司法処分を決定することにした。

当時、世上では、美濃部の貴族院議員拝辞が取り沙汰されており、検事局も、美濃部にはそうした意思表示があるものと期待し、起訴猶予にする算段であったが、しかし、同日、本人の口からこれといった心境の変化は読みとれなかった。とはいえ、このときの検事局の聴取やその直後の周囲(松本烝治《まつもとじょうじ》〔一八七七〜一九五四年〕ら)の説得が効いたのであろう。九月一八日に至り、美濃部は、法務大臣宛て上申書を提出し、貴族院議員を辞任することを明らかにし、即日、美濃部の起訴猶予が決定した。

だが、その直後、美濃部は声明を発して辞任理由を述べ、その最後で「くれぐれも申上げますがそれは私の学説を翻すとか自分の著書の間違っていた事を認めるとかいう問題ではなく、ただ貴族院の今日の空気において私が議員としての職分を尽くすことが甚だ困難となった事を深く感じたがために他なりません」と念押しした(矢作『百年史』三二五頁)。この声明は、本人の謹慎の意思表明等に鑑み起訴しないと決した当局を刺激し、そのため、美濃部は、改めて「新たに物議を惹起したることは衷心遺憾とするところである」(同書三二六頁)とし、先の声明の取り消しを余儀なくされた。そして、政府は、一〇月一五日、再び国体明徴に関する声明を発表し、「天皇機関説は神聖なる我国体に戻《もと》りその本義を愆《あやま》るの甚しきものにして厳にこれを芟除《せんじょ》せざるべからず」と言明した。

こうして、美濃部説は、政府の手により国禁の説とされ、抹殺されたのである。同時に、美濃部の師である一木（当時、枢密院議長）や岡田内閣の法制局長官であった金森徳次《かなもりとくじ》郎《ろう》（一八八六～一九五九年）もまた厳しい攻撃に晒され、辞任に追い込まれた。一木は一八九九年の『憲法講義』（五五七頁）の記述、金森は『帝国憲法要綱〔訂正版〕』（厳松堂書店、一九三四年）の記述（とくに同書八三頁）が、各々、「反逆的」だとされ、ともに「乱臣賊子」として糾弾されたのである（高見勝利「解説」『金森徳次郎著作集Ⅰ』（慈学社出版、二〇一三年）三二七頁以下参照）。

大学での憲法講義の変容

他方、教育行政を担う文部省による機関説への対応は極めて迅速果敢であった。一九三五年四月九日、美濃部の著作に対し行政処分が下されるや、松田《まつだ》源治《げんじ》文相は帝大総長・官立大学長・公私立大学専門学校長らに宛て、「いやしくも国体の本義に疑惑を生ぜしむるが如き言説は厳にこれを戒め、常にその精華の発揚を念とし、これに由《よ》て自己の研鑽に努め、子弟の教養に励み、以てその任務を達成せむことを期すべし」（一九三五年四月一〇日付『朝日新聞』）との訓令を発した。そして、半年後の一〇月一日には、「帝国大学公私立大学等においては〔上記〕文部省訓令……に従い、法制科教授殊に憲法の担当教授、講師の選任、担当講座の変更、講義内容の改善に適当なる措置を講じたり」として、次のような措置概要が公表されている（一九三五年一〇月二日付『朝日新聞』）。

東京、京都、東北、九州各帝国大学　何れも機関説の講義を為さず

東京商科大学　講師美濃部達吉は本年四月辞職し目下休講中なり

神戸商科大学　講師佐々木惣一《さ さ き そういち》（一八七八～一九六五年）は本年五月辞職し目下休講中なり

其の他公私各大学とも機関説の講義を排除せり

一片の訓令によって、かくも一斉に、大学における憲法講義の場から機関説が払拭されたことは、いわゆる京大事件の影を抜きにして考えられない。これは一九三三年、鳩山一郎（一八八三～一九五九年）文相によって滝川幸辰《たきがわゆきとき》（一八九一～一九六二年）法学部教授が思想傾向を理由に免官させられ、それに抗議した佐々木惣一ら有力教授の依願免官により同学部が存亡の機に直面した事件である。

京大事件の影　貴族院における美濃部の「一身上の弁明」直後の東京帝大では、宮沢俊義《みやざわとしよし》（一八九九～一九七六年。一九三四年美濃部退官後、上杉没後空席の憲法第一講座

担当)が末弘厳太郎《すえひろいずたろう》法学部長に呼ばれ、「〔この〕事件は非常に根が深い。何でもないことのように思っているものもいるけれども、問題の背景は深いから言動には十分注意して慎重にやってくれ」との忠告をうける。その際、宮沢によれば、末弘は、次のように語ったとされている(宮沢俊義・小林直樹「明治憲法から新憲法へ」『昭和思想史への証言』(毎日新聞社、一九六八年。以下『証言』)一五四頁)。

京大事件では、滝川氏がさっさとやめちまえばよかったんだ。だけどほかの人たちがやめちゃいかんというもんだから、最後までがんばった。そのおかげでとうとうああいう大事件になって、何人も一緒に道連れになった。

宮沢は、これを、機関説排撃を先導した右翼の思想家・蓑田胸喜《みのだむねき》(一八九四〜一九四六年)が美濃部後の攻撃目標を後任の宮沢に定めてきたことから、末弘が学部長として、京大事件を念頭に、「外からの圧力がもっと加わったとき、ほかの連中もみんな道連れになることはおもしろくないから、その点を考慮してくれということ」だと解した。そして、「理屈の上では、〔「学問の自由」、「大学の自治」を守るために〕みんなで力を合わせて抵抗するほうがいいのかも知れない」が、「一人でも心ならずも道連れにされる人をだすことはできるだけ避けた〔い〕」と考え、「なるべく首を引っ込めて、無抵抗主義で時の過ぎるのを待とうと決心」する（『証言』一五四頁以下）。そこで、宮沢は、一九三五年四月から始まる憲法講義案を改訂し、前年の憲法講義案にあった第一章序説の第一節国家、第二節国家機関、第三節国家形態（政体）の部分を全面削除し、講義項目から外すことで、「どうにか無事なるをえた」。しかし、学生の目からすると、自信に満ちた前年度の講義に比して少なからず精彩を欠く「痛ましい姿」を見せつけられるのである（「法学部三教授批判」『丸山眞男集　第一巻』（岩波書店、一九九六年）三六頁等参照）。

こうした対応は、宮沢だけでなく、多かれ少なかれ、大学等で自由主義的な憲法論を講じていた、当時のほぼすべての学者の講義に通ずる姿であろう。

高文試験委員の変更と受験参考書の「転向」

美濃部は、行政処分後、長年、中央大学等の私大で行っていた憲法講義の講師を自主的に退き、また、五月には例年通り高等文官試験の試験委員の発表もあったが、そこには、美濃部はもとより、宮沢、野村淳治《のむらじゅんじ》（東京帝大、一八七六～一九五〇年）、河村又介《かわむらまたすけ》（九州帝大、一八九四～一九七九年）など、これまで試験委員を務めてきた立憲学派の名前はなく、神権派の筧《かけい》克彦《かつひこ》（東京帝大、一八七二～一九六一年）や穂積説に近い佐《さ》藤丑次《とううしじ》郎《ろう》（東北帝大、一八七七～一九四〇年）らが任命されていた（矢作『百年史』三二二頁参照）。

この唐突ともいえる高文試験委員の変更は、受験界にも大きな衝撃を与えずにはおかなかった。

大正から昭和にかけての高文試験用の受験参考書を通覧すると、穂積・上杉説と美濃部説を併記するものから次第に後者の説明に重点を置くものが目立つようになってくる。そして、機関説事件直前の文信社編輯部編『答案基準　帝国憲法解題　新訂版』(文信社、一九三二年)にあっては、ほぼ美濃部説一色で「解題」されていた。ところが、事件直後に刊行された法律研究学会編『天皇主体説ヲ中心トシタル帝国憲法解説』(東京精興社書店、一九三五年)には、次のような阿鼻叫喚ともいえる「序」が付され、美濃部説からの「転向」表明がなされている(一頁)。

今や時代の風潮は従来通説と目せられたる天皇機関説に対して仮借なき批判を加え、その存立を許さず。その学説は大学より姿を消し、その著書は街頭より駆逐せられんとす。遂に昭和十年十月十五日政府の国体明徴に関する再声明書発せられ、この問題の政治的解決をなさんとするに至る。この事件たるや時代の風潮に超然たるべき高文受験界に一大波紋を投じたり。受験生は自己の所信の如何を問わず天皇機関説の破棄を強要せられたり。しかして数多の学説の林立せる中に迷いて、その何れによるやを知らず。迷える仔羊は光明を求めて彷徨《さまよ》い歩く。

光明の女神出でよ！　好参考書出でよ！

これ受験界における近時の痛切なる叫びなりき。ここにおいてか本会は会員の検討に検討を重ねたる結果を公にして江湖《こうこ》の批判を乞わんと欲す。題して『天皇主体説ヲ中心トシタル帝国憲法解説』と謂う。天皇機関説を対照としつつ天皇主体説に導かんとするの意図を示したるものなり。

この書では、機関説との対比で天皇主権説を復活させている。そして、三六年以降の受験参考書になると、ほぼ「国体」一色の憲法解説がなされ、吉崎勝雄『憲法に於ける重点並に問題の検討』(文松堂、一九四四年)に至ると、「神武の建国と明治維新」の解説から説き起こされ、国史試験の模範解答と見まがうものとなる。

さて、ここで改めて中学校の教育現場に目を移すと、機関説事件後、公民科の授業内容とそこで使用される教科書もまた一変する。

教授要目改正による公民科教科書の一変

この激変は、事件後に改定された「中等学校公民科教授要目」(一九三七年三月二七日文部省訓令第八号)に起因する。そこでは、冒頭、「公民科においては我が国民の政治生活、経済生活及び社会生活に関する事項を会得せしめ、殊《こと》に我が国の特質とこれらの生活との関係を明確にして、以て日本臣民たるの信念と憲政治下の国民たるの資質とを養成することを要す」としたうえで、次のように指示されていたからである。

我が国体及び国憲の本義特に肇国《ちょうこく》の精神及び憲法発布の由来を知らしめ、以て我が国統治の根本観念の他国と異なる所以を明らかにし、これに基きて立憲政治及び地方自治の大要を会得せしめ、殊に遵法奉公の念を涵養することに力むべし

この指示に従って、授業では、「我が国体、肇国の本義を明らかにし、天皇の統治と、天皇に対し奉り、臣民は如何なることを本分となすべきか」を語り、また「敬神崇祖は我が国体と離るべからざる由来を有するから、祭祀に関することも」語るべきものとされた（山崎犀二『養生公民科教科書教授資料』（東京開成館、一九三七年）八六頁）。そのため、教科書の記述も全面改訂され、「我が国体」「肇国の本義」「国体と祭祀」を基軸にした記述内容へと変貌する（福田悌夫『公民講義』（白銀日新堂本店、一九三七年）一八一頁。田村徳治『公民科精義』（至文堂、一九四〇年）一一六頁等参照）。

機関説排撃が憲法に与えた致命傷

いったい機関説排撃によって、憲法に何がもたらされたのか。そもそも、美濃部は、国家を法人格を持った団体と観念し、天皇をその

「最高機関」として法的に構成することで、本書からも明らかなように、国家統治から天皇の人倫的支配（いわゆる「親政」）の契機を締めだすと同時に、国家と国民の関係を法主体者の権利義務関係に転換し、天皇の政府に対して国民に基盤を持つ国会が対峙し、立法に基づいて行政や司法の権力作用を統制しようとした。そして、それこそが、憲法の意図するところだとする。すなわち、「我々は法律学上に国家を一つの法人であると見て、統治権はこの法人に属する権利であると解し、しかして天皇は、憲法第四条に明言してあります通り、この国家の元首たる地位に在《ま》し、国家の一切の権利を総攬し、憲法の条規に従ってこれを行わせたまうのであると観念するのである」（「我が国体と国家概念」『美濃部著作集』七三頁）。

昭和天皇もまた、この理解を共有し、「憲法第一章第四条「天皇ハ国ノ元首ニシテ統治権ヲ総攬シ此ノ憲法ノ条規ニ依リ之ヲ行フ」につき、すなわち機関説であるとのお考え」（『昭和天皇実録　第六』（東京書籍、二〇一六年）六九六頁）を示す。それゆえ、天皇機関説を国禁の学として排撃することは、憲法に従って統治をなすべき最高権力者が憲法の軛《くびき》から解放されることを意味する。そこでは、憲法に基づく支配ではなく、ときの為政者、権力者による憲法を無視した擅断的支配が可能となる。

憲法無視の国家統治の現実化

かくして、機関説排撃により、同説に基づいて運用されてきた立憲国家の統治、憲政運営が破棄され、「国体」の名の下、為政者による欲《ほしい》ままの支配が、軍部をはじめとする権力組織の各処で跋扈《ばっこ》し、戦争へと突き進んでいったのである。この意味で、「今から思えば、天皇機関説が政府によって禁止されたことは、事実上の憲法改正でした」(三谷・上掲『学士会会報』一〇頁)との摘示は正鵠を射ている。ただ、この機関説排撃がもたらした憲法への打撃は、厳密には、憲法規定を変改するという意味での「改正」ではなく、機関説が生命線とした「憲法ノ条規ニ依〔る〕」(憲法第四条)国家統治からの逸脱、ドイツ国法学的に言うならば「憲法の破毀」、すなわち、憲法はそのままにして、ある特定の場合に憲法に反する措置をとり、当該状況に応対する、憲法の無視(disregard)の国家統治に道を拓くものであった(vgl. C. Schmitt, *Verfassungslehre* [Duncker & Humblot, Fünfte Auflage, 1970] S. 99 f)。

一例を挙げておこう。本書で、美濃部は「委任命令」について論じている(四五七頁以下)。委任命令とは、法律(立法府)の所管事項を命令(政府)に委ねることである。美濃部によれば、「法律の委任が憲法上許され得るのは、ただ特別の委任すなわち特定の事項を指定してこれを命令の規定に譲ることのみに限られ、一般的な立法権の授与〔いわゆる白紙委任)は憲法が立法権と行政権とを分立せしめて居ることの原則と相抵触し、憲法上許されない」(「命令(憲法上の)」『法律学辞典 第四巻』(岩波書店、一九三六年)二六一六頁)。ところが、国家総動員法(一九三八年五月五日施行)に見られるような、「国際的及び国内的の経済事情の逼迫《ひっぱく》に伴い、その時々の事情に応じて、敏速に適当の定めを為し得べからしむるために、殆ど白紙委任状とも見るべき程に、広い範囲においての立法権を政府の専権に委ぬる法律」が「現るるに至った」(「議会雑感」『美濃部著作集』一〇〇頁)。ここで「殆ど白紙委任状とも見るべき程」とは、一九三七年に始まった日中戦争に対処すべく制定された国家総動員法により、政府に対し、勅令によって人的・物的資源を統制運用する極めて広汎な権限が付与されたことを指す。これでは、立法の実権は「専ら政府に属する」と言っても過言でなく、「議会が立法府と称せられて居るのは、実はただ名目だけで、名あってその実なきものと評するのほかはない」(『美濃部著作集』前掲頁)。美濃部は、いまや白紙委任の禁止という憲法原則を無視した立法措置がまかり通るようになったと評するのである。

むすび

本書は、初版本の刊行時から機関説事件に至るまでの間、明治憲法の立憲的運用を定着させ、立憲秩序の安定化に仕え、実定憲法の内実をなすことを通じて、「明治憲法体制そのもの」(三谷太一郎『近代日本の戦争と政治』〔岩波書店、一九九七年〕二五五頁)の役割を果たすものであった。本書の記載内容が、いまの憲法の現況に即してみて、その一部であれ、私たちにとって合点のいくところがあるとすれば、それは、美濃部の説示した立憲主義が、その限りで、いまなお、この国に必ずしも根づいていないということである。刊行から百年、二つの憲法下における立憲主義の進展、現下の立憲主義の有り様を確かめるためにも、本書が広く読まれることを期待する。

読書子に寄す

――岩波文庫発刊に際して――

岩波茂雄

真理は万人によって求められることを自ら欲し、芸術は万人によって愛されることを自ら望む。かつては民を愚昧ならしめるために学芸が最も狭き堂宇に閉鎖されたことがあった。今や知識と美とを特権階級の独占より奪い返すことはつねに進取的なる民衆の切実なる要求である。岩波文庫はこの要求に応じそれに励まされて生まれた。それは生命ある不朽の書を少数者の書斎と研究室とより解放して街頭にくまなく立たしめ民衆に伍せしめるであろう。近時大量生産予約出版の流行を見る。その広告宣伝の狂態はしばらくおくも、後代にのこすと誇称する全集がその編集に万全の用意をなしたるか。千古の典籍の翻訳企図に敬虔の態度を欠かざりしか。さらに分売を許さず読者を繋縛して数十冊を強うるがごとき、はたしてその揚言する学芸解放のゆえんなりや。吾人は天下の名士の声に和してこれを推挙するに躊躇するものである。このときにあたって、岩波書店は自己の責務のいよいよ重大なるを思い、従来の方針の徹底を期するため、すでに十数年以前より志して来た計画を慎重審議この際断然実行することにした。吾人は範をかのレクラム文庫にとり、古今東西にわたって文芸・哲学・社会科学・自然科学等種類のいかんを問わず、いやしくも万人の必読すべき真に古典的価値ある書をきわめて簡易なる形式において逐次刊行し、あらゆる人間に須要なる生活向上の資料、生活批判の原理を提供せんと欲する。この文庫は予約出版の方法を排したるがゆえに、読者は自己の欲する時に自己の欲する書物を各個に自由に選択することができる。携帯に便にして価格の低きを最主とするがゆえに、外観を顧みざるも内容に至っては厳選最も力を尽くし、従来の岩波出版物の特色をますます発揮せしめようとする。この計画たるや世間の一時の投機的なるものと異なり、永遠の事業として吾人は微力を傾倒し、あらゆる犠牲を忍んで今後永久に継続発展せしめ、もって文庫の使命を遺憾なく果たさしめることを期する。芸術を愛し知識を求むる士の自ら進んでこの挙に参加し、希望と忠言とを寄せられることは吾人の熱望するところである。その性質上経済的には最も困難多きこの事業にあえて当たらんとする吾人の志を諒として、その達成のため世の読書子とのうるわしき共同を期待する。

昭和二年七月

憲法講話《けんぽうこうわ》

2018年11月16日　第1刷発行
2021年 4 月26日　第3刷発行

著　者　美濃部達吉《みのべたつきち》

発行者　岡本　厚

発行所　株式会社 岩波書店
〒101-8002 東京都千代田区一ツ橋 2-5-5

案内 03-5210-4000　営業部 03-5210-4111
文庫編集部 03-5210-4051
https://www.iwanami.co.jp/

印刷・三陽社　カバー・精興社　製本・松岳社

ISBN 978-4-00-340321-1　　Printed in Japan

索　引

あ 行

アメリカ(米，米合衆国，亜米利加)　34, 55, 59, 72, 180, 183, 191, 192, 219, 230, 279, 436, 442, 481, 499
帷幄上奏　135
位　95, 96
イギリス(英吉利，英国)　33, 47, 54, 55, 59, 61, 72, 82, 103, 106, 143, 151, 160, 161, 173, 174, 177-179, 181, 184, 187, 191, 193, 215, 218, 219, 230, 235, 241, 249, 279, 285, 316, 361, 375, 428, 435, 438, 499, 509, 524
板垣退助　66, 153
イタリア(以太利，伊太利)　151, 187, 499
一院制度　172, 175, 176
伊藤博文　119, 133, 152-154, 229, 233, 293, 363, 445, 448
委任　115, 161, 162, 308
委任代表　163
委任命令　457, 458, 465
インド(印度)　33, 524
ヴュルテンベルク(威天堡)　192, 286
営造物　302, 332
栄典授与の大権　95
王嗣決定法　435
王領殖民地　524, 525
大隈重信　153
オーストラリア(濠州)　33, 436
オーストリア(墺匈，墺地利)　151, 182, 192, 219, 230, 267, 361, 362, 365
沖縄県　186, 210, 315, 316, 321
オランダ(和蘭)　151, 509
恩赦大権　96

か 行

会期不継続の原則　275
階級会議　53, 161, 235
階級制度　73, 74, 185
海軍軍令部　93
会計(殖民地)　522
会計検査院　261, 302-304
戒厳宣告の大権　95
外交大権　94
外政　326
下院　180
確認行為　343
匿れたる統治権　501
寡人政治　57
華族　124, 185
桂太郎　154, 507
カナダ(加奈陀)　33, 436
樺太　494, 498, 500, 515, 518

樺太庁長官　515,528
仮法律(ドイツ)　226
官規　92
韓国併合条約　504
慣習法　428,429
官制　91,99,296
官制改革　293
官制官規の大権　91
間接機関　79
間接選挙　205
官治制度　310
関東州(租借地)　494,498,
500,516,519
関東都督府　528,529
関東都督府法院　529
関東都督府令　517
監督大権　130
官吏任免の大権　91
官僚政治　169-171
官僚内閣　170
議員
——の参政権　280
——の身体の自由に関する特権　281
——の任期　210
——の発言の無責任　281
議院政治　147,151,152,169,
171
議院内閣　151,155
議院法　265,277,443
議会(帝国議会)　67,159-210
——に関する大権　89
——の協賛　88, 94, 212,
214,236-238,244-246,253,
256,325,335,336,381,446,
521,522
——の権限　211
——の召集　272
——の承諾　225,227-229,
231-234,236,240-242,245,
255,258,259,262
機関　27,42,307
議事の公開　278
貴族院　155,164,182
——の組織　184-189
——の停会　275
貴族院令　188,443
貴族政治　57
休会　276
宮中官　127
教育勅語　416
行政官庁　307-309
——の仮処分　406-408
——の命令　463-466
行政規則　334-336
行政裁判　326
行政裁判所　302,356-359,
362-365
行政作用　323,324
——の制限　348
行政上の命令大権　90
行政処分　337-344
許可および免除　338
裁決および公証　343
附与および剝奪　340
命令および禁止　337
行政訴訟　355-371,488
——提起の要件　367-370
行政の監督　165,166
行政命令　336

行政立法　325
共和政体　43-47, 49, 50, 57
居住移転の自由　482
拒否権(米大統領)　219
ギリシャ(希臘)　172, 192
緊急勅令　226
　——の承諾　225-234
　——の大権　89
　——の廃止　231-233
緊急命令　457
近親継承法　108
欽定憲法　85
区裁判所　390
宮内省　128
宮内大臣　127, 128, 133
クロムウェル(O. Cromwell)
　174, 436
郡会　320
君権政治　169, 171
郡参事会　320
軍事参議院　93
君主政体　43-54, 62
　家産的——　51
　官僚的——　64, 66
　制限——　50, 51
　専制——　50, 51
　族長的——　51, 63
　立憲——　52-54, 67, 72
君主説(国家)　21-24
君主の無責任　103, 104
勲章　96
軍政　329
軍政大権　93
軍隊　93, 95, 329
軍法会議　405
軍令　461, 462
郡令　472
軍令大権　93
警察　331
警察許可　339
警察制度(朝鮮)　527
警察総長(朝鮮)　527
刑事裁判　373, 374
刑事訴訟　399
継続費　244
決議権(議院の)　270
決議の方法(議院の)　278
決算　303
決算の審査権　260
ゲルマン法主義　375
建議権　264
検事　391
元帥府　93
憲政党　153
憲法違反　381, 382
憲法改正　437
　——手続　440
　——発案の大権　82, 440
憲法義解　101, 119, 229, 233,
　363
憲法政治　506, 507
憲法の意義　433, 434
権利章典　435
権利請願　435
元老院　53, 67
言論出版および集会結社の自由
　483
皇位継承　106-111
公益　352, 478
公共団体(公法人)　313, 314

──の行政　315
公権と私権　476
公式令　299, 445, 448
皇室　123, 125
皇室経費　129, 246
皇室財産令　105
皇室典範　83, 97, 108, 123, 125-127, 443-447
皇室特権　125-129
皇室法　109, 122, 444
皇室法規制定の大権　83
皇室令　125, 126, 447-449
皇庶子孫　109
硬性憲法　438, 439
控訴院　390, 391
皇族　123-125
皇族会議　110, 118, 130, 131
皇族議員　185
皇太子　119
公文式　445
公法と私法　431
公法上の契約　344-347
公法上の報償金　328
公民国家主義　73
公用徴収　341, 483
国債　253
国際条約　451-455
国際法　31, 32, 36, 373, 451, 495
国際法上の属地　495, 498
国体　80, 104, 121, 446, 448
国法上の属地　495, 498, 502
国民の公義務　492
国民の国家に対する権利　474
国務大臣　102-104, 116, 132-155, 266, 267, 284, 294
──および政府委員の出席発言権　279
──の責任　137-144
国家　19-42, 433, 434
──の統一　68, 71
国会　52, 53, 58, 159
国庫剰余金　257
後藤象二郎　66
コンモン・ロー　375

さ　行

西園寺公望　154
裁可　220
最高機関　41, 43, 44, 78
最高権力　30, 33
財産権　38
財産の安全　483
財政　327
──の監督　234
──の事後承諾権　255
財政上の臨時処分を為す緊急勅令　256
ザイデル(M. Seydel)　22
裁判
──公開の原則　401
──に服するの義務　493
──を受くるの権利　488
裁判官
──の職務上の独立　379-383
──の地位の独立　383-387
──の免官　386
裁判所構成法　390

歳費を受くるの権　282
ザクセン(索遜)　286
参議　292
三権分立主義・三権分立説　279, 376
参政権　74, 480, 489-491, 519
参政の義務　490
参謀本部　93
市制・町村制　315, 321
氏族制度　63
自治　310-315
自治殖民地　33, 151, 524
自治制度　310, 315, 316
執行命令　90, 459
質問(権)　147, 265
支那　56
司法　372-378
司法権　377
——の独立　378-388
司法裁判所　388-399
下ノ関条約　500
爵　95
習慣性・模倣性　423
衆議院　190-198
——の解散　89, 273, 274, 275
——の予算先議権　249, 251
衆議院議員選挙法　443
自由権　477-486
自由主義　76
住所の安全　483
自由代表　163
自由党　153
自由法学派　425
主権　39-42
出版法　486
譲位　111
上院　180-184
将軍　48, 51, 66, 70
詔書　468, 469
上訴　400
上奏権　263
条例　471
殖民地　289, 495, 496
——政策　499
——における憲法の効力　505-509
——の統治権　521
職権命令　464
信教の自由　483
人権宣言　481
人事訴訟　404
神主政体　51
信書の秘密　483
身体の自由　482
進歩党　153
臣民高権　518
臣民の自由　350, 351
スイス(瑞西)　34, 58, 59, 172, 192, 430
枢密院　130, 131, 156-158
枢密院議長　133, 156
枢密顧問　110, 118, 156
スタール(F. J. Stahl)　21
スペイン(西班牙)　54, 151, 160, 192, 509
征夷大将軍　48, 65
請願受理の権　268
請願の自由　483

正義心　424
正義法　429
制限選挙　191, 192, 194
政体　42, 43
制定法　427, 433-472
政党　150
政党政治　151
政党内閣　151, 153-155
成文憲法　435, 436, 439, 441
成文法　427
勢力範囲　495
制令(朝鮮)　506, 510
世襲君主国　106
積極の民権　487-489
摂政　112-122
　——の資格　119
選挙区　206
選挙君主国　106
選挙権　164, 190-198
　——の欠格原因　198
　——の要件　196, 197
全国民の代表　160, 162
専制政治　520
総予算　243
副島種臣　66
訴願　355-361, 366, 367
組織高権　39
租借地　501, 502, 519
租税　239, 253, 327, 328
租税承諾権　240

た　行

代議的民主政　58
大権　78, 81-102, 114, 116, 247
大憲章(マグナ・カルタ)　435
ダイシー(A. V. Dicey)　105
大審院　67, 389-391
対人高権　39
大臣弾劾の制度　142
大選挙区制度　207, 208
胎中天皇　120-122
大統領　49, 58
代表　113-115
大傅　117
代理　113-115
台湾　494, 498, 500, 514, 517, 518
台湾総督　289, 506, 508, 523-525
台湾総督府　525
台湾総督府法院　528
多額納税議員　186
拓殖局　524
太政官　152, 292, 389
太政大臣　292
多数決　174
団体　25-28
　——説(国家)　24
　地域——(としての国家)　29
　統治——(としての国家)　29
単名投票法　208
地方官庁　289, 290
地方議会　319
地方裁判所　390, 391
地方自治　311
地方自治団体　290, 291
地方分権　284-291
　行政上の——　288

地方自治に依る―― 290
中央官庁 290, 292-310
中央集権 284-291
長系継承法 108
朝鮮(韓国) 494, 498, 503, 505-514, 518
朝鮮貴族令 95
超然主義 153, 154
朝鮮総督 289, 506, 508, 510, 523-525
朝鮮総督府 525
朝鮮総督府令 511
勅書 468, 469
直接機関 79
直接選挙 205
直接民主政 58
勅任議員・勅選議員 186
勅令 91, 456, 467
追加予算 243
通常会 272
停会 89, 275, 276
帝国議会 → 議会を見よ
帝国臣民 517-519
帝室制度調査局 448
定足数 277
手数料 327, 328
天皇 48, 51, 62-66, 69, 78-131, 132
――の総攬 86, 284
――の大権 86-100
――の不可侵権 101-106
天賦権説 193, 196
デンマーク(嗹馬, 丁抹) 151, 192
ドイツ(独逸, 独逸帝国, 独逸諸国) 34, 46, 54, 106, 160, 172, 180, 184, 187, 192, 206, 219, 226, 230, 285, 286, 316, 361-364, 398, 416, 425, 499, 509
統監(府) 503
統帥権 93, 267
等族会議 → 階級会議を見よ
統治権 38-40, 42, 69
――の主体 22, 23, 42, 78-81
――の総攬 86
――の統一 68
道徳(的)意識 420
徳川慶喜 65
特別会計予算 243
特別裁判所 404, 405
独立命令 90, 460, 461
特許局の審判 406
トルコ(土耳古) 56, 499

な 行

内閣(内閣制度) 133, 134, 149, 150, 152, 170, 171, 293, 294, 300
内閣総理大臣 133-135, 152, 294, 297, 298, 524
各省長官としての地位 295
国務大臣としての地位 295
内政 330
内大臣府 128
ナポレオン(奈破倫, Napoléon Bonaparte) 55, 60, 286
ナポレオン3世(奈破倫3世, Napoléon III) 56

軟性憲法　438
二院制度　172-179
納税義務　493
ノルウェー(諾威)　192, 206

は 行

バーデン(巴丁)　192, 286
バイエルン(巴威倫)　82, 192, 286
陪審制度　398
廃藩置県　66, 69, 287
幕府　65, 68, 69, 114
ハワイ(布哇)　496
ハンガリー(匈牙利)　435
判官　528
万世一系　62, 63, 121, 429, 434
版籍奉還　66, 69, 287
非訟事件　404
非常大権　85
ビスマルク(O. Bismarck)　60, 252
非制定法 → 不文法を見よ
被選挙権　199-205
　――の制限　201-203
フィルマー(R. Filmer)　21
服従心　422
副署　136, 299
府県会　320
府県会規則　67
府県参事会　320
府県制・郡制　315, 321
府県知事・郡長　319
府県令　472
普通選挙　190, 192-195
　等級――(等級選挙)　191, 192
　平等――　191
不文憲法　435
不文法　428, 429
フランス(仏蘭西, 仏国)　54, 55, 72, 102, 106, 151, 160, 176, 177, 183, 187, 192, 230, 285, 286, 362, 363, 374, 376, 398, 425, 437, 481, 499, 509
プロシャ(普漏西, 普魯西)　34, 94, 182, 187, 193, 252, 286, 316
文官懲戒令　142
兵役義務　329, 493, 520
平民政治　318
ベルギー(白耳義)　46, 94, 151, 219, 230
保育　332
法　409-426
　――と道徳　411, 412, 418-420
　――の属人主義　513
法域　498
　本土と別の――　498, 505
澎湖列島　500
法人(としての国家)　36-38
法政　329
法治(法治主義)　76, 351
法律　90, 212, 450, 467
　――案の議決　216, 217
　――案の裁可　217-221
　――案の提出　215
　――(的)意識　420-426
　――の協賛　212-222
　――の公布　221, 222

——の範囲内　348
ポーツマス条約　500, 501
保護国　495
ボスウェー(J. B. Bossuet)　21
北海道(庁)　186, 207, 210, 315, 316, 320, 321, 527
輔弼　93, 102, 103, 104, 116, 128, 132, 135, 136, 138, 139, 145, 146, 284, 294
ポルトガル(葡萄牙)　509
ボルンハック(C. Bornhak)　22

ま　行

南アフリカ(南阿)　33, 436
民事裁判　373, 374
民事訴訟　402
民主政治　57
民主政体　55, 57
民政主義　74
無記名投票　209
命令　90, 455, 507, 508, 517
——の効力　467
——の審査権　381-383
モンテスキュー(Montesquieu)　376

や　行

山県有朋　133
有機体　28
有爵議員　185
予算　238
——の協賛権　238-252
——の不成立　252
予算外国庫の負担となるべき契約　253
予算統一主義　243
予審　400
予備費　245, 255

ら　行

陸海軍大臣　135, 155, 462
立憲政治　213, 318
立憲政体　159
立憲制度　72, 317, 436, 480
立憲政友会　154
立法権　165
立法大権　88
律令(台湾)　506, 514
理法　429, 430
リュクサンブール　172
両院協議会　217
両院制度 → 二院制度を見よ
領事裁判　405, 406
領土高権(領土権)　39
リング(E. Lingg)　22
臨時会(臨時議会)　256, 272
ルイ 18 世(Louis XVIII)　187
歴史法学派　416
レフェレンダム　59
聯邦　34
ローマ(羅馬)法主義　375
ロシア(露西亜)　56

大日本帝国憲法

第1条　63
第2条　107
第3条　101
第4条　86
第5条　88
第6条　88
第7条　89
第8条　84, 90, 226
第9条　84, 90, 460
第10条　91, 165
第11条　93
第12条　84, 94
第13条　84, 95
第15条　95
第17条　113
第19条　74, 490
第20条　329, 493
第21条　493
第22条　482
第23条　482
第24条　489
第25条　482
第26条　483
第27条　483
第28条　483
第29条　483
第30条　483
第31条　84
第34条　97, 184
第37条　214
第38条　97, 215
第39条　216
第40条　264
第42条　97
第43条　97
第44条　275
第45条　97
第46条　277
第47条　278
第48条　278
第49条　263
第50条　268
第53条　281
第54条　279
第55条　140
第56条　156
第57条　377, 380
第58条　384
第59条　401
第60条　404
第61条　303, 359
第62条　328
第64条　238, 255
第65条　249
第66条　129
第67条　84, 246, 247, 252
第68条　244
第69条　245
第70条　84, 90, 255, 256
第71条　252
第72条　260, 303
第73条　82, 97, 277, 278, 439
第74条　446
第75条　439
第76条　470